民商审判前沿

争议、法理与实务

——“民商法沙龙”微信群讨论实录

（第三辑）

李志刚　主编

人民法院出版社

图书在版编目（CIP）数据

民商审判前沿 : 争议、法理与实务 : “民商法沙龙”微信群讨论实录. 第三辑 / 李志刚主编. -- 北京 : 人民法院出版社, 2022.9
ISBN 978-7-5109-3376-9

Ⅰ. ①民… Ⅱ. ①李… Ⅲ. ①民法－研究－中国②商法－研究－中国 Ⅳ. ①D923.04

中国版本图书馆CIP数据核字(2021)第264700号

民商审判前沿：争议、法理与实务
——“民商法沙龙”微信群讨论实录（第三辑）

李志刚　主编

策划编辑　韦钦平
责任编辑　张　怡
出版发行　人民法院出版社
地　　址　北京市东城区东交民巷27号（100745）
电　　话　（010）67550691（责任编辑）　67550558（发行部查询）
　　　　　65223677（读者服务部）
客服QQ　2092078039
网　　址　http：//www.courtbook.com.cn
E－mail　courtpress@sohu.com
印　　刷　三河市国英印务有限公司
经　　销　新华书店

开　　本　787毫米×1092毫米　1/16
字　　数　480千字
印　　张　32.5
版　　次　2022年9月第1版　2022年9月第1次印刷
书　　号　ISBN 978-7-5109-3376-9
定　　价　109.00元

民商审判前沿：争议、法理与实务

——“民商法沙龙”微信群讨论实录（第三辑）

“民商法沙龙”微信群

群友录

专家学者（以姓氏笔画为序）：

于　莹　吉林大学
万　方　北京外国语大学
王之洲　美国华盛顿大学
王文胜　湖南大学
王　竹　四川大学
王　军　中国政法大学
王志诚　中国文化大学
王建文　南京大学
王欣新　中国人民大学
王　松　徐州师范大学
王　轶　中国人民大学
王　涌　中国政法大学
王毓莹　中国政法大学
方斯远　华东政法大学
尹　田　北京大学
石佳友　中国人民大学
龙　俊　清华大学
叶　林　中国人民大学
叶名怡　上海财经大学
冉克平　武汉大学
宁红丽　对外经贸大学
司　伟　天津大学
吕来明　北京工商大学
朱　虎　中国人民大学
朱慈蕴　清华大学
朱晓喆　上海财经大学
刘召成　天津大学
刘凯湘　北京大学
刘保玉　中国政法大学
任　重　清华大学
庄加园　上海交通大学
刘　静　北京外国语大学
纪海龙　北京大学
李　宇　上海财经大学
李安安　武汉大学
李秀霞　山东师范大学
李建伟　中国政法大学
李　昊　中南财经政法大学
李　莉　北京科技大学
李　靖　长春理工大学
杨代雄　华东政法大学
肖建国　中国人民大学
吴光荣　国家法官学院
吴泽勇　华东师范大学

汪青松　西南政法大学
张　谷　浙江大学
张　瀚　华南理工大学
张　巍　新加坡管理大学
张泰苏　美国耶鲁大学
陈　洁　中国社会科学院
陈　敦　北京工商大学
陈　醇　浙江师范大学
吴香香　中国政法大学
周林彬　中山大学
林海权　中国人民大学
赵旭东　中国政法大学
赵廉慧　中国政法大学
胡田野　国家法官学院
姚明斌　华东政法大学
姚　辉　中国人民大学
贺　剑　北京大学
钱玉林　华东政法大学
徐同远　华东政法大学
高圣平　中国人民大学
徐阳光　中国人民大学
徐强胜　中南财经政法大学
郭　锐　中国人民大学
梁上上　清华大学
常鹏翱　北京大学
桑本谦　中国海洋大学
黄　辉　香港中文大学
曹志勋　北京大学
崔文玉　上海大学
彭　冰　北京大学
税　兵　澳门大学
葛云松　北京大学
葛伟军　上海财经大学
董学立　苏州大学
蒋大兴　北京大学
傅　穹　吉林大学
谢鸿飞　中国社会科学院
熊丙万　中国人民大学
薛　军　北京大学

法官及其他实务人员（以姓氏笔画为序）：

王长军　四川天府新区人民法院
王世华　江苏省盐城市中级人民法院
王　灯　最高人民法院
王朝辉　最高人民法院
王　蕴　南京海事法院
厉　莉　北京金融法院
冯文生　最高人民法院
朱亚男　江苏省高级人民法院
刘小飞　最高人民法院
刘兰芳　中国商法学研究会

刘成安　山东省高级人民法院
刘炳荣　福建省高级人民法院
刘建功　江苏省徐州市中级人民法院
刘　振　江苏省高级人民法院
羊　琴　广东省高级人民法院
关　倩　江苏省高级人民法院
孙卫权　江苏省盐城市中级人民法院
苏　蓓　最高人民法院
李后龙　江苏省南京市中级人民法院
李红建　江苏省连云港市中级人民法院
李　芹　山东省高级人民法院
李　荐　江苏省高级人民法院
杨晓蓉　江苏省高级人民法院
杨　静　安徽省高级人民法院
肖　彬　山东省高级人民法院
吴凯敏　最高人民法院
何民捷　人民日报社
佘琼圣　广东省高级人民法院
邹　波　河南省高级人民法院
邹　宇　江苏省高级人民法院
张小洁　最高人民法院
张　静　内蒙古自治区高级人民法院
张　颖　最高人民法院
张　娜　《人民司法》杂志社
张建康　山西省晋城市中级人民法院
陆晓燕　江苏省江阴市中级人民法院
林晓青　广东省深圳市宝安区人民法院
陈　克　上海市高级人民法院
陈现杰　最高人民法院
罗　曼　北京市朝阳区人民法院
周家开　广西壮族自治区高级人民法院
南宝龙　天津市红桥区人民法院
段晓娟　江苏省高级人民法院
夏正芳　江苏省人大常委会
章恒筑　浙江省高级人民法院
董俊武　湖北省高级人民法院
谢　澍　湖南省长沙市岳麓区人民法院
蒋太仁　广西壮族自治区高级人民法院
鲍颖焱　江苏省高级人民法院
潘军锋　南京海事法院
戴景月　河北省高级人民法院

丁广宇　丁俊峰　马向伟　王　赫　王富博　邓江源　仲伟珩　任一民
刘生亮　刘春梅　孙兆晖　田朗亮　杜　军　李相波　杨永清　吴兆祥
吴庆宝　余冬爱　张　元　周伦军　郭宁华　郭载宇　姜　强　钱海玲
葛洪涛　詹　巍

“民商法沙龙”微信群发起人：李志刚

序

中国改革开放的伟大实践和社会主义法律体系的建立与完善，为中国民商事法学理论和司法实践提出了丰富的、厚重的中国问题，积极回应时代发展的需求，在立法、司法与法学理论的良性互动中，推动建立和完善民商法的中国学派，推进实现良法善治，是中国民商法律人、民商法学者的共同使命。

随着我国民法典的颁行，我们将进入民法典时代。但民法典的出台并不意味着对民商法问题研究的终结，而是一个新的时代的开始，这也将成为生成和发展民商法的中国学派的重要契机。可以预见，在当前和今后一段时期，民法典语境下民商法适用问题研究将成为民商法学研究的重中之重。但要完成这一重大研究课题，不仅需要具有宽广的国际视野，更需要有对中国经济社会生活的深入理解、对法理和民情的深入体味以及对诉讼纠纷和司法实践的深入观察。德沃金指出，“法律是一种不断完善的实践”①，时代是思想之母，实践是理论之源。民法典需要通过司法实践完成从纸面上的法向行动中的法转化，也需要通过实践而不断丰富、发展、完善法典的内容。虽然当事人、法官、律师、学者的视角不同，但其要解决的现实法律问题可能是共同的。因此，民商法学的理论研究，从来都不是关在书斋里完成的，需要广大实务工作者的参与，需要我们打破学科的、专业的、职业的局限，去多维度地观察和思考，使法律更好地回应经济社会生活的现实需要。

① Ronald Dworkin，Law’s Emipire，Harvard University Press 1986，p.44.

法律条文是抽象的，但其背后的每一个具体案件却是具体的、鲜活的，在民法典制定过程中，就不可避免地要回答商法的地位和立法模式问题，如商事合同的规范配置、公司法的规定与民法典中的法人制度的关系等问题。在立法语言上，就不能仅仅用法学家们所熟悉的专业术语，还要考虑使用便于法官和民众理解的表述。此外，民法典的适用还涉及如何处理民事实体法和民事程序法的关系问题。要解决好这些问题，就需要我们有意识地增进不同部门法学者之间的交流，增进学者与法官等不同职业法律人之间的交流，进而突破个人专业与职业的局限，以更多维的视角探讨和理解民法典制度、规则背后的法理。民法典的起草过程已经充分体现了这种交流和互动，在民法典施行中，这种交流和互动更加不可或缺。

志刚博士搭建的“民商法沙龙”微信群平台，聚集了诸多优秀的中青年法学家和审判业务专家，他们以线上讨论的方式，探讨民商法理论和实践中的前沿问题，增进了民法学者与商法学者以及民法学者与民诉法学者之间的沟通与理解，增进了学者和法官、理论与实践之间的沟通与理解，碰撞出了诸多的思想火花，一些讨论成果已经在民商事立法、司法实践中产生了积极影响。这样高品质的专业交流能持续近六年而不止，并集腋成裘，汇集成书，更是难能可贵。可以说，本书不仅是一份宝贵的知识结晶，也是民商法学者与民商事法官共同推进中国民商法学进步与发展的经验总结。

我们有理由相信，以线上阵地为学术平台，“民商法沙龙”在即将到来的民法典时代，必将生产出更多的民商法知识精品，在民商法理论发展和司法运用中，也必将发挥更大的影响力和推动力！

是为序。

王利明

2020 年 3 月 30 日

导 读

本书以民商法学者、法学家与审判业务专家的专题微信讨论的完整记录呈现，作为最大内核特色；并辅以编者的评论、对所讨论问题的学术观点梳理、典型案例的裁判观点的精要提炼为补充，集中呈现了对民商审判前沿问题的深入剖析、理论研究现状和司法态度。法官、律师、学者、学生，可从不同角度精读相关内容，撷取书中的重要观点和论证，作为法律实务和论文写作之用。

一、内容导读

（一）如何读［沙龙实录］

沙龙实录是法官与学者的对谈及争论全过程，集中体现了对民商审判中前沿问题的各种分歧观点和主要理由。阅读此部分内容，可从以下三个方面进行思考与梳理：一是分析观点分歧的原因，是对基本概念内涵与外延的争论、对涵摄过程的争论，还是在基本的价值判断上的分歧。特别值得关注的是分歧点的选取。认真研读，您可以发现，即使是一个看似简单的问题，实际上在概念、判断、逻辑、价值等方面，往往有诸多的分歧点和论证点。微信群的讨论与碰撞，一个重要的价值就是可以克服单线思维，拓展出有价值的问题点。二是注意论证的方法，是逻辑推理的，还是实证的；是否因为法官和学者不同的职业视角，而有不同的结论。三是在分歧中寻找自己的答案。

思考如何从多种分歧观点的论辩中，作出确定的观点选择，并对其他否定性观点的理由作出自己的评判。

既有的教育体验和思维模式，侧重于教和考唯一确定的正确答案，缺乏一种思辨思维。精读本部分内容，对于提升法律人的思辨能力很有裨益。思辨能力、对专题问题思考的深度，并非天生，但可以通过观摩、思考与自身的研究习得并强化。编者就每一专题所写的【总结及倾向性意见】，可以作为就本专题讨论的问题进行的思辨、评论与总结的一种参考。

（二）如何读［代表性学术观点］

每一专题的【代表性学术观点】部分，选取的是就这个问题研究得最为深入、最具代表性的学者的观点和论证理由。有的观点还并不一致，甚至完全矛盾。通过对本部分的阅读，既可以了解学界就此问题研究的最新进展，也可按图索骥，找来论文全文学习，据以提升对某一问题的学理认识深度。

（三）如何读［典型案例］

本书所选取的案例，主要为最高人民法院或者比较有代表性的高级人民法院的最为典型的案例，并从万字裁判文书中提取出和讨论专题密切相关的要件事实作为【基本案情】，就裁判文书中的核心观点提炼出【裁判要旨】，并将裁判文书中对法官就这一问题的说理部分进行集中呈现，以便理解法官的裁判思路和采取相应观点的主要裁判理由。

二、读者指引

（一）法官如何读

对于经过司法考试，并且长期从事审判工作的法官而言，案件难，不在于常规案件，而在于法律对相关的问题规定不明或者没有规定的案件。正是这样的问题，为两造当事人提供了充分的博弈空间，而法官需要完成支持其中一种观点，否定另一种观点的裁判说理过程。这个过程，首先是说服自己的过程，然后是说服合议庭成员的过程，最后是通过裁判文书的说理论证过程展示，说服败诉当事人的过程。

本书的重要价值在于，在【沙龙实录】中，法学家与审判业务专家已就该争议问题的各种可能答案进行了充分的论辩，对立论和驳论的观点及理由，以真正中立、客观的“专家论证会”的方式，进行了全面的论证。法官需要做的是“择其善者而从之”，从而可以避免仅仅局限于两造当事人及律师的“选择性论证”。法官如能将【沙龙实录】呈现的对争议问题的集中、深入讨论进行简要的观点归纳和论证评判，有望使出手的裁判文书，成为一份“具有法理深度和说理典范”的优秀裁判文书，并将可能产生就此类问题作出类案指引的广泛影响。

（二）律师如何读

可以说，随着我国法学教育的持续扩张和律师行业的持续发展，我国律师行业的整体专业水平，已经越来越高。疑难商事案件的成功代理与胜诉，也成为考验律师法律专业水准和法理功底的一项重要指标。甚至可以这么说，由于持续激增的案件数量给法官带来的巨大办案压力，法官从事专门的学习研究和理论提升的时间被大大压缩。诸多专业律师在某些特定法律问题上的研究程度，可能已经高于承办法官。在疑难法律问题上，律师能否说服法官，经常成为一些案件的制胜关键。可以看到，已经有诸多律师及当事人就疑难法律问题组织专家论证会，进行论证，并形成专家法律意见书，提交给法院。但因此种专家意见书系单方有偿提供，而使其公信力受到一定影响，且其立足点重于立论。本书的价值在于，参与讨论的法官和学者没有立场预设，能够客观地、出于公正公理之心就抽象法律问题进行论证。因此，在不同观点的立论及驳论上，本书均提供了足以参照的观点及理由，可为律师在增强己方观点和驳斥彼方观点方面，提供充足的“弹药”，提升说服裁判者的法律与法理层级。

而每一专题后的【典型案例】，均附上了案号及裁判观点，可以为律师提供裁判结果的预判及案例搜索的指引。其裁判观点部分，可以作为律师在代理意见中予以借用或者重点反驳的基础。

故，如您致力于中高端商事诉讼业务，建议可以精读本书，据以了解和掌握民商审判的最前沿问题、民商法学术研究的最新动态，并据此提升在疑难民商事法律问题上的思辨能力与法理功力。

（三）学者如何读

应当看到，经过改革开放四十年的发展，我国民商法的学术研究已经进入了一个新的阶段。民商法本身就和社会经济生活密切关联，具备高度的实证因素。对于不少学者而言，较为关注的有两点：一是现在的实务热点难点问题是什么？二是司法裁判的观点是什么，法官怎么看？由于“民商法沙龙”微信群的群友半数均为四级法院中的一线资深法官和审判业务专家，因此，可以说，沙龙讨论的每一个问题，都是民商审判实务中的前沿问题、争议问题。而诸多法官和学者愿意花费半天或者数天的时间，集中就书中的一个具体问题，展开持续、深入的争辩，则足见本书所选入的专题的理论延展性及实务前沿性。正如苏永钦老师所言，本书“问题取向，要言不烦，理论与实务工作者互补性极高，一针一线补缀，再经编纂就是一幅幅佳作”。可以说，每一专题的沙龙讨论、学术观点梳理与典型案例的结合，稍作论文式的理论化、体系化整理，就是一篇立足前沿、贴近实务、有足够问题意识、论证延展、法理深度的学术期刊论文。

（四）法科学生与研究生如何读

本书不适合大学一、二年级的本科生阅读，因为大学本科的低年级学生，尚未建立起对基本法学概念、法学论证逻辑的基本框架与认知，可能产生读不懂，甚至有迷茫、不确定性之感。本书更适于优秀的高年级本科生以及在校攻读民商法专业的硕士研究生、博士研究生精读，其原因有三：

一是培养和提升从简单法律规定中读出诸多理论与实务分歧的问题意识。从事学术研究，最重要的一点，甚至起点，就是问题意识。看不出问题，是最大的问题。本书的每一个专题，都是法学理论与司法实务中的真问题，而且在讨论中，不断激发出新问题。

二是拓展思维的广度与深度。学术研究能力的一个重要体现是“小题大做”，从一个很小的题目中，发现问题富矿，并深度挖掘。单人单线的思维，对于认识复杂的世界而言，显得狭隘。克服狭隘的一个重要途径，就是看他人讨论及与他人讨论。“民商法沙龙”微信群集中了一批极具代表性的中青年法学家和审判业务专家，发言碰撞可谓“华山论剑”，处处精彩。这种论辩的微信记录，等于一场场精彩的大师课，或者说旁听了几十场民商法前沿的专家研讨会。其对于法学思维的拓展、对于思辨能力的提升，非精读不足以体会。

三是为学位论文提供了足够的选题与素材。无论是本科生还是研究生，不知道写什么、不知道怎么展开、不知道问题点在哪、不知道如何论证，是学位论文选题与撰写中面临的主要问题与困难。本书提供的每一个专题，都是极好的学位论文选题，都提供了足够的问题点，并且附上了代表性学术论文观点和实务裁判观点，等于买好了菜，备好了料，只等厨师下锅翻炒，即成佳肴。故如果在校本科生、研究生不知道毕业论文如何选题，不妨从本书讨论专题中任选一题，整理成文，当非难事。

当然，更为重要的，不是仅仅为了完成一篇学位论文，而是在精读本书中，用心观摩和体会这些中青年法学家、专家型法官的思维方式和论证方式，并以此提升自己的专业素质和思维能力，为自己的未来职业发展，提供一个坚实的素质基础。

我们衷心期待，“民商法沙龙”微信群的精彩讨论分享和编者的诚意整理，能给每一位读者带来启发和裨益！

凡　例

1.法律文件名称中的“中华人民共和国”省略，其余一般不省略，例如《中华人民共和国民法典》简称为《民法典》；

2.《全国法院民商事审判工作会议纪要》简称为《民商审判会议纪要》；

3.《最高人民法院关于适用〈中华人民共和国民法典〉有关担保制度的解释》简称为《民法典担保制度司法解释》；

4.《最高人民法院关于适用〈中华人民共和国民法典〉物权编的解释（一）》简称为《民法典物权编司法解释（一）》

5.《最高人民法院关于审理民间借贷案件适用法律若干问题的规定》简称为《民间借贷司法解释》；

6.《最高人民法院关于适用〈中华人民共和国民事诉讼法〉的解释》简称为《民事诉讼法司法解释》；

7.《最高人民法院关于适用〈中华人民共和国公司法〉若干问题的规定（二）》简称为《公司法司法解释（二）》；

8.《最高人民法院关于适用〈中华人民共和国公司法〉若干问题的规定（三）》简称为《公司法司法解释（三）》；

9.《最高人民法院关于适用〈中华人民共和国公司法〉若干问题的规定（四）》简称为《公司法司法解释（四）》；

10.《最高人民法院关于适用〈中华人民共和国公司法〉若干问题的规定（五）》简称为《公司法司法解释（五）》；

11.《最高人民法院关于执行和解若干问题的规定》简称为《执行和解规定》；

12.《最高人民法院关于人民法院民事执行中拍卖、变卖财产的规定》简称为《拍卖、变卖财产规定》；

13.《最高人民法院关于适用〈中华人民共和国合同法〉若干问题的解释（二）》简称为《合同法司法解释（二）》（已于2021年1月1日废止）；

14.《最高人民法院关于适用〈中华人民共和国物权法〉若干问题的解释（一）》简称为《物权法司法解释（一）》（已于2021年1月1日废止）；

15.《最高人民法院关于适用〈中华人民共和国婚姻法〉若干问题的解释（二）》简称为《婚姻法司法解释（二）》（已于2021年1月1日废止）；

16.《最高人民法院关于适用〈中华人民共和国婚姻法〉若干问题的解释（三）》简称为《婚姻法司法解释（三）》（已于2021年1月1日废止）；

17.《最高人民法院关于适用〈中华人民共和国担保法〉若干问题的解释》简称为《担保法司法解释》（已于2021年1月1日废止）。

目录 Contents

第一部分 《民法典》合同编专题

1. 合同定性与合同效力：借贷思维、穿透思维的内核与边界 /3

【典型案例】徐州岚松家居用品经营有限公司与中诚信托有限责任公司、江苏华夏融创置地集团有限公司等合同纠纷案 /22

——在不违法也未损害社会公共利益的情形下，不能将某种投资行为绝对定性为是单一的股权投资或者债权投资性质，而应尊重其性质的多重性。

2. 事前放弃违约金调整请求权之合同条款的效力 /25

【典型案例】乐平华润置业有限公司与洪客隆百货投资（景德镇）有限公司租赁合同纠纷案 /70

——当事人放弃违约金调整的约定属于当事人意思自治，不违反法律的规定，人民法院应尊重双方当事人在本案中预先放弃调整违约金的约定。

3. 败诉方承担律师费之过高与司法调整 /73

【典型案例 1】浙江贝泽集团有限公司与长沙泽洺创业投资合伙企业等借款合同纠纷案 /94

——结合本案的难易程度，综合考虑受托律师的专业水平和勤勉代理的实际情况，以及诉讼请求的实现范围，酌情将本案的代理费减少50%。

【典型案例2】创金合信基金管理有限公司与山东山水水泥集团有限公司公司债券交易纠纷案/95

——根据地方《律师服务收费管理实施办法》，本案不存在律师费偏高不合理的问题，且约定分期支付律师费的方式不违反法律法规、行业惯例，可推定待付律师费将得到支付，故对原告有关要求被告支付律师费的请求予以支持。

4. 土地使用权出让合同之违约金调减/98

【典型案例1】昆明市国土资源局、昆明滇池国家旅游度假区管理委员会建设用地使用权出让合同纠纷案/107

——该合同约定的违约金标准，受行政文件及部门规章的约束，受让方逾期支付土地出让金给出让方造成的资金损失，不能简单地以银行同期贷款利率或民间借贷规定的利息标准进行评判，应当考虑违约金标准条款内容的法定性、行政管理的强制性、违约责任的可预见性等因素，在无特殊情形下原则上应不予调减。

【典型案例2】贵州省松桃优腾房地产开发有限公司与松桃苗族自治县自然资源局建设用地使用权出让合同纠纷案/109

——当事人签订案涉合同时，对约定的日千分之一违约金应有明确清晰的认识，该违约金计算标准不存在违反法律、行政法规强制性、效力性规定的情形，未予调减，并无不当。

【典型案例3】四川省广元市三益置业有限责任公司与旺苍县国土资源局建设用地使用权出让合同纠纷案/110

——约定每日千分之一计算违约金，不违反双方合同的约定。因受让方在进行土地竞拍时，对土地现状是明知的，其本身也没有尽到谨慎的注意义务，故酌定减轻出让方应承担的违约责任。

【典型案例4】拉萨市国土资源局与拉萨玛吉阿米餐饮连锁有限责任公司

建设用地使用权出让合同纠纷案 /112

——当事人对约定的违约金有清晰明确的认识，不存在违反法律、行政法规强制性效力性规定之情形。受让人无正当理由长期拒不支付土地出让金，导致产生高额违约金，之后又明确承诺愿意支付该高额违约金，以换取拉萨国土局继续为其办理土地使用权证，人民法院酌情调减违约金反而有悖公平原则和诚信原则。

5. 超限工程质量保证金约定之效力 /114

【典型案例】四川鸿程消防工程有限公司与成都兴露合能置业有限公司建设工程施工合同纠纷案 /123

——建设工程施工合同中约定的工程质量保证金超过结算金额的 3%，虽然违反了《建设工程质量保证金管理办法》，但超过部分并非无效，性质上仍然属于工程质量保证金，发包人对该项违法行为应当依法承担相应的行政责任。

6. 差额补足的性质、效力与担保的从属性 /125

【典型案例 1】华融国际信托有限责任公司与凯迪生态环境科技股份有限公司金融借款合同纠纷案 /139

——根据合同核心条款的文义解释和合同的体系解释，差额补足协议符合保证合同的法律特征的，应当认定为保证。

【典型案例 2】中信银行股份有限公司北京分行与乐视网信息技术（北京）股份有限公司金融借款合同纠纷案 /141

——差额补足文件中具有加入债务或者具有与债务人共同承担债务等意思表示的，人民法院应当认定为《民法典》第 552 条规定的债务加入。

【典型案例 3】江苏金涛投资控股有限公司与江西省科特投资有限公司借款合同纠纷案 /142

——当事人承诺将无条件履行借款合同项下可能产生的固定收益及本金的差额补足义务，对上述义务承担无限连带责任，且差额补足人的差额补足义务不具有债务从属性的，认定为债务加入，并无不当。

【典型案例 4】江苏信托公司与农行昆明分行合同纠纷案 /144

——支付承诺显示其义务相对于被补充之债权具有独立性，与通常具有从属性、补充性的保证担保不同，并不是债务人不履行其回购义务时，才由承诺人向债权人依约履行债务或者承担责任。故其虽然具有增信担保的作用，但并非担保法意义上的保证担保行为。

7.《民法典》第 388 条与融资租赁合同章的关系 /147

第二部分 《民法典》物权编专题

1. 父母购置房产于成年子女名下之法律效力 /161

【典型案例 1】刘甲与刘乙、周丙共有房屋分割案 /183

——父母出资购房将产权登记在子女名下，具有赠与性质。子女不仅应在物质上赡养父母，也应在精神上慰藉父母，努力让父母安宁、愉快地生活。子女对父母赠与的房屋依《物权法》分则行使物权，将损害父母生活的，人民法院可依《物权法》总则的有关规定不予支持。

【典型案例 2】王甲与吴乙离婚纠纷案 /185

——婚前一方父母以该方名义签订房屋买卖合同、交付定金及首付款，并未表明是赠与其夫妻二人，婚后办理房屋产权登记，登记在该方个人名下，且该方父母为该房屋偿还房贷，该房屋仍应认定为父母对个人的赠与，涉案房屋为婚前个人财产。

2.《民法典》第 397 条抵押权"地随房走"之地的范围 /187

【典型案例 1】杨某等 13 人与招商银行股份有限公司武汉分行等执行分配方案异议之诉案 /207

——主张《物权法》第 182 条中的"占用范围"应理解为建筑物的垂直投影面积，缺乏法律依据。

【典型案例 2】江苏紫金农村商业银行股份有限公司六合支行与南京隆茂

服装有限公司别除权纠纷案 /210

——在案涉工业用地的规划条件未作变更，也未进行宗地分割处理的情况下，基于公平合理的原则并兼顾抵押人和抵押权人的利益，本案应当以抵押建筑物面积占规划建设总面积的比例作为分摊案涉土地权益的基本依据。

3. 抵押权实现与执行异议之诉 /211

【典型案例】周某 1 与石某某执行分配方案异议之诉案 /217

——抵押权人在取得执行依据时，未主张优先受偿权的，不影响抵押权的效力，不影响在执行程序中依法行使抵押权，对抵押物拍卖所得价款享有优先受偿的权利。

4. 让与担保与优先受偿权 /220

【典型案例】黑龙江闽成投资集团有限公司与西林钢铁集团有限公司民间借贷纠纷案 /232

——当事人约定以股权转让的方式担保债权实现，若为双方真实意思表示，且无流押、流质之约定时，则合同有效。若双方对于股权变动进行了变更登记，则该股权转让可产生对抗第三人的物权效力，债权人可就该股权优先受偿。

5. 股权让与担保的交易结构、法律关系与法律效力 /237

第三部分　公司法专题

1.《公司法》与公司债权人保护 /271

【典型案例】浙江新湖集团股份有限公司与浙江玻璃股份有限公司、董某某、冯某某及一审第三人青海碱业有限公司公司增资纠纷案 /297

——股东向公司已缴纳的出资无论是计入注册资本还是计入资本公积金，都形成公司资产，股东不得请求返还。

2.《公司法》第 16 条“为股东提供担保”的理解 /299

【典型案例】范某某与山西开园鑫融融资担保股份有限公司借款合同纠纷案 /306

——《公司法》第 16 条第 2 款规定的情形是“公司为公司股东提供担保”，若适用该条款，公司股东应指借款关系中的债务人即借款人，而不是债权人即出借人。

3. 逾期出资与决议延期 /308

【典型案例】上海自贸区咖啡交易中心有限公司与上海君客商务咨询有限公司、上海朗弘投资管理有限公司公司决议纠纷案 /321

——控股股东利用其优势地位，以多数决通过缩短出资期限的股东会决议，侵害了其他股东的合法权益，故该股东会决议应当认定无效。

4. 增资入股之认缴出资的效力 /324

【典型案例】深圳市盛康达投资有限公司与深圳市利明泰股权投资基金有限公司等侵权纠纷案 /339

——债务人将其对某公司 100% 股权质押给债权人以担保其债务，在质押期间又引进外部投资方对公司进行增资扩股，但外部投资方均以认缴方式进行增资的，且新入股东没有证据证明其有充分认缴能力的，应认定债务人主导的该增资扩股行为属恶意串通损害他人利益情形，增资扩股协议无效。

5. 股东压制、公司解散与小股东救济 /343

【典型案例 1】林某某诉常熟市凯莱实业有限公司、戴某某公司解散纠纷案 /352

——公司虽处于盈利状态，但其股东会机制长期失灵，内部管理有严重障碍，已陷入僵局状态，可以认定为公司经营管理发生严重困难。对于符合《公司法》及相关司法解释规定的其他条件的，人民法院可以依法判决公司解散。

【典型案例2】董某某、长春东北亚物流有限公司与吉林荟冠投资有限公司等公司解散纠纷案 /354

——股东之间的冲突不能通过协商达成谅解，任何一方都不愿或无法退出公司时，为保护股东的合法权益，强制解散公司就成为唯一解决公司僵局的措施。

6. 信托持股与出资责任 /358

【典型案例1】中信信托有限责任公司与青岛海融兴达商业管理有限公司、青岛舒斯贝尔房地产开发有限公司、山东舒斯贝尔置业有限公司追偿权纠纷案 /374

——《信托法》第37条第1款是关于“处理信托事务所产生费用与债务如何负担”的规定，无法得出“第三人不受信托财产和固有财产责任划分的约束，信托人应当以其名下的所有财产对第三人承担责任”的结论。

【典型案例2】上海爱建信托有限责任公司等与方大炭素新材料科技股份有限公司股东损害公司债权人利益责任纠纷案 /375

——信托公司受托持股，仅具有委托合同的内部效力。上海信托登记中心的信托财产登记非法定信托登记机关的信托登记，不具有法定公示效力，不能对抗《公司法》规定的股东身份的法定登记产生的效力。

7. 一人公司之人格逆向否认 /378

【典型案例】王某1与刘某、王某2、昌吉市晋煤煤矿有限责任公司、平某某股权转让纠纷案 /384

——《公司法》第63条规定：“一人有限责任公司的股东不能证明公司财产独立于股东自己的财产的，应当对公司债务承担连带责任。”对该条可以进行扩张解释，从而得以反向刺破。

8. 董事解任之报酬补偿 /386

【典型案例】孙某与吉林麦达斯轻合金有限公司劳动争议案 /394

——在委任关系及劳动关系一并解除后，公司不再具有向董事支付工资及缴纳社会福利费用的法定义务，但公司行使任意解除权解聘董事后，为平衡双方利益，应综合考虑解聘原因、董事薪酬、剩余任期等因素，确定是否补偿及补偿的合理数额。

第四部分　民事诉讼法专题

1. 虚假合同与约定管辖 /399

【典型案例 1】招商银行股份有限公司无锡分行与中国光大银行股份有限公司长春分行委托合同纠纷管辖权异议案 /408

——确定管辖权应当以起诉时为标准，结合诉讼请求对当事人提交的证据材料进行形式要件审查以确定管辖。

【典型案例 2】梁某与兴业银行股份有限公司深圳科技支行最高额保证合同纠纷案 /411

——合同为伪造的，合同中的管辖条款对合同所载明的相对人没有约束力。

2. 担保合同的管辖 /413

【典型案例】建行赤峰分行与宁城京都淀粉有限公司、黑龙江农垦公司借款担保合同纠纷案 /420

——债权人仅起诉连带担保人主张权利的，依法应由担保人住所地法院管辖。

3. 依职权移送管辖有无程序救济 /422

【典型案例】重庆市华东建筑集团有限公司与重庆德兆小康环保工程有限公司建设工程合同纠纷案 /427

——当事人向受移送法院提出管辖异议，无法律依据。受移送的法院不适用管辖异议审查程序，但可依职权审查案件管辖权。

4.“资管产品”的诉讼主体资格 /429

【典型案例】海通证券股份有限公司与中国华力控股集团有限公司、丁某质押式证券回购纠纷案 /434

——资管计划本身不能成为民事法律关系的适格主体，但是可以由管理人以管理人名义参与竞买拍卖标的。

5. 抵押权人在建设工程款优先权案件中的诉讼地位 /436

【典型案例】宁国建设公司与迈吉尔公司、第三人长城安徽分公司建设工程合同纠纷案 /445

——一审虽未判决抵押权人承担责任，但判决确认原告享有工程价款优先受偿权的判决结果，对抵押权的实现有直接的不利影响，故抵押权人有权提起上诉。

6. 驳回反诉裁定之上诉权 /447

【典型案例】福建亚通新材料科技股份有限公司股东出资纠纷案 /456

——被告对不予受理反诉的裁定，可以上诉。

7. 带租拍卖买受人诉虚假租约 /458

【典型案例】昆山康如电子材料有限公司与苏州琨淞诚智能电子科技有限公司返还原物纠纷案 /464

——查封日之后签订的租赁合同对于通过拍卖程序取得的所有权人不具有法律约束力，所有权人有权要求承租人搬离，并支付占有使用费。

8. 裁定以股抵债时的股权变动时间 /466

【典型案例】禹丰投资控股有限责任公司、重庆雷高医疗器械有限公司与北方国际信托股份有限公司执行异议案 /477

——异议人在获悉拍卖事由后，在法定期间内，没有行使优先购买权。听证中，双方异议人虽主张其登记优先购买权时遭到拒绝，但不能提供相关证据予以证明。据此驳回两异议人要求撤销或改正拍卖结果的异议。

9. 执行前和解与原判决的关系 /479

【典型案例】安徽省滁州市建筑安装工程有限公司与湖北追日电气股份有限公司执行复议案 /486

——执行程序开始前，双方当事人自行达成和解协议并履行，一方当事人申请强制执行原生效法律文书的，人民法院应予受理。被执行人以已履行和解协议为由提出执行异议的，可以参照《执行和解规定》第 19 条的规定审查处理。

后　记 /489

第一部分

《民法典》合同编专题

合同定性与合同效力：借贷思维、穿透思维的内核与边界

【发言群友】

李志刚、郭宁华、王赫、邓江源、叶林、谢澍、李后龙、纪海龙、彭冰、叶名怡、刘建功、朱慈蕴、朱虎、傅穹、王飞、段晓娟、邓峰、薛军、章恒筑、吴泽勇

【讨论时间】

2021年7月

【沙龙实录】

问题与观点

李志刚：请教大家一个合同的性质与效力问题：通常，借款合同都是“本金+固定利息”，但实务中，有“本金+利息+浮动收益”的交易安排。比如，债权人债务人约定，到期还本付息（5%），同时，到期债务人应当对外出售借款合同的抵押合同项下的债务人自有抵押物，抵押物出售价格超过1亿元的，按照债权人和债务人三七开分成（销售溢价收益）。请问：该合同是否有效？

观点一认为，该合同部分无效，借款合同只能还本付息，不能约定浮动收益；观点二认为，该合同属于混合合同，没有违反强制性规定，应属有效。请问您怎么看？

郭宁华：倾向于观点二。原则上有效，附条件的浮动利息并不违反强制性规定，但如果实际所得利息上限超出民间借贷最高利率标准的，超过部分无效。

王　赫：单纯就借款合同约定“本金＋利息＋浮动收益”，似乎与投资合同是否允许保底条款，是一个问题之两面？至于抵押物出售价格超过1亿元，三七开分成，能否属于“收益”似有疑问，也与担保之从属性解释相关。

邓江源：同意王赫老师意见。李志刚老师指合同的第二部分内容，很像投资。

叶　林：出借人应该不是银行吧？

李志刚：是银行。合同效力是否因为不是银行而有变化？

叶　林：银行发放贷款，并以利率的方式收取利益，但在这个案件中，实质是超额销售的利润分成，因此，不属于贷款。从这个意义上来说，银行采用这种方式进行交易，可能会改变合同的性质，从而对判断合同的效力也会产生影响。

谢　澍：倾向于观点二，银行与其他主体似应有区别。

李后龙：本质上是规避某种规范，银行似乎也不可以从事这种投资或经营。

自治与管制

纪海龙：从自治和管制的角度切入。

在私法的自治层面，最重要的是当事人的私人自治真实约定了什么，至于合同类型的代入，是次要的，毕竟在现实商业实践中，无名合同太多了。

然后再考虑管制，如果管制层面没有问题，那无论当事人合意了什么，都发生效力。题设情形，在管制层面可能存在两个问题：一是银行不得投资非自用不动产的禁令，这涉及什么是投资，或许可以用保本与否划线，法律上无保本义务的才是《商业银行法》第43条规定的“投资”。有保本义务的是借贷，故题设情形还是借贷。二是利息管制，如果超出利息管制的范围，那后果是部分无效。

李志刚：如果不是银行，合同是否可以认为有效？借贷与投资是简单的二分法，如果有介于二者之间的交易模式（性质），是否必须先定性，再规范？还是说，允许第三种中间状态的存在？

彭　冰：岂止是第三种中间状态，理论上应该有无数种状态，不应该定性，都是当事人的自由约定。我大体同意纪海龙老师的观点。

如果不是银行，合同肯定有效，甚至我觉得都不涉及高利贷的问题，因为限制高利贷的理由是刚性兑付对借款人的压迫，而在浮动利息的约定下，借款人赚钱才分，没有刚性兑付。

如果是银行，合同也应该是有效的，浮动利息也不构成投资，因为限制银行从事投资的原因是怕其过度承担风险，而在浮动利息下，银行并不承担损失，还有保本底息，没有投资风险。因此，也不应该认定银行从事了投资业务。

王　赫：同意纪海龙老师的思路。最终结论当然取决于多大程度上承认当事人的明确的意思表示，或者说“私法自治”。之所以上面提到投资和借贷的区分，是因为对类似问题司法其实有不少相应的规则（合理性上可以再讨论），从体系解释的角度，这些判断是不能丢开不考虑的。

至于银行的主体地位是否影响合同的定性，恐怕也有不同的解释。合同的定性，是当事人意思表示解释的问题，银行明确表示从事某种交易，就应当按照此种意思去解释，至于是否有效，则取决于具体规范。

李志刚：王赫老师所提的意见很有启发。如果必须定性，通常基于两个原因：（1）约定不明，法律补充适用。如果约定明了，不用定性。（2）管制要求。如果涉及特定类型的合同，有管制要求，将导致无效，那必须定性并据此确定合同效力。

谢　澍：但是，因为管制的要求，就导致无效，似也不能一概而论。

彭　冰：定性只是我们认识事物的一种简单方式，不是对世界设限，而是反过来，用现实世界的多样性来修改和补充各种简单定性的认识，否则就是我说的“削足适履式的裁判方式”。

李志刚：是的，常态可能是一种波谱式的状态。“第三种状态”是一种简化的表述，主要也是指存在“非此（借贷）即彼（投资）”的二元论以外的状态。

郭宁华：赞成纪海龙老师和彭冰老师意见。理论都是灰色的，只有生活之树常青。

方法论上的意义

纪海龙：李志刚提到的两点，在方法论层面都很有趣。

第一点本质上是任意性规范和合同补充性解释何者优先的问题。代入某个合同类型，就初步意味着某些任意性规范可以上场了，但此时还要继续追问上场的任意性规范适用于该种案型是否合理。如否，那么补充性解释应该优位，以及要回头反思代入这种起初的定性是否合理。或许也可以说，从抑制法官恣意角度看，总体上应该是任意性规范优先，但并非没有例外。其实本质上还是看个案。

第二点其实涉及对交易的管制，管到什么程度的问题。总体而言，考虑管制时，应该是看管制的目的，并且要看重交易的实质而非形式，一个简单的例子是债务加入在形式上不是担保，但还是要适用《公司法》第 16 条有关公司对外担保需要经过公司决议的规定。

股东间的收益补偿协议

李志刚：和此问题相关：公司（只有）两个股东内部合同约定，如果公司出现亏损，只由其中一个股东承担，另一个股东每年按照固定利率向其支付收益。

五年内，两个股东正常行权；五年后，固收股东通过对外转让股权退出。该约定（合同）是否有效？

叶名怡：这里面有两项内容，需要分别判定效力。前者涉及保底收益，后者涉及优先购买权提前放弃。

李志刚：优先购买权的问题，各方无异议。股东之间的保底收益问题，怎么看？

刘建功：我是第三种观点：超过 4LPR 的部分，无请求权。

国家对借款利率实行一定程度的管制，这种管制不应该轻易被规避。约定抵押物变卖后超额部分分成，只要债务人负担保本义务，这种约定只不过是利率的变种而已。那么，效力的判断就应该按照借款的规则进行。如果变卖后超额分成部分，不超过法律允许幅度，债权人有请求权。超过幅度，无请求权。

郭宁华：我也是这样的观点，三七开的利润分成，实质是附条件的浮动利息安排。

朱慈蕴：我认为，该约定在两个股东之间有效。但一方转让后，并不当然约束新股东，除非其明示接受原来的约定。

李志刚：有观点认为，该约定背离了《公司法》股权投资风险分配的基本原理，所以无效。

朱慈蕴：就公司分红而言，《公司法》规定的分红规则必须遵守。股东之间如何分配，可以内部自愿协商。股权投资风险分配的原理是要求股东平等，但若股东自愿安排，《公司法》并不禁止。我比较好奇的是，承担公司亏损的一方是如何履行义务的？

李志刚：股东自己掏钱贴补。

朱慈蕴：那固收的股东转让股权的价值不受影响。其实也承担了风险，就是固定利息。

郭宁华：在此情况下，只出钱不担风险的股东持有之股权，会不会按让与担保来考虑？

李志刚：《民法典担保制度司法解释》第 68 条规定的让与担保，只限定为“形式上转让”。题设交易安排，全程都是实际行使股权，且这种持股期间内的“收益贴补”不涉及对外转让的价款问题，到期仍可自由对外转让，转让收益也是自留。

穿透思维、通谋虚伪与借贷思维

叶名怡：保底收益又可以分为两个问题：第一，双方是借贷还是设立公司协议？第二，如果界定为借贷，那么唯二股东的公司设立是否有效？

李志刚：（1）不是借贷。（2）是共同投资设立公司。（3）在正常的公司设立合同之外，另外签订了一个亏损的业绩补偿协议。

通俗地说，甲和乙一起设立公司，但甲不愿意亏损。

乙说：“行！我们一起设公司，如果亏了，我掏钱给你补上。”

叶名怡：那要看法院是否采取整体视角。整体看待的话，可能认为设立公司是表面行为，借贷是隐藏行为。

李志刚：您说的这种“整体看待”的观点，是这两年比较流行的思维模式：如果不典型，就往通谋虚伪上走。然后认定通谋无效。

郭宁华：穿透思维。

李志刚：这和前面的非典型仍属自治范围，应当认定有效的观点，有本质差别。

叶名怡：穿透思维也不是没有一点道理。因为很多时候，当事人的确是为了规避法律。

朱慈蕴：当不涉及公司利益和第三人利益时，应当承认股东之间的自治安排，除非违反强制性规定。

李志刚：是规避法律（否定性评价），还是现有法律工具不足以适应交易需要？可能存在价值判断的问题，由此导致截然不同的规范结果。就前述股东间的收益补偿协议，您认为是否存在规避法律或者通谋虚伪？

叶名怡：有限责任公司的本质之一就是股东在缴纳资本范围内承担有限责任。案涉补偿合同就是为了突破这个本质。这样一来，名为合意设立公司，其实已经变质。所以，在涉及第三人利益保护上，我们可以维持这个虚假的公司。但在两个股东内部，本质上就是借贷。

朱慈蕴：有限公司的本质是股东以出资额为限承担责任，强调的是股东不得随意从公司收回资本，或者变相分红、获利。只要保证公司的资本得以维持，不影响公司债权人的利益，股东之间的安排应当是自由的，除非法律有强制性规定。

李志刚：股东未将钱借给另一方，未来对外转让股权，也不涉及向另一方还款的问题，为什么认定是股东之间的借贷?

叶名怡：公司跟合伙一样，都是商业主体。合意设立公司与合意设立合伙一样，共担盈亏。合意设立有限责任公司不能背离共担盈亏这个本质。

叶名怡：对外转让股权的约定，进一步强化了保底收益约定的本质是借贷。透彻地说，所做的一切都是为了保底收益，不承担风险，不想要参与商业投资经营。

刘建功：赞同。早在20年前，就出现过此类案件。对于这种不影响公司对外偿债能力的约定，裁判尺度都是认定有效的。之所以没有考虑直接作为借款，是因为，此类“公司承包”约定的固定收益，往往离四倍利率很远。一般公司很难有如此收益。不过，这种约定假设超过了利率限制，是否一律无请求权？可能应该作为一种例外来考虑。与一般借款不一样的是，投资股东投入公司的财产，是与另一名股东的投入财产一起成为对外偿债的担保。这和一般借款并不能完全等同。

李志刚：叶名怡老师和朱慈蕴老师刚好代表了对这个问题的两种观点：无效论，股东间的补贴安排因为违反了公司法损益共担的原理而无效；有效论，股东之间的补偿安排，未涉及公司的外部债权人，未违反强制性规定，故有效。

刘建功的观点似并不赞同叶名怡老师（通谋虚伪无效论），而是认为有效，且不是借贷，仅仅是收益上限不能超过民间借贷上限。所谓穿透、通谋虚伪，是不是还有一个潜台词：只要和法定模式不一致，就是通谋虚伪，所以无效。

仅就题设情形而言，一定要说哪个合同条款是“虚伪的”，不是真实意思表示，可能也还有讨论余地——不能说你穿的衣服，不是我发给你的两套衣服中的一件（要么是马褂，要么是西服），你就没穿衣服（你穿的其实是中山装），我也把你看成是没穿衣服，或者把你看成是穿了马褂与西服的一种，然后按照马褂或者西服的式样给你钉纽扣。

风险共担与合同效力

谢　澍：有限合伙也会对双方各自安排不同权利义务；对赌的情况也并非全可以认定为名股实债。题设的这种情况如果没有十足证据去认定他虚伪意思，则相当于一方自愿代替另一方承担有限责任，似应可以。毕竟如果没有保底一方，可能公司就无法成立。假如在公司设立之初，不保底一方是全副身家投入，怎么能说保底一方没有承担风险？所以，个人觉得还是不能一概而论。例如，保底一方让渡部分共益权，或者自愿减少董事席位，取得投资风险降低的对应条件，可不可以？似乎也是可以的，故倾向有效。

李志刚：谢院长所说的风险，也很有启发：出具收益保底承诺的股东事实上可能没钱贴补，这是不是也是一种风险？而没有人愿意借钱给他。其本身也没有符合银行风控要求的抵押物，无法取得银行贷款。所以他才接受了这样一种交易模式，并且资金成本必然要高于银行信贷。而资金提供方则希望在承担无抵押物担保的高风险情况下的保底收益加超额收益，交易由此达成——而不是有低利率的贷款摆在那不用，非要利用通谋虚伪来借款。

朱慈蕴：赞同，尤其是有限公司，自治的安排很多。《公司法》设定的底线是，不得违反公司独立人格，不得侵害第三人利益。

朱　虎：在股东之间即使没有共担风险，这种约定为什么就一定无效呢？又没有影响到公司外部债权人的利益。在《最高人民法院关于审理涉及国有土地使用权合同纠纷案件适用法律问题的解释》中，房屋的合作开发，即使没有共担风险，也只是变换一种认定方式，而非无效，如约定取得固定数量房屋的可以认定为房屋买卖合同。

纪海龙：这个题设，初步认为并非通谋虚伪表示。通谋虚伪，是说当事人都没有法效意思。题设案型，感觉当事人真心实意想设立公司，有设立公司的法效意思。股东之间的特别约定，都是成熟理性人，如果没有负外部性，没必要干涉。

叶名怡：我并没有说补偿约定无效。我一直说的是如何界定双方之间的法律关系。保本收益不符合合意设立公司的本质。

李志刚：公司确实设立并运转了，股东之间没有资金的出借和返还的行为。

朱　虎：按照约定就可以了，当事人的意思是最大的个别规范。

真意探求、经济目的与意思表示的解释

叶名怡：明明不是“鹅”，只是“白鸭子”，当事人自称他们是“鹅”，我们就要跟随吗？

纪海龙：为什么不是戴了个围巾的“鹅”？保本收益是股东间的约定，公司对股东是不保本的。

朱　虎：通谋虚假行为的认定，在涉及交易的时候，要根据当事人的意思，尽量地避免无效，在管制层面可能要进行穿透。

叶名怡：公司设立协议与保底收益协议，应当结合起来看。结合起来看的结果就是，他们根本就不是在合意设立公司。这涉及对意思表示的解释和认定，而不是简单的有效无效的问题。我的立场前面已经说得很明确，在涉及第三人利益保护时可以维持公司的存在，虚假行为不得对抗第三人。在内部关系认定上，要认定真实的合意，而不是他们当初自称的合意。

纪海龙：要区分法效意思和经济目的。意思表示解释，解释的是法效意思，用经济目的取代法效意思（如动产担保的功能主义），要有特别理由。

叶名怡：法效意思也是有争议的，这里不仅仅是经济目的。

李志刚：如果在马和驴之间还有骡子，合同写的也是骡子，结论可能就会有变化。

公司法视角

傅　穹：题设的有限公司股东自治，除非损害第三方利益，原则充分予以尊重。分析如下：（1）保底收益，不同于借贷，正如刘建功兄所言，股东投资作为偿债资本，对外共担风险。（2）保底收益，也不同于优先股，后者是存在利润基础上的收益固化，放弃了表决权。保底收益，固然也存在放弃表决权的可能，但即便没有利润，股东另一方也给予利润之外的补偿。（3）保底收益，是否必然以民间借贷上限为标尺，涉及商事自治的裁判介入问题，原则上似乎不应比照民间借贷，否则又回归借贷本质，不同的行业利润差异很大，当事人应该具有判断。（4）保底收益，能否考虑以对方股东投资为限作为一个裁判思路呢？因为股东是有限责任，保底收益不能超过对方投资的额度。总之，应当充分尊重合同约定，而非认定为规避或借贷。

叶名怡：所以我从来没有简单否定补偿协议的效力。我只是说在内部他们其实就是一种类借贷，一种融资关系。作为商事经营的风险承担，不仅指的是对债权人承担经营风险，而是还包括实质上是否承担亏损的风险。我们如何在借贷和商业投资之间作出区分？区分标准是什么？这个问题不容回避。如果认为他们就是一个正常的公司，如何解释适用最高利率限制规则？

朱　虎：内部关系上不见得一定是借贷。

傅　穹：商事经营是否须承担风险亏损？这是一个好问题。相反例证，（1）对赌协议，就是一种投资的变相保底，且收益不封顶，亏损要保底；（2）类别股份，优先股类似利润优先固化，但未必保底；（3）可转债，类似反向保底；（4）不过，若保底约定过高，其与民间借贷之间的关系，确实不好回答。

叶名怡：对赌协议有特殊性，跟本案不同。主要区别在于，对赌协议是战略投资者后期加入，本案是发起设立。另外，对赌协议的战略投资者是两个结果，或走或留，根据经营状况确定。而本案，纯粹就有一个结果，获得保本加收益之后走人。

李志刚：对赌协议的概念本身，也不一定能产生当然有效、当然无效，确定定性的结论。可能也还是要将对赌协议的安排，拆分成公司法问题和合同法问题去看。定性本身也不是目的，定性本身是工具。定性的目的可能还要回到开头讨论的两点：合同约定不明的补充适用及管制的无效后果。

合同对价视角与利率上限

王　飞：我想到的点是一个对价对应了两个合同的问题。

第一，撇开出借方是银行的情形，出借人以一个对价（出借资金 100 万元），交换得来的对价是 1 年后归还本金 100 万元，再加上利息 20 万元，这是一个对价交换另一个对价形成的借款合同。出借人的对价（出借 100 万元）是不是可以同时再交换一个对价呢？比如，要获得对借款人车辆半年的使用权（假定的情形），似乎应该是可以的。

第二，如果同时交换的对价是与金钱直接相关的利益（如你所说的获得拍卖抵押物的溢价收益），假定我们不把它认定为利率或者变相利率，则投资收益作出出借资金交换的对价，也可以支持。

第三，最大的不确定是，因为国家对于银行有利率管控，对民间借贷也有上限，一旦对这样的一个对价交换两个以上对价的情形作“穿透式分析”，它就充满了不确定性。不但会将投资作为利率的变种，也会将汽车使用权这样的、没有直接金钱利益的对价，也作为利率。

李志刚：是的。题设案例中，确实如您所言，实际上对价有两个组成部分，加总和折算后，可能受到利率管制的上限限制，得出的结论似和刘建功的一致：超过部分无效，其他有效。

刘建功：超过部分不是无效，是无请求权。

段晓娟：超过部分不保护是吧？

傅　穹：股东协议保底，关于超过部分保护能否类型化：（1）利润低于法定借贷利率，超过部分可以不保护；（2）若利润远高于利率上限，约定保底低于利润，可以考虑保护。当否？例如，医疗器械公司、外卖区域公司、外卖员服务公司、美容公司、高科技公司、饮料公司甚至律所等，约定保底收益高于借贷利率，低于公司利润，约定认定有效，司法可否保护？

彭　冰：搞不明白超过部分不保护的道理：高利贷限制的目的是不要给借款人压迫，只要借款人没有必须支付高利贷的刚性兑付义务，就没有必要限制高利息；除非认为限制高利贷的立法目的是要禁止债权人获取高额利润，也就是基于嫉妒心？“保底＋利润分享”的商业安排，就那么不公平吗？不公平性何在？

邓　峰：理论上没那么简单。如果类比优先股的话，在没有利润的时候，可以不分红或者推迟分红。所以问题的情形是比较复杂的，但绝不是简单地定性能解决的。

李志刚：彭老师这是灵魂之问啊。这也是二分法定性的思维模式下，一个最根本性的问题。如果“公平不公平”，还是一个主观评价的话，那么另外一个灵魂之问就是“保底＋利润分享”的商业安排为什么无效？仅仅是因为只能在固定收益（借贷）和损益共担（投资）之间二选一吗？

交易结构一：5%的固定收益＋超额利润分享（可能超过24%，甚至达到50%）；交易结构二：固定利息18%。后者是否就比前者公平？前者实际收益（5%~55%），是否必须认定前者超过4LPR的利润分成无效？由此才能实现一种结果上的公平，而不是机会（基于前期风险预判和负担的交易模式安排）的公平？

刘建功：先谈起初的问题，首先，“固定利率＋抵押物变卖超额部分分成”，这个可能不是皆大欢喜的利益分配，更可能是“剥皮抽筋”。可能连钱都还不上、得变卖抵押物了，还要分一部分给债权人，此时如果总计超过了利率保护上限确实难以接受。其次，超过借贷利率的利益分配约定是否被保护，关键还是看是不是“借贷”。这就关系到如何定义借贷，或者说，是不是一旦有固定收益的约定，即排他性地作为借贷处理。可能事情不是这样简单。

李志刚：理性的债务人，在有上面的方案一（固定低息加浮动或有超高息分成）和方案二（固定高息）可以选的情况下，是否可能主动选择方案一？所以，我在想，可能这里在本质上，有一个法律/法官/传统民法，怎么看待风险与收益的分配方式/结构/模式的问题：是固定（借贷）与损益一致（投资）的封闭二分，还是开放式地允许各种不同模式的风险与收益搭配——并且，在什么样的程度/结构上，要坚守借贷上限的红线，减掉超过的那部分浮动收益？

李　宇：担保财产变价款分成，相当于部分的流押流质条款，构成对清算义务的规避，存在负外部性。

邓　峰：依据何在？而且考虑因素也不够。

李志刚：是的，这是关键。

穿透思维与法律的形式主义

李志刚：另有裁判观点认为，通过劣后级有限合伙受让优先级有限合伙份额实现其退出的约定，属于以名为合伙企业协议，实为借贷为由，认定合伙协议无效。可能涉及两个问题：一是如果是涉及组织体的协议，是不是也因为目的是借款，而导致组织体的设立协议无效？组织体协议无效，后果是什么？二是在“穿透主义”的导向下，法律的“形式主义”是否还有价值？二者有无边界？

薛　军：这种现象太普遍了。提供款项的一方也将相关的法律行为认定为实质上就是借贷。处理过好几个这类案件，以前稍微模糊一下，作为借贷处理，让合伙人还钱。但是后来强调形式主义，合伙就是合伙，不是借贷，不管当事人怎么想的。

李志刚：“目的 = 实质 = 无效”，是否应当成为一个普遍性的公式？此种裁判观点，与《民商审判会议纪要》第 90 条，关于对劣后级对优先级的差补义务应予支持的规定和逻辑，似亦有不同。

郭宁华：近几年，行政监管中的穿透思维非常时兴，对司法界的影响力也越来越大。个别地方商事思维有民事化倾向，甚至行政化、刑事化苗头。外观主义需要让位给穿透主义，成为一种趋势。

章恒筑：法律本身就是一种形式理性。《民商审判会议纪要》提出穿透性思维有特定背景。按照会议纪要的精神，主要针对规避金融监管的几类行为，不是要求审理所有案件都要遵循穿透性思维。毋宁说，穿透性思维审判是特定范围内金融“套利”行为的一种规制。《民商审判会议纪要》讲话中，在讲穿透性思维前面，还讲了请求权基础，法官要受当事人主张的约束。诉讼，究其本质是两造当事人把纠纷提交到中立的法官面前作出判断，穿透性思维从程序法角度也带有一种职权干预的特征，不应该是民商事诉讼的常态。农村里两兄弟为了一块宅基地打官司，法官后来发现纠纷的根源是妯娌不和，两兄弟都听自己老婆的。按照对“穿透性思维”的一种理解，就得把原告、被告都更换为两妯娌。

吴泽勇：在“闭环贸易”这种适用穿透式审判的典型领域，实践中也遇到了很多问题。

李志刚：在民事诉讼法上，贸易融资是否涉及审理范围的问题？比如，以一案查一串？

吴泽勇：我感觉在当事人追加和判决效力等方面都带来了很大挑战，而且对法院的要求也太高了。请求权思维大体上对应的就是一原告一被告的两造诉讼结构，突破这种结构需要实体法上的特殊理由。

章恒筑：查过相关资料，也请教过金融学者，不能一概认为监管套利就是违规行为，有时就是一种交易策略，甚至是金融创新的空间。穿透性思维的话语背景就是监管套利，也要作具体分析。更不宜任意扩大穿透性思维的运用。最好在民商事审判领域还是不用这个表述比较好。按照“奥卡姆剃刀”原则，除非必要，勿增实体。有人说，几乎所有金融创新的冲动都是监管套利。

李志刚：从本质上说，所有的商业贸易都是套利。在《民法典》时代，基于套利认定“合同无效”，可能需要一个明确的、具体的（而非抽象的）、私法（法律和行政法规）上的（而非监管规定上的）规范依据。

章恒筑：金融创新就是时间套利。

李志刚：值得注意的是，所谓名为合伙、实为借贷，可能还不涉及监管，仅仅是有借贷的目的。有借贷的目的，是否合伙协议就整体无效，可能值得讨论。

章恒筑：有人可能认为民间借贷是洪水猛兽。民间借贷存在事实上的监管，通过金融稳定政策，司法政策等合力的监管。

【总结及倾向性观点】

就涉及保底或者“固定收益 + 负担收益”的股权投资或者合伙协议的效力而言，主要涉及三个问题。

第一，合同定性。一种观点认为，应当按照穿透思维，认定表面行为是通谋虚伪，真实意思是民间借贷；另一种观点认为，虽然有保底或者固定收益、浮动收益的约定，但公司投资、合伙投资协议仍然存在，不能因此否定设立公司、设立合伙的意思表示。本专题编者倾向观点二，理由是：虽然有到期还本付息（固定或者浮动收益）的经济目的，但设立公司或者合伙本身的意思和表示也是真实的，并且真实设立了。

第二，合同效力。第一种观点认为，遵循意思自治，除非违反强制性规定或者波及第三人，应当认定有效；第二种观点认为，部分有效，超过民间借贷利率上限的部分无效；第三种观点认为，意思表示不真实、违背公序良俗或者监管规定，应当认定整体无效；第四种观点认为，违背收益风险一致性的公司 / 合伙合同本质属性，故应当认定无效。本专题编者倾向观点一，理由是：允许存在不同于借贷的合同安排，涉及投资收益的，不应当以 4LPR 为上限，设立公司 / 合伙本身的意思表示也是真实的，并且实际履行了，贷款并非没有风险，以投资风险否定合同性质与效力依据不足。

第三，关于穿透式思维。第一种观点认为，民商事司法应当与监管保持一致，并且有通谋虚伪的法律工具，故在民商事审判中也应当坚持穿透式思维。第二种观点认为，法律的形式主义与行政监管的实质性监管有本质不同，不能用行政监管思维代替民商法的思维。第三种观点认为，在民商事审判中引入穿透思维应当严格限缩，一是以坚持请求权思维为前提，二是仅限于涉及金融监管领域，不应任意扩大适用。应当坚持法律思维（而不是监管思维）、形式主义（立足于法律概念、法律关系与法律逻辑），并且严格限定适用范围（仅限于金融涉及监管领域，且不是所有因为涉及金融都要穿透都导致无效）。

【代表性学术观点】

于程远认为，（1）法律行为的定性本质上属于意思表示解释的任务，是法秩序在意思表示解释理论框架下对法律行为作出的初次评价。（2）在司法实践中，法律行为的名不副实既可能表现为法律行为名义与内容的偏离，也可能表现为法律行为内容与目的的偏离。（3）对于法律行为的定性而言，原则上应坚持内容决定论的立场，以法律行为内容确定的权利义务构造对该法律行为进行定性。（4）虚假法律行为制度中的核心议题并非法律行为的名不副实，而是当事人在订立表面行为时是否具备法律拘束意思。如果当事人在订立表面行为时具备法律拘束意思，则该行为是法律行为，可以产生法律约束力；但如果当事人在订立表面行为时不具备法律拘束意思，则其表示根本不是意思表示，也就无从成立法律行为。（5）法律行为的名义原则上不影响法律行为的定性结果，仅在例外情形下可能成为解释者予以参照的重要因素。（6）在某些情形下，法律行为自身的性质可能具有特殊性，从而要求解释者在确定其性质时更多地甚至主要对当事人的内在目的进行考量，此时可能成立一种非典型意义上的目的论解释。之所以称为“非典型意义上”的目的论解释，是因为此类情形下意思表示的内容并非不重要，然而即便解释者依据意思表示解释的基本规则探明了该法律行为中的权利义务设置，也同样无法对其进行定性，造成这一困难的原因并非在于意思表示含义的不明，而是在于该法律行为自身构造的特殊性。（7）规范解释对相关因素的综合考量，不应导致意思表示解释走向另一个极端，即完全忽略当事人的明确表达。（8）法律行为定性过程中的“名”“实”关系在本质上并非单纯的二元结构，而是“名义指称”“内容构造”与“当事人目的”的三层次结构。名义指称在绝大多数情形下无意义，内容构造通常对法律行为的定性起决定性作用，当事人目的通常仅为意思表示解释的参考要素，仅在例外情形下可以对法律行为定性起决定性作用。意思表示解释理论的评价功能原则上仅限于为特定内容的法律行为寻找相应法律规范的范畴，对于法律行为当事人滥用构造自由规避法律以实现非法目的的情形，裁判者不应仅从规制的需求出发，强行扭转法律行为定性以适用法律，而是需要借助意思表示解释理论外部的制度和方法加以限制，如对强制性规范的类推适用。法律行为的定性应该被严格限制在意思表示解释理论的框架之内，区分真正意义上的法律行为“名”“实”关系和仅存在于当事人动机层面的“名”“实”关系。在虚假法律行为中通常不存在法律行为定性的疑难，因为无论表面行为还是隐藏行为的性质通常而言都是清晰的。此时裁判者的主要任务是判断表面行为的虚假性，并对隐藏行为的效力作单独判断，而不能简单地以“名为……实为……”的论断扭转表面行为的定性，因为其背后蕴含的法律问题是异质的。（9）应当从原则上否定纯粹目的论的定性方式，拒绝“穿透式”的法律行为定性，仅当法律明文授权，或法律行为本身的性质要求如此时，方能以目的作为法律行为定性的决定性依据。①

张桦认为，“穿透式审判思维”是移植“穿透式监管”的理念，遵循实质正义精神，注重保障公共利益，避免形式主义司法的流弊。“穿透式审判思维”的法律效果可以归纳为以下三种：一是对各方当事人的法律关系进行重新认定，特别是在多主体、多法律关系的情形下，对法律关系的主体以及性质均作出与书面协议不同的司法认定，如在“假保理、真借款”的情形下，判决认定其为“名为保理、实为借贷”，且保证人实系借款人。其理论基础是法律行为的真实意思表示的探究。二是法律关系的内容违反法律、行政法规的强制性规定，违反社会公共利益或公序良俗等，导致法律关系被认定为无效。其理论根据是法律行为因违反法律、行政法规的强制性规定或者是社会公共利益而无效。三是法律关系的内容被认定为刑事犯罪，导致民商事案件被裁定驳回起诉，并移送公安机关。“穿透式审判思维”在一定程度上否定了商事外观主义下的意思表示和权利义务内容，同时法律评价也否定了当事人约定的表面意思表示。这可能造成司法意志对私法活动过度介入，对合同稳定性产生不利影响。因此，在践行“穿透式审判思维”过程中，应注重其功

① 于程远：《论法律行为定性中的“名”与“实”》，载《法学》2021 年第 7 期。

能界定，从而建立起与合同治理之间的协调关系。“穿透式审判思维”须受到商事外观主义和法律内部与外部体系等原则和规则的制约，从而保障法的安定性和秩序性。一是其介入的标准应该是客观标准而不是价值判断，从而保障其对私权介入的限度。应引入相关客观性的评价体系或者是客观证据支持，如法经济学工具的效益性评价，或者是相关实证数据性支撑，而非简单的价值评断。二是在法律的解释上，应该遵循基本形式逻辑规则，尊重规则本身的理性。三是要从宏观上考虑社会公共利益。特别是在金融交易行为的处理上，既要对金融合同严格贯彻效力规则，保障私法自治基础地位，同时也要认识到违反规章但被确认有效的合同可能会形成错综复杂的契约群，将不可避免地增加合同交易的整体风险。①

最高人民法院民事审判第二庭认为，（1）在人民法院的司法实践中，较为主流的认识是将优先级与劣后级受益人之间的关系界定为借贷关系。这种法律关系的认定方法，是以当事人在协议文本中存在关于获取固定回报的约定这一基本事实为基础，以《合同法》(《民法典》借款合同章）的规定为主要规范依据，也符合结构化融资信托关系中优先级受益人和劣后级受益人的真实意思。（2）对金融机构有关投资性金融产品“利益共享、风险共担、风险与收益相匹配”的监管思路、对“投资性”属性的认识存在误区，基于分级产品中的合伙关系而带来的投资性来规范优先级受益人与劣后级受益人之间的关系，在适用法律方面存在错位的可能。按照合伙法律的规范思路，如果要求不同类别份额持有人的损益负担适用同一个比例分配，客观上将形成一个悖论：要么分级不复存在，双方按照出资比例约定亏损和收益比例；要么违反公平原则，导致损益分担与出资比例不对称，构成优先级受益人对劣后级受益人的利益输送。因此，以合伙关系来规范不同类别的受益人之间的关系，将优先级份额持有人的合法民事权利作为监管矫正的对象，不仅没有体现该项业务的基本属性，反而是从去除“刚兑”的思维定式出发，误以为优先级受益人获得约定本息回报也是“刚兑”的一种，人为扭曲了优先级和劣后级客户之间的基本民事法律关系。从预期效果来看，监管思路能否实现

① 张桦：《“穿透式审判思维”的功能与边界刍议》，载《人民法院报》2021年3月8日，第8版。

"破除刚兑"的效果，令人怀疑。（3）审判工作中应当注意，指导意见中关于分级资产管理产品中不同类别份额持有人之间关系的监管要求，是为了将信用风险、流动性风险和市场风险在不同的市场主体之间合理分配。在优先级受益人和劣后级受益人之间的关系方面，人民法院应当立足于信托合同和相关文件约定的内容，正确认定双方之间的基本民事法律关系。（4）优先级受益人和劣后级受益人之间的借贷关系的认定，并不影响信托产品作为自益信托的性质认定。（5）对信托资金运用后形成的损益，由不同类别的受益人按照信托合同和相关文件的约定进行分配。在信托到期后如果产生损失，劣后级受益人负有对优先级受益人从信托财产获得利益与其投资本金及约定收益之间的差额承担补足义务，优先级受益人请求劣后级受益人按照约定承担责任的，人民法院应予支持。①

付禄认为，在民间借贷的资本市场大量出现一种以投资协议的形式进行借款融资的合同，司法实践中将其确立为没有投资实质的通谋虚伪行为，实务界称其为"名为投资实为借款"式的民间借贷合同。其以2015年1月至10月福建省民间借贷纠纷案件为实证研究基础，通过对1000份判决的统计研究和以相关案例为切入进行了分析。他认为，虚伪表示在结构上包括内外两层行为：外部的表面行为系双方当事人共同作出与真实意思不一的行为，亦称伪装行为；内部的隐藏行为则是被掩盖于表面行为之下、代表双方当事人真意的行为。判断这种所谓的"名投资实借款"的行为是否真的是虚伪意思表示的标准在于：它是否满足内外两层行为的构成要件以及外部行为是否为双方当事人真实的意思表示。（1）如借款合同是已经生效的合同，入股协议是没有生效的合同，待借款合同不能履行时，入股合同生效，那么在形式要件上，入股协议更接近于一个附条件生效的合同，且所附的条件的内容是合法的。"投资协议"不存在内外两层的行为特征，没有所谓的伪装行为和隐藏行为，借贷合同是真实存在的，投资协议是附条件存在的，投资协议并非虚伪意思表示。（2）交易不成功则转为借款是否为虚伪意思表示？交易成功

① 最高人民法院民事审判第二庭编著：《〈全国法院民商事审判工作会议纪要〉理解与适用》，人民法院出版社2019年版，第473~477页。

与否，是当事人双方对于风险收益的利益考量和选择，无论债权人的资金占用收益以何种方式实现，债务人是否能够得到真实的利益平衡，这都不影响双方真实的意思表示。（3）只签订一份股权转让协议，并办理工商转让登记，在限期之内进行股权回购，且股权的回购价高于原交易价的数倍。“名投资实借款”合同是两条明晰的主线：借款行为为主，在特定条件下投资行为生效，这种投资行为的性质综上所述并非一种虚伪意思表示，而是一种担保行为。①

【典型案例】

徐州岚松家居用品经营有限公司与中诚信托有限责任公司、江苏华夏融创置地集团有限公司等合同纠纷案

案号：最高人民法院（2017）最高法民终 516 号

【裁判要旨】

信托公司采取向目标公司进行股权投资的方式管理运用信托财产，其进行的是股权投资。但为保证信托财产的本金和收益，其又通过目标公司股东约定差补责任等方式最终实现其本金和利息收益，不承担股东投资的风险，又最终带有债权投资的性质，因此，在不违反法律、法规效力性强制性规定，不损害社会公共利益的情形下，不能将该种投资行为绝对定性为是单一的股权投资或者债权投资性质，而应尊重其性质的多重性。

【基本案情】

2014 年 3 月，中诚公司以 3.99 亿元自有资金购买案涉信托计划项下信托产品，并通过股权投资方式成为润彭置业股东。同日，中诚公司与华夏集团签订《差额补足协议》，约定华夏集团对信托费用及信托计划承担差额补足义务。岚松公司以其持有的润鹏置业的股权为华夏集团与中诚公司签订的《差额补足协议》提供股权质押担保。华夏集团、岚松公司、董某 1、董某 2 分别

① 付禄：《“名为投资实为借款”式民间借贷合同的让与担保效能》，载《集宁师范学院学报》2017 年第 5 期。

与中诚公司签订《保证合同》为华夏集团与中诚公司之间的《差额补足协议》提供连带责任保证。后，中诚公司作为原告起诉，主要请求为：（1）华夏公司履行差额补足义务；（2）处置岚松公司质押给中诚公司的、对应实缴出资额为800万元的润彭置业股权；（3）判令董某1、董某2承担连带责任保证义务。

【裁判观点】

最高人民法院二审认为，本案争议焦点是：将信托资金以股东出资投入目标公司并约定预期固定收益率的方式运作信托资金的行为是债权投资还是股权投资？

第一，本案中，中诚公司是以自有资金购买案涉信托计划项下信托产品，并通过股权投资方式成为标的公司股东，依据《合作协议》等约定对标的公司进行经营管理，但中诚公司在信托计划存续期间是否为标的公司股东并不影响本案关于华夏集团差补责任以及保证人是否承担担保责任的责任认定。

第二，中诚公司采用股权投资的方式投入信托资金，目的在于在其持有股权期间，据此行使股东对目标公司的经营管理权、分红权等权利，以保障目标公司经营稳定、股权保值或者增值，其投资本金和收益能得以实现。其股权投资的最终目的是获得投资本金和约定的预期收益，而非一直持有目标公司股权。因该增资行为在给目标公司带来利益的同时，也给作为该公司股东的华夏集团带来利益，因此，该关于差额补足义务的约定并不违反公平原则。

第三，中诚公司采取向标的公司进行股权投资的方式管理运用信托财产，从这一意义上分析，其进行的是股权投资。但为保证信托财产的本金和收益，其又通过和标的公司股东华夏集团约定差补责任，和标的公司、标的公司的股东、华夏集团的法定代表人等约定担保责任等方式最终实现其本金和利息收益，不承担股东投资的风险，又最终带有债权投资的性质。

第四，在不违反法律、行政法规效力性强制性规定，不损害社会公共利益、他人合法利益的情形下，在案涉不同主体之间，应基于当事人之间约定的法律关系判定相关协议的性质、效力和明确责任主体、责任范围，不能将该种投资行为绝对定性为是单一的股权投资或者债权投资性质，而应尊重其性质的多重性。

第五，该情形并不属于我国《信托法》规定的信托公司向委托人承诺信托财产不受损失或者保证最低收益的情形。当事人间的上述约定系其真实意思表示，不违反法律和行政法规效力性强制性规定，不损害社会公共利益，故应认定有效。

（讨论整理及后续评论：李志刚）

事前放弃违约金调整请求权之合同条款的效力

——《民法典》第585条第2款之适用

【发言群友】

王长军、周晓晨、谢澍、薛军、吴庆宝、王志诚、林晓青、李宇、刘生亮、李志刚、戴景月、张静、石佳友、张谷、邹宇、刘建功、朱虎、王文胜、冯文生、王建文、邹波、姚明斌、王松、郭宁华、吴泽勇、王赫、葛云松、叶林、陈醇、张巍、叶名怡、王飞、徐同远、田朗亮、彭冰、段晓娟、李建伟、李秀霞、于莹、任一民

【讨论时间】

2021年2月、5月

【沙龙实录】

问题与观点

王长军：《民法典》第585条第2款规定："约定的违约金低于造成的损失的，人民法院或者仲裁机构可以根据当事人的请求予以增加；约定的违约金过分高于造成的损失的，人民法院或者仲裁机构可以根据当事人的请求予以适当减少。"合同双方事前放弃违约金调整的约定，系当事人的真实意思

表示，亦不违反法律规定，是否有效？如果当事人的约定可以排除人民法院对违约金的调整的话，那么该条规定完全就可能被废弃，从而造成不公正的结果。

周晓晨：这涉及该条的规范性质问题。如果是任意性规范，约定排除有效；如果不是任意性规范，排除的约定可能无效。

谢　澍：合同法基本是任意法，任意性规范得约定排除。不能约定排除的，应当有明确规定，并且违约金本身就是约定的，是在可预期范围；而对于违约金的调整本来就要依当事人主张，一项无关他人且非属人身的或有权利实在没有不得约定放弃的理由。

周晓晨：原《合同法》及《民法典》合同编中也有一些强制性、混合性规范。规范性质无法从法条文义表面看出。事先弃权和事后放弃权利不同，叶名怡老师在《中外法学》2018 年第 2 期发表的《论事先弃权的效力》一文中就此有专门论述。

薛　军：当事人事后不主张没有问题，事前通过约定来放弃是无效的。对过高的违约金的司法酌减规则，不完全是一个任意性规范。如果认定这种事先放弃的条款有效，可能会导致以后成为违约金条款的“标配”，那么，对不合理的高违约金的司法控制就失去了抓手。

吴庆宝：一般情况下，违约金以补偿性为准，即违约金与实际损失相吻合。同时，也可以约定惩罚性违约金，即约定较高违约金，相互限制，防止违约。有的案例中，违约金包含了两种意思：补偿性与惩罚性同时存在。鉴于法律对违约金并无强制性规定，则为当事人自主约定与处分，属于自己的任意性权利，当不由法律强行调整。何况，在当事人懂法的环境下，更无主动借助司法调整的可能性。故既然约定明确，无含混之处，便无调整空间。

王志诚：我国台湾地区实务上认为：违约金之约定，乃基于个人自主意思之发展、自我决定及自我拘束所形成之当事人间之规范，本着契约自由之精神及契约神圣与契约严守之原则，契约当事人对于其所约定之违约金数额，原应受其约束。唯倘当事人所约定之违约金过高者，为避免违约金制度造成违背契约正义之原则，法院得依职权减至相当之金额。唯违约金裁减是法院的职权，理论上不得由当事人事前抛弃。

王长军： 以当事人请求法院调减违约金，还是法院依职权主动调减违约金，比较这两种方式，还是我国《民法典》采取的由当事人请求更为合理。

王志诚： 我国台湾地区当事人也可申请法院裁减，但是否裁减，是法院的权限。

林晓青： 请求违约金酌减的权利确实不宜由当事人事先约定放弃，因为这个规定本身的目的就是对当事人自由意志的限制，避免当事人在缔约时由于一方处于优势地位而定下过高的违约金。同时，也避免一方为了赢取暴利而故意造成对方违约的道德风险。现实中，违约一方有时未必存在真正的过错。比如，在套路贷当中，首先采取的手段就是故意在还款日消失，造成对方的逾期。

李　宇： 债权人受领迟延，债务人不负违约责任。

契约自由与契约正义

刘生亮： 吴庆宝老师和薛军老师的观点代表着对该问题的两种价值判断。能否提出一个调和方案：尊重契约自由，但允许举证证明不予酌减将导致明显不公，从而借道契约正义，实现司法介入而调减？

吴庆宝： 所谓调减，是约定过高，即以补偿性违约金为前提。按照合同法理，若约定违约金比实际损失过高，可以要求调减，以此体现公平原则，以及损失与责任相当。在惩罚性层面，即双方明知违约金约定是为遏制对合同义务的违反，一旦发生违约即可触发违约金惩罚性条款，而不论哪一方何种原因，除法律禁止性情形之外。这样，违约金条款没有任何可调整的余地。是否可以这样归纳：除违约金约定过高如属于双方可预见之外情形，可以根据合理原则予以调整之外，其他情形则不能予以调整。尤其双方为确保合同履行而作出对可能出现的违约行为限制，约定了违约金的，并不以实际可能发生的损失为基础前提的，则违约金条款没有可调整的余地。

李志刚： 按照民商（合同）分立的原则，处理违约金调减（权）一直是一个可以考虑的思路。即使在商事合同中，大部分违约金的约定似仍在“可预见”的范围之内。如果这个命题成立，那放弃调减权的问题，似乎也可照此推演。超出“可预见”范围之外的过高违约金，要么是违约的商人订约时没有动脑，要么是留着到时候再反言，请“慈母”出山，再来帮他反言。所以从朴素的公正观来说，可能不是那么值得特别保护。当然，真的是1元钱生意要赔1万元，而且违约的商人还真是不可预见，调一下未必不可——但这可能仅是假想的极端例外的情形，是否要作为一种常态下的立法规则，仍要慎重。

刘生亮：“慈母手中线”，这个不怪“慈母”。事先放弃，脱离了合同的履行状况这个参考因素。尊重契约自由但留有调整空间，还是可以尝试的。

李志刚：站在“慈母”的角度，是选择教育“熊孩子”、帮助“熊孩子”，还是让成年的儿子自己摔几跤，长长记性，本身是一种法政策选择和价值判断，没有绝对的对错。所谓的“契约正义”，这个“正义”本身就包含了多维的、主观的价值判断。

刘生亮：法政策选择和价值判断是“通识教育”，具体个案是“因材施教”。

李志刚：个案可能也难以脱离通识，或许通识必然通过个案体现出来。

刘生亮：所以尊重契约，但可以由“熊孩子”举证，提出获得“呵护”的理由。

李志刚：如果他不是孩子，是“成熟的大人”呢？

刘生亮：一般来说，“熊孩子”打架，大人是不能帮忙的。

王长军：“事前放弃违约金调整权约定”约定的出现，可能主要源于当前司法实践中对当事人已经明确约定的违约金可能过度干预，即只要违约方提出调减整请求（事实上在实务中，违约方不提出调减者甚少且提出的比例很高），法院就要审查守约方的实际损失是否存在及具体金额，有时调整过低，甚至较为随意，严重影响当事人的意思自治约定。债权人为避免这种情况发生，遂事先约定放弃违约金调整请求权。但是，如果承认当事人可以事前放弃该权利，无疑又走向了另一个极端，完全可能出现极为不公的结果，甚至沦为强者压榨弱者的手段，故不宜认可其合法性。解决出路还是可通过司法解释将《民法典》第585条第2款细化，使之更具有可操作性，避免法院随意调减违约金。

戴景月： 如果违约金总是贴着损失走，自身还有什么价值？直接赔偿损失就可以了。但目前，既然有司法调整的规定，事先约定放弃请求调整权，直接限制了司法权行使，不宜准许。

张　静： 如果当事人只是约定了违约金，违约后一方当事人认为违约金过高或者过低请求调整，法院依法酌量无可厚非，这也是公平原则的体现。但我们讨论的这种情况，司法再行调整并未保护公平，反而损害了市场公平。毕竟当事人签订合同时对违约成本是有过考虑的，放弃调整请求权实际是进行了违约成本的二次考量，因为此时双方在该条款项下都可能承担违约带来的利益损失风险，他们对此条款的签订应尽到比一般合同违约约定更为审慎的义务，如果事后一方再以显失公平来主张调整违约金，则其自己的疏忽大意应该风险自担，而且其再行主张调整也有违诚信原则。合同是当事人的最高法律，双方都让渡了请求调高或者调低的权利，也即明确限制了司法的干预，司法不再管才是公平原则的体现。另外，《民法典》第585条规定，法院也是“可以”调整而不是“应当”调整，这也体现了司法的适度干预而非强制干预。这种情况下，如果法院调整了，个案看起来可能利益均衡妥帖，但从长远看，反而限制了裁判的指引作用，如何引导市场主体审慎签订合同？

戴景月： 即使违约也不能输得太惨，守约方够本就算了。

区分民事与商事：一种思路

石佳友： 适宜的解决办法是区分民事合同与商事合同：对于民事合同，违约金的调整是法官的权限，司法的介入具有公共秩序属性，当事人不得预先约定排除；而对于商事合同，应当尽可能尊重当事人的约定，尊重契约自由，许可当事人预先排除。

张　谷： 一个相关的甚至是前提性的问题：损害赔偿请求权可否预先

放弃？

李志刚：二者可能还有一定差别。正如张静法官所言，商事合同中，前者的弃权特约，可能更多地体现了因为对司法干预（违约金高低问题）的反感而刻意排除公权力的介入（高低调整）。后者（损害赔偿请求权）可能主要是法定实体权利的有无问题（完全剥夺）。《民法典》第585条规定的法院或者仲裁机构可以根据当事人的请求调整，已作了较大的软化。如果立法设定的是“酌定的权力”的制度安排，那么，商事合同中的两个商人又约定了排除，有何不可？

邹　宇：违约当然要承担责任，包括赔偿损失、继续履行等方式，约定违约金的意义在于快速确定赔偿范围，避免举证负担，从而提高交易效率。基于理性经济人假设，调整违约金不利于建立交易预期。所以个人认为，调整应当是例外、个别情形。但是在司法实践中，申请调整和实际调整的比例确实都很高，有违初衷。

戴景月：如果违约金的高低以实际损失衡量，就没有自身价值，如您说的快速确定。进而，补偿性和惩罚性的划分，是否符合违约金制度设置的原理？

张　静：区分民商的问题我之前想过，觉得作区分还是要基于个案考虑。但违约责任不是具有特殊商业性质的条款，无论是否为商主体，该条款都是签订合同的一方必然要考虑的内容，在当事人已经预先约定排除司法调整的情况下，还有没有区分民事合同和商事合同的必要呢？

邹　宇：民商区别的问题确实是个大问题，原最高人民法院副院长江必新在《法律适用》2019年第8期有专文，论述商事审判与非商事民事审判的异同。个人感觉民事的司法介入更深一些，商事更强调自治。但是，民事行为影响范围限于个人、家庭，商事行为如上市公司的决策影响面极为广泛，所以自治也应有限度。这也是证监会、银保监会的存在意义。

王长军：就当事人约定的违约金，无论是惩罚性违约金还是赔偿性违约金，都应严格遵守，这是合同严守原则的当然要求。但是，由当事人约定并排除法院调整，系过分的合同自由，很可能带来极为不公正的结果，会使违约金条款异化为一方压榨另一方的工具（在我国可能性很大，包括商事合同），因而对于违约金的数额也不能完全放任，这也是法院维护公正的职责之一。《民法典》第 585 条第 2 款正是这种精神的体现。

违约金应该有个合理的幅度，未达到一定的程度法院就不应该进行调整，对违约金的调整应当节制、审慎。但是，当事人能否排除法院对违约金的调整与法院应不应该对违约金进行调整是两个相差甚远的问题。违约金的高低以实际损失作为基准来衡量，科学、合理；且并非以实际损失衡量违约金就没有意义，当它低于实际损失的时候，受损方可以请求法院增加到损失金额，当它过分高于损失时，违约方可以请求法院调减，这符合公平原则。我认为《民法典》第 585 条第 2 款是正确的，关键是审判实务中个别法官在调减违约金时有些随意化。

刘建功：个人还是比较赞同薛军老师的观点。虽然从整体上可以假设商人的商业理性高于自然人，商事行为理当有利益计算衡量，但商人也有老奸巨猾的，也有初出茅庐的；有设套使坏的，也有诚实经营的；有仗势欺人的，也有被迫低头的。公权力必须保留这样一个调整权力，如果允许事先排除，那么等于这个保留落空。违约金调整其实与对借贷最高利率的限制在本质上道理相似。

李志刚：全国人大常委会法工委组织编写的民法典释义书中，[①] 强调了要关注债务人的身份是否是商人，似可解读为立法机关是有意识地为区分民事与商事提供接口的。

朱　虎：我个人的观点是：第一，违约金调整本身是对合同自由的限制。第二，违约金调整排除特约是对合同自由限制的再限制。第三，基于第一点，事先排除调整特约原则上无效；基于第二点，商事主体之间的具有补偿的合意的排除调整特约可以被认定为有效。第四，当事人的商主体身份仅仅是考虑因素之一，换言之，不是固化地判断商事民事，而是更为灵活化的判断。

王文胜：所以，是否商事，只是考虑的因素之一。

李志刚：商事，本身是类型化（典型化）的一种模式，或者说是最主要

① 黄薇主编：《中华人民共和国民法典合同编释义》，法律出版社 2020 年版，第 317~318 页。

的模式。

冯文生：民事弃权约定无效，而商事的约定有效，这种区别对待在国内缺乏制定法依据。即使对违约金条款作出司法变更，也从不否定违约金请求权，而是对该请求权标的额约定效力进行审查，并作出相应判定：或确认或增减。用笼统地约定有效或无效概念及规则，不能精准说明这个问题。

至于弃权特约的性质是否应认定为违约金条款，是决定能否适用司法变更的关键。一般来讲，它是对违约金条款的补充或补强。因此，当事人对这种约定有寻求司法变更的权利，其效力状态是可以动摇的。即使认为是关于违约金标的额约定效力的司法审查，也不能认为司法可一概彻底否定或肯定，而是一个高低范围权衡问题，只不过其效力不够稳定而已。当事人就违约金数额调整有请求司法救济的权利。这种权利不得约定排除，这种特约应认定为违反诉讼救济或司法救济这一公共秩序。

民商应区别对待不是问题，问题在于当事人就违约金数额作出的异常约定可否寻求司法救济，司法可否根据请求作出变更？综上，关于弃权的约定条款于实体法上无益，于程序法上无效，等于多此一举。

王建文：认定事先约定放弃违约金调整请求权会导致违反公共秩序，尚需斟酌。事后由法院酌定，固然有其合理性，但若要否定该约定的法律效力，势必以违反法律的强制性规定或公序良俗为依据。这就涉及违约金调整制度的立法目的及条款的法律性质。我认为，如果无法形成当然的强制性规范判断，则不宜据此否认商事主体自由约定的效力。

李志刚：合同本来是处理一对一的两个私人之间的民事权利义务分配的。但合同法上的公序良俗很容易被滥用，因为它用起来很方便，简单套上这个帽子，就没人能轻易摘下来——从这个意义上来说，用公序良俗很容易，慎用、不用或者极其例外地用，才符合其作为“私法”的“司法”的谦抑性要求。作为私法的司法，可能要和警察巡逻那样的公共执法、主动执法，有一定差异（比如以违约方请求为前提）。从这个意义上来说，至少允许事前放弃特约存在有效可能的空间，可能是必要的。

邹　波：违约金调整的请求权，无论是从程序法还是实体法上讲，个人认为还是得区分商事纠纷和民事纠纷，商事尊重商主体的意思自治，民事追求纠纷处理的公平，一味地说哪个最合理，可能达不成一致的意见，现实中法官处理类似的案件还是首先区分商事和民事，否则也就不会出现不同的判决。

张　静：当事人合同预先约定放弃违约金调整权，在实践中，法院依申请调整时候，再区分民事和商事，怎么认定呢？民事约定无效，商事约定就有效？容易给外界造成司法裁判尺度不一的感觉，而且民事和商事的界限也不是就能“一刀切”得那么清晰。

法官不一定比当事人掌握的信息更多，应该让站在更好的位置的人来决定，而且事实上也没有谁比自己对自己的利益更在乎吧？既然当事人已经作出二次考虑而放弃司法介入，不再调整也符合《民法典》第585条软化司法干预的精神。

司法审判时不区分民商事，可能在短期内对民事有阵痛，但并不是所有的案件都这样约定，这种情况仅占一定的比例，认定放弃调整违约金条款有效，也释放出一定的信号，让当事人更加审慎地签署合同，这也是积极的方面。而非此类情况的合同案件，还是可以申请法院调整救济。

撤销权的路径

谢　澍：个人认为，只是有损他人或人身关系或特别保护之类的权利才不得放弃；放弃了商事合同的违约金调整请求权，并非意味着就完全失控。我们甚至可以撤销合同，何必紧紧纠结于此而不放？

王长军：以什么理由撤销？

姚明斌：违约金司法酌减权虽然属于债务人的形成诉权，但其运行机制与可撤销法律行为的撤销权等形成诉权并不相同。法律行为撤销权的行使效果在于使法律行为从有效变为无效（《民法典》第155条），撤销之诉这一形成之诉仅在“检查”和“确认”当事人是否享有撤销权，即是否具备撤销事由。相比之下，违约金司法酌减权属于特殊形态的形成诉权，其效果并不在于消灭既有法律关系，而是由法院决定变更原有违约金约定的内容。相应地，违约金过高并非申请启动酌减的前提，债务人申请酌减时亦无须表明欲酌减的幅度，最终的酌减判决亦非仅在“确认”债务人享有酌减权，更在于“形成”不同于原有约定的违约金给付义务。《民法典》第585条第2款后段，行文明显不同于第147条等撤销权规则中当事人“有权请求人民法院或者仲裁机构予以撤销”的表述，显示出两种形成之诉的运作逻辑并不相同，这是第585条第2款后段立法的技术意义。

《民法典》第151条与第153条第2款具有价值上的亲缘性，该条规定：“一方利用对方处于危困状态、缺乏判断能力等情形，致使民事法律行为成立时显失公平的，受损害方有权请求人民法院或者仲裁机构予以撤销。”从法政策上来说，显失公平规则依托于公序良俗原则对暴利行为的否定，聚焦合同订立时的相关情势；司法酌减则是基于诚信原则，关注合同整个履行过程的发展，其检验的并非约定本身的公平性，而是合同生效后的发展过程中有评价意义的各种情况。两个规则在体系上还是有所分工的。

格式条款的路径

王　松：如果此类约定发生在格式条款的场合，似可适用《民法典》第497条的规定：“有下列情形之一的，该格式条款无效：……（二）提供格式条款一方不合理地免除或者减轻其责任、加重对方责任、限制对方主要权利；（三）提供格式条款一方排除对方主要权利。”其背后的理念也是公平原则。

李志刚：两个商人坐下来，一条一条谈出来的合同，可能不一定适用格式条款。二者语境有交集。格式条款背后还是缔约地位的实质不平等。如果二者缔约实力是对等的，强强缔约谈出来的条款与格式条款会有差别。

王　松：在特定情形也许大家分歧并不大，结论可能相同，只是审查的内容不同：李志刚等老师的观点是有的情形放弃有效，审查的是缔约过程，发现约定并无不公，就不调整违约金了；另一种观点是即便约定放弃，也要审查约定是否公平，如果并未“过分高于”，也不会调整违约金。

李志刚：逻辑上也会有一定差异，即先审查调整的必要性，还是先审查弃权特约条款的合法性。

王松：是的。

文义解释与历史解释

姚明斌：《民法典》第585条第2款规定的“可以根据当事人的请求予以适当减少”由于主语发生了变化，蕴含了法院或者仲裁机构“可以不酌减”的空间，有助于校正此前实践中动辄酌减的做法。事先排除酌减特约原则上无效，例外有效，例外限于商事主体经充分协商，尤其是对双方都排除酌减。理由是，在此种情况下，排除特约其实是商事交易对价安排的实质组成部分，若认定无效会动摇合同的价格安排。

王松：关于违约金，《民法典》第585条第2款对《合同法》第114条并无根本改变，只是更为明确了司法酌增（酌减）规则。规定的违约金性质是以补偿为主，以惩罚为辅。即以赔偿非违约方的损失为主要功能，不是要严厉惩罚违约方。如果任由当事人约定过高的违约金而予以支持，无异于鼓励当事人以此获取暴利，也可能促使一方为取得高额违约金而故意引诱对方违约。

另外，衡量违约金是否过高于损失，综合衡量的是合同履行情况、当事人过错程度、预期利益、当事人主体身份等，根据公平和诚信原则确定。而合同履行情况、当事人过错程度等，都是合同双方（包括商事主体）在缔约时不能完全预见的。

综上，如果允许事先放弃违约金调整请求权，有违立法目的，难以避免赌博性约定隐藏的道德风险，难谓妥当。

“如果债务人是商事主体，其对违约风险的预见和控制能力更强。”[①]《德国商法典》第348条规定，商人在其营业中约定的违约金不得依《德国民法典》的规定减少，这可能过于绝对，但至少在此时，违约金酌减应当更为审慎。

① 黄薇主编：《中华人民共和国民法典合同编释义》，法律出版社2020年版，第317~318页。

违约金调整请求权的性质

张　谷：司法酌增酌减违约金，前提还是有当事人的请求。如果当事人不请求呢？不可以约定不请求吗？调整与否、在多大幅度内调整，是法院的权力，基于当事人的请求，这是一个问题；当事人可否不请求，又是另外一个问题。

李　宇：若经充分协商，民事主体之间特约排除，亦未尝不可，本质上还是对私权的处分，正如放弃诉权之特约未必因此而无效一样。事后抛弃或特约排除违约金酌减请求权，其效力似少有争议。给付违约金后不得再请求调减，比较法上更有明文规定。可见，问题的关键点不在于是否涉及对司法权的排除。两说之争议焦点集中于事前排除未必可一律允许，关键区别点似在于：认为允许事先排除，容易导致当事人因过于乐观、对抽象危险性未有足够认识而发生压榨现象。但若双方确已充分考虑此种抽象危险性，则否定说的理由又已削弱。另外，没有违约金调减请求权，私法上未必没有其他可用的手段控制极端案型。正如《德国商法典》特别排除了商人允诺违约金的调减请求权，但若其违约金约定构成暴利行为，仍可适用《德国民法典》第138条第1款。在我国法律上，还有高利贷控制规则可用，违约金再高也高不过4倍LPR。

郭宁华：张谷老师提了一个很现实的程序法问题，于裁判者而言，民事诉讼不告不理，不能超出当事人请求范围进行裁断，所以当事人是否请求调整决定了司法酌减机制的启动。在实践中，在对方未明示申请调减（如公告送达缺席审理）的情况下，法官能不能依职权调整，一直存在争议。

王长军：公告送达被告未出庭，视为放弃诉讼权利，法院不应依职权调减。违约方的违约金调减请求权能否事前放弃，还涉及该请求权是民法意义上的请求权还是诉讼法意义上的请求权。民事上的请求权是指请求相对方作出特定行为的权利；但违约方提出调减违约金不是向相对方请求，而是向法院或仲裁机构请求，应属诉权范畴。诉权属于公权，不得通过事前约定而放弃。

刘生亮：放弃效力评判，回归酌减与否，类型化考量因素是不是更好？

冯文生：《民法典》第 585 条第 2 款非常有限地赋予司法机关或仲裁机构依当事人请求变更违约金额的衡平特权。这是什么性质的规定？

吴泽勇：大家讨论的酌定调整违约金的请求权，看上去更像是一种程序法上的请求权。但程序法上的请求权也并非绝对不能约定放弃或者限制。这种约定在诉讼法上就是所谓的诉讼契约。最高人民法院对合意放弃（限制）诉权的处理，有认可的案例，也有否认的案例。如果非要就最高人民法院的态度归纳出一个标准，可能还是要看这种合意本身是否正当——比如约定违约金本身的合理性，以及当事人在作出放弃酌定请求权约定时是否处于不受胁迫的地位。如果按照这个标准，那么整体上认为其无效（从而不仅否定当事人的处分权，同时也否定法院的审查权）的思路，可能也是不周延的。

王　赫：同意王松、吴泽勇等老师意见。违约金的司法调整问题无非是社会公平与私法自治的协调。说到底，是否公平。这必然要在个案中判断和调整。如果说完全坚持合同自由、私法自治、个人责任不妥当，应当允许司法对违约金的约定予以调整，那么，完全禁止事先弃权，而不考虑合同主体、缔约过程等因素，恐怕也有失偏颇。

王长军：合意限制诉权，在一定情形下可以，如附一定合理的期限。但是，事前放弃诉权的合意是无效的。

吴泽勇：从最高人民法院的两个案例看，是这样的。

回到违约金调减制度本身

葛云松：我在民法课程中，一直这样向学生解释违约金酌减的问题：我们首先假设，法律上没有明确的违约金酌减规则，那么，在合同整体上有效（包括可撤销但未被撤销）的情况下，违约金条款可能面临哪些特殊的命运？（1）可能因为违法或者违反公序良俗而无效。比如，借款合同的违约金，超出法定利率高限的无效。违约金条款是否可能违反公序良俗？也是可能的。

违约金条款的无效，原则上应该不会影响合同主要条款的效力。（2）违约金条款是否可能存在可撤销的情形？应该是可以的。欺诈、胁迫、错误等都可以发生。当然，更容易设想的是显失公平。如果发生这些情形，当事人一方请求撤销该条款（合同其他条款不受影响），应该是没问题的。当然，这时要适用相关的具体规则，包括各项构成要件、除斥期间等规则。

关于违约金酌减规则（暂且不谈与上述规则的关系），先谈谈对它的技术性理解。在有效的违约金条款之下，违约方请求法院酌减，从规则来看（实质上这样也更合理），须违约方提出请求。显然，这符合形成诉权的特征。唯一的问题是法院的“酌”的权力，它是否意味着违约方并不享有确定的实体权利？未必。以情势变更原则为例，当事人一方以此为由请求法院解除合同，法院是否必须解除？法院有斟酌的余地，进而，在解除合同的情况下，双方如何进行损益分担，法院也有裁量余地。因此，尽管法院对于是否“减”以及减多少有裁量余地，仍可认为，违约方享有形成诉权。

上述理解，体现了一个通常应当做的工作：法院在诉讼过程中行使的权力，必须尽可能为其寻找实体法上的根据，或者辨析其实体法性质。比如，申请执行人获得法院的保全或者执行措施后，为了决定他与被执行人的其他债权人的关系，应当考虑将其地位理解为担保物权。

如果将违约方的“请求”权理解为形成诉权，一个非常尖锐的问题是，它与常规的（基于显失公平等事由的）撤销权在实体法上的联系，以及在程序上的关系。从现有规则来看，两者在程序上不冲突。当然，行使了其中之一，另一个就失去了实践意义。

重点要说的是两者在实体法上的关联。一个存在显失公平事由的违约金条款（也就是，在缔约过程中，一方“利用对方处于危困状态、缺乏判断能力等情形……”），违约方必然也享有请求酌减的权利。程序上，违约方如果没有请求撤销，而是请求酌减，法院显然可以适用酌减规则。进而，即使除斥期间已经经过，违约方仍可请求酌减。但是，在更多的情形下，违约方没有撤销权，仅（可能）有请求酌减的权利。应当注意，请求酌减的权利，其实践效果类似于撤销，那么，为何法律要在常规的撤销权之外设置这个权利？是否过分偏爱违约方？

我的看法是，并非如此。缔约时，当事人对违约金条款常常不太看重，因此可能考虑不周，其中包括，为了预见到未来的损失（以便确定违约金金额），就要试图预想特定的违约情形，可是，当事人很难对此有充分的协商。从公平性考虑，由于违约金仅适用于违约场合，当事人可能因为对自己守约的信心较大，不认为违约金条款会适用，因此对于违约金条款缺乏深思熟虑，或者，尽管对方提出的条款不公平，也就不以为意地接受了。也就是，不公平、不合理的违约金条款（不公平性，有的当时就能看出，或者到了违约发生后才变得明显），未必是一方“利用对方处于危困状态、缺乏判断能力等情形”。要说“重大误解”，也比较勉强。

另外，即使符合典型的显失公平规则，可是在当事人需要动用违约金条款的时候（进而需要请求酌减时），常常已经超过了一年除斥期间。

所以，基于上述原因，就需要一个特殊规则。这个规则的实质，实际是一个特殊的显失公平规则。但是，在构成要件、除斥期间、法律效果上，相对于常规的显失公平规则而言，都有所放松。

在上述理解的基础上，似乎就容易理解：法院如何决定酌减，以及是否允许预先排除。法院如何决定酌减？重点不是违约金是否过分高于损失，而是是否公平。当然，过分高于损失，可以作为显失公平的表面证据，但是，也可能是相反结论。也就是，“公平”的考察时点，应该是缔约时，但是违约事件发生后的事实，也可以作为判断的参考。比如，惩罚性违约金（典型的约定方法是，约定了实际损失的赔偿责任，又约定在此基础上支付一定的金额作为违约金），完全没有相应的“损失”，但是可以是完全公平的。也就是，违约金酌减问题的提出，必然是违约金高于实际发生的损失，但是，仅此不足以说明不公平，必须以缔约时的视角，看看双方约定这样内容的条款，是否算公平。当然，在两者明显失衡的情形下，似乎可以初步推断为：以缔约时的视角看，如果当时预料到这种具体情形的违约事实和损害的事实，以合理人的角度，会认为这样的违约金金额不合理。

进而，可否预先排除？如上所言，酌减问题的实体法实质是违约方的形成权（形成诉权）。所以，这里的实质是，可否预先排除违约方的这个形成权。违约方的这个形成权的基础是显失公平、考察的是缔约环节的事实，因此，就像欺诈、胁迫、显失公平（狭义）之下的撤销权不能被预先排除，这里的形成权也不能被预先排除。

李志刚：谢澍法官前面似乎曾经提到过格式条款或者显失公平撤销的其他路径。王松老师用格式条款的思路作了一个类推。我理解葛云松老师是在作一个类似于撤销权的类推。无论是格式条款的类推，还是撤销权的类推，都有一个“本质一致性”的论证前提和论证过程。但通常也会有一个结果导向的论证指引。或者本身会不会也是一个结果导向的论证过程？

违约金条款的价格功能

叶　林：对于违约金条款的解释，多数人秉持的是法条解释的逻辑，似乎忽视了违约金条款在合同中的意义。我在以往的一份裁决书中，大致表达了这样的意思：违约金条款虽然不是价金条款，但发挥了价格条款的功能。对于这种在交易中形成的价格条款，交易者在缔结合同时已经协商完毕，仲裁庭不宜在事后予以调整，否则，将导致仲裁者变成交易者、价格确定者，显然不是合同的意思所在，也不是仲裁员的职责所在。因此，除非申请人证明存在特殊事由，否则，仲裁庭无权调整。我在裁决书中表达的核心是，仲裁员或法官不能为当事人确定交易价格。

李志刚：在商事合同领域，叶林老师提到的把“违约金”和“调整请求权”共同纳入“交易价格机制”，并且是一种事前的定价机制，是个很好的视角。刘建功所提及的“事后违背/突破预期”，也可以纳入“风险事先分配”的价格机制中解释，并且能够解释得通。

姚明斌：个人持“以无效为原则，以有效为例外”的观点。关于“以无效为原则”，目前学说和实践主张无效的观点主要有两点理由：一是酌减权是诉权不得放弃；二是限制合同自由的规则不能被合同自由处分。个人认为，第一个理由并不成立，司法酌减在诉讼上得以实现的前提，还是因为实体法上有对应的实体权利作为基础，司法酌减不仅是一个诉讼程序的问题，最终得以变更合同约定的金额，肯定还是基于实体法上有单方变更功能的私人权利。更核心的应该是第二个理由。如果以有效为原则，个案中处于优势地位的债权人只要在高额违约金条款之外多加一个排除条款，即可轻松架空司法酌减，这显然不符合设置司法酌减规则的初衷。至于“以有效为例外”，主要是考虑在商事交易中，尽量不要动摇充分协商所达成的合同价格安排。

李志刚：“原则有效，例外无效”是否可行？例外的条件限制得较严格，既防止滥用又保障实在看不下去的时候司法可以介入？

观点的差异与选择

王长军：综合各位老师的意见，对于当事人事前放弃违约金调整条款的效力有三种观点：（1）有效；（2）无效；（3）折中说，有效或无效需要结合主体等因素具体分析。

我认为，首先，折中说的标准模糊，难以掌握，缺乏可操作性；如果再以格式条款或可撤销制度来解决，因为违约方依据格式条款或可撤销制度来主张该条款无效或可撤销，举证责任大增，条件更为苛刻，极难成功，既把问题复杂化，亦不利于对违约方合法利益的保护。其次，有效说过分强调合同自由，完全可能使“事前放弃违约金调整条款”成为合同（特别是商事合同）的标配，架空《民法典》第585条第2款，导致高昂的违约金，甚至成为压榨对方的手段，造成极为不公的后果，损害公共利益，弊端甚大。再次，从比较法来看，德国、我国台湾地区等均未认可该约定有效。最后，无效说为通说。一是叶名怡老师在《论事前放弃的效力》一文持此观点：“放弃《合同法》第114条第2款规定的违约金调整请求权，属于事前弃权；不涉及人身利益；所弃权利是预期性的形成权；易存在弃权人意思扭曲；过高且约定不得调整的违约金，对当事人的自由可能存在过分限制；违约金调整规则旨在实现不特定债务人的保护和实质公平，关乎公共利益，《最高人民法院关于当前形势下审理民商事合同纠纷案件若干问题的指导意见》（法发〔2009〕40

号）第7条对此有明确表达。综上，事前放弃违约金酌减权的，弃权无效。”二是崔健远、韩世远等教授也持赞同调整的观点。

在无效说的前提下，焦点在于法院或仲裁机构应否根据违约方的请求对违约金进行调减（依据守约方的请求调高简单，标准是损失金额，实务中诟病最多的是随意调减）？

由于实践中的合同千差万别，案情形形色色，很难有一个统一且具体的标准。对此，《合同法司法解释（二）》[①]第29条是目前对违约金调减最为详尽的权威解释。（1）确定守约方的损失（包括可得利益）。（2）比较违约金数额与守约方的损失，判断是否“过分高于”。该条以违约金超过造成损失的30%作为“过分高于”的标准仍显过粗，有待细化。如1000元的违约金超过300元就过高，似过窄；而1亿元的违约金超过3000万元才过高，似过宽。（3）酌定几个因素，确定是否调减及调减幅度：①合同履行的比例；②违约方过错的大小；③守约方的预期利益；④商事合同还是民事合同；⑤根据公平原则和诚信原则予以衡量。

综上，我认为事前放弃违约金调整条款无效。法官如要根据违约方请求调减违约金，则须在判决书中充分展示其内心确认的过程，让当事人清楚明了，则违约金调减随意性的问题可以得到一定程度上的改观。

冯文生：有效说的意图是限缩解释《民法典》第585条第2款，排除商事合同的适用。

王长军：排除商事合同的适用没有法律依据，且弊端甚大，宜在是否调减及调减幅度上考虑。

冯文生：限缩解释是价值衡量与判断或公共政策安排的大问题，非司法一时所能胜任。

刘生亮：置于基础性地位，才是基础性问题。如果把弃权特约不作独立性评价，而是结构化于交易结构整体安排中，或者作为违约金条款的部分内容，是不是会有不同的解释方案？效力评价的论证负担太重了，可能还是不能解决问题。“违约方举证+司法衡量”的处置模式，是不是就可以了？

---

① 该解释已于2021年1月1日失效。

王长军：此举可能更复杂。

王文胜：不要回避问题。如果当事人有特约，一方回避特约而要求调整，另一方以特约为由主张不应调整，此时，裁判者就首先要回答特约的效力问题。

刘生亮：不是回避问题，是解释优先，锁定评价对象。“交易结构或违约金条款”vs.“酌减与否”的衡量因素。

陈　醇：学习了大家的发言，争议焦点似主要包括以下几点：法院调整违约金的合理性；调整时要不要区分商事、民事合同；能否依公序良俗调整违约金；违约金的惩罚性与补偿性：违约金的标准（可预见性标准）；调整请求权的性质与能否事先放弃；等等。诸位之述备矣。下面说几点个人看法：

第一，调整违约金的目的或许是对“弱而愚的人”（民事主体）的关怀，而不是对商事风险分配的干预。在商事交易中，存在各种风险分配安排。以对赌合同为例，就存在股权交易及其风险分配的安排。其他商事交易也是如此。金融衍生品的交易标的就是风险，整个交易就以对风险的安排为合同根本目的，保险合同也是如此。商事交易之中，既可以单独对风险进行分配，也可以将风险分配混合于其他交易之中。如上两例，在商事合同之中，违约也是一种风险，它也可以由当事人作出安排。例如，CDS（Credit Default Swap，信用违约互换，又称信贷违约掉期）就是以违约风险为标的的衍生品合约。因此，合同对违约金的约定，其本质是当事人对违约风险的一种安排。这种风险不是人为制造的，符合“可保利益”的原理，有其正当性。至于是否公平，商事合同往往只能作程序上的考虑，即缔约过程是否无瑕疵，而不是结果公平。例如，大量的交易就是你亏我赚的所谓零和博弈，只是程序公平，而不是结果公正。风险交易的特征就是如此，要么风险归你，要么风险归我。可以将规定了违约金的合同看作一个混合合同：一般合同＋违约金风险分配合同。后者就是一个风险分配合同。这样的合同对于商事主体而言，不应当作结果公平考虑，而最好作程序公平考虑。否则，就剥夺了当事人创设混合合同的自由。因此，同意区分民事与商事合同的考虑。除非出现极端情况，否则，不要干预商事合同的风险安排。

第二，不能因此而认为法院不能调整极端情况下的违约金数额。何谓极端情况？即使金融衍生品这样的纯粹风险交易，其标杆率也是有限度的。违约金还是不能太高，否则成了金融衍生品交易，或者说，成了高杠杆交易。100%以内的，就不要去管了。太高了调整一下，是可以理解的。还应注意到，富勒所说的三种合同利益，尤其是期待利益，根据有关学者的论文，是无法得到判决肯定的；即使是得到肯定性判决，能够计入合同损失的那些利益，也因为证据等因素，而可能少于真正受到的损失。很多人力、财力、物力是开不出发票的，诉讼中的付出也是如此。违约金约定可以弥补这类损失。因此，区分惩罚与赔偿，有理论意义，实践意义不大。

第三，民商合同的区分，实际上没有那么难。德国、法国、日本等国，适用商法与不适用商法，已经有多年的理论与实践。我国的《消费者权益保护法》也具有区分民事与商事交易的意义。商主体之间签订的合同多是商事合同，这是主体标准；还有行为标准：职业性行为、专业性行为（专业人员或聘请律师或法务订立的合同）、程序性行为、反复进行的行为（多次缔结同类合同）等，均是商行为的特征。在二者的边界领域，可以归入民事合同（江平老师说过）。

第四，民事合同中调整违约金的数量标准问题。违约金的研究，定性得多，定量得少。此群中有定量的考虑，是好事。为什么是30%？这个问题看似简单，实际上是一个值得深思的算法问题。比较法结论也好，裁判文书总结也好，均是经验总结。30%后面有没有演绎性的理由？我个人的观点是，不超过同种风险的保险费。保险费的估算，并不困难。这提供了一个演绎性的理由：可以用这个钱去投保而填补损失。如果不是这样，那为什么不是18.88%，像我们发红包那样，取一个更吉利的数字？

第五，权利的程序界定与实体界定，二者具有一致性。调整违约金的请求是实体还是程序权利？记得武汉大学的李龙教授说过，实体法与程序法是同源的，二者是相互界定的。我比较赞成这个观点。实体法的权利如果不经过程序法，它就只是静态的，而只有在程序法之中，才能与实体法一起动态地界定权利。因此，将权利作程序法与实体法的区分，是不太妥当的。权利能不能放弃与实体性、程序性无关。生命权不能放弃，一些宪法权利也不能放弃。

第六，运用公共秩序来裁判案件，要尊重具体的法律规范。公共秩序等是要强调的，但是，要有一种信心：重要的公共秩序已经规定于既有的规范之中了。如果没有规定，那大量的法律规范是干什么的？在特别法中，公共秩序有特别的表现。离开特定的公共秩序规范来谈公共秩序甚至裁判，是轻视具体法律规范的表现，是反专业性的，也容易导致李志刚所说的滥用。

张　巍：当事人约定违约金的目的就是避免事后来计算实际损失，如果要按实际损失增减违约金，那根本就不需要事前约定违约金。我国合同法的这条规定，问题不在是否可以增减，乃至需要强制增减——英美法同样禁止用违约金实施惩罚，问题在于增减的标准不应是实际损失，而应是可预期之损失。这样一来，就不会因为与实际损失的差异，而去打官司要求增减，违约金事前约定，以求避免事后麻烦的目的才能达成。

叶名怡：（1）赞同薛军教授说的，特约有效则特约将成为标配，司法酌减制度形同具文。（2）葛云松老师的剖析非常深刻，司法酌减实质是一种特殊的显示公平救济制度。特约能废掉它？（3）张巍教授说得也不错，问题的关键不在于法院能否在有特约时介入，而是不能将实际损失作为评价过分高于的尺度。参加讨论者一些是因为对审判实践酌减额度不满转而主张不允许司法调整，这显然混淆了不同问题。（4）不少学者尤其是商法学者热衷于民商区分论。但这种立场在解释论上没有依据，在立法论上也牵强。商人之间也存在显失公平，只不过商人应承受的不公平幅度要比民事主体大得多而已。商事交易不是特约有效的理由。（5）何为充分协商？怎么证明？谈判次数越多就越充分？是不是只要不是格式合同、谈判次数达到两次以上的就算充分协商？（6）这个问题的实质就是：是否允许当事人特约改变违约金补偿性为主的基本定位？如果回答是否定的，那么显然要否定弃权特约的效力。（7）折中论是和稀泥，例外有效的标准是什么？商人？充分协商？标准不清晰危害太大。应当坚持特约统一无效论，同时对于纯粹商事交易中的过分高于作严格解释。

石佳友：商事合同中公共秩序的范围的限定非常严格，内涵确实与民事合同不同。

现实问题与解决方案

王　飞：对于违约金调减请求权特约放弃条款的效力问题，也有些初步观点，求教大家：

第一，违约金调整请求条款在实践中被当事人滥用，几乎已经背离了该条款的立法目的。违约方不管合同性质是不是金钱给付合同，也不管交易风险，不管违约的恶劣程度，凡违约金条款必反，必定提出要求酌减。

第二，法院实际进行酌减、调整违约金较为普遍。原因是强调违约金的补偿性，忽视违约金的惩罚性。裁判文书网上搜集到的案例很少有支持大额违约金的。由此带来一定的危害性，很多老师都讲到了，我想补充的危害性是：这可能破坏了人们对于合同条款、合同执行的可预期性，实际上，违约金条款在当事人看来变得可有可无，而合同法本来是鼓励人们事先充分协商以免日后纠纷的，现在的违约金条款没有达到这样的目的。

第三，将违约金数额和实际损失去比较，特别是让守约方去举证损失数额，是置守约方于困境，一定程度上是强人所难。实践中，违约方往往称，具体损失数额只有守约方知道，因为资金的占用、转售的价格、市场份额的丧失只有守约方掌握，这听起来似乎有一定道理，但这些损失让守约方举证同样困难，有的也需要再投入费用来调查。即使按照让违约方初步举证损失，守约方再进一步举证来处理，实践中也是很难掌握，因为各种合同的性质、类型各不相同，损失的范围极难确定。

第四，解决方法：建议引入“合理性测试方法”，并主要由违约方来证明系争的违约金条款不合理。从原则上说，法律应该是鼓励当事人通过协商预先确定损失的计算方法的，因为一旦纠纷进入诉讼程序，有一些损失会由于其“不确定性”和“过于遥远”而得不到法律支持，或者由于交易的性质让损失难以估量。因此，可以让当事人着重就违约金条款是否合理发表观点，主要是以下因素：一是当事人订立违约金条款的目的到底是什么？是为了确定损失数额，还是为了惩罚违约行为？如果是单纯为了惩罚，或者是主要为了惩罚，那这样的违约金条款就有了“私刑”的性质，合同也就带有“恐吓性”，不应该支持。二是订立合同时，违约一方造成的损失是不是难以准确估算或者无法准确估算？如果是比较容易计算的，则违约金条款的惩罚性更明显。三是损失是不是违约行为可以合理预料到的后果。

在现在的立法下，可以让违约方在举证损失数额之前，先证明违约金条款的不合理，然后再分配损失的举证责任（应该更多的是分配给违约方），这样的话，也许能够让结合了司法效率和合同自由双重考虑的违约金条款的适用成为原则、常态，而只是在违约金条款不合理、又极端高于实际损失时予以排除适用。

另，关于不同主体是否要区别对待，原则上个人倾向不作民商区分，很多老师已经讲了这一点，只是觉得如果是由社会法、公法性质调整的特别关系，例如经营者与消费者之间违约金的适用，需要更多考虑双方地位和格式条款的问题。

李志刚：上述视角很有启发。在抽象的理论语境和朴素的司法实践之间，调减请求权变成“鼓励违约 + 必然调减”，这是实务中的主要矛盾，高到天理难容的违约金，反而极其罕见。举证责任转移是一个有益的解决思路。

王文胜：即便要调减，也必须由违约方去证明过分高于，否则违约金制度就没意义了。违约金制度本身在很大程度上就是为了减轻守约方的证明负担。

王　飞：在证明过分高于之前，还得先把具体损失算出来，这是一个不小的难题。

王文胜：是的，这个负担就是要由违约方去承受。违约方如果证明不了，就不能调减。违约金调整规则本来应当是特殊情况下才适用的制度，证明责任的分配就要发挥防止这个制度被滥用的功能。

薛　军：违约金司法酌减制度分为两个层面，第一是这个规则本身是否有存在的必要以及是否能够被当事人通过特约排除；第二是这个规则在执行过程中需要注意什么，以避免可能产生的负面效果。我们的讨论不能忽视二者的区别。如果是具体适用中的问题，就需要讨论举证责任如何分配，在不同交易背景之下如何把握。这些我认为在当前的实践中的确存在问题。因为违约金条款本身也是合同条款，服从于契约严守的大原则，司法的介入与干预虽然不能绝对排除，但当然要保持相当的克制。

冯文生：如果承认理性有界，司法调整违约金额即衡平之权就不应被否弃。

郭宁华：最高人民法院在2021年3月初颁布了知识产权惩罚性赔偿的司法解释，提出了惩罚性赔偿的具体适用条件，对故意的主观状态也进行了列举。我理解这体现了最高人民法院加大对恶意侵权的打击决心。这个理念是否可以为民商案件中的违约金赔偿范围（直损和间损之争）以及适用条件、举证责任分配等有所借鉴？如酌减制度能否区分恶意违约和非恶意违约情形？

立法理念与司法理念

叶　林：在违约金问题上，我国立法和裁判者有比较强的控制意识：(1)在"经济合同法"时代，就按照产品是否具有专门性，而明确提出了数档违约金比例。在当时，超比例者无效。(2)经济合同法之后，司法解释也多次试图限制比例，但采用了酌情增减的立场，较之从前的法定比例，有所克制。(3)在商业上，有的违约金条款带有惩罚性，而不是赔偿性，约定的违约金数额或比例显然超过损失。(4)仲裁或诉讼时，法官或仲裁员心里有自己的高低评价，从而不得轻易与违约金的规则相抵触。因此，实务中的关键问题是，违约金明显高于损失，且带有惩罚性，此时，未必完全是"父爱主义"，也可能是如何看待"违约金惩罚性"的问题，惩罚性的问题，与郭宁华所称恶意与善意大致相当。

石佳友：违约金调整时是否应考虑区分合同的性质，这个问题仍然有讨论的价值。譬如，个人之间的房屋买卖合同（民事合同），房屋价值较大，即使设置20%的违约金，可能也几十万元甚至上百万元；对于这样的个人之间的合同，法官判断其违约金水平是否过高的时候，显然应该考虑合同的性质；从这个意义上来说，不宜轻易否定民商事合同区分的合理性——当然这不是唯一的考量因素。另外，不应允许违约金过低时法官的调高，完全没有必要。至于善意与恶意问题，在违约的情况下，善意与否的问题一方面很难判断，另一方面也给对方增加不适当的举证负担（证明恶意）。就像《民商审判会议纪要》就所谓违约方解除权的规定中，规定申请人不得恶意违约，这是很难判断的：债务人积极毁约可能还好判断，但消极拖延怠于履行时就很难判断是否出于恶意。更有意义的是根据合同履行的情况来考虑是否有必要进行适当酌减。例如，《法国民法典》第 1231-5 条第 2 款规定，合同在部分履行的情况下，法官可以根据已经履行的比率来相应酌减违约金。至于主张违约金的守约方，就更没有善意与恶意的问题，除非构成权利滥用，考察其主观状态显然没有意义。

薛　军：违约金过低时法官是否可以调高，的确是一个有意思的问题。除非当事人约定的违约金条款中包括了清晰地限制一方所能够承担的赔偿责任的最高限额，并且对方也充分理解了这种意思，否则仍然属于预估性质的。在这种情况下一概拒绝当事人要求调整也不能说是合理的。例如，因为地铁光缆不合格，导致工程大返工，严重耽误工程按期验收，产生的损失可能超出光缆本身的价款很多，而当事人约定赔偿数额时只以光缆价金为参考，这时是应该可以要求以实际损失赔偿的吧。

石佳友：如果约定违约金过分低于损失，守约方可以主张损害赔偿，因为主张违约金过低也是要证明实际损失的大体水准。

朱　虎：这里似乎不是薛军老师所说的意思？

石佳友：要考察是否符合可预见性标准。

叶　林：石佳友老师的意见颇有启发，我想，在是否调增或调减时，至少可以关心以下因素：（1）违约金条款是否有惩罚性？（2）民事合同与商事合同之别？尤其是金融交易合同如何看待？（3）原告即主张支付违约金一方，是否“干净”或毫无违约？是否应当鸡蛋里挑骨头？（4）法官事后判断与交易主体事前约定的关系如何？自由裁量权与商业习惯或商业的关系？等等。

朱　虎：全国人大常委会法工委的民法典释义书对《民法典》第585条的解读部分，列举了您所提到的部分考量因素。

石佳友：谢谢叶林老师。合同法领域，考量因素应尽可能实现“客观化”，尊重当事人的合理预期，维护交易安全。

薛　军：个人不完全赞同这里的意见。你故意拖欠我的货款，逼着我去借高利贷维持生产。为什么不能主张这一部分的资金损失？这么做等于逼着卖货的人给对方贴息。

叶　林：违约金约定应当遵守，这一点没有问题。实务上的问题或许是：在订立合同时商定的违约金条款，如果本身没有问题，那么，会否因为合同履行中发生的情势而改变？

薛　军：如果当事人约定的迟延付款违约金是18%。现在都是按照贷款利息加一点来调整。这样不合理。因为市场上真实存在的资金成本不是这个标准。

朱　虎：所以说不应当以利率上限作为判断违约金是否过高的标准。

石佳友：所以，要严格限制法官调整违约金的职权。只要符合行业实践和惯例，当事人的约定就应当得到尊重，限制法官职权主义的影响。

比较法视角

石佳友：从比较法的角度来看，《法国民法典》第1231-5条沿袭了传统的职权主义立场，法官可依职权主动调高或调低违约金。我国《民法典》第585条的措辞是法官可依据当事人请求调高或调低；是否可依职权主动为之，解释上存疑。相比之下，《瑞士债法典》第163条第1款规定，当事人可自由约定违约金金额；他们对我们司法解释所规定的30%上限很好奇；另外，《瑞士债法典》第163条第3款只允许法官调低，不允许调高。总体上，应尽量尊重当事人的意愿，法官的“父爱主义”心结应该有所克制。至于当事人预先约定放弃违约金调整的申请权限，我仍然认为，只要不涉及合同领域的公共秩序（譬如消费合同是例外），没有理由不承认其效力。

徐同远：违约金酌减（调整），可否由法院或法官依职权进行，单就比较法的表象粗略来看，就十分有意思。对此，可以试举两例：

第一，我国台湾地区。我国台湾地区“民法”第252条规定：约定之违约金额过高者，法院得减至相当之数额。对此规定的适用，我国台湾地区裁判立场有变化。

1990年台上字第1612号：我国台湾地区“民法”第252条规定，“约定之违约金额过高者，法院得减至相当之数额”。故约定之违约金苟有过高情事，法院即得依此规定核减至相当之数额，并无应待至债权人请求给付后始得核减之限制。此项核减，法院得以职权为之，亦得由债务人诉请法院核减。1990年台上字第1915号：约定之违约金过高者，法院得减至相当之数额，我国台湾地区“民法”第252条定有明文。至于是否相当，即须依一般客观事实，社会经济状况及当事人所受损害情形，以为斟酌之标准。且约定之违约金过高者，除出于债务人之自由意思，已任意给付，可认为债务人自愿依约履行，不容其请求返还外，法院仍得依前开规定，核减至相当之数额。

2003年台上字第2747号：纵约定之违约金额过高者，法院得减至相当之数额，为我国台湾地区“民法”第252条所明定，唯此规定乃系赋予法院得依两造所提出之事证资料，斟酌社会经济状况并平衡两造利益而为妥适裁量、判断之权限，非谓法院须依职权搜集、调查有关当事人约定之违约金额是否有过高之事实，而因此排除债务人就违约金过高之利己事实，依辩论主义所应负之主张及举证责任。况违约金之约定，为当事人契约自由、私法自治原则之体现，双方于订约时，既已盱衡自己履约之意愿、经济能力、对方违约时自己所受损害之程度等主、客观因素，本诸自由意识及平等地位自主决定，除非债务人主张并举证约定之违约金额过高而显失公平，法院得基于法律之规定，审酌该约定金额是否确有过高情事及应予如何核减至相当数额，以实现社会正义外，当事人均应同受该违约金约定之拘束，法院亦应予以尊重，始符契约约定之本旨。倘债务人于违约时，仍得任意指摘原约定之违约金额过高而要求核减，无异将债务人不履行契约之不利益归由债权人分摊，不仅对债权人难谓为公平，抑且有碍交易安全及私法秩序之维护。

第二，法国法。《法国民法典》第1231-5条第2款规定，法官可以依职权调整违约金。这不一定是《法国民法典》制定伊始在这个问题上的样子。史尚宽在《债法总论》有云：“法日民法虽以明文禁止裁判上之增减（法民1152条、日本420条1项）……”此书成书于1954年。如果史氏这里的理解没错的话，这意味着他在写《债法总论》时，《法国民法典》还没有前述法官可以依职权调整违约金的规定。查马育民译：《法国民法典》（北京大学出版社1982年版），《法国民法典》第1152条，由1975年7月9日第75-597号法律，增订“但如赔偿数额明显过大或过低时，法官得减少或增加原约定的赔偿数额。一切相反的约定应视为未订定”，作为该条第2款。

按照《法国民法典》和《日本民法典》原来的规定，大概是这样的意思：对于约定金，当事人约定了，就是约定了，不得调整。

李志刚：立法例上，《德国民法典》第343条规定：处罚的违约金过高的，经债务人申请，可以判决减至适当的金额。在对违约金是否适当作判决时，应考虑债权人的一切合法利益，而不是考虑财产上的利益。已支持违约金的，不得再要求减少。《德国商法典》第348条规定：商人在其营业中约定的违约金不得依《德国民法典》的规定减少。可见，商事合同违约金不应调整，并非不可行。

徐同远：《德国商法典》第348条，不具有强行性。此外，第348条的适用空间，好像也受到了“挤压”。德国企业（商人）之间关于违约金的约定，如果以格式条款（一般交易条款）的形式进行的话，也会受到管控。

张　巍：也不一定是法律谦抑与否的问题。英美合同法整体是十分谦抑的，但也禁止以违约金作为惩罚，否定过高的违约金两大法系应该是一样的。区别在于对“过高”的认定基准，英美法的基准显然更符合违约金的实际功能需求。

李志刚：英美法具体是如何处理的？是否支持调整？是否倾向于主动调整？如果易于启动调整，有没有制约的阀门？

张　巍：美国法大致是这样，原告主张被告违约，请求赔偿违约金，被告可以违约金条款无效作为抗辩，法院随即审查违约金效力，标准是与可预见的损失相比，违约金数量是否合理，与实际损害无关。举证责任在原告方，就像在一般损害赔偿中对可预见性的证明责任一样。《美国统一商法典》修改了普通法的上述做法，规定标准既可以是可预见的损失也可以是实际损失，这就令被告更难推翻违约金了。

姚明斌：《美国统一商法典》规定还需要考虑个案中某个损害的证明难度系数，以及通过其他途径获得充分赔偿的可能性。想想觉得在操作上还是挺有道理的。商业的话，有个因素是比较棘手的，就是商誉和商业机会损失。英国法新近的判例考虑到这个因素，似有所放宽认定违约金条款有效性的尺度。

张　巍：损害证明的难度问题，也是普通法在该领域比较关注的一个传统问题。就我们讨论的问题而言，同样以合同订立时可预见的损害的不确定性而定。至于其他途径获得赔偿的可能性，我不知道实践中如何适用。损害赔偿原本不是衡平救济，衡平救济都有其他途径救济是否充分这个前置条件。如果作为损害赔偿的违约金也要考虑其他途径救济的充分性，那么，是不是圈子又绕回来了。要执行违约金，得看能不能实际履行，而要实际履行，又得看能不能以违约金来救济？我没有研究过这个问题，不知道姚老师是否熟悉《美国统一商法典》的这个“充分性”是如何运用的？

姚明斌：这个标准的实践运行我没有深入考察过，但学说上有批评这个要素的意见，印象中后来第二版的《美国合同法重述》好像就放弃了这个要素。损害证明难度系数，这个要素的作用时点应该是缔约时，所以就可能损害与实际损害，虽然《美国统一商法典》都提到了，但感觉核心还是在于缔约时可能预见的可能损害。只是如果和事后的实际损害相形过高，会增加法院的怀疑，怀疑当事人缔约时是不是真的在按照当时预见的可能损害约定出这个金额。

过高的事实判断

李志刚：实务中，有没有事先约定禁止申请调减，且约定的违约金高得天理难容、让人完全看不下去的情形？

戴景月：“老赖”在延期还款承诺中经常有违约金或利息高得离谱，还款期限很短，但还款期限内根本凑不齐这么多钱的情况。

李志刚：欠款债务（不限于借款合同）的话，有4LPR是不是可以解决这类问题？

戴景月：实际上，“过高”的违约金在执行中少见实现。本数执行完毕后，被执行人还有履行能力的是少数。我都是在银行或大国企作为被告的案子中见到。这个题目的起始是讨论违约金调整请求权是否可以事先放弃。这种请求权是什么权利？诉讼权利可以放弃吗？当然，我质疑诉讼中调整的制度和调整标准看齐实际损失，这是另一个问题。当事人可以约定管辖法院或仲裁机构，同时约定不得提管辖异议吗？即使没有调整制度，用部分条款无效应该可以解决过高问题。

田朗亮：同意。这类预先放弃诉讼权利的约定，应当一律无效。

戴景月：尊重当事人合意的例子，比如过桥借贷，利息折合年息高得吓人。但是常年预备巨大数额资金，等待机会营业，即使小概率的清收不能也会损失重大。没有高额利润谁会做这种业务？

田朗亮：还是要回到对约定本身是否公平合理的判断。

刘建功：我觉得，但凡法律条文中需要用到形容词的时候，基本上都是因为在诉讼实务中，该项主张成立与否需要考量的因素很多，难以精确列举、描述，从而不得不赋予法官一定的裁量权。违约金酌减规则中用到了“过分高于”“适当减少”这样的词，这和《公司法》第20条“滥用”，第182条“严重困难”是一个类型的问题。

那么，如果我们通过司法解释，将这一本来需要在个案中衡量多种因素才能得出妥当结论的问题，进行类似30%的刚性化（尽管司法解释用了“一般”的限制，但实务中不少法官为了避免麻烦，往往倾向于调整）。那么，需要法官个案裁量的立法目的就基本落空了。这也是实务中产生各种不同意见的本质原因。很多需要衡量的案件，在这样的刚性化规则下变得基本都要酌减，甚至酌减到多少的标准也一定程度刚性化了。自然带来诸多不合理的结果。

而我们如果承认或者有条件承认事先弃权条款的效力，就是从一个极端走向另一个极端了。

我认为：第一，承认事先弃权，等于架空酌减规则。不能把“意思自治”神圣化。事先抛弃权利的约定尽管属于意思自治范畴，但事后出问题的概率显然很高。债权人既然能迫使债务人接受畸高的违约金，迫使债务人接受事先弃权的条款亦非难事。同样地，债务人既然慌不择路接受畸高违约金，再拍一次胸脯事先弃权自然也不在话下。而酌减规则正是针对这种需要矫正的意思自治。

第二，解决违约金调整实务乱象，无须通过认可事先弃权条款。法律赋予法官两个权力：一是判断“过分高于”的权力；二是实施“适当调低”的权力。也就是说，法官可以根据当事人申请进行衡量，少调乃至不调都在权力范围内。

第三，需要回到酌减规则的立法目的去考虑举证责任问题。既然违约金是预先商定的违约损害赔偿条款，那么立法本意一定包含避免诉讼时权利人的举证困难这个目的，那么，权利人因违约带来的总损失的证明责任，就不能分配给权利人，权利人只需要证明，存在案涉违约金幅度的损失的可能性，且达到盖然性，即可。

总之，第一，没有任何必要去承认事先弃权条款，相反，一旦承认，后患无穷。第二，乱象原因不在立法，在实务。要通过实务建立违约金调整的路标，而不是增加新规则，这个也符合奥卡姆剃刀原则。

方案与路径

姚明斌：和孙维飞老师、纪海龙老师线下交流时，提炼出两个大体的方案，分享供各位老师参考。

方案 A：事先排除酌减特约原则上无效，例外有效；在有效的场合，债务人不得再申请酌减，个案中违约金若确实高得离谱，由法院依职权根据诚信原则、格式条款内容控制等予以规制。

方案 B：事先排除酌减特约一概无效，债务人违约后仍可申请酌减，法院依申请考虑是否酌减、酌减多少时，应特别考虑双方当事人订立过事先排除酌减特约，债务人对约定责任范围的预期比没有该特约的场合更强，故应节制酌减（但不见得完全不酌减）。

方案 B 中，特约虽然无效，但订立该特约的“行动”及反映出来的债务人缔约时的认识，构成法院权衡酌减与否、酌减多少的重要因素之一。

从尊重交易自治的价值观和约定违约金的原理的角度，我个人倾向方案 A。但从操作实效的角度，方案 B 可能更胜一筹。

刘建功：同意方案 B。事先排除酌减特约，在本质上和流押条款具有一定的共同性。在这里打开口子，那里也守不住，徒增规则复杂性，成本远大于收益。不过，需要考虑的是，认定事先弃权条款无效，应该援引哪个条款？

姚明斌：技术上这也是个问题，严格来说不属于《民法典》第 153 条的违法悖俗，可以考虑基于《民法典》第 585 条第 2 款后段本身的规范目的，认定该权利不可事先排除。

刘建功：对。如果援引《民法典》第 153 条，确实牵强附会。

彭　冰：我觉得还是应该尊重当事人的约定，区分商业交易和民事交易。在商业交易中，当事人应该有最大的自由缔约权，即使事前在不利条件下缔约，也一般应当得到遵守，除非动用乘人之危、显失公平的条款。所以，关于违约金酌减、流质、流押条款，都应该只在民事合同中适用，而不应该一概适用于商事交易。

刘建功：问题是，《民法典》第 585 条第 2 款，本身就是建立在不打算尊重当事人畸高违约金约定的基础上的。

田朗亮：没有商法典，都是民法典。民法典中也没有提商业惯例，都是统一的交易习惯。如无必要，勿增实体。方案 A 就是无必要的实体。法律规则，怎么简单怎么来。

李志刚：（1）《德国商法典》有商事合同特别规定的立法例。（2）按照朱虎老师所援引的立法机关的解读，立法机关似亦认可民事合同与商事合同的区分对待。（3）除了自然人的衣、食、住、行，主要由《消费者权益保护法》

和居住权、商品房买卖合同司法解释等特别法调整外，实际上《民法典》中的合同编，主要调整的是商事合同。特约，可能是防止公权力滥用的一个途径。故原则有效，还是原则无效，是一个重大的法政策选择问题。

刘建功：民商主体的区分适用，没有必要通过事先弃权条款的区分适用，而完全可以作为酌减过程中的考虑因素。生活中，既有缺乏头脑的商主体，也有精明的民事主体。一个人昨天是民事主体，今天刚注册一家公司，就一下子成为洞察一切、深谋远虑的商主体了？这个区分可以成为酌减中一个量的考虑因素，但不应该成为质的判断因素。

法律规则有政治功能，古今中外，概莫能外。

李志刚：解决的主要矛盾是自由过了头，还是调整冲动过了头。不少学界的声音认为，流质条款可以有效，我感觉是出于对法律法理的追求。

徐同远：《国际统一私法协会国际商事合同通则》，是调整商事合同吧？它认可违约金的酌减。

李志刚：正如在讨论权利本位还是义务本位的时候，如果义务本位向权利本位过渡的阶段尚未完成，就谈社会本位，本质上可能是向义务本位的回归，而不是经过了权利本位之后的社会本位。约定—调整—事前特约—特约无效？这个过程，实际上是权力和权利博弈的过程。差别在于，权力难以制约，权利只能特约。

彭　冰：赞同对形势的判断。（1）事前排除酌减特约，主要是因为法院实践将事后酌减的自由裁量授权变成了30%的刚性标准。如果法官能真正公平地发挥其立法赋予的自由裁量权，而不是机械适用30%的标准，事前排除酌减特约适用的合理性当然会大幅度减少。（2）但我仍然认为，如果法官能够真正公平发挥其自由裁量权，则乘人之危、显失公平条款已经足够了。不需要专门规定违约金酌减的授权。（3）我也认为，在法官发挥自由裁量权酌减违约金时，应当区分商事交易和民事行为，把握其调整的幅度不同。（4）缺乏头脑的商主体，就让它破产好了，何必操心。（5）一个人选择以什么身份从事其行为，当然应当承担其后果，就如担任法官和从事律师业务，会有不同的职业规范要求一样。

刘建功：初入行的商主体，在老手面前，大概率是缺乏头脑的。但是，每天都有大量初入行的商主体。

彭　冰：适者生存，初创企业5年死亡率据说有90%，但还是有很多人创业。

刘建功：商业判断失误，大形势变化，导致创业失败很正常，但是“死”在被别人坑，就冤枉了。法律存在的价值似乎也在此。

刘建功：《担保法》颁布时，采取约定不明的推定为连带保证，结果是，实务中一般保证消失了。如果承认事先弃权，不久的将来，我们可能发现，每个合同里都有事先排除酌减规则特约。

李志刚：商人的理性选择，避免了法官的纠结，不是更好吗？每一个合同鼓励调整，架空了违约金的约定，生成了无数鼓励违约方额外一搏的诉讼，可能也未尝是好事。如果契约必须信守，这一规则得到普遍执行，签约时必然审慎，或许可以从源头在减少案件和诉讼。也许可以做个实证研究，每年全国有多少个案件提出了违约金调整的请求以及由此给法官增添了多少时间精力来论证要不要调整。还包括最后调整的比例有多大。还有一个实证解决不了的，需要法理论证的问题——调整的必要性和正当性。一个中级人民法院一年的案件，就可以作出一份非常有意义的实证报告。由此也可以发现，实务中多大比例的案件，是违约金高上了天，以及多大比例，是给违约方提供了逃责的借口和通道。

戴景月：有标本价值，我试试。

李志刚：非常期待！一个中级人民法院，有足够的代表性，以管窥豹。

彭　冰：我大胆猜测实证结果，在被告请了律师的案子中，基本上都是按照30%来调整的。有乘人之危、显失公平条款可用适用，只要法官能够凭借朴素的正义感积极发挥能动性，这些都不是问题。

戴景月：咱们看看结果。

彭　冰：非常期待。

刘建功：是啊，这就是我认为，违约金调整乱象，根源不在立法，在诉讼实务。

彭　冰：这句话，我也每个字都赞同。

李志刚：单纯的欠款违约，实际上 24% 或者 4LPR 更符合实际，因为这是真实的资金成本，1.3 倍的 LPR，等于鼓励违约，持续低息占用他人资金。

刘建功：既然根源在诉讼实务，那么就在实务上想办法。而不是在《民法典》第 585 条上增添新规则，那会带来新一轮混乱。

李志刚：规则（这个议题的结论）就是用于解决实务中的主要问题的。《民法典》第 585 条本身存在解释空间。解决了"约定—调整"的问题，没解决"排除调整—能否再调整"的问题。

戴景月：排除的是诉讼权利。

刘建功：我举担保法例子就是说明，看起来是解释规则，其实是增加规则。

李志刚：理解了。还有一个疑问：特约排除，是否已经包括在了立法者在《民法典》第 585 条预设的情境当中？

《民法典》第 585 条规定："当事人可以约定一方违约时应当根据违约情况向对方支付一定数额的违约金，也可以约定因违约产生的损失赔偿额的计算方法。约定的违约金低于造成的损失的，人民法院或者仲裁机构可以根据当事人的请求予以增加；约定的违约金过分高于造成的损失的，人民法院或者仲裁机构可以根据当事人的请求予以适当减少。当事人就迟延履行约定违约金的，违约方支付违约金后，还应当履行债务。"

戴景月：又读了一遍，没看出来。

上限的标准

段晓娟：首先，不赞成肯定调整违约金请求权预先放弃约定的效力。其次，实践中观察到的支持给付违约金请求的裁判，以逾期付款违约金为例，不少是按民间借贷司法保护的利率上限来判，而不是同期银行贷款基准利率或者 LPR 的 130%，但实体经济的利润率大多难以达到这么高。

李志刚：如果实体经济利润没有那么高，那么，4LPR 的民间借贷利率上限是否也要调整呢？

戴景月：违约金高于民间借贷利率也不过分。

薛　军：关于迟延支付合同约定的价金（包括货款、服务费、工程款之类），如果当事人约定的迟延违约金比较高，如每日千分之一、万分之五之类，违约迟延支付的债务人往往提出违约金过高，要求调低。在这种情况下应该如何酌减？我个人认为，所有迟延支付价金给对方导致的损失，应该等于对方在市场上进行替代性融资的成本。因此，在调整时参考民间借贷的利率状况是有合理性的。但根据现在一种比较流行的观点，认为在这种情况下应该调整到比贷款利率多一点，似乎不合理。因为这会变相鼓励债务人拖欠款项，以较低的成本占用债权人一方的资金。这也是为什么我个人认为在此类案件中可以参考民间借贷利息上限的原因之一。当然，如果当事人的实际情况表明其融资成本不高，也应该考虑。

葛云松：似应无条件按上限（4LPR）确定。赊销与借款均为提供信用，原则上应同等对待。迟延付款，与借款（强借）无异。约定违约金相当于利率，降为上限即可。若从债权人的损失角度考虑，可依据从他处融资的成本，也可以依据他原本可将此资金出借他人而可得的利息。可得多少利息？这不就有个人愿意用50%（违约金数额，举例用）的成本获得信用吗？本案事实自身证明了债权人的损失。

薛　军：《民商审判会议纪要》第50条规定："【违约金过高标准及举证责任】认定约定违约金是否过高，一般应当以《合同法》第113条规定的损失为基础进行判断，这里的损失包括合同履行后可以获得的利益。除借款合同外的双务合同，作为对价的价款或者报酬给付之债，并非借款合同项下的还款义务，不能以受法律保护的民间借贷利率上限作为判断违约金是否过高的标准，而应当兼顾合同履行情况、当事人过错程度以及预期利益等因素综合确定。主张违约金过高的违约方应当对违约金是否过高承担举证责任。"

薛　军：我感觉《民商审判会议纪要》这里说的不能参考民间借贷利率上限，在实务中被理解为不能这么高。我的理解有误吗？

刘建功：有的约定达到标的额的50%都不算高。有的约定15%都可能算高的。同意薛军老师见解。这里的判断和利率标准不能直接挂钩。

王志诚：认同薛军教授的解读。

李秀霞：同意薛军老师对《民商审判会议纪要》的理解，但同意刘建功庭长的观点。《民商审判会议纪要》这里说的其他双务合同不能参考民间借贷利率上限，在实务中被理解为不能调整为4倍这么高。但是，有的约定达到标的50%额的都不算高，有的约定15%都可能算高的。判断和利率标准不直接挂钩。同意这个观点。

葛云松：如果把《民商审判会议纪要》当作不可争议的规范，不再实质性思考它与民法条文、理论脉络、评价一致性，当然也就无须进一步讨论了。因为它已经说得再"清楚"不过了。

林晓青：以前我审理过一个案件，供货商给生产商供应一批零件，每个大约三毛钱，一批一万个，也不过是几千元钱的买卖，但是由于存在隐蔽的质量问题，导致使用这批零件制造的出口商品没法用，一用就坏，整批商品都被退掉了，生产商损失了整批货物的成本、运费、仓储费用等，损失至少几百万美元。类似这样的案子，哪怕约定违约金为一赔一百，都算是太低了。

从理念分歧到规则细化

郭宁华：违约金问题与其说主要是技术问题，不如说主要是理念问题。

王建文：违约金问题的情况非常复杂，立法上原则性规定可诉请司法调整无妨，主要是在司法实践中有时被机械适用了。民商区分是解决问题的一个视角，除此之外确实尚需要考虑其他因素，但首要任务是基于民商区分考虑司法调整的必要性。就此而言，本质上确实就是一个法律适用理念问题。

陈　醇：赞同。适当的类型化是精细化的基础。正如民法不对权利作适当的分类就难以制定精确的权利规范一样，此领域不区分合同类型而讨论相关规则，可能不太容易。

李志刚：特约条款原则有效（商事），还是原则无效（民事），是根本分歧。

冯文生：我理解特约是否有效，根本分歧不在于民商区分，而在于请求权性质及作为其基础的特约意思表示如何解释。如果把特约仅解释为有关违约金额的合意，适用《民法典》第585条第2款，自不待言；如果把该特约解释为限制或禁止司法变更违约金额请求权的合意，其效力不宜认定为有效。特约效力司法确认诉讼的症结在于，应否严格奉行诉讼法上的辩论主义这一基本原则，尤其是法官不得依职权探知。法官办案中，宜坚持酌理揆情，适度释明，个案解释，利益衡平。

李建伟：有道理。但是特约本意就在于限制禁止司法变更权。所以该类约定有效与否，还是避不开司法变更权的解释本身。

徐同远：就特约条款原则有效（商事）而言，是否需要区分大商人与中小商人。它们在知识、认知等方面差别不小。

李志刚：违约金的金额和风险，是个事实问题。高不高，能不能承受，其实没有太大知识含量，也不需要太多法律知识。法官能看得懂的，商人（不管大商人、小商人）也很难说看不懂、想不到。真正像陈醇老师说的"弱"而"愚"的违约方，其实很少。所以进退之间，主要是"看得见的手"和"看不见的手"，如何角力的问题。

刘建功：志刚，你说的道理，仍然是在具体案件中判断要不要调整的问题，而不是对事先弃权要不要承认的问题。事先特约，在于遏制调整冲动。遏制冲动，就只能靠根除？真需要的时候，反而没办法了。

郭宁华：纠结于采司法谦抑还是司法能动主义。

李志刚：有阀门优于无阀门。如果谦抑是主流，这样的条款也许就不会存在了。如果能动是主流，条款就是一个有价值的必要阀门。《德国商法典》第348条是严格意义上的根除，但尽管如此，德国也并没有因此而天下大乱、处处强取豪夺。

刘建功：德国能行得通为什么中国行不通？这个论证缺乏逻辑。

李志刚：相反，两百年来，德国社会运行良好，并未因此条规定而天下大乱。唯一的差别在于，违约方借此博弈的机会大大减少甚至根除，违约金调整不再是一个争点，法官既不用纠结调不调，更不用纠结谁举证，按照什么标准调整。减少了诉累，社会仍然正常运行。本质上，特约条款是对权力（可能）滥用的一种（可能也是唯一的一种）反制或者防卫。

立法者虽然没有在《民法典》中区分民事合同和商事合同，但在权威解读书中提出了民商区分的考量因素。

现有条件下，承认商事合同特约条款的效力，可以推动这一进程（至少德国的实践未见显著的负面效果），教育缔约方（违约方）审慎接受违约金的约定及弃权的特约，而不是事后反言（这在契约精神、宗教约束较少的语境下更为必要）。

由此，可以从根本上减少因为违约金调整问题而形成的诉讼，而不是先签约，后反言，再送到法院搏一把，让法官斟酌再三、左右为难，最后或许可以打出一个“有利”的减免责任的判决。

于　莹：其实到底是谦抑还是能动，取决于立法者对法官群体的定位。如果觉得法官群体值得信任，能实现公平公正，就能动，交由法官在个案中审查处理。否则，就在立法中明确规定，免得法官寻租。或者即使不寻租，但是担心审判结果的不一致，动摇民众的法治信仰。

冯文生：民商分立之制度设计与规则生成取决于现实经济生活条件是否足以形式理性化。从根本上说，这是一个市场经济基本条件发育成熟度以及司法与诉讼制度的适应性问题。

任一民：承认事前排除酌减特约效力的观点，其核心立场其实是否定司法酌减制度存在的必要性。对于违约金过分高于造成的损失时，各位老师大致有以下几种应对意见：其一，对于“弱而愚”的债务人，特别是商事主体，就应让其自负其责，甚至不妨让其破产；其二，违约金司法酌减规则必要性本就不高，完全可以乘人之危、显失公平制度替代；其三，违约金果真高得离谱，寻求以有悖于公序良俗规则替代。对此，个人试着作些分析。

第一，假设因债务人无力承担过高的违约金导致了债务人的破产或加速了债务人的破产，可能受损的不仅是债务人，也包括债权人。首先，如果债务人因此而破产，在破产程序中，债权人通常面临的是打折受偿的结局。就此而言，债务人固然因破产而受到了惩罚，但债权人未必就受益，更多情形下是受损。其次，约定的违约金过分高于损失时，对于高于造成损失部分的违约金，在破产法上极可能因其属于惩罚性债权而被确认为劣后债权。劣后债权在破产程序中的获偿可能性更是微乎其微（在普通债权不能足额受偿前，劣后债权不应获得受偿）。再次，若承认过分高于损失违约金约款或承认事前排除酌减特约的效力，对于破产债务人的其他债权人而言，那就是一种“此长彼消”的损害，对于这样的损害，依据破产撤销权的原理，应属于可撤销范畴（现行《企业破产法》的规定未明确，该种情形是否可撤销，尚存争议）。最后，若某个债权人或某一批强势债权人均享有事前排除酌减特约的保护时，债务人或其他不那么强势的债权人在欠缺救济手段时，极可能会通过启动破产保护来否定或间接否定前述特约的效力。果真如此，享有特约保护的债权人可能实质面临的就是过犹不及的困局。或者说，当过高违约金约款的权利人因把自身的利益保护得太好时，其被其他债权人或债务人拖入破产的风险就更高，若一旦被拖到破产程序中，其所受损失可能远远高于其之前所刻意要维护“过高违约金”的利益。

第二，违约金酌减规则与显失公平的救济规则存在一定差异，若以显失公平来替代违约金酌减规则，债权人利益保护难谓更周全。首先，《民法典》第151条规定的显失公平制度，评价的基准日是民事法律行为成立时；而《民法典》第585条的司法酌减规则，则不限于合同成立时，更多指向合同履行过程中，需考量多种因素（无论是全国人大法工委还是最高人民法院或者社科院的民法典释义，均持此观点）。其次，显失公平的法律后果是撤销，而违约金司法酌减的法律后果是变更。基于撤销是全面否定约款的效力，即之前达成的违约金约款整体被否定，从而只能寻求法定赔偿的救济；而司法酌减规则却是在保障守约方损失获得弥补，并且可以适度超出损失赔偿（可获得超出法定赔偿范围的超额收益）的基础上，才实施部分调整的措施，那对于守约方而言，司法酌减规则可能是更好的保障（其中通过约定违约金而减少举证困难的目标也可以实现）。

第三，违约金酌减规则，若以背俗无效制度替代，可能也不利于守约方（债权人）利益的维护。背俗无效制度的引入，相较于违约金酌减规则中启动机制的灵活性（基于违约方的申请而启动，违约方如放弃救济则司法机关无须介入审查），意味着司法机关负有法定审查职责，那将挤占意思自治的空间。而相较于显失公平制度，现行《民法典》将显失公平与公序良俗分置评价，且法律后果不同，在一定程度上公序良俗条款的法律适用技术更为复杂、操作难度更高、法官自由裁量空间可能更大。至于无效的后果，对于债权人而言，可谓杀伤力更大，至少也是一种不经济的选择。

第四，关于过分高于损失的违约金及司法酌减的评价。现行的违约金酌减规则，是建立在先行保障守约方的损失（包括可得利益损失）基础上的，在损失可获得保障后，再将过分高于损失的违约金评价为整体交易价格的组成部分，可能不尽合理。在损失可获得保障后，超出损失部分的违约金，与其说是整体交易价格的组成部分，不如说是守约方可以获得的一种额外的惩罚性赔偿收益。换言之，守约方并未就此支付对价。对于违约方而言，在一定程度上类似于没有对待给付的赠与，只是赠与标的物略显特殊，不是积极财产的赠与，而是一种消极财产即特殊债权的赠与。对于这种几近于无对价的赠与，现行法并未赋予违约方任意撤销权，而是在尊重意思自治的基础上给予最低程度的干预，即只有在违约方提出申请时才予以介入，并且也是相较于其他司法干预机制更为温和的干预，即只是授予一种附加了不少条件的有限变更权，这种干预已经充分尊重了当事人的意思自治，充分表达了司法的谦抑，也是对守约方更好的保护。

第五，虽然对于过分高于损失的违约金，法律采取了较为温和的干预模式，但至少也表征着法律认为对违约金约定的意思自治有必要实施强制干预。对于这种合约自由或意思自治的强制干预，若可以通过合同当事人以意思自治的方式加以排除，那法律何必设置这一干预权？或者说，基于合同正义而对合同自由所作出的干预，不应该是合同自由可以任意排除的。这可能是事前排除酌减特约应评价为无效的合适事由。

吴庆宝：个人感觉，对于以下几点可以考虑违约金过高时酌减：（1）谈判地位不对等，被迫接受过高违约金条款；（2）认识错误，以致重大误解达成的过高违约金条款；（3）被不当移植的不相干行业约定的违约金条款。以上，当事人可以请求调整，法院也可以依职权予以调整。

而对于以下几点则不存在调整违约金基础：（1）故意多次违约，与对方达成惩罚性违约金条款的；（2）不存在认识错误，出于对等条件下达成较高违约金条款的；（3）防止对方违约导致合同目的落空，双方达成较高违约金条款的；（4）经调解、和解，达成较高违约金条款的；（5）不存在可变更、可撤销、可解除情形的。

参考适用公序良俗原则的范围过宽了，应当紧密结合民商法适用中的问题，有针对性地考虑分析解决依据和方式，而不应动辄去搬动民法基本原则去解决具体问题。

任一民： 个人也不太认同动辄去搬动民法基本原则去解决具体问题，在其他法律有明确规定或没有明显缺陷时，更应适用具体的规则去解决问题。这才符合民事司法“禁止向一般性条款逃逸”的要求。

个人之所以不太认同违约金酌减的特约排除效力，还基于过分高于损失的违约金类似于过分高的利息的性质。当法律完全放开，对过高利息和过高违约金任由当事人随意约定，那可能就意味着要由《企业破产法》来发挥一定的管制功能（因为债务人不堪重负的破产风险随之加剧）。通过《企业破产法》来管制过高的利息或违约金，不经济性是显而易见的。

王　飞： 事先排除违约金酌减请求权的特别约定，涉及《民法典》的多个原则，合同自由、显失公平、公序良俗、公共政策的介入等多方面，个人觉得这样的排除酌减条款在法理上可以有条件地有效，但在实践中不可行。理由是：

第一，意思自治或者合同自由还是受到最终的“公共政策”的制约，人们希望司法能够葆有对过分残忍、不公的合同说不的权力，也是一个趋势。大陆法系国家可能更多从公序良俗来考虑，普通法国家更多是从公共政策考虑。对于这样的放弃条款，我们分析的起点当然还是合同法的最基本的原则，即只要是适格的当事人，可以自由地订立合同，在没有宪法或者法律认定无效的情况下，法律上允许当事人自行其是，司法上不允许当事人从自己设定的合同义务中“逃脱”。但是，我们也承认，合同自由是有限权利而非绝对权利，在实践中也不能僵硬、机械适用，这也应该是共识，并在太多的案件中得到了贯彻。在当代，判断某个条款是否应该得到执行时，司法还是应该实事求是地考虑当事人的谈判地位，一方有没有趁火打劫。一个著名法官说道，在一方当事人肆无忌惮地利用了对方当事人处于困境，那从公平正义考虑，法院应该拒绝执行这样的协议，这是一个确定的公共政策。当然，这涉及事实判断（此处不展开）。

因此，排除酌减本质上是一个私法上的权利，当事人可以事先约定。我们换个场景，假定当事人事先没有这样的排除适用约定，在诉讼中达成这样的约定或者在法院释明后不要求适用酌减时，法院应该在原则上不予干预。实践中，有不少在我们这些案外人看来很不舒服的条款，大多情况下也是适用的，例如，约定了某个权利获得的苛刻条件、协议放弃诉讼。因此，排除酌减违约金条款的处理，一般应该是“可以”适用，但司法上认为有悖公共政策的除外。

第二，酌减违约金条款在实践中的不可行，主要是来自国情。除了市场经济、自由竞争发展还不充分的原因外，主要是两个：一是普通老百姓、小微企业不会认同，他们可能会觉得排除酌减条款又给了那些资本大鳄一个欺负他们的手段。二是从审理的效果来看，基层法院的法官们大概率应该不会认同。这样的条款如果认定有效，对法官来说风险极大，在社会还没有广泛形成共识时就认可，恐怕不合适。同时，要认可否定排除酌减条款的话，需要做大量的事实调查和证据分析，在目前的社会背景下，一个案件就可能炒作热点，那简直是在火上烤。直接否定这样的条款，是比较生硬的，但也是无奈的。橘生淮南为橘，生于淮北则为枳。这个条款在目前，在我国认可其效力的条件还不成熟，起码无条件认可其效力的条件不成熟。

吴庆宝：约定较高或惩罚性违约金，本身不是以获得违约金为目的，目的在于约束可能的违约方，让合同目的能够达到，合同如期履行。万一一方违约，必会面临严厉惩罚，这个后果各方是事先有预见的，并非带有欺骗性，或者蒙蔽一方。在大家都明白为何作此约定的前提下，就没有适用公序良俗原则的基础了。唯有全力确保合同履行，达成合同目的，而不是推翻自己明白的约定，试图寻求法律的帮助。要知道，各方都是在法律框架下签订履行合同的，不存在违法之前提，也不存在欺诈、重大误解之情形，那么，为遏制人为违约签订的违约金条款还存在依职权调整的基础或空间吗？我们说，如果存在情势变更、重大误解等法定情形，应当另当别论。在常态情况下，不应去同情、迁就违约者，而应依约裁决，而非依心证自由裁量。

【总结及倾向性意见】

就事先放弃违约金调整请求权的合同条款效力问题，群友主要形成三种观点。第一种观点认为绝对无效，第二种观点认为原则无效、例外有效，第三种观点认为原则有效、例外无效。认为无效的主要理由包括：（1）《民法典》第585条第2款规定的性质不是任意性规范，有强行性；（2）违约金调减是法院的职权，不得由当事人放弃；（3）商事合同不得调减无法律依据，且难以区分民事和商事；（4）违约金调减请求权属于形成诉权，不能事先合意放弃；（5）此种条款属于不公平的格式条款；（6）不能通过契约自由否定契约正义；（7）该条款将架空违约金的司法调整制度；（8）主要的立法例认可违约金调减是司法职权。认为有效的理由包括：（1）已有显失公平、撤销权等制度可以使用；（2）违约金条款本身具有价格功能；（3）有利于遏制司法调整的冲动；（4）商事合同不存在"弱而愚"的情况，应当尊重双方的交易安排。大部分群友支持无效的观点，少数群友支持有效的观点。原则无效还是原则有效，体现出两种观点的比例和倾向。

【代表性学术观点】

姚明斌观察裁判实践发现，虽然少数案件中法院认为从尊重当事人自治的角度出发，应肯定事先排除特约的效力，但主流的立场仍然倾向否定其效力，即便缔约时债务人允诺了放弃申请酌减，亦不妨碍其嗣后申请启动酌减，至于是否酌减、酌减多少仍由法院裁量决定。法院的否定性立场通常提供了两方面的理由：一是原《合同法司法解释（二）》第27条明确调整违约金以反诉或抗辩的形式提出，反诉、抗辩均属民事诉讼权利的范畴，诉讼权利不得由当事人以约定的方式任意处分，否则难以保障诉讼程序的安定性和严肃性；二是“过度的合同自由可能导致最终结果的显失公平”。在约定的违约金低于或过分高于损失，导致结果显失公平的情形下，赋予当事人请求进行调整的权利，体现了合同正义，也是原《合同法》第114条第2款的立法本意。姚明斌认为：（1）第一个理由只是看到司法酌减在形式上通常需要经过诉讼，而以程序性权利展开分析，忽视了司法酌减权同时也是债务人私法上的实体性权利。司法酌减权虽为形成诉权，但这并不妨碍认定其私权属性，形成诉权实质上只是需要经诉讼方式行使的私法上的形成权。倘若以程序性权利的逻辑一以贯之，债务人在违约金责任成立后（违约金请求权产生后）享有的仍为程序性权利，为何此时就可任由债务人自愿抛弃？另外，我国法律上的司法酌减除了经诉讼程序，亦可在仲裁程序中主张，单纯以程序性权利为理由，不见得就能证成此项权利的“公法”属性。（2）司法酌减所贯彻的债务人保护机能并不在当事人自愿处分的范围。自交易实践的逻辑观察，若个案中债权人有能力促使债务人允诺高额的违约金，通常也不难让其多作一个允诺，事先排除司法酌减规则的适用。倘以允许事先特约排除酌减为原则，个案中处于优势地位的债权人只要在高额违约金条款之外多加一个排除条款，即可轻松架空《民法典》第585条第2款后段对约定违约金所量身定制的控制机制。故原则上不应允许双方事先特约排除酌减，这是约定违约金的司法酌减规则之制度目的使然。（3）商事合同具有特殊性。商事合同违约金的金额和合同价格本身具有交易决策上的实质联动关系。类似地，一方当事人若在高额违约金之外还另行允诺提前放弃酌减保护，只要该约定是充分磋商的结果，亦应认为事先卸除酌减保护与合同价格之间存在实质联动关系。甚至在竞争性缔约场合，债务人很可能恰恰是通过主动允诺提前放弃酌减，赢得了缔约机会，若允许其在违约后反悔而申请启动酌减，反而有害于正当的市场竞争秩序，不利于稳定的交易预期和交易效率。故在商事交易领域，若事先排除特约是充分磋商而形成，特别是明确约定双方均事先放弃申请酌减的场合，应尊重其效力，以维护合同机会利益、合同对价利益的实质安排。（4）原则上应否认事先排除酌减特约的效力，亦即司法酌减规则具有“主体性"的半强制规范的特点，但不意味着此类无效的排除特约属于《民法典》第153条第1款所规定的违反强制规定而无效的法律行为。因为第153条第1款的主要功能在于沟通私法以外管制法的价值观，并评估此类价值观对民法上法律行为效力的应有影响，故其所规定的"强制性规定"并不包括民法内部基于维护私法自治，或防止滥用自治而设置的强制规范。司法酌减规则本于诚信原则，旨在"切除私法自治可能滋生的肿瘤"，其法政策基础蕴含于私法体系的内部，虽原则上也属于不容当事人意定排除的强制规范，却并非《民法典》第153条第1款所调整的范围。①

叶名怡认为，违约金调整请求权名为请求权，实为一种形成诉权，即必须借助裁判机关行使的形成权，德国称为酌减权（Ermäßigungsrecht）。事先弃权无效的理由是：事先所弃权利，系预期性的形成权，容易存在弃权人意思扭曲的情形；过高且约定不得调整的违约金，对当事人的自由可能存在过分限制，因为此场合下效率违约根本不可能出现；违约金调整规则旨在实现不特定债务人的保护和实质公平，关乎公共利益，对此《最高人民法院关于当前形势下审理民商事合同纠纷案件若干问题的指导意见》第7条有明确表达，且《最高人民法院关于审理买卖合同纠纷案件适用法律问题的解释》（法释〔2012〕8号）第27条②甚至将违约金酌减权纳入法官释明义务之中，体现出强烈的公共利益属性。故事前放弃违约金酌减权的，弃权无效。此点结论与包括德国法在内的主要立法例立场吻合。③

【典型案例】

乐平华润置业有限公司与洪客隆百货投资（景德镇）有限公司租赁合同纠纷案

案号：最高人民法院（2019）最高法民申3344号

① 参见姚明斌：《〈民法典〉违约金规范的体系性发展》，载《比较法研究》2021年第1期。
② 该司法解释已于2020年12月29日修正，修正后该条为第21条。
③ 参见叶名怡：《论事前弃权的效力》，载《中外法学》2018年第2期。

【裁判要旨】

当事人放弃违约金调整的约定属于当事人意思自治，不违反法律的规定。双方当事人均是为了自身商业利益，在自愿平等的情形下缔约，内容上没有违反法律法规的强制性规定，人民法院应尊重双方当事人在本案中预先放弃调整违约金的约定。违约方承担的最大范围且具有惩罚意义的赔偿数额，这是双方当事人基于商业利益角度的决定，应自行承担相应风险。

【基本案情】

2012 年 9 月 18 日，乐平华润置业有限公司（以下简称乐平华润公司）与洪客隆百货投资（景德镇）有限公司（以下简称洪客隆公司）签订《房屋预租协议》，约定：乐平华润公司在案涉地块修建物业出租给洪客隆公司开办超市；一方违约，对方无须就损失承担举证责任，也无论损失多少，违约金均按人民币 500 万元定额计算，不以实际损失多寡为由进行调整。

协议签订后，乐平华润公司对案涉地块进行了开发建设，并按洪客隆公司要求进行调整。2016 年 2 月至 3 月，乐平华润公司多次发函至洪客隆公司，表示案涉物业已基本达到交付条件并要求验收交接。2016 年 8 月，乐平华润公司致函洪客隆公司，正式提出解除和终止合同，并表示将追究对方违约责任。后双方因合同解除及违约责任承担问题诉至法院。

【裁判观点】

最高人民法院认为：（1）合同双方当事人放弃违约金调整的约定不违反法律的规定。从主观上看，双方当事人均是为了自身商业利益而从事本次交易活动，是在自愿平等的情形下签订合同；从客观上看，双方当事人签订的合同在内容上没有违反法律法规的强制性规定。（2）双方当事人放弃调整违约金的约定属于当事人意思自治。双方当事人签订的《房屋预租协议》第 3 条第 3 款、第 4 款以及《租赁合同》第 10 条第 5 款的约定已经明确放弃调整违约金。即无论损失是多少，违约金均按人民币 500 万元计算。根据《合同法》第 8 条第 1 款之规定，“依法成立的合同，对当事人具有法律约束力。当事人应当按照约定履行自己的义务，不得擅自变更或者解除合同”，人民法院应尊重双方当事人在本案中预先放弃调整违约金的约定。（3）双方当事人签订合同时的真实意思表示为，500万元违约金数额的确定是在保障双方当事人利益的前提下，违约方承担的最大范围且具有惩罚意义的赔偿数额，这是双方当事人基于商业利益角度的决定，应自行承担相应风险。同时，关于违约金的确定是否以“违约造成实际损害”为条件，可以由当事人约定。本案中，在双方对违约金已经有了明确约定的情况下，二审法院不变动违约金数额，并无不当。

（讨论整理及后续评论：李志刚）

败诉方承担律师费之过高与司法调整

【发言群友】

王长军、李志刚、王文胜、刘生亮、刘建功、章恒筑、李后龙、吕来明、郭宁华、戴景月、邹宇、张元、肖建国、段晓娟、叶林

【讨论时间】

2019年12月

【沙龙实录】

问题与观点

王长军：我国的律师收费范围大量实行市场调节价后，产生一个问题：债权人（尤其是胜诉概率大的债权人，如民间借贷、金融借款等债权人）与律师事务所约定高额的代理费，后在诉讼中主张由被告承担（合同中有律师费承担的约定），可能产生不公正的后果，如何应对？

李志刚：（1）是否公正实际上是一个主观的评价，因为评价主体不同，结论也会不同。（2）高额代理费，可能要看是绝对值还是相对比率。诉讼费通常会不会因为标的额大，就减免？可能不会。标的额过几十亿元的案件，诉讼费百万元、千万元也是正常照收的，没有诉讼费过高的问题。（3）风险

代理，通常按照胜诉及执行标的的比例提成，这个比例有20%、30%、50%的，各方都有成本收益的考量，对应的是高风险高收益，不是单纯的结果度量的公正感。事实上，不同职级的律师，确实有不同的收费标准，对胜诉率也并非没有影响，成正比是通常状态。（4）败诉方通过合同设定了涉诉律师费用负担，对结果有明确的预期。（5）律师费是胜诉方不得不支出的必要成本，但败诉方本来可以通过正常履约承担责任，避免这一费用的支出。现行的诸多制度，就是对恶意违约方太仁慈，而债权人的维权成本大、收益小，守约人的维权净收益为负数是常态。（6）政府都认为不存在过高，司法认为过高，背后可能隐含着某种司法“父爱主义”和比较强的规制冲动。（7）唯一例外情形，胜诉方和律师串通讹诈骗取败诉方意外之财——对此，不能作有罪推定，败诉方要承担举证责任。如果在诉讼中发现，可认定构成恶意串通而无效，有救济途径。制度管理和约束，可以交给律协和司法局。

王文胜：赞同李志刚的看法。

刘生亮：遇到过共同担保的案件，选择诉讼，在无财产可供执行情况下，又诉其他担保人。律师费怎么处理？

参照违约金规则？

刘建功：我把问题极端化一下，假设当事人和律师之间把律师费约定为超过案件标的额3倍，如何？

李志刚：（1）这个极端案例的答案，容易得出。（2）实务中面对的是否是此情形，可能是例证的典型性和普遍性的问题。

刘建功：实务中面对的问题往往介于两者之间。从解释论出发，似乎需要遵从违约金调整，以及民间借贷实际利率限制的逻辑来进行。

王长军：基本赞同志刚兄的分析。（1）在我国目前社会诚信的情况下，“唯一例外情形，胜诉方和律师串通讹诈骗取败诉方意外之财”，可能并非个案，甚至将愈演愈烈。（2）败诉方要证明双方串通，可能性几乎为零。司法实务中，以双方恶意串通为由主张合同无效者，胜诉者甚为罕见，因为无法举证。（3）至于“制度管理和约束，可以交给律协和司法局”，更是水中月、镜中花。

章恒筑： 实践中有案例裁判观点认为：对应由相关责任方承担的包括律师代理费在内的实现债权费用的判断，应结合案件的难易程度、受托律师的专业水平和勤勉代理的实际情况，以及主张的诉讼请求的实现范围等综合因素考量，如果约定的律师代理费过高，可以参照《合同法》第 114 条[①]关于由人民法院根据违约方请求对违约金予以适当减少的相关规定的意旨进行调整。

王长军： 这是把律师费也作为违约金，适用违约金的法律规定予以调整。

章恒筑： 是参照适用。参照是个附带理由，主要还是对“合理”的解释。

刘建功： 判决逻辑是对债权人不顾对方利益任意行使权利的限制，这种做法无论从商业道德上，还是从减轻司法社会压力承受上，利远大于弊。当然，如果立法机关删除了《合同法》第 113 条、[②]第 114 条，那么法官们也乐意遵从。

李后龙： 关于律师费是否过高的问题，有两种案件情形，第一种是律师事务所诉委托人，委托人要求调减；第二种是在委托人诉其债务人的案件中主张律师费，债务人提出律师费超过合理范围，要求调减。一般来说，尤其在第一类案件中，仲裁机构大多不支持调减，法院大多会支持调减。这是审判与仲裁的理念差异，还是“位置决定想法”？一段时间以来，对赌案件在仲裁与诉讼中的命运不同，与此逻辑也相同。

---

① 现为《民法典》第 585 条规定。《合同法》第 114 条第 2 款规定：“约定的违约金低于造成的损失的，当事人可以请求人民法院或者仲裁机构予以增加；约定的违约金过分高于造成的损失的，当事人可以请求人民法院或者仲裁机构予以适当减少。”《民法典》第 585 条第 2 款规定：“约定的违约金低于造成的损失的，人民法院或者仲裁机构可以根据当事人的请求予以增加；约定的违约金过分高于造成的损失的，人民法院或者仲裁机构可以根据当事人的请求予以适当减少。”

② 现为《民法典》第 584 条规定。《合同法》第 113 条第 1 款规定：“当事人一方不履行合同义务或者履行合同义务不符合约定，给对方造成损失的，损失赔偿额应当相当于因违约所造成的损失，包括合同履行后可以获得的利益，但不得超过违反合同一方订立合同时预见到或者应当预见到的因违反合同可能造成的损失。”《民法典》第 584 条规定：“当事人一方不履行合同义务或者履行合同义务不符合约定，造成对方损失的，损失赔偿额应当相当于因违约所造成的损失，包括合同履行后可以获得的利益；但是，不得超过违约一方订立合同时预见到或者应当预见到的因违约可能造成的损失。”

刘建功：会不会因为选择仲裁的企业类型与没有选择仲裁偏好的企业类型有一定区别造成的？

李后龙：可能是律师偏好仲裁，与企业关系不大。

吕来明：同意李志刚意见。律师费是债权人的实际支出，不同于违约金显著高于损失的问题。看不出适用《合同法》第114条违约金调整的规定对律师费核减保护的逻辑是什么？如果极端过高显然不合理，一部分不予保护，也应找别的理由。

可预见规则和高收费的合理性

刘建功：实际上这个问题的判断分两步。第一步，涉及《合同法》关于损失的可预见规则的适用问题。试想，如果一般情形下律师市场对于类似的借款合同纠纷有一个大致的价格区间，而法官面对的案件债权人与律师约定了一个远远超出正常价格的数额，虽然债权人与债务人之间约定律师费由债务人承担，但不能不受可预见规则的限制。第二步，如果我们认可上面的观点，就会面临如何恢复到债务人可预见范围内的问题。目前《合同法》关于违约金调整的规则可能是可供参照的最类似情形。首先是基数，也就是律师市场类似法律服务的一般价格区间；其次是调整幅度，调整到一般价格以上的30%，是兼顾了两方面利益的折中方法。补充一句，司法判决既要遵循权利要件分析的路径，还得要有那么一点“向前看”的意识。

李志刚：（1）败诉方减轻负担对方律师费的正当途径是积极履约，避免成诉。（2）违约失信成本低于守约救济成本，可能才是主要矛盾。（3）政府放弃了指导价，说明正常收费参照标准缺失。刘建功所提30%是思路之一，但建议以标的额为基础，而非“一般收费”，因为风险代理费按照30%收取，比较常见。

刘建功：嗯，一个1亿元的借款合同，判决可以保护3000万元的律师费……

李志刚：风险代理合同中，30%的律师费是否合理？确实是个前置性问题。实务中，比较常见。主动还款，这钱不就一分钱不花了吗？

刘建功：都主动还款，连《合同法》都可以不要。

李志刚：如果《合同法》都不要了，那违约方就可以不用还款了。

司法角色与实践探索

王长军：律师费在商事领域完全实行市场调节价，如果只涉及双方当事人，应当没有问题，如果过高，也是“周瑜打黄盖”。但是，在可以通过诉讼或仲裁转嫁给委托人的合同相对人时，律师费收取的约定直接关系到该相对人的利益，如果司法放任，可能将产生损害该相对人利益的结果；而司法对律师费约定予以调整，又存在法律上的障碍，目前似乎只能参照违约金处理，运用《合同法》第114条的违约金进行调整，但存在较大的争议；且即便这样处理，又会出现实务中混乱不堪的状况。

郭宁华：关于律师费转付问题，深圳前海法院有过探索。深圳前海法院制定《关于正确裁判律师费用推进诚信理性诉讼的若干规定》，实行律师费用转付机制，明确法官可以根据案件情况，裁量律师费用全部或部分由存在过错的一方当事人承担。通过加大非诚信诉讼行为的违法成本，阻遏虚假、恶意诉讼，引导当事人在诉讼中尽到谨慎注意和诚实协作的义务，推动社会诚信体系的构建。[①]

律师费与违约金

王长军：司法解释确定的律师费用转付适用范围过窄，更多的是当事人在合同中约定违约方承担对方的律师费。

郭宁华：是的。还有一个相关问题：如果合同没有约定律师费，法院能不能判？这个问题讨论中也有不同意见。

---

① 参见《深圳法院七大创新经验被推广，前海法院这些创新经验上榜！》，载腾讯网2019年7月8日，https://new.qq.com/omn/20190708/20190708A064Z300.html?pc。

李志刚： 违约金和利息是守约方自留的。律师费是因违约方拒绝履行而导致守约方不得不通过诉讼维权额外支出的。这可能是二者的本质差别。

郭宁华： 同意李志刚意见。利息和利息性违约金属于孳息，对于违约方来说，基于合同约定必然产生，属于实体性支出。律师费是基于诉讼程序或双方维权性交涉，属于程序性支出。若要调整，适用法律或有不同。

刘建功： 那么，法官必须面对的是，律师费是否应该受可预见规则的约束？这就是我说的第一步。

李志刚： 风险代理，比较常见，似乎可以纳入违约方的“可预见”范围。其刻意违约，引发诉讼维权，当然产生律师费用，本身也都在“可预期”范围之内。

刘建功： 这是具体技术范畴问题了。每一个具体案件都会有这种需要裁量的问题。可以规定一般情形如何，但是也要给特殊情况留下空间。

李志刚： 是的。从另一个方面说，作为职业律师，刻意要和委托人串通、讹诈违约方，这是大概率事件，还是小概率事件？这可能也是一个裁判者的裁量预设问题。同意刘建功所言，特殊情况留给特殊裁量空间。

“向前看”的思维方式

刘建功： 桑本谦老师的一些文章学习了后有启发。就是司法是“向后看”还是“向前看”的问题。

李志刚： 是的。桑本谦、李秀霞在《“向前看”：一种真正负责任的司法态度》[1]一文中作了比较深入的讨论。抱着向前看的态度，给违约方的指引：

① 该文源自2014年第3期《中国法律评论》，记录了李秀霞法官和桑本谦教授之间的有关法律经济学在内的几乎所有具有实用主义倾向的司法传统共享的一个重要观念——“向前看”（forward looking），即面向未来或注重后果。无论对于审判案件、处理纠纷，还是对于评价和矫正司法政策，“向前看”所发挥的指导作用都是基础性的。由于“向前看”只是效率指向的，所以，当把公平作为潜在质疑时，就不可避免地涉及了一个古老的法理学问题：公平和效率的冲突。但这次对话并不抽象，它起始于一起法院正在审理的快递纠纷案，对该案的分析会自然延伸到一个普遍性的司法难题——格式合同中“霸王条款”的司法识别；此外，这次对话还讨论了“和谐司法”“司法为民”以及“注重法律效果和社会效果的统一”等司法政策被异化之后的各种乱象，本质上，司法政策的异化，通常是因为丧失了“向前看”的进取姿态导致的司法上的短视和退守。

(1)主动履行，可以避免诉讼导致增加额外的律师费，特别是为对方支付高额律师费——无讼，这对各方当事人、对法院，都是多赢。(2)如果法院可用“本院认为”认定律师费“过高”，可能有诈，必须调整，这对违约方的指引是，“嗯，再搏一把，对方律师费谁付、付多少，还不好说呢”。

刘建功：律师费问题的实质，不在于委托合同当事人双方意思，而是我们的司法策略是要将维权成本转嫁给败诉一方。换句话说，有了商法上的涉他性。那么，法官必须考虑防范转嫁外部性的各种手段。说到底，对赌也罢，保理也罢，都与此类似。如果没有涉他性，商法基本也就不用更多去思考了。

李志刚：很好的视角。(1)既然是涉他性，似乎就可以脱离违约责任的射程了。(2)转嫁，来源于意思自治。法院干预这种意思自治，就需要一个强的实定法上的理由。(3)与单纯的涉他性不同，这不是单纯为他人设定义务，而是因为己方不法，导致对方不得不由此产生额外的费用，这个费用是否发生，由己方决定。发生了，且自认自担，这个正当性就证成了。司法的介入和裁量权的生成，则需要一个比较强的规范依据。

刘建功：不需要，卡前端就行。

李志刚：政府为什么放弃指导价？

刘建功：市场化。

李志刚：政府都对律师收费市场化了，司法坚持做保姆，来管制律师费价格？自己委托律师，风险代理，30%代理费，是否应当认定无效，或者过高调整？

刘建功：随便。价格自定。

李志刚：是否不正当？是否过高？

刘建功：不知，尚无诉讼。

李志刚：实际支出了，事先又约定违约方承担，为什么就要调整？

郭宁华：个人比较赞同的角度是法院把律师费转付负担的调整作为杠杆来处理滥诉和反滥诉。

我国香港特别行政区法院设有讼费厘定官，专门算律师费的。

戴景月：是的。如果有合理的或权威的定价，就不存在这个问题了。

“宝宝”与“慈母”

李志刚：法官是否仅仅因为“双方事先约定对方承担律师费”，就要抱着对违约方是“不懂事的小宝宝”的态度，在这一时点突然觉得30%收费高了，给予“慈母”般的关怀？

刘建功：就是说打完官司又付完律师费，然后打算要回头？这和我们讨论的问题是否不太一致？

戴景月：基本识念是从理性善良出发的，法官论事的依靠是法官自己的行事原则，超出其预料，一定在其否定范围内。对于大起大落的市场风险，法官不能认定为在预测之内。跳出圈外，如果坚持尊重当事人约定，当然包括未参与约定的，但可能想到会有此约定的人。

刘建功：换个说法，简称“宝宝问题”。

戴景月：重新定义问题。

刘建功：双方约定由对方承担违约损失，结果100万元的交易，对方约定了1亿元的天价律师费。

邹　宇：一点想法：诉讼结果是不可预知的，1亿元的律师费如果败诉了，是自己付给律师吗？

李志刚：精当！这是一个前置性的考量。

戴景月：实际支付可能不是1亿元，是事实问题，假定是可以查清的事实问题。如果真是1亿元呢？

邹　宇：如果代理合同约定败诉了付1万元律师费，胜诉了对方付1亿元，可以认定有恶意。

李志刚：正常的风险代理收费，与恶意串通转嫁律师费，是两个不同的问题。后者是恶意串通的事实查明问题。前者可能是一种莫须有的思维模式。1倍以上律师费的例子，都不是好例子，因为脱离了常态问题。

邹　宇：民事诉讼的目的，不应当是惩罚对方。因为民事责任总体要遵循填平原则。

李志刚：在填平维权成本的问题上，我们做得不是太多了，而是太少了。

指导价与参考价

戴景月：1倍以上律师费的情形，是极端假设，有时把问题典型化才有意义。就问一句，支持还是不支持？

李志刚：除非有足够证据证明，或者基于常理可以认定是恶意的利益输送。超过标的额1倍的律师费，属于非理性支出，可以不支持。但不能排除例外，损害名誉权的诉讼，付律师费1亿元，未必不可能。赔精神损失1000元，但请大律师花大力气打赢官司，付1亿元。

戴景月：也许，制定一个通用收费标准会解决乱象，律师和当事人的约定如果显然不合理（依据标准），一般不予支持。

李志刚：政府特意取消了标准，可见，政府对市场的敬畏。在此前提下，我理解，行业风险代理的上限（如50%），可资参照。有显著证据证明或者显著违背常理，例外。从成本收益的角度看，所有维权成本小于诉讼收益的诉讼行为决策，都是理性的、合理的。

戴景月：此点超出了法官的预料，当然超出了当事人预料。违法者对事实是有盘算的，不会不顾忌常识。我说的标准不是计划价格，是一个参考价，市场参考价。

李志刚：取消的，正是指导价。

戴景月：如此，当有市场价格。

输赢概率与费用转嫁

王长军：多数案件诉讼结果是明知的。

邹　宇：对此不太认同。很多时候，胜诉不等于全部请求得到支持。

戴景月：是的，案件不到最后一秒钟，都是未知结果的。

王长军：像借款合同、民间借贷等，原告败诉的比例很低。扩大到一般的民商事案件，专业律师大部分都可以正确预判输赢，毕竟疑难案件是少数。

李志刚： 如果输赢很明显，还不得不通过打官司维权，这个成本该由谁承担？

王长军： 商事领域中，律师费实行市场调节价，如果只涉及法律服务合同双方当事人的利益，无论双方怎样约定，都可以，故完全实行市场价。关键在于：在可以通过诉讼或仲裁将律师费转嫁给委托人的合同相对人时，法律服务合同关于律师费收取的约定直接关系到该相对人的切身利益，如果完全实行市场调节，极有可能损害该相对人利益，故我认为对可以转嫁的律师费，还是应该予以规范，完全实行市场价不妥。

李志刚： 我不太同意“转嫁”这个词。这本来就是因为其自身原因引发和生成的。

戴景月： 不是转嫁。

王长军： 这个成本不能包含不公正的过高的对方当事人自愿承担的律师费。

李志刚： 不公正和过高，都带有很强的主观立场。为什么自己委托，风险代理 30% 不高，仅仅因为约定对方付，就突然变成过高？

戴景月： 万一呢？不然原告也不用请律师。放贷人于借贷的法律知识不亚于法官、律师。

王长军： 金融借款案件有必要请律师参加诉讼？

戴景月： 事实上律师很多。

李志刚： 以我经手的金融借款案件的有限经验，几乎没有不请律师的。

邹　宇： 欠债还钱黑白分明的案子，约定过高的律师费，实际是通过损害被告利益让律师获益。

王长军： 同一个案件，律师费能否转嫁为对方当事人承担，对律师费的收取金额有无影响？

邹　宇： 原告可以约定分成，因为这是处分自己权利。

戴景月：（1）律师费一定要付；（2）如果高到离谱让对方举证。

邹　宇： 但是让败诉方承担没有道理。

李志刚：约定分成，是有罪推定，要慎重。

王长军：凡请律师的一般收费比例很低，但如果可以转嫁则大不同了。

戴景月：在市场情况下，对方会来回盘算，也许会算成认输。

李志刚：不同意“转嫁”这个词。

郭宁华：个人比较赞成用“转付”。个人认为律师费的调整不适用违约金规则，若没有其他合适的具体法条可适用总则中的公平原则。

李志刚：转付比较中性。以违约方承担为一般原则，才是基本的公平正义。违约方引发的维权成本，违约方承担，才是朴素的正义观。

郭宁华：同意，最高人民法院说过让诉讼费起一定杠杆作用，比较赞同。与讨论情况类似。

市场价格与举证责任

戴景月：让对方举证，告诉法官律师费过高了。

王长军：违约方的违约成本也应受可预见性规则的保护。

李志刚：我自己委托 30% 的风险代理，是市场常态，为什么约定你担，就突然“不可预见”了？

戴景月：他该预料到北京的律师比邯郸律师收费高很多。

郭宁华：对方举证 + 法官裁量。光要求对方举证也不行。

戴景月：市场价格。

王长军：约定高于 30% 甚至 50%、90% 呢？如何判断高？没有规定，岂不是又乱了？

戴景月：市场和互联网一样，一定是大家都认可的。比如，钢材价格，每天都有发布，不是定价。

郭宁华：法官的裁量应考虑普遍的市场规则。

王长军：律师费不同于诉讼费，且前者是法定收费低，后者是约定市场价。

李志刚：市场上风险代理 30% 的，常见；50% 的，不多；90%，罕见。

回归市场，而不是主观臆断，可能是一个可接受的选项。律师和委托人关系本身也受市场调节，受供求影响。

戴景月：除非是假委托合同。

李志刚：是的。假委托合同，通过虚假诉讼制约。

王长军：基本赞同，但在我国的社会诚信状况下，难以想象纯市场价会出现什么现状。

李志刚：现在已经是市场价了。

王长军：同一个案件，律师费能否转为对方当事人承担，对律师费的收取金额有无影响？

李志刚：通常无影响。因为假合同，对委托人和受托人都有风险，得不偿失。

戴景月：相信市场规则，也许会有个例，但大概率没有错，至少比司法厅定价合理。律师会判断，当事人也在判断，不要假定当事人不会预测判决结果。当事人是市场强者。

李志刚：至少不应当莫须有的假想。

王长军：有个案件，原告律师收取了120万元的代理费，被告律师收取了8万元的代理费，合同都约定了由违约方承担。被告律师指责原告律师收费太高，原告律师理直气壮地说，对违约方就该高收取。这个案件也是我提出本问题的原因。

律师费是否由对方当事人来承担，对律师费的收费有巨大的影响，这是一个客观事实。

李志刚：您说的案件标的额是多少？

王长军：原告主张了1000万元，但不一定都能得到支持，且非风险代理。

李志刚：1000万元标的额，且具有或然性，120万元的代理费属于异常高吗？

戴景月：不异常。

王长军：起诉金额不等于胜诉金额。

李志刚：至少我觉得，收取 8 万元费用的律师代理标的额为 1200 万元的案件，可能不是个实力很强的律师。

戴景月：预期金额。

郭宁华：我判过一例胜诉方律师费几乎完全自担的，虽然有合同约定由败诉方承担。

李志刚：正是因为二者不等，原告又愿意按照大额交律师费，可见案件真是有得一搏，需要选择一个有实力的律师。

王长军：如果按起诉金额来确定代理费，有的律师可能扩大几倍甚至几十倍来提出请求金额。但这种情况比例小。

刘建功：比如去饭店吃饭，好厨师自然值得给好价钱，但也不能随便挨宰。如果有人买单，也不能随便饭店报价——这是商法逻辑。

戴景月：落地的请求是个槛。

李志刚：诉讼费有遏制作用。所以很少有人提几百亿元的诉讼请求。2.1% 的代理费，还属于异常，还可能串通。如果换了个收费 8 万元的律师，还能不能赢，我表示怀疑。

郭宁华：确实，有个案件原告完全胜诉，但两次开庭律师都没去，也没以律师名义提交代理词，就全驳回了。

王长军：律师费是否由对方当事人来承担，对律师费的收费有巨大的影响，这是一个客观事实。

李志刚：有人买单的例子，有误导。（1）未必能赢；（2）不是自己吃大餐。

郭宁华：律师费是否由对方当事人承担对律师费的收费深远影响。

刘建功：那个败诉的失信者要一头雾水地面对被迫承担的账单。

李志刚：责任自认，是否可以免去诉讼？至少标的为 1200 万元的案件中 120 万元代理费，不太敢说“坑”。标的为 1200 万元的案件请一个律师费为 8 万元的律师，会不会是个律师助理啊？

张　元：同意上述观点。

戴景月：同意上述观点。

肖建国： 这120万元代理费的约定，是不是可能为阴阳合同？

刘建功： 难说。

李志刚： 莫须有害人啊。

刘建功： 有时1万元标的的案件花费10万元律师费不算多，有时1亿元标的的案件花10万元嫌多。我这么说是有法律依据的。

李志刚： 如果1亿元标的的案件，10万元律师费还嫌多，那还是不要请律师了。

支付令与律师费

刘建功： 我们是不是忘记了特别程序中的支付令？

李志刚： 支付令弱不禁风，实践中已经很少用了。

刘建功： 为什么一个好端端的制度很少用了？前世今生、来龙去脉是什么？

戴景月： 最近我们号召银行使用支付令，省点法院力气。但问题在于，提出异议就终结督促程序。

肖建国： 还是信用机制，诚信的债务人越来越少了。

刘建功： 一个1亿元的支付令，10万元律师费，多了还是少了？有一些案件，律师费完全可以远大于标的。

肖建国： 支付令需要律师吗？这种略式程序，请律师过于奢侈。

刘建功： 所以，可预见规则下，计算基数是什么很重要。

戴景月： 转成诉讼，接着干。

刘建功： 您的问题可以简化为，一个借贷还钱的债务人完全认账的诉讼需要律师吗？律师工作是一个智力活动过程并以此为竞争区别的职业。

戴景月： 就是没钱！不是逗乐，意思是相信多数人会理性判断，基础是市场规则，商人很聪明，他们更知道市场。法官不过是按照市场结构演绎法律构成。

刘建功： 因为他们打算去坑那位违约的，于是需要惩罚的人，而且需要没有边界的惩罚的人。

段晓娟：最近屡有同行来讨论借款纠纷中律师费要不要调整和如何调整的问题，以及律师费要不要纳入利率上限 24% 范围内。

李志刚：什么意见？

段晓娟：我不太同意不管不调的观点。

与仲裁的比较

叶　林：中国国际贸易仲裁委和北京仲裁委一直都是采用裁决律师费的方式来处理案件。这种办法采取了很多年，没有什么负面的后果，当然，仲裁庭有权酌定。

刘建功：如果有可能，统计一下仲裁裁决下的律师费幅度标准变化，一定会非常有吸引力。仲裁是一律支持？一律不支持？有条件支持？支持多少？标准是什么？

叶　林：仲裁裁决具有保密性，这是难以得出统计数据的重要原因，但从我个人的经验来看，只要收费幅度是在各地指导的范围之内，而且提交了已付款凭证，一般都是能够支持的，所以，这个比例应该是挺高的，其实如果出现造假或异常高价的情况，对方律师也会指出这一点，仲裁庭就会留心了，仲裁员酌定的概率就很高，因此，关键的问题似乎是，是否允许双方当事人在开庭审理中就律师费的问题作辩论。一旦辩论了，就好办了。

戴景月：同意，一般会呈"争"的基本的态势，双方都不太过分，其实法官、仲裁员的介入也是市场调节元素。

郭宁华：赞成辩论。个人认为，考虑到金额较大，放在当事人的诉求里处理比较好，但也有观点说放在诉讼费那一栏更合适。

刘建功：叶林老师揭示了一个重要问题，就是异常的律师费会被注意到。

李志刚："异常"需要审查及修正，认同。问题是：30% 的风险代理，是否属于异常的？

肖建国：合同中约定律师费由违约方负担的，属于债权实现的费用，不同于诉讼费，作为诉讼请求提出比较妥当，与此相对应，对费用的真实性、合理性进行辩论，是应该的。

戴景月：是的，对方可以抗辩的。

集团诉讼中的律师费问题

叶　林：另外提供一个信息，2019年修改《证券法》时准备加入集团诉讼的规定，同时准备限制律师费的最高额度或比例，进而避免律师通过集团诉讼获得大额的费用，受损害的投资者却无利可图。律师费极高，投资者获得的赔偿较少，这是美国集团诉讼的一大缺点。如果能够有效地控制这种状况，集团诉讼也就可以采取了。

李志刚：集团诉讼有内部分成的问题。

戴景月：集团还和普通当事人不一样，一是有优势地位，二是对所在领域熟悉（职业者）。

刘建功：进入具体问题领域得具体分析。

叶　林：目前之所以建议限制集团诉讼中的律师费，主要考虑到的情况是，关于证券违法行为的查处和认定基本上都是由监管部门完成的，投资者委托的律师基本上无须再作违法性的认定证据的收集，工作量大幅度降低，所以不宜收取大额的律师费。

肖建国：有疑问的是，没有高额的惩罚性赔偿作为基础，我国证券集团诉讼何以立足？

叶　林：目前建议中采用的是一种折中的方法，其中最典型的做法就是由投资者保护机构提起诉讼，并采用集团诉讼或集体诉讼的模式，这里面当然有问题，就是诉讼主体资格的问题。

肖建国：投资者保护机构起诉，属于团体诉讼，与集团诉讼不同。

叶　林：是的，这是两种不同的模式，但把这两种方式嫁接一下。我们甚至都不愿意采取集团诉讼的术语，而想采用集体诉讼的概念。

肖建国：上次全国人大常委会法工委开会时，也有商法学者提出过这种方案。叫集团诉讼还是集体诉讼，英文名称都是 class action。如果由投资者保护机构起诉，律师费是要严格限制的。

【总结及倾向性意见】

第一，关于败诉方应否承担胜诉方律师费用的问题。

由败诉方支付胜诉方律师费用也被称为“律师费转付”制度。我国目前司法实践中适用律师费转付制度主要局限在三类情形[①]：第一，在特定案件中根据法律明确规定裁判由败诉方承担。例如，最高人民法院在审理著作权纠纷、商标权纠纷案件的有关规定中就明确法院根据当事人的诉讼请求和案件的具体情况，可以将符合国家有关部门规定的律师费用计算在赔偿范围内。第二，当事人约定由败诉方承担。基于对当事人意思自治和契约自由的尊重，部分法院会选择支持当事人的约定，也存在不支持的情况。第三，当事人未就律师费用承担问题进行明确约定，但在诉讼中将律师费作为一项损失主张违约方补偿，这类案件在司法实践中得到法院支持的情况极少。支持的情形，例如，上海市高级人民法院明确提出，合理的律师费亦属于损失的一部分，可以作为诉讼请求主张。[②]再如，最高人民法院于 2013 年 11 月 8 日发布的指导案例 19 号赵某某等诉烟台市福山区汽车运输公司卫某某等机动车交通事故责任纠纷案，人民法院判决被告赔偿原告的损失中就包含律师费。《最高人民法院关于进一步推进案件繁简分流优化司法资源配置的若干意见》（法发〔2016〕21 号，2016 年 9 月 12 日）第 22 条则针对虚假诉讼、恶意诉讼等情形作出规定：“引导当事人诚信理性诉讼。加大对虚假诉讼、恶意诉讼等非诚信诉讼行为的打击力度，充分发挥诉讼费用、律师费用调节当事人诉讼行为的杠杆作用，促使当事人选择适当方式解决纠纷。当事人存在滥用诉讼权利、拖延承担诉讼义务等明显不当行为，造成诉讼对方或第三人直接损失的，人民法院可以根据具体情况对无过错方依法提出的赔偿合理的律师费用等正当

---

① 闻长智：《律师费转付制度在民事诉讼中的运用——以创金合信基金管理有限公司债券交易纠纷案为例》，载《法律适用·司法案例》2019 年第 2 期。

② 《上海市高级人民法院关于民事案件审理的几点具体意见》（沪高法民〔2000〕44 号）第 14 条、《上海市高级人民法院关于审理道路交通事故损害赔偿案件若干问题的解答》第 2 条。

要求予以支持。”

从总体来看，律师费转付制度目前适用情况保守，主要原因是：一方面，立法没有明文规定律师费的损失应由败诉方承担，法律适用方面存在障碍。另一方面，我国没有实行律师强制代理制度，一方当事人是否需要律师代理诉讼完全是当事人的自由意志，与相对方当事人无关。且律师费用的数额完全是一方当事人和其委托代理人之间内部的协商，对方当事人没有参与律师费的协商过程，也没有关于律师费用的评定机构，因此律师费委托代理合同中关于律师费的约定不能突破债之相对性原理对败诉方产生约束力。

第二，对于当事人在诉前对律师费由违约方（败诉方）承担的约定是否有效的问题，有两种观点。

一种观点认为，根据意思自治原则，双方当事人意思表示真实，并不违反法律、行政法规的强制性规定，不违背公序良俗，该约定对双方具有法律约束力。为促进市场竞争，激发市场活力，2019年5月5日，国家发展改革委发布《关于进一步清理规范政府定价经营服务性收费的通知》（发改价格〔2019〕798号），决定放开律师服务费，取消政府指导价律师服务收费标准。[①] 一方当事人构成违约，自然应当依照约定承担对方的律师费，法院不宜调整律师费数额。

另一种观点认为，该约定不违反法律、行政法规的效力性强制性规定，原则上应当支持，对约定的律师费数额不作调整。但有例外情形，鉴于《民法典》第584条规定：“当事人一方不履行合同义务或者履行合同义务不符合约定，造成对方损失的，损失赔偿额应当相当于因违约所造成的损失，包括合同履行后可以获得的利益；但是，不得超过违约一方订立合同时预见到或者应当预见到的因违约可能造成的损失。”违约损失赔偿的范围虽然适用完全赔偿原则，即因违约方的违约使受害人遭受的全部损失都应当由违约方承担赔偿责任，但违约赔偿的数额受到可预见性规则的限制，赔偿数额不得超过在订立合同之时一个正常勤勉的人站在违约方的位置所能合理预见到的损失，具体可以考虑当事人的身份或者业务能力、预期利益的告知或知晓、合同主

① 对放开收费的服务项目，收费单位应严格按照规定做好收费公示，自觉接受社会监督。

要内容、是否超过社会一般期待的投资行为等因素。在裁判方法上以合理必要为原则，综合案件性质、争议金额、难易程度、律师代理的工作量等因素综合考量，确定是否调整律师费数额。[①] 多数群友赞同后一种观点。

此外，深圳前海合作区人民法院《关于正确裁判律师费用推进诚信理性诉讼的若干规定》[②]，在该院审理的涉外、涉港澳台商事案件中适用，具有一定的示范意义。主要内容：（1）裁判律师费用的原则：①不告不理原则。一方当事人要求由对方当事人承担律师费用的，必须提出诉讼请求。对于未明确提出诉讼请求的，法院不予支持。②依法确定原则。法院确定败诉方当事人承担胜诉方律师费用应符合法律、法规的明文规定，或具有合同依据和法理依据。法院在裁判胜诉方律师费用负担时有自由裁量权，但应依法审慎行使。③实际生效原则。向法院提出由对方当事人承担律师费用诉讼请求的一方当事人应当已经委托律师参加诉讼，并且按照约定需要支付或者已经支付了律师费用。④公平合理原则。一方当事人承担的律师费用应当是对方当事人给付的合理律师代理费或必要的办案开支，不完全等同对方当事人约定的或者实际支付的律师费用。⑤惩罚恶意原则。一方当事人或代理律师存在恶意诉讼、滥用诉权、拖延承担诉讼义务等明显不当行为的，应承担对方当事人因此增加的律师费用。（2）一方当事人具有恶意诉讼情形，对方当事人有权要求该方当事人承担律师费用；一方当事人具有故意隐瞒案件客观事实，不作真实陈述等拖延承担诉讼义务等明显不当行为的，对方当事人有权要求该方当事人承担因此而增加的律师费用。（3）收费合规审查：胜诉方当事人与代理律师约定的律师费用超出或违反国家有关规定的，法院对超出或违反规定部分不予支持。（4）合理必要审查。法院审查律师费用是否合理或必要时，应具体考虑案件的合同约定、复杂程度、争议金额、胜诉比例、代理律师的资历资质、实际工作时间、具体开支、有无不合理的诉讼行为等因素。双方当事人在庭审过程中对该部分事实与证据可进行举证、质证与辩论。

---

① 黄薇主编：《中华人民共和国民法典合同编解读》，中国法制出版社 2020 年版，第 435 页。

② 《深圳前海合作区人民法院关于正确裁判律师费用推进诚信理性诉讼的若干规定》，载深圳前海合作区人民法院“一带一路”法律公共服务平台 2017 年 12 月 11 日，https：//www.ydylflggfwpt.gov.cn/web/content/113-？lmdm=1070。

第三，关于律师费应否纳入《民间借贷司法解释》第29条规定的逾期利息、违约金、其他费用并存不得超过合同成立时一年期贷款市场报价利率4倍的问题。

《民间借贷司法解释》第29条规定：“出借人与借款人既约定了逾期利率，又约定了违约金或者其他费用，出借人可以选择主张逾期利息、违约金或者其他费用，也可以一并主张，但是总计超过合同成立时一年期贷款市场报价利率四倍的部分，人民法院不予支持。”这里的“其他费用”，指的是借款人为获得借款而支付的其他成本，借款人除借款本金之外实际支付的费用。[①] 因此，《民间借贷司法解释》限制的是借款人为获得借款支付的成本，不得超过合同成立时一年期贷款市场报价利率的4倍。律师费，是出借人实现债权的费用，并非借款人为获得借款支付的成本，不属于《民间借贷司法解释》第29条规定的“其他费用”。借款人与出借人约定承担律师费等出借人实现债权的费用，在出借人提起诉讼且已经委托律师代理的情况下，对出借人而言，实现债权费用是必然要发生的损失，借款人应当按照约定承担该损失。同样道理，差旅费、诉讼费、财产保全费等债权实现费用也不宜纳入年利率24%的限制内。但也有相反的观点认为，此处的“其他费用”包括律师费。

【代表性学术观点】

闻长智认为，律师费转付制度的价值基础和实践意义有二：一是通过律师费的杠杆作用促进纠纷化解。律师费用的承担，可以平衡双方利益配置，通过激励或约束双方当事人的行为，影响、甚至决定纠纷解决的走势。二是通过律师费转付促进当事人诚信理性诉讼。判令胜诉方律师费的损失由败诉方承担，有利于鼓励当事人依法主张权利，更有利于阻遏违法行为，减少虚假、恶意诉讼，促进当事人在履行义务过程中更能尽到谨慎注意和诚实协作义务。法院适用律师费转付制度，应当秉持中立、审慎和公平合理等基本原则，并进行充分的释法说理。应当严格遵循不告不理原则，当事人必须明确

① 郑学林、刘敏等：《新民间借贷司法解释的理解与适用》，载《人民司法·应用》2021年第4期。

提出律师费承担的诉讼请求，法院不能依职权自行裁判；应当充分考量双方当事人在履行合同和诉讼开展中是否存在过错；同时，对律师费的确实发生且是否属于必要开支也应当严格审查。[①]

朱秀明认为，通过对现行律师费负担制度的思辨质疑及律师费转付制度的理性分析发现，将律师费转付制度扩大适用、由败诉方承担具有法哲学基础，顺应司法运行规律，符合经济成本分析原理。针对律师费转付制度在适用中存在的案件类型、费用数额、裁判标准认定与把握等难题，应以矫正正义和程序制裁理论为理论基础确定其适用范围，在裁判方法上以衡平原则为依据，以合理必要为原则，综合案件性质、难易程度、案件标的额、律师代理的工作量以及本地律师行业收费标准等因素综合考量，同时与案件结果相结合，将合理的律师费按责任比例分配，确立律师费转付制度的适用逻辑与裁判规则。[②]

刘学在、尹思媛认为，律师费用系维权成本或损失，可以作为一项损害赔偿由守约方提起。当事人诉前约定律师费的负担，符合私法领域的意思自治原则，法院应当尊重这一约定的效力。法院在裁判时应遵循不告不理原则，考虑以下因素：约定是否明确、费用是否实际发生、过错程度按比例分配、兼顾可预见性原则。[③]

汤维建、李海尧认为，应当将律师费用纳入诉讼费用范围。随着纠纷的复杂化和诉讼活动的专业化，律师不仅能够弥补当事人进行诉讼时专业能力的不足，还有利于减轻法官的工作负担，推动诉讼的顺利进行，在诉讼中发挥着举足轻重的作用。将律师费用纳入诉讼费用，当事人在胜诉时其诉讼私人成本能够得到补偿，能够更好地彰显律师费用机制通过纠纷成本的杠杆作

① 闻长智：《律师费转付制度在民事诉讼中的运用——以创金合信基金管理有限公司债券交易纠纷案为例》，载《法律适用（司法案例）》2019 年第 2 期。

② 朱秀明：《民事诉讼律师费转付制度之适用路径探析——以补偿性赔偿和惩罚性赔偿为视角》，载《山东法官培训学院学报（山东审判）》2019 年第 3 期。

③ 刘学在、尹思媛：《诉前约定律师费之负担问题研究》，载《黑龙江省政法管理干部学院学报》2020 年第 5 期。

用来促进纠纷解决的价值，实现纠纷解决机制与律师行业发展的良性互动。[①]

郑学林等认为，为防止出借人以费用名义额外计收利息，进而规避民间借贷利率的司法保护上限，应当从《民间借贷司法解释》第 29 条规定控制借款成本的立法本意出发，将“其他费用”理解为借款人为获得借款而支付的其他成本，应与利率的性质基本相同，包括但不限于服务费、咨询费、管理费、会员费等各种除借款本金之外实际支付的费用。对于实践中争议较大的担保费问题，由于“其他费用”已经明确为出借人向借款人实际收取的费用，应视担保费是否最终由出借人实际收取作出认定。[②]

【典型案例 1】

浙江贝泽集团有限公司与长沙泽洺创业投资合伙企业等借款合同纠纷案

案号：

一审：浙江省高级人民法院（2018）浙民初 20 号

二审：最高人民法院（2019）最高法民终 1884 号

【基本案情】

2017 年 6 月 20 日，浙江贝泽集团有限公司（以下简称贝泽公司）与长沙泽洺创业投资合伙企业（以下简称泽洺企业）签订借款合同，约定：泽洺企业向贝泽公司借款 5 亿元用于资金周转，借款期限为 3 个月，并约定借款利息、逾期罚息等内容；因泽洺企业违约导致诉讼的，泽洺企业须承担贝泽公司为实现债权而产生的合理费用，包括但不限于诉讼费、律师费。为担保上述借款合同项下债务的履行，泽洺企业与贝泽公司签订股份质押合同，办理质押登记；唐某某与贝泽公司签订保证合同，提供连带责任保证。贝泽公司将款项借出，借款到期后泽洺企业未还款，唐某某亦未承担保证责任。

贝泽公司起诉，请求判令泽洺企业归还借款本金 5 亿元和利息、承担贝泽公司支付的律师代理费 13 258 532.4 元等。

---

① 汤维建、李海尧：《〈诉讼费用法〉立法研究》，载《苏州大学学报（哲学社会科学版）》2017 年第 3 期。

② 郑学林、刘敏等：《新民间借贷司法解释的理解与适用》，载《人民司法·应用》2021 年第 4 期。

【裁判观点】

浙江省高级人民法院一审认为，贝泽公司在本案中支付的律师代理费13 258 532.4元已经实际发生；泽洛企业和唐某某认为贝泽公司主张的律师费过高，请求调整。法院注意到，《借款合同》约定的应由相关责任方承担的实现债权的费用（律师代理费）有“合理费用”的限定范围；审判实践中对应由相关责任方承担的包括律师代理费在内的实现债权费用的判断，应结合案件的难易程度、受托律师的专业水平和勤勉代理的实际情况以及主张的诉讼请求的实现范围等综合因素考量；过高的律师代理费构成了违约方过重的违约成本负担，最终也不利于债权人依法实现债权。参照《合同法》第114条规定的由人民法院根据违约方请求对违约金予以适当减少的相关规定的意旨，法院对于泽洛企业应该承担的律师代理费酌情减少50%，即泽洛企业应承担贝泽公司支付的合理限度的律师代理费6 629 266.2元。

最高人民法院二审认为，贝泽公司在本案中支付的律师代理费13 258 532.4元已实际发生，泽洛企业和唐某某认为贝泽公司主张的律师费过高，请求调整。一审法院结合本案的难易程度，综合考虑受托律师的专业水平和勤勉代理的实际情况，以及诉讼请求的实现范围，酌情将本案的代理费减少50%，处理结果并无不当。

【典型案例2】

创金合信基金管理有限公司与山东山水水泥集团有限公司公司债券交易纠纷案[①]

案号：深圳前海合作区人民法院（2016）粤0391民初903号

【基本案情】

被告山东山水水泥集团有限公司（以下简称山水公司）在银行间市场交易商协会注册，先后于2015年发行了两期超短期债券（简称“15山水

① 载中国裁判文书网；闻长智：《律师费转付制度在民事诉讼中的运用——以创金合信基金管理有限公司债券交易纠纷案为例》，载《法律适用（司法案例）》2019年第2期。

SCP001”“15 山水 SCP002” ）。15 山水 SCP001 发行总量为 20 亿元，发行日为 2015 年 4 月 14 日，兑付日为 2015 年 11 月 12 日，期限为 210 天，票面年利率为 5.3%，兑付方式是到期一次性还本付息；15 山水 SCP002 发行总量为 8 亿元，发行日为 2015 年 5 月 14 日，兑付日为 2016 年 2 月 12 日，期限为 270 天，票面年利率为 4.5%，兑付方式是到期一次性还本付息。两期债券的募集说明书均约定，“本期超短期融资券的利率为固定利率；发行利率将通过簿计建档的方式确定。超短期融资券利率在超短期融资券存续期限内固定不变，不计算复利，逾期不另计利息”，对于发行人的违约责任约定，“发行人应履行按时、足额偿付到期超短期融资券本息的义务，不得提前或推迟偿还本金和支付利息。发行人如未履行超短期融资券还本付息或未按《银行间债券市场非金融企业债务融资工具管理办法》及配套文件规定的时间支付相关费用，则按逾期金额每日 0.21‰承担违约责任”。

原告系创金合信昭尊 2 号资产管理计划的基金管理人，持有 1000 万元的 15 山水 SCP001、2000 万元的 15 山水 SCP002 债券。被告于 2016 年先后向原告兑付两期债券存续期内利息，但未兑付本金。原告诉至法院，请求判决被告足额支付债券本息 3000 万元及逾期违约金 870 836 元，并承担违约行为导致原告承担的律师费用 30 万元。经审查，原告因本案委托代理律师约定的一审律师费 30 万元，已支付 15 万元，一审判决后支付剩余律师费。

被告辩称，被告发行的债券系真实意思表示，合法有效；原告要求本金与债券存续期内的利息之和作为计算违约金的基数，违反了募集说明书的约定；第二期融资债券存续期内已经按照年利率 5.3%、4.5% 计算利息，且被告已经足额付清，因被告逾期兑付本金，在该部分利息的基础上又按照每日 0.21‰计算罚息，明显系重复计算利息；募集说明书、发行公告等材料中并无违约方需要向守约方赔偿律师费的约定，原告诉求被告支付律师费无合同依据与法律依据，律师费并非原告因被告违约而必然产生的损失，不应得到法院的支持。

【裁判观点】

关于被告是否应承担原告的律师费问题。法院认为：第一，被告逾期兑付债券利息、未返还本金等严重违约行为，给原告造成了严重的经济损失。根据《合同法》第113条规定，原告依法诉请被告支付因其违约行为而造成的律师费损失依法有据。第二，涉案的募集说明书系单方制定，具有格式条款的性质，双方并没有对有关争议解决的内容事前协商，原告亦没有条件在事前就该募集说明中对律师费的分担与被告进行约定，被告以原告诉请律师费的损失没有合同依据理据不足。第三，本案被告委托专业律师代理提起管辖权异议、管辖权异议上诉，在涉案债券付息时间、违约金计算基数等一系列问题上提出异议，对原告举示的证据大部分不予认可。原告若无专业法律人士介入，在缺乏诉讼技能、法律专业知识的情况下亦难以正确应对被告诉讼代理人及被告的抗辩，最终难以维护其合法权益。第四，被告故意提起管辖权异议并上诉等行为，滥用诉讼权利、拖延承担诉讼义务，造成原告巨额资金被继续拖延占用、司法资源被不必要的浪费，在本案中存在过错。第五，根据《广东省物价局、司法厅律师服务收费管理实施办法》(粤价〔2006〕298号)，本案不存律师费偏高不合理的问题，且约定分期支付律师费的方式不违反法律法规、行业惯例，可推定待付律师费将得到支付，故对原告请求予以支持。

（讨论整理及后续评论：王松）

土地使用权出让合同之违约金调减

【发言群友】

戴景月、李志刚、刘建功、王长军、王松

【讨论时间】

2020年3月

【沙龙实录】

戴景月：《国务院办公厅关于规范国有土地使用权出让收支管理的通知》[国办发（2006）100号]（以下简称《国有土地使用权出让收支管理通知》）第7条规定，土地出让合同、征地协议等应约定对土地使用者不按时足额缴纳土地出让收入的，按日加收违约金额1‰的违约金。与之相关的格式合同也是按1‰约定。各方如何处理如此高额的违约金？和《合同法》如何衔接，或者是否受《合同法》违约金规定的调整？请教大家。

李志刚：在（2017）最高法民终561号昆明市国土资源局、昆明滇池国家旅游度假区管理委员会建设用地使用权出让合同纠纷案二审民事判决中，最高人民法院认为：土地出让合同相较于普通的民事合同的确具有其特殊性，其中一方主体为政府国土资源行政主管部门，由其提供的土地出让合同格式文本必然会受到相关法律、法规和规范性文件的约束。《国有土地使用权出让收支管理通知》对于国有土地出让合同中土地使用者不按时足额缴纳土地出让收入的违约金标准作了明确规定，并明确了对违反该通知规定的责任后果。此规范性文件中关于土地出让合同违约金标准的规定，系针对国有土地交易市场作出的政策性规定，体现在土地出让合同中，不属于双方能够任意协商达成的条款，该类条款如不存在违反法律、行政法规强制性效力性规定的情形，原则上不宜以私法判决的方式否定其效力，亦不宜依职权作相应调整，而应以此为依据确认各方当事人的民事权利义务。况且，房地产企业在签订合同、取得土地使用权时，对于土地出让合同的内容包括违约责任的约定应当是知道的。土地出让合同中约定的违约金标准，受行政文件及部门规章的约束，受让方逾期支付土地出让金给出让方造成的资金损失，不能简单地以银行同期贷款利率或民间借贷规定的利息标准进行评判，应当考虑违约金条款内容的法定性、行政管理的强制性、违约责任的可预见性等因素，在无特殊情形下原则上应不予调减。

就个人观点而言，我一直在想，民事合同与行政合同，是否是完全二分？还是说，有中间状态？比如，有的条款是民事属性的，有的条款是行政合同属性的？

刘建功：我现在在涉及环境资源的行政案件就遇到这种问题。初步感觉，部分审理行政案件的法官，可能需要提升合同法知识。我觉得，行政合同就是一份合同而已，无非是给公权力一方增加了一些独特的义务和权利，大家履约就是了，没有硬要区分的实际价值。

李志刚：如果有特殊性的话，这个违约金条款，是不是就是属于有特殊性的？

刘建功：理论上作出区分，目的无非是找出适用法律中的显著区别。事实上，这种区别，可能囿于目前的接触量，看不出有多大意义。这个违约金条款，在全国各个地方中，实际被用到的很少。政府真的和开发商在这个问题上非常较真，背后肯定有其他因素。如果法院认为自己不能调整，那么政府也不能和开发商谈判中作出减让。

王长军：对于国务院通知中确定的违约金标准，人民法院敢调吗？

戴景月：问题已经抽象过了。实际上对土地使用权出让金或违约金的

“松动”，肯定有其他因素，比如接手老国有企业、建设公共设施、代偿世界银行贷款等。这些不能直接抵销出让金的部分，就用一直缓收方式拖下来了。但是一旦政府起诉，法院还是不得不回答。

王　松：案件属于建设用地使用权出让合同纠纷，故可以适用《合同法司法解释（二）》关于减少过高违约金的规定。

【《民法典》和相关司法解释的修改情况】

关于违约金的司法酌减规则，《民法典》规定于第585条。相较于原《合同法》第114条，该条仅在第2款作了文字调整，将“当事人可以请求人民法院或者仲裁机构予以增加/适当减少”变更为“人民法院或者仲裁机构可以根据当事人的请求予以增加/适用减少”。

司法解释方面，因为《合同法司法解释（二）》被废止，违约金司法调整的具体细则，目前在可援引规则中失之阙如，只有《最高人民法院关于审理商品房买卖合同纠纷案件适用法律若干问题的解释》第12条的“损失30%为标准”可供参考或在其他合同类型下类推适用。至于“以实际损失为基础，兼顾合同的履行情况、当事人的过错程度以及预期利益等综合因素，根据公平原则和诚实信用原则予以衡量”的适用方法，无援引上的需求，《民商审判会议纪要》第50条中重申“应当兼顾合同履行情况、当事人过错程度以及预期利益等因素综合确定”的指导精神应该可以满足参考上的需要。

【总结及倾向性意见】

本专题的讨论，从《国有土地使用权出让收支管理通知》第7条开始，即该条规定明确每日1‰的高额违约金，是否受合同法规则特别是违约金调减规则的限制？此时，另一衍生问题开始浮现：土地使用权出让合同是否属于行政协议，或者至少具有某种特殊性，从而可以排斥民商事规则的适用？这一衍生问题必须首先解决，因为这是分析主问题的前提。

“行政协议”的概念由2014年《行政诉讼法》修正时引入，并以政府特许经营协议、土地房屋征收补偿协议为其典型；[①] 最高人民法院 2015 年出台的《最高人民法院关于适用〈中华人民共和国行政诉讼法〉若干问题的解释》第 11 条第 1 款在此基础上，将行政协议定义为“行政机关为实现公共利益或者行政管理目标，在法定职责范围内，与公民、法人或者其他组织协商订立的具有行政法上权利义务内容的协议”。[②] 但是，这一概念的引入，反倒使区别行政协议与私法合同的争议更为白热化，特别是在土地使用权出让合同是否系行政协议方面，众说纷纭。2017 年，《行政诉讼法》再次修正，隔年最高人民法院颁布《最高人民法院关于适用〈中华人民共和国行政诉讼法〉的解释》，废止了《最高人民法院关于适用〈中华人民共和国行政诉讼法〉若干问题的解释》，不仅不再保留“行政协议”的概念定义，而且连原文也整条删去；2019 年发布的《最高人民法院关于审理行政协议案件若干问题的规定》甚至已明确“矿业权等国有自然资源使用权出让协议”属于行政协议，但仍未就土地使用权出让合同发表意见。[③]

不过，行政法学说显然更倾向认为土地使用权出让合同当然属于行政协议。不仅应当由行政审判庭办理，而且在审查规则上也与普通民商事合同有别，从而可以达成规范政府权力、保障公民利益的目的。[④] 但是，立法机关的

① 2014 年修正的《行政诉讼法》第 12 条规定：“人民法院受理公民、法人或者其他组织提起的下列诉讼：……（十一）认为行政机关不依法履行、未按照约定履行或者违法变更、解除政府特许经营协议、土地房屋征收补偿协议等协议的……” 2017 年《行政诉讼法》修正时对此未作更改。

② 该条第 1 款规定：“行政机关为实现公共利益或者行政管理目标，在法定职责范围内，与公民、法人或者其他组织协商订立的具有行政法上权利义务内容的协议，属于行政诉讼法第十二条第一款第十一项规定的行政协议。”

③《最高人民法院关于审理行政协议案件若干问题的规定》第 2 条规定：“公民、法人或者其他组织就下列行政协议提起行政诉讼的，人民法院应当依法受理：（一）政府特许经营协议；（二）土地、房屋等征收征用补偿协议；（三）矿业权等国有自然资源使用权出让协议；（四）政府投资的保障性住房的租赁、买卖等协议；（五）符合本规定第一条规定的政府与社会资本合作协议；（六）其他行政协议。”

④ 参见江必新：《中国行政合同法律制度：体系、内容及其构建》，载《中外法学》2012 年第 6 期；陈国栋：《作为公共资源配置方式的行政合同》，载《中外法学》2018 年第 3 期。

意见可能与之相左；[①]民商法学说亦存在不同意见。[②]群友也一针见血地指出，土地使用权出让合同实际可能处于民事合同与行政合同的中间状态，其归属并不易确定。

这种行政协议与私法合同在类型边界处相互交融的现象，在比较法上并非个例。例如，法国行政法学者也认为这二者边界“错综复杂”，且区分的方法“无法免除主观性”，甚至以“模糊、波动和不确定”描述其特征。[③]不过，比较法上类似行政协议的制度，多数只是实现行政目的的手段；[④]虽然形式上与中国行政法的概念含义基本相同，[⑤]相关适用规则所代表的价值导向却可能大相径庭。例如，在法国行政法上，以公共服务特许为典型情境的行政合同中，行政主体一方享有可变性原则（principe de mutabilité）、单方制裁权（pouvoir de sanction unilatérale）、基于公益之单方调整权（pouvoir de modification unilatérale pour motif d'intérêt général）/契约相对人之填补请求权（droit à indemnisation）等共同法则，均实际上扩张行政机关一方的合同权利，[⑥]旨在促进行政合同作为行政管理手段的一种，得切实实现行

① 参见《国土资源部门解除国有土地使用权有偿出让合同属于民事争议还是属于行政争议》的回函中，全国人大常委会法工委明确国有土地使用权有偿出让合同纠纷系民事争议，载中国人大网：http：//www.npc.gov.cn/zgrdw/npc/xinwen/lfgz/xwdf/2004-12/25/content_337521.htm。虽然其时《行政诉讼法》尚未有行政协议的规定，但是全国人大常委会法工委论述的理由在于“追究合同另一方的违约责任，不是行使行政管理权，由此产生的争议应属于民事争议”，故该结论不会因为《行政诉讼法》修正而有所区别。

② 参见王利明：《论行政协议的范围——兼评〈关于审理行政协议案件若干问题的规定〉第1条、第2条》，载《环球法律评论》2020年第1期；崔建远：《行政合同族的边界及其确定根据》，载《环球法律评论》2017年第4期。

③ 参见王必芳：《论法国行政契约的特点》，载我国台湾地区《台北大学法学论丛》2017年总第102期。

④ 参见王惠东：《法国行政契约之履行——比较法国行政契约法》，载《立宪国家之课题与挑战——许志雄教授六秩华诞祝寿论文集》，我国台湾地区元照出版公司2013年版，第774~775页；1997年《德国行政程序法》第54条规定：“公法范畴的法律关系可以通过合同设立、变更或撤销，但以法规无相反规定为限。行政机关尤其可以与拟作出行政行为的相对人，以签订公法合同代替行政行为的作出。”

⑤ 参见余凌云：《行政契约论》，中国人民大学出版社2006年版，第24页。司法实践也认为行政协议是一种经“合同化”改造的“特殊类型的行政行为”，参见曹某某与长葛市人民政府、长葛市长兴路街道办事处土地补偿行政协议案，最高人民法院（2019）最高法行申13735号行政裁定书。

⑥ 参见王必芳：《论法国行政契约的特点》，载我国台湾地区《台北大学法学论丛》2017年总第102期。

政目的。

与之相反，国内行政法学理论期待的行政协议，重心却在于以司法裁量规制行政权能——即便该制度设计可能早已在私法内部存在。例如，合同的合法性审查和通过特定程序限制合同一方选择相对人的自由，私法领域均有充沛的制度供给。

具体到本讨论的案例情境，若以土地使用权出让合同具有行政协议的特殊性而排斥私法规则的适用，既不接受利息法定限额之限制，又否认可得司法酌减，无异于直接承认《国有土地使用权出让收支管理通知》这一“规范性文件”具有超越《合同法》与相应司法解释的效力，或者至少相当于升格成为行政法规，以特别法优于一般法的规则优先获得适用——这与国内行政法学说试图以行政协议理论避免行政司法领域的“再高权化”主张，[①] 南辕北辙。

在此方面，反倒是私法学者更为敏锐地察觉到，将土地使用权出让合同纳入“行政合同”的范畴，不仅无助于限制行政职权，而是对行政主体权能的纵容。[②] 出现这种错位的原因，可能在于国务院办公厅《国有土地使用权出让收支管理通知》的规定属于法定违约金的范畴。如果进一步考虑到收取违约金的一方只可能为政府，“违约金随同土地出让收入一并缴入地方国库”，[③] 加之普通违约金本身即具“私罚”性质，[④] 那么，这一法定违约金已近乎一种“行政罚”，[⑤] 其行政要素呼之欲出——尽管从功能维度而言，将土地使用权出让合同整体认定为行政协议并无裁判适用上的实益，但是其法定违约金的部分，在功能上已相对偏向上命下从的管理模式。

① 参见徐键：《功能主义视域下的行政协议》，载《法学研究》2020 年第 6 期。

② 参见王利明：《论行政协议的范围——兼评〈关于审理行政协议案件若干问题的规定〉第 1 条、第 2 条》，载《环球法律评论》2020 年第 1 期；崔建远：《行政合同族的边界及其确定根据》，载《环球法律评论》2017 年第 4 期。

③ 参见《国有土地使用权出让收支管理通知》第 7 条“强化土地出让收支监督管理，防止国有土地资产收益流失”项下第 2 段的规定。

④ 参见姚明斌：《违约金论》，中国法制出版社 2018 年版，第 88 页。

⑤ 我国法定违约金滥觞于公共事业领域的滞纳金，经历了“从单一存在到滞纳金和违约金混淆并存以及滞纳金与违约金明确划分”的三个阶段，是“计划和市场两套机制并行的价格双轨制”向“有计划的商品经济体制”转变的制度产物，参见张婉苏：《滞纳金制度历史变迁研究》，载《湖南科技大学学报（社会科学版）》2013 年第 3 期。从这个角度而言，土地出让金延迟履行的法定违约金，颇有“滞纳金”的行政风采。

从群友示例的最高人民法院观点也可以看出，裁判观点开始“充分考虑行政目标和任务的实现”，[①]在特定的论题上例外地令民商事规则“受行政文件及部门规章的约束”。而且，违约金司法酌减本应衡量债务人负担是否过重或者本身是否妥当，但是法定违约金订入合同内容，标志着立法者已为合同双方事先安排了确定的风险负担与损失的计算方法。[②]更何况在土地使用权出让合同法定违约金的情境下，《国有土地使用权出让收支管理通知》对此采用“应约定”等字样，明示不容当事人事先排除，强制之品格显而易见；故司法已无必要再置喙于违约金的合理性及利益衡量。

不过，正如群友讨论所提及的现实：政府对违约相对人违约金的事后减让并不鲜见。所以，从逻辑融贯的角度而言，虽然法定违约金确实不应接受司法酌减，但是也并非不存在受利息法定限额约束的解释空间。《国有土地使用权出让收支管理通知》规定的法定违约金收取标准乃按日计算，而《民间借贷司法解释》规定的利息法定限额系以年为单位，[③]故可以在此进行实质计算，进行总量控制；[④]即，若实际主张的法定违约金经按日计算后的总额，未超过总违约金额按合同成立时一年期贷款市场报价利率4倍计算的利息限额，

---

① 参见昆明市国土资源局、昆明滇池国家旅游度假区管理委员会建设用地使用权出让合同纠纷案，最高人民法院（2017）最高法民终561号民事判决书。这与行政法学说新近的转向态度不谋而合，参见沈岿：《监控者与管理者可否合一：行政法学体系转型的基础问题》，载《中国法学》2016年第1期。

② 参见姚明斌：《违约金论》，中国法制出版社2018年版，第407页。

③ 《民间借贷司法解释》第28条第1款规定：“借贷双方对逾期利率有约定的，从其约定，但是以不超过合同成立时一年期贷款市场报价利率四倍为限。”

④ 进行实质计算的理由在于，利息法定限额原本采取的就不是严格形式主义的立场，而是要对逾期利息、违约金和其他所有费用一并计算。《民间借贷司法解释》第29条规定：“出借人与借款人既约定了逾期利率，又约定了违约金或者其他费用，出借人可以选择主张逾期利息、违约金或者其他费用，也可以一并主张，但是总计超过合同成立时一年期贷款市场报价利率四倍的部分，人民法院不予支持。”而且，相对于法定违约金而言，行政性、强制性更强的滞纳金也有征收限额的规定，如《道路交通安全违法行为处理程序规定》第60条规定：“当事人逾期不履行行政处罚决定的，作出行政处罚决定的公安机关交通管理部门可以采取下列措施：（一）到期不缴纳罚款的，每日按罚款数额的百分之三加处罚款，加处罚款总额不得超出罚款数额；（二）申请人民法院强制执行。”比较法上也有类似的限额规定，例如，《美国国内税法》（Internal Revenue Code）§ 6651（a）规定的滞纳金计算方式随欠缴时间累加规则，就有总计不超过未缴税款总额25%（not exceeding 25 percent in the aggregate）的限制。所以，相比滞纳金而言，行政性、强制性更弱的法定违约金，在总额上受利息限额约束的解释路径，具有一定的正当性。

则令其有效；否则超过部分无效。[①]

【代表性学术观点】

江必新认为，行政合同的建制模式可以分为私法模式、公法模式和拆分模式。中国应当选择公法模式，因为行政合同关系是应由公法规则调整的行政关系。公法模式相对于其他两种模式而言具有比较优势。反对使用公法模式调整行政合同关系的理由并不成立。通过公法模式调整行政合同关系是我国行政和司法实践所采纳的一般做法。通过公法模式调整行政合同关系是大陆法系国家较为通行的做法。[②]

崔建远认为，（1）行政机关具有多重角色性，必须在具体的社会关系中分析其扮演的角色身份。只有合同关系行政优益权的比重高于民商法律关系的分量，才能定性为行政合同。（2）可借鉴英美合同法上的"近因理论"和法国法上的"直接执行公务说"来界分行政合同与民商合同。具体而言，只有具体合同距离行政机关实现行政管理职能、实现公共利益的目的相对较近，行政机关在合同中直接参加公务的执行，才能归入行政合同，否则应当定性为民商合同。国有建设用地使用权出让合同距离行政机关实现行政管理职能、公益性的目的相对远些，更偏向于普通民商合同。（3）确定合同的主要方面和主要矛盾，方能准确得出合同是否归属于行政合同范畴的结论。国有建设用地使用权出让合同中行政因素仅有出让人可依法对受让人警告、罚款乃至收回建设用地使用权，所占比重较小；而民商事法律关系占据主要地位；故应以主要部分的性质确定合同的性质，定性为民商合同。否则适用行政法的规定解决纠纷，会出现欠缺恢复原状、排除妨害、消除危险等请求权和难以解释何以含有占有、使用、收益的物权权能的疑难，还会使违约救济的方式难以适用。（4）将国有建设用地使用权出让合同归入行政合同，将导致要适用行政法、同时排除了民商法适用的结果，如此将对行政机关的相对人更为

① 较为简明的计算公式可以表述为：按日计算总额 = 违约金额 × 违约天数 × 1‰；总利息限额 = 违约金额 × 1 年期贷款市场报价利率 × 4。若按日计算总额 < 总利息限额，则有效；若按日计算总额 > 总利息限额，则超出部分无效。

② 江必新：《中国行政合同法律制度：体系、内容及其构建》，载《中外法学》2012 年第 6 期。

不利，无法实现“把权力关进制度的笼子里”的政策导向。在现行法缺少对行政合同规定的当下，还会与“法无授权不可为”的原则相悖，也有违完善产权保护制度的精神，更不符合相关法官对业务的熟悉程度。①

陈国栋认为，（1）认识行政合同的新路径在于“所交易的资源的公共性”，即行政合同是国家将特定公共资源交由特定主体经营、使用的初次分配过程和初次分享公共资源的途径。行政合同对公共资源的分配与分享属性才是证成其正当性的价值。在这一观点之下，公民拥有通过合同要求政府给付公共资源的权利。这种权利并非缔约的请求权，行政机关不是基于自由意志而是基于其法律义务才与公民签订合同。因而，将行政合同接纳入公法渠道，有助于进一步规范政府权力，接受司法审查的控制，规制行政机关选择缔约人的权力，也能保障最终缔约人之外的其他参与缔约过程者的公平竞争权益。所以，行政合同不仅需要进行违约性审查，还要进行合同合法性审查。合法性审查在先，违约性审查在后。（2）行政机关缔结合同的自由应当受到严格限制，没有如同私人的缔约自由；公民通过公平竞争程序缔结行政合同是其权利，政府不能随意选择当事人，只能交由结果不确定的竞争程序去选择。②

姚明斌认为，以法定延迟罚息规则为例，此类法定违约金无司法酌减规则之适用，但是仍然受利息法定限额规则的限制。若高于贷款基准利率 4 倍，则高出部分无效。在比较法上，法定违约金属于任意法。但是从现代中国法制史而言，我国法定违约金更类似于强行法，或者起码半强行法的规定。现有司法观点较为一贯，多数案例的观点否认或者变相否认法定违约金可以进行司法酌减。其同意此种观点，也认为法定违约金不得进行司法酌减。③

李晓云、吴学文从最高人民法院（2018）最高法民再 303 号民事判决书出发，引出三项问题：约定日 1‰逾期付款违约金是否是当事人的真实意思表示；约定的日 1‰逾期付款违约金是否有效；日 1‰逾期付款违约金是否应调减至日 2.1‱。具体而言：（1）司法酌减违约金并非我国合同法上仅有，也多见于比较法；无论从价值取向还是性质功能上，均可论证违约金的司法酌减

① 崔建远：《行政合同族的边界及其确定根据》，载《环球法律评论》2017 年第 4 期。
② 陈国栋：《作为公共资源配置方式的行政合同》，载《中外法学》2018 年第 3 期。
③ 姚明斌：《违约金论》，中国法制出版社 2018 年版，第 377 页、第 402~408 页。

有其正当性；不过，我国司法酌减违约金仍存在一些理论问题。具体到土地出让逾期付款违约金的司法酌减问题上，因为土地出让合同的性质较为特殊，故需要考察土地出让合同属于行政争议，还是民事纠纷；此外，土地出让逾期付款违约金的性质是法定违约金还是约定违约金仍待厘清。（2）土地出让合同具有民事合同与行政合同二元属性，但是当讨论土地出让合同逾期付款违约金酌减问题之时，应着眼于土地出让合同的民事合同属性，因为行政机关在行政诉讼中不能作为原告；同时，土地出让逾期付款违约金不应认定为法定违约金，理由有：只要是逾期付款违约金就是法定违约金的观点不能成立；国务院办公厅《国有土地使用权出让收支管理通知》中关于1‰的规定，是向其下属行政部门缔结合同时对合同内容提出的要求，并非能够成立法定违约金直接的规范基础；实践中调减日1‰违约金的裁判案例并不鲜见；1‰逾期付款违约金的合同内容仍然需要双方当事人协商确定；土地出让合同示范文本经历了由“滞纳金”向“违约金”转变的过程，滞纳金侧重于行政处罚，违约金偏重于违反合同之“合约”性，故其强制性更弱。（3）土地使用权出让合同逾期付款违约责任虽源于行政规范性文件，但其性质上仍属于约定违约金而非法定违约金，可得司法酌减；裁判时酌减违约金，应当以实际损失为基础，兼顾合同的履行情况、当事人的过错程度以及预期利益等综合因素，根据公平原则和诚信原则予以衡量。

【典型案例1】

昆明市国土资源局、昆明滇池国家旅游度假区管理委员会建设用地使用权出让合同纠纷案

案号：最高人民法院（2017）最高法民终561号

【基本案情】

2016年9月30日，碧海缘公司与昆明市土地和矿业权交易中心签订《出让合同》，约定受让人碧海缘公司自合同签订之日起22日内，一次性付清国有建设用地使用权出让价款，不能按时支付的，自滞纳之日起，每日按迟

延支付款项的1‰向出让人缴纳违约金，延期付款超过60日，经出让人催缴后仍不能支付出让价款的，出让人有权解除合同，受让人无权要求返还定金，出让人可请求受让人赔偿损失。该合同的落款时间为2016年10月8日。同日，该地块被批准受让。2018年1月16日，度假区土储分中心出具《关于碧海缘4S店用地的情况说明》，本案诉争地块于2009年由碧海缘公司以租地建房的方式投资建设成为汽车销售维修4S店。2016年10月，按照处理用地历史遗留问题的方式，依据现行供地政策，以线下挂牌方式由碧海缘公司竞得该地块，并签订了《成交确认书》。该地块成交前后均一直由该公司管理使用。

2016年10月10日，碧海缘公司向滇池管委会提出关于延期缴纳土地款的申请。2016年10月27日，滇池管委会向昆明市国土局发出《关于请予审核同意度假区KCD2014-6号地块土地出让价款分期缴纳的函》表示同意延期付款，报请昆明市国土局审批。昆明市国土局复函管委会称：鉴于竞得人已签订了《成交确认书》，应严格按《成交确认书》有关约定及交易条件中付款方式的约定，尽快签订《出让合同》，并按交易条件按时足额数纳土地出让金，以免造成违约和产生违约金。

2017年5月21日，昆明市国土局滇池旅游度假区分局向碧海缘公司发出通知，载明：你公司于2016年9月30日竞得KCD2014-6地块，并签订成交确认书，但截至目前尚未与昆明市国土局签订出让合同，未缴清出让价款。按照成交确认书约定，不在规定时间签订合同，出让人有权解除成交确认书，不予退还竞价保证金，竞得人须按照竞得价10%支付违约金。

碧海缘公司分别于2016年10月18日、24日共向昆明市财政局昆明滇池旅游度假区分局缴纳土地出让价款4080万元。

庭审中，昆明市国土局和滇池管委会明确碧海缘公司应支付土地出让金及违约金的对象为滇池管委会，碧海缘公司对此表示认可。

【裁判观点】

最高人民法院认为：（1）土地出让合同相对于普通的民事合同具有特殊

性，其中一方主体为政府国土资源行政主管部门，由其提供的土地出让格式文本必然受相关法律、法规和规范性文件的约束。(2)《国有土地出让收支管理通知》对于国有土地出让合同中土地使用者不按时足额缴纳土地出让收入的违约金标准作了明确规定，并明确了对违反通知规定的责任后果。此规范性文件中关于土地出让合同违约金标准的规定，及针对国有土地交易市场作出的政策性规定，体现在土地出让合同中，不属于双方能够任意协商达成的条款，该类条款如不存在违反法律、行政法规强制性效力性规定的情形，原则上不宜以私法判决的方式否定其效力，亦不宜依职权作相应调整，而应以此为依据确认各方当事人的民事权利义务。(3) 碧海缘公司在签订合同、取得土地使用权时，应当知道违约责任的约定和违约的责任后果。(4) 考虑到昆明市国土局因碧海缘公司违约所受损失，基于公平原则，碧海缘公司的违约责任应按照合同约定的违约金标准计算至 2017 年 8 月 1 日一审法院受理本案之日止为宜，此足以体现对碧海缘公司违约的惩罚。综上，《出让合同》中约定的违约金标准，受行政文件及部门规章的约束，受让方逾期支付土地出让金给出让方造成的资金损失，不能简单地以银行同期贷款利率或民间借贷规定的利息标准进行评判，应当考虑违约金标准条款内容的法定性、行政管理的强制性、违约责任的可预见性等因素，在无特殊情形下原则上应不予调减。

【典型案例 2】

贵州省松桃优腾房地产开发有限公司与松桃苗族自治县自然资源局建设用地使用权出让合同纠纷案

案号：最高人民法院（2020）最高法民申 2203 号

【基本案情】

松桃自然资源局与优图松桃分公司签订《建设用地出让合同》，约定最后一期出让价款的付款时间为 2015 年 8 月 23 日前，受让人若不能按时支付出让价款，自滞纳之日起，每日按迟延支付款项的 1‰向出让人缴纳违约金。

后，松桃自然资源局依约将涉案地块交付给优图松桃分公司使用。后松桃自然资源局与优腾公司签订《国有土地使用权出让合同》，约定松桃自然资源局同意将原与优图松桃分公司签订的北部新城神奇苗乡城镇综合体汇龙国际建设项目国有建设用地使用权出让合同，受让人变更到优腾公司名下进行开发建设，受让人必须按照原合同约定事项履行相关的权利义务。至 2017 年 6 月 23 日，优腾公司缴纳土地出让价款 5 万元，尚欠 3834 万元未缴清。

松桃自然资源局一审诉请判令优腾公司支付土地出让价款并按照《国有建设用地使用权出让合同》的约定支付违约金 5230.772 万元（从 2018 年 6 月 16 日起至本案终审判决生效之日期间的违约金以 3834 万元为基数，按照日 1‰计算）。

【裁判观点】

最高人民法院再审审查认为，优图松桃分公司签订案涉《国有建设用地使用权出让合同》时，对合同约定的“受让人不能按时支付国有建设用地使用权出让价款的，自滞纳之日起，每日按迟延支付款项的 1‰向出让人缴纳违约金”应有明确清晰的认识。该违约金计算标准也符合《国有土地使用权出让收支管理通知》的要求，不存在违反法律、行政法规强制性、效力性规定的情形。优腾公司主张的未按期获得其他投资返还系其应自行承担的商业风险，不构成逾期缴纳本案土地出让金的正当理由。原审未予调减违约金，兼顾了合同的履行情况、当事人的过错程度等因素，符合《合同法司法解释（二）》第 29 条的规定，适用法律和处理结果并无不当。

【典型案例 3】

四川省广元市三益置业有限责任公司与旺苍县国土资源局建设用地使用权出让合同纠纷案

案号：四川省旺苍县人民法院（2018）川 0821 民初 841 号

【基本事实】

三益置业公司通过拍卖方式竞得旺苍县国土资源局出让的20110418号建设用地使用权，双方签订《国有建设用地使用权出让合同》，约定出让人同意在交付土地时该宗地达到规定的场地平整的土地条件，周围基础设施达到宗地外通电、通水、通讯、通路；出让价款9220万元，分二期执行，第一期在2011年4月18日前支付4610万元，第二期在2011年8月30日之前支付；受让人不能按时支付国有建设用地出让价款的，自滞纳之日起，每日按迟延支付款项的1‰向出让人缴纳违约金。由于出让人未能按时提供出让土地而致受让人本合同项下宗地占有延期的，每延期一日，出让人应当按受让人已经支付的国有土地使用权出让价款1‰向受让人给付违约金，土地使用年期自达到约定的土地条件之日起算。

三益置业公司按照合同约定的期限缴纳了项目第一期土地出让金后，案涉地块因征地拆迁信访阻工致未被及时交付；因此三益置业公司在期限内提出缓交申请，且得到了相关部门的同意。旺苍县国土资源局未按照合同约定的期限和交地条件交付土地，造成三益置业公司延迟进场施工时间达21个月。

【裁判观点】

四川省旺苍县人民法院认为：（1）旺苍县国土资源局未按照合同约定的期限和交地条件交付土地，由此给三益置业公司造成包括因不能如期进场施工建设、迟延开盘销售、房地产市场价格下滑等因素导致的收入预期降低，融资成本大幅增加等方面的重大经济损失，应当按照合同双方约定的违约金计算方法和标准承担违约金。（2）三益置业公司主张自其缴清全部两期土地出让金之日2013年12月14日起至旺苍县国土资源局第二次交付土地之日2014年5月5日，以其已缴纳出让金的50%为基数，按约定每日1‰计算违约金，不违反双方合同的约定。（3）因三益置业公司在进行土地竞拍时，对旺苍县国土资源局现场展示的土地现状是明知的，其明知短时间内不能完成而轻信旺苍县国土资源局可以完成，其本身也存在没有尽到谨慎的注意义务，故法院酌定减轻旺苍县国土资源局应承担的违约责任。

【典型案例 4】

拉萨市国土资源局与拉萨玛吉阿米餐饮连锁有限责任公司建设用地使用权出让合同纠纷案

案号：最高人民法院（2018）最高法民再 303 号

【基本案情】

玛吉阿米公司以挂牌竞买方式，于 2013 年 10 月 30 日与拉萨国土局签订《国有建设用地使用权出让合同》（以下简称《出让合同》）。该合同约定：国有建设用地使用权出让价款为人民币 4989 万元，定金为人民币 1000 万元；合同签订之日起 30 日内一次性付清国有建设用地使用权出让价款；受让人不能按时支付出让价款的，自滞纳之日起每日按迟延 1‰向出让人缴纳违约金。

后玛吉阿米公司未及时全额支付出让价款，拉萨国土局多次通知玛吉阿米公司催缴并支付剩余出让金 3989 万元，后玛吉阿米公司于 2015 年 12 月 30 日、31 日才足额缴纳了剩余土地出让金。

2016 年 10 月 19 日，玛吉阿米公司与拉萨国土局双方签订了《协议书》，协议约定：玛吉阿米公司在签订该协议之日起 3 个月内（2017 年 1 月 19 日之前）将未按期支付国有建设用地使用权出让金 3989 万元价款，应缴纳的违约金 30 356 290 元（2013 年 11 月 30 日至 2015 年 12 月 30 日）向拉萨国土局缴纳；如不能及时缴纳违约金，拉萨国土局有权解除《出让合同》，追究玛吉阿米公司的违约责任，并将其列入不诚信企业黑名单；在签订合同后，拉萨国土局为玛吉阿米公司办理《国有土地使用权证》并交付复印件以便玛吉阿米公司办理项目规划手续等证照。

《协议书》签订后，玛吉阿米公司未向拉萨国土局缴纳约定的违约金，故成诉。

【裁判观点】

最高人民法院再审认为：（1）2016 年《协议书》的签订虽然确有玛吉阿米公司不承诺支付违约金则拉萨国土局不会继续为其办理土地使用权证的

因素，但玛吉阿米公司长期不支付欠付土地出让金，以致产生按照《出让合同》的约定高达30 356 290元的违约金，这是几乎接近3989万元欠付出让金的根本原因，不能认为拉萨国土局在《协议书》的签订过程中存在欺诈、胁迫或显失公平。（2）玛吉阿米公司在签订《协议书》之时，即已明确表示要在3个月内缴纳2013年11月30日至2015年12月30日的违约金30 356 290元，故其对于违约金的金额有清晰明确的认识，该违约金的计算不仅系依据《出让合同》的明确约定，也符合国务院办公厅《国有土地使用权出让收支管理通知》要求，不存在违反法律、行政法规强制性效力性规定之情形。（3）《合同法》第114条"约定的违约金过分高于造成的损失的，当事人可以请求人民法院或者仲裁机构予以适当减少"的规定及《合同法司法解释（二）》第29条"当事人主张约定的违约金过高请求予以适当减少的，人民法院应当以实际损失为基础，兼顾合同的履行情况、当事人的过错程度以及预期利益等综合因素，根据公平原则和诚实信用原则予以衡量，并作出裁决。当事人约定的违约金超过造成损失的百分之三十的，一般可以认定为合同法第一百一十四条第二款规定的'过分高于造成的损失'"的规定虽然赋予人民法院适当调减违约金的裁量权，但结合本案实际情况，玛吉阿米公司无正当理由长期拒不支付土地出让金，导致产生高额违约金，之后又明确承诺愿意支付该高额违约金，以换取拉萨国土局继续为其办理土地使用权证，人民法院酌情调减违约金反而有悖公平原则和诚信原则。（4）二审判决将玛吉阿米公司应向拉萨国土局支付的违约金数额由30 356 290元调减为11 967 000元，没有兼顾本案合同的履行情况、当事人的过错程度以及预期利益等综合因素，应予纠正。

（讨论整理及后续评论：吴国晨）

超限工程质量保证金约定之效力

【发言群友】

王长军、李秀霞、刘建功、潘军锋、吴兆祥

【讨论时间】

2020 年 4 月

【沙龙实录】

规范依据与法律效力

王长军：《建设工程质量保证金管理办法》第 7 条规定：“发包人应按照合同约定方式预留保证金，保证金总预留比例不得高于工程价款结算总额的 3%。”而在实践中，由于发包人的优势地位，在施工合同中约定的工程质量保证金往往高于 3%，那么，超过 3% 的部分是否无效？

李秀霞：《建设工程质量保证金管理办法》是住建部和财政部为规范保证金、减少施工企业负担而制定出台的。我感觉还是要看管理部门对这种情况的投诉如何处理。如果行政部门严格执法的话，司法再认定超过 3% 有效，那这个规定就没法适用了。行政处罚和民事处理有差异的话，也不利于执法统一。

王长军：谢谢！行政责任与民事责任的认定不同也是常态。

李秀霞：也是。行政处罚还是有效果的，即使司法认定有效，也不会导致该规定的架空。个别发包方与承包方对保证金数额的约定，也是基于实际情况。发包方有时冒着受行政处罚的风险来维护自己的经济利益。何况从《合同法》的规定来看，不是无效的情形。

王长军：行政处罚的力度、效果，大多优于民事责任，特别是在房地产领域。我查了一下最高人民法院相关司法解释起草人的意见，认为“工程质量保证金一般不能超过工程总价款的3%，超过的部分不能认定为工程质量保证金”，[①] 似乎采纳无效说？

有效但不可履行说

刘建功：我觉得不是采纳合同无效说，而是合同有效但不可强制履行说。即《合同法》第110条[②]的规定：“当事人一方不履行非金钱债务或者履行非金钱债务不符合约定的，对方可以要求履行，但有下列情形之一的除外：（一）法律上或者事实上不能履行；（二）债务的标的不适于强制履行或者履行费用过高；（三）债权人在合理期限内未要求履行。”

对当事人作此约定，如认定无效，即违背《合同法》第51条，显然不行，因为总不能把一切都上升到公共利益；如不认定无效，并不等于法院必须判决强制履行。

假如双方合同签署完毕，施工方拒绝缴纳超出部分的保证金，建设方请求强制履行该条款的，法院可以援引《合同法》第110条判决驳回诉讼请求。

① 参见最高人民法院民事审判第一庭编著：《最高人民法院建设工程施工合同司法解释（二）理解与适用》，人民法院出版社2019年版，第185页。

② 现为《民法典》第580条。该条规定：“当事人一方不履行非金钱债务或者履行非金钱债务不符合约定的，对方可以请求履行，但是有下列情形之一的除外：（一）法律上或者事实上不能履行；（二）债务的标的不适于强制履行或者履行费用过高；（三）债权人在合理期限内未请求履行。有前款规定的除外情形之一，致使不能实现合同目的的，人民法院或者仲裁机构可以根据当事人的请求终止合同权利义务关系，但是不影响违约责任的承担。”该条仅对《合同法》第110条作了个别文字表述调整，无实质性修改。

假如双方已经完全履行完毕，法院自然也不会判决返还。但这并不妨碍法院判决拒绝缴纳超出部分保证金的施工方违约。也就是说，施工方应该支付。但不产生保证金的后果。我猜这是司法解释的意思吧。

有效说

潘军锋：个人认为这个问题涉及部门规章在多大程度上影响合同条款的效力。2017年施行的《建设工程质量保证金管理办法》，之所以将工程质保金从5%调整到3%，意在防止建筑行业乱以保证金名目损害施工企业利益，以实现承发包双方利益的平衡。但建设施工合同一般采用示范文本订立，如果双方在专用条款中对质保金约定超过3%，系双方自由的意思，难谓损害承包人利益，故不能以损害社会公共利益去解释规章对特定合同的效力，因此，该约定虽违反行政管理规定，但不影响合同上的效力。

刘建功：大家可能纠结的是：按照合同法规定，部门规章不能作为认定合同无效的依据；但法院判决有效，又好像是和政府规章相悖。再反过来：法院判决无效，且不谈硬生生往公共利益上靠太过勉强；而且，让明显违约的人又因此获益，更加两难。其实，《合同法》第110条已经为法官找好出路了。

吴兆祥：《建设工程质量保证金管理办法》第3条规定：“发包人应当在招标文件中明确保证金预留、返还等内容，并与承包人在合同条款中对涉及保证金的下列事项进行约定：（一）保证金预留、返还方式；（二）保证金预留比例、期限；（三）保证金是否计付利息，如计付利息，利息的计算方式；（四）缺陷责任期的期限及计算方式；（五）保证金预留、返还及工程维修质量、费用等争议的处理程序；（六）缺陷责任期内出现缺陷的索赔方式；（七）逾期返还保证金的违约金支付办法及违约责任。”

不能采无效说，这是特别保护条款，不涉及公共利益，允许当事人自愿约定。如果一方利用优势造成显失公平的，可以请求合理返还。

王长军：最高人民法院司法解释起草人参考了保证金法律性质的各种观

点，包括抵销预约说、附解除条件债权说、附解除条件的消费寄托说、债权质说、信托的所有权让与说，认为“上述学说从不同角度对保证金的功能、效果进行了阐释，对于厘清、探究保证金的性质具有重要作用，均具有一定合理性。但由于保证金、押金等担保形式尚不是法定的担保形式，其性质还有待在实践和理论中进一步探讨和研究”。

【总结及倾向性意见】

1.规范依据。

本专题讨论时间为2020年4月，在《民法典》颁布之前。《民法通则》第58条第1款第5项中“违反……社会公共利益的”民事行为无效之规定及《合同法》第52条第4项中“损害社会公共利益”无效，已被《民法典》第153条第2款“违背公序良俗的民事法律行为无效”的规定所替代。讨论的问题在规范依据上由违反规章是否构成违反社会公共利益，转向违反规章是否违反公序良俗，讨论的问题依然存在。

2.主要观点。

群友对工程质保金超限约定的讨论，分歧较大。即便是支持约定有效的一方，其观点也指向不同的处理结果。具体而言，倾向约定无效的观点基于法秩序统一的原则，认为裁判结论不应与《建设工程质量保证金管理办法》第7条所反映的行政政策导向相悖；而倾向约定有效的观点，则认可行政规制与私法审判不一定要求完全同一的结论，且内部存在有完全有效、有效但不可强制履行、有效但超出部分不发生保证金效果的分歧。

实际上，从最高人民法院的层面看，《最高人民法院关于审理建设工程施工合同纠纷案件适用法律问题的解释（二）》的起草者一方面认为，建设工程质保金的约定“需受到相关管理规定的约束，缺乏任意性”，但同时在措辞方面避免“无效”的表述，并在阐述工程质保金与其他担保的区别时认为：“工程质量保证金一般不能超过工程总价款的3%，超过的部分不能认定为工程质量保证金，而定金则一般不能超过合同标的的20%，超过的部分无效”，[①]似暗示，超限部分虽然不得认定为工程质保金，但是也并非无效，并以此作为与定金的区别之一。该观点与前述群内讨论遥相呼应。大致可以认为，实务界多数倾向既不能依违法或违背公序良俗而认定超限质保金约定无效，也不能使之发生与有效完全相同的效果。

3. 行政规定溯源与价值选择探求。

因该问题涉及民商事裁判与政策导向之间的互动，所以有必要首先在政策源流中尝试梳理工程质保金规定的功能目的。

关于工程质保金的规定，最早可以追溯至2002年财政部制定的《基本建设财务管理规定》。为确保建设工程质量，该规定第34条要求预留5%结算总额作为工程质保金。[②]2003年财政部《关于解释〈基本建设财务管理规定〉执行中有关问题的通知》第7条更进一步规定，预留5%是“最低比例”。[③]2004年中国人民银行办公厅在《〈转发财政部关于印发《基本建设财务管理规定》的通知〉和〈财政部关于解释《基本建设财务管理规定》执行中有关问题的通知〉的通知》中继续加码，将这一比例上调至8%。[④]一年后，建设部、财政部印发《建设工程质量保证金管理暂行办法》予以细化，区分政府投资和社会投资建设项目而异其规定，且用语表达更为柔性，对前者规定为“5%左

① 参见最高人民法院民事审判第一庭编著：《最高人民法院建设工程施工合同司法解释（二）理解与适用》，人民法院出版社2019年版，第185页。

② 《基本建设财务管理规定》第34条规定：“建设单位应当严格执行工程价款结算的制度规定，坚持按照规范的工程价款结算程序支付资金。建设单位与施工单位签订的施工合同中确定的工程价款结算方式要符合财政支出预算管理的有关规定。工程建设期间，建设单位与施工单位进行工程价款结算，建设单位必须按工程价款结算总额的5%预留工程质量保证金，待工程竣工验收一年后再清算。”该规定已于2016年9月1日废止。

③ 2003年12月10日财政部《关于解释〈基本建设财务管理规定〉执行中有关问题的通知》（财建〔2003〕724号）第7条指出：“财政部门是否可以预留项目工程尾款。基建财务制度规定建设单位必须按工程价款结算总额的5%预留工程质量保证金，但没有明确财政性资金是留在建设单位账上还是财政国库上，各地可根据实际情况掌握；同时5%是最低比例，资金的具体预留比例和时间，有关各方可根据规定或合同（协议）确定。”

④ 2004年2月16日中国人民银行办公厅银办发〔2004〕21号《〈转发财政部关于印发《基本建设财务管理规定》的通知〉和〈财政部关于解释《基本建设财务管理规定》执行中有关问题的通知〉的通知》正文第1项指示：“基建项目工程建设期间，建设单位应按工程价款结算总额的8%预留工程质量保证金，待工程竣工验收一年后再清算。”

右”，后者只提示“可参照执行”。[①] 发布这些细化规则的主体虽然多有交叠，但是具体内容在“5%”“5% 是最低比例”“8%”或者“5% 左右”上反复摇摆，[②] 给现实交易内容的确定造成了相当程度的困惑。为了避免以上交错规定可能造成的麻烦，实践中大量格式合同均将质保金比例约定为 5%，反而回到了 2002 年《基本建设财务管理规定》的最初立场上。十余年后，政策立场转而开始限制质保金的比例。2016 年 6 月，《国务院办公厅关于清理规范工程建设领域保证金的通知》第 4 条开始将 5% 的比例规定为最高比例。[③] 同年年底，住建部与财政部联合制定《建设工程质量保证金管理办法》，重申 5% 质保金上限的政策精神。[④] 但 2017 年 6 月，住建部与财政部又再发通知修订该管理办法，将质保金上限调整为 3%。[⑤]

两次政策调整的倾向虽然相反，但都集中于短时间内。行政部门不惜牺牲规范的稳定性，反复在 ±5% 的限度内尝试调整工程质保金的比例。可以由此推测，工程质保金比例所涉的政策导向不仅重要，而且紧急——至少在颁

---

① 参见 2005 年 1 月 12 日建设部、财政部印发建质〔2005〕7 号《建设工程质量保证金管理暂行办法》第 7 条。值得注意的是，该文件第 1 条明示立法的规范依据包括 2002 年的《基本建设财务管理规定》，但是与管理规定第 34 条“必须”等刚性表达相对照，暂行办法第 7 条显然作出了实质性的变更。

② 即便不考虑央行发布的“8%”规则，在均有财政部参与发布的规则中，也只能作出如下理解：首先，2002 年《基本建设财务管理规定》的“5%”仅具有指导意义，因为之后的“解释”和《建设工程质量保证金管理暂行办法》显然只将这一比例作为参考依据，未拘泥于精确的比例点；其次，这些规则分别发布于短短 4 年之间，对此似乎可以假设均出于同一政策的延续，故应当在统一的法秩序内尽可能使其减少冲突；最后，只能将《建设工程质量保证金管理暂行办法》的“5% 左右”理解为“5% 以上”，由此方能与 2003 年通知的“5% 是最低比例”规则、央行的“8%”规则相协调。但是，这种理解方式与《基本建设财务管理规定》中的“严格执行”、央行通知的“明确”等刚性措辞明显有悖。因此，只要不拘泥于形式主义的理解，就可以反向推论：相关政策在具体比例究竟应当如何确定方面，仍然不成熟。

③ 该条规定：“严格工程质量保证金管理。工程质量保证金的预留比例上限不得高于工程价款结算总额的 5%。在工程项目竣工前，已经缴纳履约保证金的，建设单位不得同时预留工程质量保证金。”

④ 2016 年 12 月 27 日，住房城乡建设部、财政部下发建质〔2016〕295 号《建设工程质量保证金管理办法》，其中第 7 条规定：“发包人应按照合同约定方式预留保证金，保证金总预留比例不得高于工程价款结算总额的 5%。合同约定由承包人以银行保函替代预留保证金的，保函金额不得高于工程价款结算总额的 5%。”

⑤ 2017 年 6 月 20 日，住房和城乡建设部、财政部下发建质〔2017〕138 号《建设工程质量保证金管理办法》，其中第 7 条规定：“发包人应按照合同约定方式预留保证金，保证金总预留比例不得高于工程价款结算总额的 3%。合同约定由承包人以银行保函替代预留保证金的，保函金额不得高于工程价款结算总额的 3%。”

行者视角看来，欲达成的价值目标比规范的稳定性和由此产生的稳定市场预期都更为重要。

规范文本中亦存在行政部门价值目标的蛛丝马迹。2016年《国务院办公厅关于清理规范工程建设领域保证金的通知》提及，严控工程质保金比例上限，事关清理规范工程建设领域保证金，目的在于“推进简政放权、放管结合、优化服务改革的必要措施，有利于减轻企业负担、激发市场活力，有利于发展信用经济、建设统一市场、促进公平竞争、加快建筑业转型升级”。这一表述较为宏观，针对的是清理工作整体而言。而工程质保金本为工程质量担保与维修而设，脱胎于建设工程实行质量保修制度，事关建设工程质量，与人民生命和财产安全联系密切；[①]但工程质保金又属于基本建设财务管理的范畴，主要关注投资效益。[②]因此，在工程质量与投资效益的衡量中，须另寻文义证成质保金比例上限的价值目标。

前已述及，住房城乡建设部和财政部在《建设工程质量保证金管理办法》出台后仅半年时间专门发文修订，但修订内容仅为将第7条的两处“5%”改为“3%”。对比两部委的前后通知正文，可以发现，制定《建设工程质量保证金管理办法》的目的在于贯彻国务院通知精神，规范质保金管理；而修订《建设工程质量保证金管理办法》除旨在“进一步”推进这一目标外，还额外增加了“切实减轻建筑业企业负担的精神”的字样。反面推论，即规范制定者认为，5%的质保金比例无法实现建筑业企业减负的目标，未能“进一步”推进国家政策的精神，因而即便《建设工程质量保证金管理办法》出台仅6个月，也必须修订，将质保金上限立刻减调至3%。

建筑业企业减负，可以激发市场活力；优化营商环境，涉及市场秩序，

---

① 2000年1月30日国务院发布的《建设工程质量管理条例》设专章（第六章）规定“建设工程质量保修制度”；2002年财政部印发新《基本建设财务管理规定》，在1998年规定的基础上加入了工程质量保证金的规定；为此，2005年建设部、财政部制定的《建设工程质量保证金管理暂行办法》第1条还采用了“建设工程质量保证金（保修金）”的表述。《建设工程质量管理条例》第1条明示规范目的在于“加强对建设工程质量的管理，保证建设工程质量，保护人民生命和财产安全”，且该条表述历经2017、2019年两次修订均未作任何改变。

② 《财政部关于印发〈基本建设财务管理规定〉的通知》正文指出，该管理规定旨在“有效节约建设资金，控制建设成本，提高投资效益”。

故归入“公共秩序”的范畴，可能也并不突兀。而且从5%到3%的减调节点上，修订之紧急正凸显出，投资效益的利益考量甚至压倒了交易安全保护和提高工程质量的需求。交易安全保护和建设工程质量的政策目标因社会影响重大，违反该政策目标的合同更易被认定为无效；[①]举轻以明重，则不宜简单否定质保金减调的政策目的无涉公序良俗。更何况，2016年《国务院办公厅关于清理规范工程建设领域保证金的通知》第3条明文指令在当年年底之前完成退还。[②]考虑到返还的逻辑前提正是超出比例上限的部分内容无效，减调的政策刚性程度可见一斑。

4. 行政规章与合同效力的关系。

正如群友讨论中提及的那样，若令超限工程质保金约定有效，将与政策目的背道而驰；与政府规章唱“对台戏”，显然也非裁判者所欲——两难之处在于，若径行判定合同无效，又可能过犹不及。

编者愿意信赖这一裁判直觉。虽然当前针对超额质保金约定的行政处罚阙如，但是毕竟2016年《国务院办公厅关于清理规范工程建设领域保证金的通知》中已规定“纳入信用体系”“举报查处”等机制框架；同时，至今行政责任仍无从置喙，也从侧面反映出行政力量在是否处罚、如何处罚方面举棋不定；若私法裁判太过超前，反有越俎代庖之嫌。正如王长军法官所言：“期待以民事责任达到规制工程质量保证金的目的，不仅是缘木求鱼，而且混淆了两种责任的性质和法律构成，并不可取。”[③]

【重要裁判观点】

最高人民法院民事审判第一庭认为，建设工程质保金属于金钱担保，并

---

① 例如，是否存在有损工程质量的内容，会成为违法合同效力认定的重要考量因素。参见杜万华主编：《〈第八次全国法院民事商事审判工作会议（民事部分）纪要〉理解与适用》，人民法院出版社2017年版，第473~474页。

② 《国务院办公厅关于清理规范工程建设领域保证金的通知》第3条规定：“按时返还保证金。对取消的保证金，各地要抓紧制定具体可行的办法，于2016年底前退还相关企业；对保留的保证金，要严格执行相关规定，确保按时返还。未按规定或合同约定返还保证金的，保证金收取方应向建筑业企业支付逾期返还违约金。”

③ 参见王长军、张琳涛：《约定超过结算金额3%工程质量保证金的效力》，载《人民司法》2020年第23期。

非法定的担保类型，虽然有相关规章进行了规定，但“仅是对工程质量保证金涉及的行为进行引导、管理”，需要合同双方进一步约定。但是相比其他合同类型的保证金而言，工程质保金“受到相关管理规定的约束，缺乏任意性”。工程质量保证金一般不能超过工程总价款的3%，“超过部分不能认定为工程质量保证金”。[①]

最高人民法院民事审判第二庭认为，规章的内容涉及金融安全、市场秩序、国家宏观政策等公序良俗的，方能令违反规章的合同无效；此时之所以认定合同无效，不是因为违反了规章，而是因为违背了公序良俗。在考察违反规章尤其是金融领域的规章是否构成违背公序良俗时，与违法无效的考察顺序类似，一般也要考察规范对象、交易安全保护因素、监管强度、社会影响等因素。在确定违反规章中的政策精神是否同时构成违背善良风俗时，需要区分政策的层级与种类、法律意义及规范对象。[②]

王长军、张琳涛认为，《建设工程质量保证金管理办法》属于部门规章，不能直接作为认定合同效力的依据，须在判断是否同时违背公序良俗之后进行处理。工程质保金的比例问题不涉及金融安全、市场秩序，只是为了确保缺陷责任期内的维修义务，也不涉及建筑工程的安全问题，“只涉及承包人的利益，不会涉及不特定多数市场主体的利益，影响范围小”，并未影响公序良俗；超限工程质量保证金约定应当承担行政责任，裁判不能以民事责任替代行政责任。故该约定不因违反《建设工程质量保证金管理办法》而无效，原告可向相关行政部门举报，追究相对人的行政责任。[③]

---

① 最高人民法院民事审判第一庭编著：《最高人民法院建设工程施工合同司法解释（二）理解与适用》，人民法院出版社2019年版，第182~186页。

② 最高人民法院民事审判第二庭编著：《〈全国法院民商事审判工作会议纪要〉理解与适用》，人民法院出版社2019年版，第252~258页。

③ 王长军、张琳涛：《约定超过结算金额3%工程质量保证金的效力》，载《人民司法》2020年第23期。

【典型案例】

四川鸿程消防工程有限公司与成都兴露合能置业有限公司建设工程施工合同纠纷案

案号：四川天府新区成都片区人民法院（2020）川 0192 民初 654 号

【裁判要旨】

建设工程施工合同中约定的工程质量保证金超过结算金额的 3%，虽然违反了《建设工程质量保证金管理办法》，但超过部分并非无效，性质上仍然属于工程质量保证金，发包人对该项违法行为应当依法承担相应的行政责任。

【基本案情】

2017 年 7 月 28 日，原告四川鸿程消防工程有限公司（以下简称鸿程公司）、被告成都兴露合能置业有限公司（以下简称兴合公司）签订消防工程施工合同，约定被告将某消防工程发包给原告，承包范围包括图纸清单范围内的材料和施工，工程采用固定总价 380 万元。合同签订后，原告按约履行了义务，案涉工程竣工后于 2018 年 10 月 9 日验收合格。

原告鸿程公司诉称，消防合同虽约定质保金为结算金额的 5%，但根据住建部《建设工程质量保证金管理办法》（建质〔2017〕138 号）第 7 条之规定，质保金不得超过结算金额的 3%。因此，被告应当向原告支付工程款 368.6 万元（380 万元 ×97%）。现被告仅支付 277.4 万元，尚欠 91.2 万元，故请求法院判令被告支付工程款 91.2 万元及资金占用利息。被告兴合公司辩称，消防合同有关质保期、工程质量保证金的约定合法有效。《建设工程质量保证金管理办法》是部门规章，有关工程质量保证金金额不得超过结算总价 3% 的规定并非效力性强制规定。

【裁判观点】

四川天府新区成都片区人民法院认为，《建设工程质量保证金管理办法》是住房和城乡建设部与财政部共同制定的，性质上属于部门规章，不能作为认定合同效力的依据，故原告主张超过3%的工程质量保证金无效不符合司法解释的规定，不予支持。但被告预留超过结算金3%的工程质量保证金的行为，违反了《建设工程质量保证金管理办法》第7条，原告可向相关行政部门举报，追究其行政责任。综上，被告拖欠原告部分工程款，系违约行为，应当依法承担违约责任。

（讨论整理及后续评论：吴园晨）

差额补足的性质、效力与担保的从属性

【发言嘉宾】

李志刚、邓江源、王赫、谢澍、姜强、庄加园、纪海龙、姚明斌、朱晓喆、朱虎、徐同远、葛云松、司伟

【讨论时间】

2021 年 4 月

【沙龙实录】

问题与观点

李志刚：请教诸位师友一个关于差额补足的效力问题。甲、乙之间签订远期回购合同，乙按照到期实际价值回购，丙承诺对回购价款不足 10% 的利息部分承担差额补足义务。请问该差额补足承诺是否有效？观点一认为有效，理由是按照《民商审判会议纪要》第 91 条[①]及《民法典担保制度司法解释》第

① 《民商审判会议纪要》第 91 条规定："【增信文件的性质】信托合同之外的当事人提供第三方差额补足、代为履行到期回购义务、流动性支持等类似承诺文件作为增信措施，其内容符合法律关于保证的规定的，人民法院应当认定当事人之间成立保证合同关系。其内容不符合法律关于保证的规定的，依据承诺文件的具体内容确定相应的权利义务关系，并根据案件事实情况确定相应的民事责任。"

36条[①]的规定，不是保证也不是债务加入，按合同履行即可。观点二认为无效。理由为该差额补足没有主债权，是独立的合同。违反担保解释关于担保合同从属性的规定，所以无效。请问您怎么看？

邓江源：之前遇到过类似的问题：甲通过层层信托受让乙公司股权，约定乙公司1年后回购。乙公司股东丙承诺回购款如达不到约定标准，承担差额补足义务。个人初步思路是：这是甲与股东丙之间的对赌。想听听各位师友的高见。

李志刚："对赌"本身不是法律概念，从概念到规范到要件事实再到法律后果，是否要进行法律概念的格式化？本来通过无名合同、商事合同的自治角度，似无类型化、格式化的必要，可以按照"有效且按约定"的模式解决，除非属于原《合同法》、现《民法典》规定的法定无效情形。但"担保合同是从合同"+"独立的从合同无效"的逻辑，则可能因为找不到此类"担保合同"的主债权，而导致因为违反"担保合同从属性"的司法解释意旨而无效的法律后果。故有此问。

邓江源：是的，当时是按《民商审判会议纪要》认识的。

李志刚：《民商审判会议纪要》第91条似解决差额补足如果不是保证，也不是债务加入的时候，按约定处理权利义务关系的问题，并未涉及担保的从属性。但《民法典担保制度司法解释》第2条第1款" 当事人在担保合同中约定担保合同的效力独立于主合同，或者约定担保人对主合同无效的法律后果承担担保责任，该有关担保独立性的约定无效。主合同有效的，有关担保独立性的约定无效不影响担保合同的效力；主合同无效的，人民法院应当认定担保合同无效，但是法律另有规定的除外"的规定，否定了独立的担保

① 《民法典担保制度司法解释》第36条规定："第三人向债权人提供差额补足、流动性支持等类似承诺文件作为增信措施，具有提供担保的意思表示，债权人请求第三人承担保证责任的，人民法院应当依照保证的有关规定处理。第三人向债权人提供的承诺文件，具有加入债务或者与债务人共同承担债务等意思表示的，人民法院应当认定为民法典第五百五十二条规定的债务加入。前两款中第三人提供的承诺文件难以确定是保证还是债务加入的，人民法院应当将其认定为保证。第三人向债权人提供的承诺文件不符合前三款规定的情形，债权人请求第三人承担保证责任或者连带责任的，人民法院不予支持，但是不影响其依据承诺文件请求第三人履行约定的义务或者承担相应的民事责任。"

合同的效力。题设情形是否会因为没有对应的主债权而导致差额补足被认定成为独立的担保合同，进而认定合同无效？

邓江源：之前学习了最高人民法院相关司法解释起草人撰写的《〈关于适用民法典有关担保制度的解释〉的理解和适用》[①]一文。初浅以为，新的《民法典担保制度司法解释》贯彻担保的从属性彻底。对于缺少主合同的担保，应当认定无效。

李志刚：我也觉得会得出这样的结论。但不少人从《民商审判会议纪要》第 91 条的规定中，读出了差额补足合同是独立类型的合同，并且《民商审判会议纪要》认可了其合同效力的结论。

意思自治与合同定性

王　赫：张谷老师在《商法，这只寄居蟹》一文中提出："Endeman 设想的所谓崇尚最自由的契约理论的民法，实际上触及商法被民法化的立法技术上的困难。其中最主要的立法技术上的困难，是因为大陆法系承继了罗马法的有名契约的惯用法，对于争议契约，在内容解释上倾向定性操作先行，而定性时习惯于套用有名契约。有名契约制度固然有利于降低解释契约的成本，但容易忽视当事人的真实意愿，违背契约自由理念。普通法系采用以双务契约为典型的统一的契约法，不甚看中契约的性质，而是注重当事人的实际约定。换言之，法官时常要问的，不是两造订立的是什么性质的契约，而是当事人双方通过契约约定的权利义务是什么。这使法官对于案件事实更为注意。"对张谷老师的这段话印象深刻。刚才志刚兄谈到的观点，让人一下子回想起这篇文章，供各位老师参考。

李志刚：如果这个观点成立，那么，在立法论的视角下，独立担保就是有效的了。

但是，在《民法典担保制度司法解释》已有规定的情形下，此种差额补

① 林文学等：《〈关于适用民法典有关担保制度的解释〉的理解与适用》，载《人民司法》2021 年第 4 期。

足是否会因为违反担保合同的从属性而导致无效？

王　赫：这实际上就看立场了。倾向当事人自治的，就往独立合同上靠；反之，就类推担保。最终，是多大程度上尊重当事人意思自治的问题。

李志刚：这个或然性结论比较可怕，将存乎个案法官的偏好，导致裁判结果和交易结果的极大不确定性。

王　赫：这种或然的境地，对于司法而言，自然不是所欲求的，但恐怕也无可避免。规则只能随着生活不断生成。

谢　澍：考量无名合同约定的权利义务，尽管要比照最接近的合同，但私下以为，只是重在参照法律后果。如果不能套用，那就回到合同本身对权利义务的安排。《民商审判会议纪要》第 91 条也是这个意思吧？倾向第一种观点。

李志刚：《民商审判会议纪要》第 91 条不涉及担保的从属性问题。

谢　澍：同意，这似乎也并不能完全推导出独立担保有效的结论。

李志刚：核心问题有两个：（1）差额补足合同是不是担保合同？（2）如果是，题设没有主债权的差额补足合同，受不受根本否定独立担保效力的担保解释规定的限制？

王　赫：用《民法典担保制度司法解释》第 36 条能否解决？

李志刚：《民法典担保制度司法解释》第 36 条和《民商审判会议纪要》第 91 条回答的是一个问题，解决差额补足的定性问题，不解决差额补足的担保独立性问题。如果认定为保证，也可以因为是独立保证而无效。现在明确是没有主债权的差额补足，此时，是否因为《民法典担保制度司法解释》第 2 条第 1 款“当事人在担保合同中约定担保合同的效力独立于主合同，或者约定担保人对主合同无效的法律后果承担担保责任，该有关担保独立性的约定无效。主合同有效的，有关担保独立性的约定无效不影响担保合同的效力；主合同无效的，人民法院应当认定担保合同无效，但是法律另有规定的除外”的规定，而认定其无效？

对“担保合同”的理解

姜　强：这里的交易结构是：乙负有回购义务，但回购价款是实际价值，如果利息（回报）超过10%的，则乙有义务清偿，对丙不产生义务；如果利息（回报）低于10%的，则丙的义务产生，但乙无相应义务。如果不以担保的结构构造它，似乎可以说：丙负担的是一个附条件的债务，这一条件以回购的标的物（通常是股权）的实际价格与甲当时的购买价格相比是否涨10%为条件。这一约定符合条件的规格。既然《民商审判会议纪要》及《民法典担保制度司法解释》给出的是开放性的解释路径，我觉得未必必须适用担保的解释方案。换言之，丙与甲的这一合同以回购价格是否涨10%为生效条件。此外，类比或者解释成有名合同，最主要的目的是落实它的法律适用，尤其是现行法律对有名合同的限制（管制），不以当事人的约定导致强制规范目的的落空。

李志刚：这是一个非常根本性的问题。是否涉及基于“具有担保功能的合同，都是担保合同”，故“所有担保合同都有从属性”这个两步论判断的辐射范围问题。在民法典的诸多解读中，似一直把《民法典》第388条里的“担保合同”可以覆盖到所有具有“担保功能”的合同，作为一个重大亮点。

姜　强：我感觉，“具有担保功能的合同，都是担保合同”，这句话里的两个“担保”并非同一含义。

庄加园：“具有担保功能的合同，都是担保合同”这句话明显是错误的。为什么总是要套用典型合同，当事人意思自治为何不尊重呢？除非意思自治会违反强行法，损害第三人利益。没有担保法，当事人就不用交易了吗？担保法和所有民商事法律的绝大多数法律一样，只是补足当事人意思自治不足的任意法。

立法论与解释论

李志刚： 在这个大的担保合同概念下，担保的从属性和独立性，包括担保合同独立的违约责任，都涉及是否属于《民法典担保制度司法解释》的辐射范围问题。回到题设问题，这种类型的差额补足合同，是不是担保合同？受不受从属性、独立性的辐射而影响其效力？在立法论上，我完全赞同庄加园老师的观点。但担保合同的独立性被否定，恰恰是走的这个路径，而不是违反强行法和损害第三人利益。那么，解释论下，题设情形是否有效？

纪海龙： 绝对区分立法论和解释论，也是个极大的错误。

庄加园： 所谓的立法论只是假想而已，你不规定，别人就不能约定。这种逻辑的立法论还能站得住脚？劝君少读立法论，早日回归民法本旨。

李志刚： 这些年不断强化的“法教义学”，似在反复强调要抛弃“立法论”，走“解释论”。

纪海龙： 我的意思是，所有的解释论，都是一种隐藏的立法主张，只不过论证方法不同。如果硬要说解释论，所谓的解释方法，也不是做法（从已知法条推导出某个未知结果的方法），而是说法（对想追求的结果在实证法下的论证）。法律论证方法里，叫作发现和证立的区分。所以是立法论指导了解释论的方向。所有解释论，其实也都是广义的规则创制。就题设这个案型，结论很明显，只不过是如何找所谓解释论下的说法而已。李志刚也给出了说法，如果这个说法不违反体系，那还纠结什么。纠结的或许是真实世界里的法官，因为法官要在具体案件里承担论证负担。

姚明斌： 所有的立法论，也是一种事先的模拟的解释论。

纪海龙： 这么说也可以。立法论上有问题的法条，是万万不能类推的。

姜　强： 这里讨论的就是这个条款是否违反《民法典担保制度司法解释》。如果没有《民法典担保制度司法解释》，自然可以这么说；有《民法典担保制度司法解释》，就要解决李志刚说的这个问题。我觉得案型中所列的效力不受影响。主要理由是：这里的所谓差额补足，从这种交易结构的根源上看，根本不是担保从属性规则所要达到的规范目的。

李志刚：姜强兄的说法很有启发。需要进一步讨论的是，担保从属性的规范目的是什么？如果“附条件履行论”的解释方法成立，那么，独立保证是否也可走此路径证成？《民法典》把融资租赁、保理和“其他具有担保功能的合同”，都纳入了“担保合同”的范围，并且把担保合同概念的开放性作为重大立法成果；那么，要认定差额补足合同不是“担保合同”，不受担保从属性的约束，可能需要一个强大的理由。

纪海龙：同意。这个法条功绩大，和这个法条立法技术上规定得不太好，是两个问题。我粗浅理解：《民法典》第388条新增的这一句，只是立法者告诉大家：我们想往功能主义方向调整。功能主义，是动产和权利担保物权的功能主义，不涉及人的担保。

李志刚：《民法典担保制度司法解释》第1条第1句规定：“因抵押、质押、留置、保证等担保发生的纠纷，适用本解释。”题设情形是否在“等”之内？换句话说，差额补足是否属于“非典型担保”？

是不是独立的主合同

朱晓喆：不赞同将差额补足合同靠向担保，赞同其是独立的合同。差额补足的前提可能根本没有主债务，差额补足本身就是债务。在分层的结构化交易中，差额补足义务人可能还是某资管计划的劣后级的权利人，只是对优先级承担的补足义务。所以，靠向担保，完全不符合当事人的意思表示和交易设计。

姚明斌：当我们谈“担保”，谈的是“担保”某一主债务的债务人清偿能力之不足，还是也包括“承接”或然性的价格风险？我们立法语言中的“担保”多指向前者。但在交易中若当事人自己决定指向后者，只要通过意思表示解释能够确定，且不违反强行法，自无不可。具体的法律构造自当服务于此。

朱晓喆：具有担保功能和属于担保合同，是两个不同意思的表述。违约金也具有担保功能，要不要适用担保法？独立的违约金没有意义？

李志刚：我也是这么认为的。但《民法典担保制度司法解释》第1条的第1句，可能还是留下了不同的解释空间。

朱　虎：差额补足就看当事人约定。再说了，《民法典》第388条第1款规定在《民法典》的“担保物权”分编中，说的是物保。抵销协议、违约金等，都具有一定的担保功能，但当然不能作为担保合同。而且《民法典担保制度司法解释》第36条第1款适用的前提是具有提供担保的意思表示；第4款特别说了，不构成保证或者债务加入的，不影响约定的义务。所以，有提供担保的意思表示，那就用担保。没有提供担保的意思表示，有共同承担债务的意思表示的，那就不是担保，是债务加入。都没有的，那就按照约定。后两种情形都不能用担保来考量。物的担保，要考虑功能主义，因为优先受偿涉及不特定第三人；人的担保，就无所谓功能主义。

徐同远：差额补足合同在法律上的定性，因当事人意思而有不同安排。这是《民法典担保制度司法解释》第36条的主旨。

朱晓喆：我觉得《民法典担保制度司法解释》第36条第1款会让法官倾向认为是担保，按保证处理。

朱　虎：规定了也行，反正都是意思表示解释。

不是担保，要不要经决议

李志刚：再请教个相关的问题：题设情形要不要经过公司决议？如果要，是否又被纳入“担保”的射程里了？

朱晓喆：这是核心的本质问题，叫什么名词倒是其次。

纪海龙：从《公司法》第16条的规范意旨上看，是需要经过决议程序的。但《公司法》第16条是“管制”规范，是看实质不看交易形式的（监管重实质）。《公司法》第16条防范的是代表人/代理人损害公司利益。所以，即便是人的担保，也应纳入。题设情形，虽然不是人的担保，但有人的担保的功能，故应纳入。

李志刚：所以，这个问题可能是绕不过去的。

纪海龙：每个条文有每个条文的情况，《公司法》第16条解决公司对外担保的决议程序，《民法典担保制度司法解释》第2条解决担保的从属性，二者情况不同。

李志刚：如果在决议问题上，将差额补足纳入了"担保"的射程；在担保的独立性问题上，又将差额补足踢出了"担保"射程（《民法典担保制度司法解释》第1条第1句），逻辑上是否紊乱？

纪海龙：没什么混乱的，如果觉得混乱，就有些"概念法学"了。

朱　虎：也可以说，题设情形不是担保，但根据《公司法》第16条的规范目的，进行了目的性扩张解释。每个规范的含义和目的是不相同的，单纯从是否为"担保"这个概念进行推导，这就不是概念法学。

李志刚：为什么要根本否定保证的独立性？而"差额补足"就可以解释为什么不是担保，就可以独立？根本否定保证独立性的规范目的是什么？

朱　虎：概念式推导方式：大前提——担保从属，决议；小前提——差额是担保；结论——差额从属，决议。再由此反思，将差额确定为担保是否有问题，决议没问题，从属有问题。但为何不能直接思考每个具体规范的目的呢？差额补足不是担保的核心原因，这是双方当事人的特别约定。

李志刚：独立保证，不是双方当事人的约定吗？对同一概念解释的"弹力性"，可能会给交易和裁判结果带来比较大的不确定性。对商人和法官都是不小的挑战。

纪海龙：立法论上，我同意独立保证。关于合目的性和法的安定性的冲突，是永恒的话题，永恒，意味着永远无最优解。

李志刚：当事人的真实意思，真的没有担保的意思吗？

朱　虎：有可能有担保的意思，所以也可能构成担保，关键是当事人的意思表示。差额补足是一种交易，对该交易的法律评价是，交易可能是担保交易，也可能是无名合同。评价的依据是当事人的意思。当规范用了确定概念，会被批评为呆板；但规范用了不确定概念，会被批评为不确定。

李志刚：本来是可以这么走的。但担保独立性问题，给差额补足的效力带来不确定性，而且是根本性的。所以核心问题可能是：否定独立保证的规范目的，能否辐射题设的差额补足？

朱　虎：安全和自由之间的冲突是永恒的，只能是取决于具体状况。

李志刚：当绝大部分法官明确将“差额补足”也要按照“担保”走决议程序的时候，同一案件中的法官又要论证将其刨除《民法典担保制度司法解释》第1条“因抵押、质押、留置、保证等担保发生的纠纷”，这对法官和当事人可能都是高难度的处理——如果所有商人和法官都能清晰地理解二者的规范目的的话——但是要清晰框定这两个“规范目的”，是更为高难度的动作，需要同时精通合同法、担保法、公司法和法解释学。

谢　澍：由于担保从属性已成定局，超越即生效力问题；那么，对于效果意思本身模糊的合同，为满足当事人意思自决，私下认为不应削足适履，硬靠担保，而应尽量肯定合同自由。题设的情形从实定法角度看，《民法典担保制度司法解释》第36条本就能够直接引用。另外，关于此类情况要不要股东决议，个人也觉得首先得区分是否属于股东会职权所在。如对公司经营有重大影响，当有决议；但适用的法条倒不必是《公司法》第16条，否则进入担保射程，逻辑混乱，似可适用《公司法》第37条、第99条之类的条款解决。

意思自治、独立保证与差额补足

葛云松：两个基本看法：（1）“独立保证”无效，违反意思自治原则，在其适用上应当尽量限制。（2）在尊重司法解释的约束力的前提下，典型的独立保证（“独立保函”）只能按无效处理。但是，很多情况下，形似并非神似，是否构成“独立保证”需要具体分析。例如，甲向乙出售货物，价款100万元，货物已经交付，价款在1年内支付。此外，甲从丙处购货，价款50万元，为了确保甲到期付款，甲、丙约定，由乙对丙作出意思表示（进而双方形成合意）：半年后，一经丙通知乙，则乙应当无条件对丙支付50万元。这个约定，从丙的角度看，乙、丙约定的功能是担保。但是，从乙的角度看，无非是对甲的价款的特别支付方式而已。没有理由认为乙、丙的约定无效。

套用一下票据行为对“真实交易关系”的要求，作出“疑似”独立保证的当事人，如果与受益人（“被保证人”）之间有“真实的交易关系”（如上例中的甲、乙之间的买卖），则不构成那种受到司法解释限制的独立保证。具体到差额补偿约定，则需要作具体分析。可能是，也可能不是。

李志刚：对题设情形，您认为是否受独立性影响？

葛云松：基于上述观点，我觉得要看丙承担该差额补足义务的原因。你提出的情形，对此并未叙述。而且，在分析时应当尽可能使其有效，或者说，尽可能解释得与独立保证不同。

李志刚：差额补足和保证的核心差别，可能不在于“是否有担保的真实意思”；事实上，可能没有一个差额补足义务人是没有担保权利人债权实现的真实意思的。差别可能仅仅在于：是对全部债务承担等同于债务人的还款责任，还是仅对部分债务承担还款责任。这个部分债务，可能是完全独立于债务人的（如债务人只还本，差额补足人只还息），也可能是债务人还本息，差额补足人只还息。题设情形，针对债务人只承担对本的还款责任，差额补足人只对息承担还款责任。此种情形，根据诸位老师的意见，似应理解为不属于《民法典担保制度司法解释》规定的担保合同。故不属于《民法典担保制度司法解释》第 1 条第 1 句“等”的辐射范围。

葛云松：是的。肯定不是普通的保证合同。但是，也未必因此就属于司法解释所禁止的独立保证。假设：在收购反委托业务之下，甲的某项目，被乙收购（甲因此获得一笔现金），乙进而对项目进行管理，获得收益后全部交给甲。根据“委托合同”的性质及双方的具体约定，乙不承诺管理项目获得特定水平的收益。可是，甲意图确保其未来回收金额达到一定水平。因此，丙对甲作出了差额补足承诺。这种情况下，可以有几种情形或者解释：（1）如果收益达不到一定水平，则推定为（合同约定的推定）乙没有适当履行义务，应当赔偿损失，进而，丙承担保证责任。这是典型的保证。（2）如果乙、丙之间存在上例中的买卖关系，则不构成独立保证，有效。（3）如果乙、丙是关联公司，则甲对乙对项目收购，丙实质上也是该收购的受益方，为此，丙承担了该义务。此时情形，与典型的独立保证不同。独立保证的典型：A 对 B

出售货物，C（金融机构或他人）对A承担“独立保证”义务，C和A、B之间的这笔买卖交易毫无关系，并非受益方，因此，是纯粹的融资性质的承诺。所以，应当不认为构成独立保证。

如果说真正的独立保函，从“担保”的意义上来理解它，可能把问题简单化了。银行开具独立保函时，从银行角度看，无非是贷款，只不过，发放贷款时要把款项支付给第三方而已。非金融机构作出的“独立保证”承诺，其实质常常也是如此。例如，甲向乙出售货物，此外，乙公司从丙公司处贷款，作为丙公司贷款发放的具体方式，甲、丙之间订立“独立保证”合同。如果认定甲、丙之间的独立保证合同无效，法律的目的是什么呢？“逼着”丙公司把贷款直接发放给乙公司，进而乙公司付给甲公司吗？这没有意义。

当然，独立保证的特殊之处在于，这个约定构成独立的合同。如甲、丙之间的合同（“独立保证”）效力不受乙、丙之间合同效力的影响。但是，这一点不足以否定甲、丙之间的合同效力。特别是，各方如果不采用独立保证形式，也可以采用功能类似的其他法律形式，如上例，丙对甲签发或者转让远期的商业汇票，即可达到与“独立保证”几乎完全相同的效果，而票据行为的有效性毋庸置疑。从意思自治原则、无名合同的有效性的角度，当然更不必说了。

司　伟：个人浅见以为，从《民法典担保制度司法解释》的规定精神看，具有担保意思的差额补足才能被认定为担保，而若差额补足的前提是没有主债务，那就无从谈起担保主债务，如此，从当事人的意思解释出发，应当解释为差额补足本身就是债务，若又不构成债务加入的话，那么它就是一个独立的合同，就应当按照当事人的约定履行。

李志刚：是的，这是两个解释思路。一种认为，有担保功能，但没有主债权，所以违反担保的从属性。另一种认为，没有主债权，本身就是独立的债权债务，所以不是担保，故合同有效。

司　伟：从《民法典担保制度司法解释》的规定的文义解释看，具有担保意思的差额补足才能被认定为保证，而若差额补足的前提是没有主债务，那就无从谈起担保主债务。如此，从当事人的意思解释出发，应当解释为差额补足本身就是债务，若又不构成债务加入的话，那么它就是一个独立的合同，就应当按照当事人的约定履行。当然，存在的困惑是：能否以没有主债务，就推导出不是担保？这个问题又是个“先有鸡还是先有蛋”的问题。另外，还有一个层面的问题需要考虑，就是即使不认定为构成保证或债务加入，但一般而言，差额补足作为一种增信措施，使提供差额补足的第三人以其财产对外承担了财产责任，那么，从《民法典担保制度司法解释》所采取的功能主义的视角看，其与保证是否在效果上存在趋同？如此而言，应否受担保的从属性的限制呢？

【总结及倾向性观点】

就差额补足的性质和效力问题，结合诸位师友的讨论，主要有以下几点共识：第一，由于差额补足并非《民法典》中的规范法律概念和典型合同，因此，对其定性存在不同解释空间。第二，通常而言，差额补足被认为是非典型担保。在补足责任与其他债务人的还款责任存在重合的情况下，通常会被认定为一般保证、连带保证或者债务加入。第三，在差额补足所对应的还款责任是独立的、与其他债务人没有重合与交集的情况下，多数意见认为，基于意思自治，其属于无名合同；另有少数意见认为，基于《民法典担保制度司法解释》的规定坚持了彻底的担保从属性规则，此种情况属于无主债权的保证，可能因为有违担保的从属性而被认定无效。第四，就差额补足是不是担保的问题，在定性及解释上，因不同的语境，基于不同的规范目的，可以有不同的解释结果。在公司对外担保的决议程序要求上，因差额补足将给公司带来额外的债务负担，故应作目的性扩张解释，认为差额补足应当参照担保，经过公司决议程序，包括上市公司公告程序；在担保的从属性上，应严格限定其适用范围，如果具体的差额补足合同不是保证合同，则其不适用有关违反担保合同从属性而导致差额补足无效的法律后果。第五，尽管《民法典》第388条第1款规定了“担保合同包括抵押合同、质押合同和其他具有担保功能的合同。担保合同是主债权债务合同的从合同”，但该条规定主要针对的是物权担保，不涉及人的担保。

如果说存在分歧的话，最核心的问题，即是否将无重合还款责任的差额补足合同理解为担保，以及基于"担保"的定义为之寻找一个主债权，进而因为没有主债权而否定其本身的有效性。换句话说，这样一个附条件付款、无对价的合同，我们是否无须为其定性（如附条件赠与，抑或无主债权的担保、独立保证），而是直接遵循意思自治原则，在不损害第三人及社会公共利益的前提下，直接认定其有效，这其实是一个价值判断问题。而正是在这一点上，商事领域应当坚持更多的意思自治，对此，已经有了更多的共识。

【代表性学术观点】

最高人民法院民事审判第二庭认为，对于第三方增信文件的性质认定，除了保证和债务加入两种类型之外，能否认定为在第三方与债权人之间成立独立的合同关系，应依案件的具体情况而定。虽然通过梳理目前案件审理中的合同文本约定的具体情形，第三方增信文件基本可以归入保证或者债务加入两种类型，但也出现过不能归入保证人或者债务加入的情形，对此，审判工作中应当加以注意。[①]

刘保玉、梁远高认为，差额补足又称差额补偿、差额支付等，属于非典型担保，是指为了保障主权利义务关系中权利人一方利益的实现，当义务人未能依约定履行义务或未能达到某种营利性业绩目标时，由补足义务人依照约定就差额部分履行补足义务的行为。差额补足协议通常是由补足义务人与差额补足受益人双方之间缔约，或者补足义务人与差额补足受益人、基础合同义务人三方之间缔约的方式成立，但也可以是补足义务人单方向受益人出具承诺函的形式。差额补足是增信措施的一种，公司对外担保规则适用于差额补足等增信措施，主要理由是：（1）《公司法》第16条中的"担保"能够涵摄"增信措施"。从文义解释来看，"公司为他人提供担保"中的"担保"并非仅限于典型担保，"非典型担保"亦在本条文义的涵盖范围之内，否则就不当限缩了该条适用的范围。就立法目的而言，该条主要是规范公司对外担保

① 最高人民法院民事审判第二庭：《最高人民法院民法典担保制度司法解释理解与适用》，人民法院出版社2021年版，第343~344页。

的法定程序，避免公司财产的不当减少、损失，保护公司、股东和债权人的利益。依照目的解释，将公司对外提供“非典型担保”同样适用“担保”的限制，符合本条规定的立法目的。（2）公司提供的增信措施与担保在效果上别无二致。（3）公司治理的理念要求公司不得随意对外提供增信措施。（4）公司对外提供增信措施须履行法定决议程序符合各方利益平衡保护的要求。[①]

【典型案例 1——保证式差额补足】

华融国际信托有限责任公司与凯迪生态环境科技股份有限公司金融借款合同纠纷案

案号：最高人民法院（2019）最高法民终 560 号

【裁判要旨】

根据合同核心条款的文义解释和合同的体系解释，差额补足协议符合保证合同的法律特征的，应当认定为保证。

【基本案情】

华融国际信托有限责任公司（以下简称华融公司）与凯迪生态环境科技股份有限公司（以下简称凯迪生态公司）之间签订的《差额补足合同》约定：“如主债务人无法按照《信托贷款合同》的约定履行支付贷款本金、利息、复利、罚息、违约金、赔偿金及其他任何应付款项的义务，则债权人有权不经任何前置程序要求差额补足义务人立即向债权人支付主债务人的应付未付债务。”华融公司一审主张其性质为共同的债务负担、二审主张为借款合同，凯迪生态公司二审则抗辩为保证合同。

【裁判观点】

最高人民法院二审认为：（1）关于《差额补足合同》的性质认定问题。

---

① 刘保玉、梁远高：《“增信措施”的担保定性及公司对外担保规则的适用》，载《法学论坛》2021 年第 2 期。

①由于双方约定的“差额补足合同”名称并非我国法律规定的有名合同，故判断《差额补足合同》的性质，应根据合同主要内容，尤其是对差额补足责任的界定予以综合分析认定。②从双方对差额补足的含义界定来看，显然与《合同法》第196条[①]规定的借款合同含义即“借款人向贷款人借款，到期返还借款并支付利息的合同”不符，也缺乏借款种类、用途、数额、利率、期限和还款方式等借款合同一般条款。③约定义务符合《担保法》第6条[②]对保证的定义，即“保证人和债权人约定，当债务人不履行债务时，保证人按照约定履行债务或者承担责任的行为”。④《差额补足合同》约定主合同为《信托贷款合同》，主债务人为凯迪能源公司、凯迪电力公司，差额补足责任范围为主合同项下的全部债务等约定，均符合保证合同从属性的法律特征。由此可见，无论是从《差额补足合同》的核心条款进行文义解释来看，还是从合同体系解释来看，该合同的性质均符合保证合同的法律特征。（2）《差额补足合同》虽约定华融公司对凯迪生态公司所享有的差额补足责任的债权适用诉讼时效，但并未明确排除该合同适用保证期间，故该约定并不影响保证性质的认定。而《差额补足合同》约定该合同效力不受《信托贷款合同》效力影响，违反《物权法》第172条[③]关于“担保合同是主债权债务合同的从合同。主债权债务合同无效，担保合同无效，但法律另有规定的除外”之规定，导致无效，但该无效仅导致该条款无效，并不影响合同性质的认定。（3）关于《差额补足合同》的效力认定问题。根据《公司法》第16条第2款的规定，担保行为并非法定代表人所能单独决定的事项，必须以公司股东会或者股东大会决议作为授权的基础和来源。本案中，《差额补足合同》虽由凯迪生态公司加盖公章，并由法定代表人签字，但由于未经股东大会决议，仅经董事会决议，故法定代表人对外签订的保证合同，属于未经授权擅自为他人提供的担保，构成越权代表。如果债权人善意，则合同有效，反之，合同无效。

---

① 现为《民法典》第667条。

② 现为《民法典》第681条。该条规定：“保证合同是为保障债权的实现，保证人和债权人约定，当债务人不履行到期债务或者发生当事人约定的情形时，保证人履行债务或者承担责任的合同。”

③ 现为《民法典》第388条。

【典型案例2——债务加入式差额补足】

中信银行股份有限公司北京分行与乐视网信息技术（北京）股份有限公司金融借款合同纠纷案

案号：最高人民法院（2019）最高法民终1438号

【裁判要旨】

差额补足文件中具有加入债务或者具有与债务人共同承担债务等意思表示的，人民法院应当认定为《民法典》第552条规定的债务加入。

【基本案情】

中信银行股份有限公司北京分行（以下简称中信银行）与乐视网信息技术（北京）股份有限公司（以下简称乐视控股）签订《并购借款合同》，约定乐视控股向银行借款17.5亿元，用于支付乐视控股收购财富公司和百鼎公司100%股权，贷款期限自2016年7月26日至2023年3月17日，乐视控股每年按比例偿还本金和利息。乐视网公司向中信银行出具函件，称：鉴于乐视控股已与中信银行签署了《并购借款合同》，乐视网公司确认知晓并认可该合同的全部条款和条件。如出现逾期或拖欠贷款本息的情况，乐视网公司承诺对借款人在《并购借款合同》项下的还款义务承担差额补足责任。

后因《并购借款合同》项下的抵押财产被另行抵押给案外人，导致《并购借款合同》加速到期。中信银行向乐视控股发送了《加速到期通知书》，乐视控股无法偿还到期债务。中信银行遂向北京市高级人民法院起诉，要求乐视控股偿还债务，并要求乐视网公司对该债务承担差额补足义务。

【裁判观点】

北京市高级人民法院一审认为：乐视网公司承诺只要出现逾期或拖欠贷款本息的情况，就承担差额补足责任，具有主动加入债务的意思表示，不应当被认定为保证。乐视网公司作为上市公司，对其股东乐视控股的债务作出债务加入的意思表示，既未经股东大会决议亦未经董事会决议通过。而中信银行接受该函件时，未审核乐视网公司同意担保的公司决议，也未审查上市公司公开披露的公告文件。故乐视网公司出具的函件对乐视网公司不产生约束力。

最高人民法院二审认为：(1）关于差额补足函的性质。在乐视网公司出具的《差额补足函》中，乐视网公司承诺只要出现逾期或拖欠贷款本息的情况，就承担差额补足责任。该承诺并非《并购借款合同》的从合同，二者效力相互独立，乐视网公司的上述承诺，没有保证的意思表示，且由于保证属典型的担保方式，其设立、生效、保证期间、履行方式等都有较为严格的规定，本案的法律关系不符合保证的特征，而符合债务加入的特征，对此，双方当事人均不持异议。(2）关于差额补足函的效力。乐视网公司出具差额补足函并未经过公司内部股东会决议。而《公司法》第16条规定，公司向其他企业投资或者为他人提供担保，依照公司章程的规定，由董事会或者股东会、股东大会决议。可见，在公司为他人提供担保这一可能影响股东利益的场合，立法规定了公司机关决议前置程序以限制法定代表人的代表权限。而根据民法一般原理，债务加入是指第三人加入既存的债务关系中，与债务人就其债务对债权人负连带之责，其效果相当于加入人为自己创设了一项独立的债务。与保证责任相比，加入人承担的债务较保证人的负担更重。举轻以明重，公司出具差额补足函加入债务，亦应当经股东大会决议，否则对公司不发生效力。(3）关于责任的承担。中信银行本身作为上市公司，对立法关于上市公司为股东提供担保须经股东大会决议并公告的相关规定系属明知。中信银行应当知道乐视网公司的人员采用以出具债务加入承诺函件的方式系规避法律规定的做法。乐视网公司作为上市公司，其相关人员未经依法决议，擅自以公司名义出具债务加入承诺函承担股东债务，不能认定为属于公司的意思，依法不应当认定乐视网公司为承诺函的出具主体。故乐视网公司对案涉债务不承担任何责任。

【典型案例3——债务加入式差额补足】

江苏金涛投资控股有限公司与江西省科特投资有限公司借款合同纠纷案

案号：最高人民法院（2020）最高法民终 295 号

【裁判要旨】

当事人承诺将无条件履行借款合同项下可能产生的固定收益及本金的差额补足义务，对上述义务承担无限连带责任，且差额补足人的差额补足义务不具有债务从属性的，认定为债务加入，并无不当。

【基本案情】

江西省科特投资有限公司（以下简称科特公司）（甲方）与江苏金涛投资控股有限公司（以下简称金涛公司）、朱某（乙方）分别签订了一份《差额补足协议》，约定：甲方与亿舟公司签署的《借款合同》，乙方将无条件履行《借款合同》项下可能产生的甲方所获取的固定收益及本金的差额补足义务，乙方对上述义务承担无限连带责任。乙方无条件不可撤销地承诺承担差额补足义务：（1）差额付款补足义务范围。在借款合同约定之合作期限，即自 2018 年 5 月 14 日起至 2019 年 5 月 13 日止，如果甲方未按该协议约定获得或未足额获得甲方所投入之本金及按约定之固定收益率计算之借款收益的，乙方应根据下述第（2）条的约定，以现金方式向甲方指定的账户划款以补足差额部分。乙方须补足金额的计算方法为：甲方本金 20 000 万元与甲方按借款合同约定的预期收益即每季度收益 800 万元，乙方的差额付款义务直至甲方按合同足额获得本金及各期预期收益或者甲、乙双方确定的其他日期为止。（2）差额付款义务的履行。在满足上述条款所述差额付款条件时，甲方有权向乙方发出书面通知，要求乙方承担差额付款责任。乙方应于收到付款通知之日起 3 日内将按本协议约定的计算方法计算的差额补足资金支付至甲方指定的银行账户。

【裁判观点】

最高人民法院认为，科特公司分别与金涛公司、朱某签订的两份《差额补足协议》系各方真实意思表示，内容不违反法律、行政法规的强制性规定，应认定为合法有效。（1）根据《差额补足协议》约定，金涛公司、朱某已充分知晓其在案涉《借款合同》项下的全部义务及风险，并承诺将无条件履行《借款合同》项下可能产生的科特公司所获取的固定收益及本金的差额补足义务，金涛公司、朱某对上述义务承担无限连带责任。（2）《差额补足协议》并未明确约定金涛公司、朱某系为《借款合同》项下亿舟公司的债务提供保证担保，且从《差额补足协议》约定看，差额补足人的差额补足义务不具有债务从属性，一审判决认定金涛公司、朱某属于债务加入，并无不当。金涛公司关于其在《差额补足协议》中提供的仅为一般保证责任的主张，缺乏事实和法律依据。（3）朱某为金涛公司持股90%的股东，其作为金涛公司法定代表人、大股东代表金涛公司在《差额补足协议》上签字确认所作出的债务加入的意思表示，合法有效。一审判决判令金涛公司承担连带责任，并无不妥。

【典型案例4——独立义务式差额补足】

江苏信托公司与农行昆明分行合同纠纷案

案号：最高人民法院（2017）最高法民终478号

【裁判要旨】

支付承诺显示其义务相对于被补充之债权具有独立性，与通常具有从属性、补充性的保证担保不同，并不是债务人不履行其回购义务时，才由承诺人向债权人依约履行债务或者承担责任。故其虽然具有增信担保的作用，但并非担保法意义上的保证担保行为。

【基本案情】

2012年12月6日，江苏信托公司与绿园置业公司签订《转让合同》，约定由绿园置业公司向江苏信托公司转让特定资产收益权。同日，江苏信托公司与绿园置业公司签订《回购合同》，约定由绿园置业公司向江苏信托公司回购该特定资产收益权，期限为两年。

同日，江苏信托公司与农行昆明分行签订《转让协议》，江苏信托公司向农行昆明分行转让特定资产收益权，并约定除不可抗力外，农行昆明分行应于《转让合同》及《回购合同》项下的特定资产收益权回购到期日前两日内受让江苏信托公司拥有的特定资产收益权，农行昆明分行应支付的特定资产收益权的转让价款为“截至本条上述回购到期日绿园置业公司应付未付的转让价款本金以及截至农行昆明分行实际支付转让价款之日绿园置业公司应付未付的溢价款、违约金、江苏信托公司实现特定资产收益权的费用等”。

【裁判观点】

最高人民法院二审认为：（1）在《转让协议》系《单一资金信托合同》附件的背景下，《转让协议》对于农行昆明分行受让相关权利的对价及其支付方式、解除条件和违约责任的约定，于《转让合同》与《回购合同》而言，具有一种分担风险、强化信托财产投资安全的增信作用。也就是说，在特定资产收益权回购到期日前两日内，农行昆明分行即应向江苏信托公司支付绿园置业公司应付未付的相关款项，江苏信托公司的此项付款请求权对应构成的农行昆明分行的差额补充义务，在功能上具有担保江苏信托公司债权实现的作用。（2）《转让协议》系混合合同，双方各自承诺负担的给付义务分别构成不同的合同关系。其一是转让特定资产收益权及其回购债权和相应抵押权的债权转让法律关系；其二是具有增信担保作用的差额补充法律关系。江苏信托公司和农行昆明分行基于《转让协议》约定各自负担不同类型的主给付义务，以对价关系而结合且不可分离，共同形成相互依赖的权利义务关系。因双方各自负担的给付义务不属于同一合同类型，故《转让协议》并非法律规定的有名合同。鉴于当事人讼争的法律关系是复合的且不具有典型性，本案案由应当确定为合同纠纷。（3）《转让协议》约定由农行昆明分行承担的是特定资产收益权回购到期日之前的差额补充义务，该义务属于农行昆明分行作出的支付承诺，相对于被补充之债权具有独立性，农行昆明分行届期即应如数支付相应款项。此与通常具有从属性、补充性的保证担保不同，并不是在绿园置业公司不履行其回购义务时才由农行昆明分行向江苏信托公司依约履行债务或者承担责任。故其虽然具有增信担保的作用，但并非担保法意义上的保证担保行为。农行昆明分行上诉理由中主张《转让协议》“名为转让实为担保”，理据不足，不予支持。

（讨论整理及后续评论：李志刚）

《民法典》第388条与融资租赁合同章的关系

——无特约时租赁物归谁所有

【发言嘉宾】

董学立、李志刚

【讨论时间】

2020年6月

【沙龙实录】

融资租赁的本质

董学立：《民法典》有关融资租赁合同的规定，是经验的产物。其实，买卖合同归买卖合同就是了，租赁合同却不能归租赁合同，因为融资租赁合同的关系实质是租买，而不是租赁。因此，我有个观点，融资租赁合同不应该置于租赁合同之后，而应置于买卖合同之后。

融资租赁合同的关系核心内容，就是融资租赁，至于这个租赁物是出租人从哪里买来的，可以不予考虑。经验虽是要考虑，但立法经理性加工后，可以将租赁物的买卖置于买卖合同中处理。而融资租赁，就是租买，是担保物权法的购置款抵押权，是买卖合同中的所有权保留，这三者是同一法律关系的不同法律模式思考的结果。以所有权为思考模式，就是所有权保留。以担保物权为思考模式，就是购置款抵押权。而融资租赁就是借款买租赁物。租，就代表了所有权保留。但从经济属性来看，承租人才是真正的买受人，因此，租赁物应该归承租人所有。这就是当事人约定不明的情况下，租赁物归承租人所有的原因。

李志刚：融资租赁本身是应商事交易的实践需要而产生，不是传统民法学家的理论构建。这一法律制度要解决的是传统抵押担保、保留所有权买卖等既有法律制度供给不足的问题。融资租赁这种交易形式要解决的最核心问题，是供应商想及时回款、企业无力购买但希望使用设备生产产生现金流、资金提供方希望放款但需要有风控保障的三方需求。既有的买卖、抵押、借款单一制度都不能满足，才产生了合同联立的三方交易，这是融资租赁交易产生的本质，也是立法要回应的问题。换句话说，交易形式是应实践需求变多，而不是基于既有立法模式框定死、格式化，应该是开放的、扩张的，而不应该是封闭的、限缩的。

董学立：任何法律制度，都有一个从经验到理性的过程。融资租赁来自经验，不代表其不可以被理性加工。三方的关系，其实可以分解为两个合同关系：买卖合同，即出售人与出租人之间购买租赁物的关系，以及出租人将租赁物出租给承租人的关系。在经验的道路上，反反复复，此正如让与担保这一个古老担保物权形式的复苏。道路再曲折也是通向终点，道路再曲折也可以在出发点和终点之间被理性修正。

李志刚：按照传统民法理论的任何一种定性，可能都是强扭的瓜，不足以反映融资租赁交易的本质。既然有买卖，又有租赁，为什么不能二者联立，生成第三种交易模式？光为什么只能是波，或者粒子，不能既是波，又是粒子？二元论思维本身就有根本缺陷，多元并存才符合事物本质。强行归入买卖，或者强行归入租赁，单独强调交易中的任何一个环节，都是"盲人摸象"。

董学立：可以有第三种交易模式，但混在一起之后，我们也需要首先分清楚他们本来的面目是什么，实质是什么？从比较法的视角看，美国没有融资租赁合同，直接将融资租赁编入担保物权，没有什么不好。

李志刚：融资租赁合同章在哪一章之后，不重要。独立成章，这是问题本质。彰显其特征和个性。放在哪一章之后，都不能掩盖，也不足以压抑其个性。

董学立：从承租人的角度看，我缺钱，我借你的钱买物，我需要偿还借款及利息乃至利润，这是债。将购买物作为担保物，就有所有权保留和购置款抵押权之分。至于出租人买进租赁物，这就是买卖合同关系。

李志刚：融资租赁交易本质，包括买卖、租赁、借款、物权保障（以所有权归属于出租人的模式）四个方面。强调任何一个方面，贬低其他任何一个方面，都没有认识到融资租赁的本质。而这正是融资租赁作为一个产业、一个行业，在各国广泛运用的主要原因。这个经济本质，不取决于立法者和学者的偏好。

董学立：从所有权保留的角度看，是出租人购买租赁物，出租人是租赁物的所有权人；从承租人的角度看，承租人借钱购买物，并以此物作为担保物担保债权的实现，承租人就是所有权人。法律世界和现实的行业发展，并非照镜子一般的关系，而且比较法也有这样的先例。

此次《民法典》增加了非典型担保合同，包括所有权保留、融资租赁和保理。我的理解是不增加也可以，因为这些都可以转换为购置款抵押权。而购置款抵押权，在担保物权法中已经增加了。

李志刚：立法需要解决的是在尊重其规律的前提下，梳理不同主体之间的权利义务关系，而不是抹杀其个性。董老师对租赁、所有权保留的几个侧面比较，都只是看到了融资租赁的一个面向，都不足以体现融资租赁交易的本质。

三方关系与所有权的来源及归属

董学立：融资租赁的本质，就是被描述为三方法律关系。暂且不去强调形式，对于三方的利益方面，立法应该以什么样的立场，分清三方的利益关系？

李志刚：您认为如何描述融资租赁的三方利益关系？

董学立：尤其对于当事人没有约定的，租赁物归出租人所有的规定，这是从融资租赁的形式方面观察得出的结论，即出租人就是所有权人。但如果从承租人才是租赁物的借款买受人的角度观察，则承租人才是没有约定情况下，租赁物的所有权人。

李志刚：承租人的所有权，从何而来？

董学立：从租的形式观察，出租人是买受人；从借款买的形式观察，承租人是买受人，但租赁物的出卖人与买受人之间都是买卖合同关系。

李志刚：融资租赁标的物价值1亿元，租赁公司支付了1亿元的价款，承租人交了1期100万元的租金，如何获得租赁物的所有权？

董学立：承租人的所有权，即承租人借出租人的款项购买了租赁物，以租的形式将租赁物所有权置于出租人手中。

李志刚：承租人的所有权，是基于哪个合同产生？从哪儿产生？只花了100万元，就获得了价值1亿元的租赁物的所有权吗？

董学立：租，在融资租赁是形式，以此概念形式，出租人保留所有权。而实质上，出租人是借了1亿元购买了此租赁物。

解释的路径

李志刚：您的论证思路，是必须按照既有的借款合同去认识融资租赁。

董学立：经济关系的本质在此。

李志刚：这是一个理论解释，不是事实，既没有合同依据，也没有法律依据。

董学立：所有权保留，购置款抵押权，都是如此。美国法对这一问题的看法是，所有权归属无关紧要。要看是不是当事人约定了一个担保债权实现的担保权益，所有权保留是担保权益，购置款抵押权是担保权益。购置款抵押权的情形，所有权在承租人手里；所有权保留的情形，所有权在出租人手里。

但所有权保留的所有权，不是归属意义上的所有权，是担保法意义上的所有权，我叫它“手段性所有权”。即出租人的所有权不是归属意义上的所有权，是手段意义上的所有权，是担保物权。如果是担保物权，所有权就在承租人手里。但为了担保借款的偿还，既可以设置所有权保留担保物权制度，也可以设置购置款抵押权担保物权制度。

在担保法律制度的发展史上，所有权让与担保转化成今天的一般抵押权，所有权保留担保转化成现在的购置款抵押权担保。我国传统担保物权有一般抵押权担保，无购置款抵押权担保，所以，就社会一般公众而言，大家对此制度不熟悉。所有权让与担保或者所有权保留担保，之所以在一些国家被唤醒，并生机勃勃，与他们民法中没有动产抵押权制度有关。虽有人主张立法认可让与担保，但物权法最终未采纳。我们对购置款抵押权不够了解，在担保法、物权法中就没有规定，形成法律漏洞。

李志刚： 您以上所说的抵押制度、所有权保留问题，都解决不了设备生产商、设备使用人和资金提供方的三方交易需求问题，所以才需要独立的融资租赁法律制度。至于美国的做法，不是否定融资租赁交易制度，恰恰相反，美国真是融资租赁制度的发源地。

立法、学说与实践

董学立： 美国怎么就解决了呢？他纳入担保物权制度中处理了。

李志刚： 这是一个特别好的问题。美国没有民法典，但商事交易很繁荣。美国法不讲担保物权的理论体系，交易合同的开放性和权属登记制度的统一性，是美国能解决这一问题的根本原因。我们既没有解决登记制度，还要通过“担保合同”概念来否定融资租赁交易的特殊性，是令人遗憾的地方。

《民法典》第388条有关“设立担保物权，应当依照本法和其他法律的规定订立担保合同。担保合同包括抵押合同、质押合同和其他具有担保功能的合同”的规定，不能解决融资租赁合同中的任何问题。如果能够解决，就应当把融资租赁合同章整体删除。融资租赁存在的问题，根本不是担保合同的问题，也不是融资租赁交易的问题，而是动产所有权法定登记制度欠缺的问题。没有建立法定的动产所有权、担保物权的统一登记制度，反而要靠“担保合同”的概念否定融资租赁交易的特殊性，这是舍本求末的做法。在动产权属统一登记制度建立起来之前，将带来更多的混乱。

融资租赁行业和产业在全球范围内的产生、发展和广泛使用，不是民法学理论研究发展的结果，也不是任何一个国家民法典的创制，而是它从根本上回应了既有的担保、借款、买卖、租赁单一制度不能解决的经济问题，是回应实践需求产生的制度创新。法律制度供给要回应这种创新，而不是在既有的概念上打转，并在不能自圆其说的时候，否定这一制度。《民法典》的价值，在于把好的制度肯定下来，提供更多的交易模式，供交易者选择。

董学立：法律制度就是由经验演进到理性建构。

李志刚：正如马克思所言，“民法是发现和翻译商品经济的规律”，而不是创制。

董学立：融资租赁被置于金融监管领域的原因，是融资借款购物。回到原形。我没有钱购物，我向你借钱购物使用，为了担保借款偿还，创造出租赁模式，由你购物，物由你享有所有权，以租金方式，代替分期付款购物。这就是融资租赁。

李志刚：这里涉及融资租赁交易本质的另一个问题。应该看到，融资租赁在我国的发展，不是从银行业务发展起来的。恰恰相反，它是从引进外资和国外的设备双重动因发展起来的。所以先有外经贸部监管的外商投资融资租赁公司，把融资租赁作为引进先进设备的重要途径，同时解决缺钱和缺物的问题。

银行系租赁公司固然有资金优势，但其在设备的产业、行业的专业性和深耕程度，并不及真正专业的融资租赁公司。强调融资租赁的融资属性，忽视融资租赁的融物属性，把融资租赁等同为银行，不足以反映融资租赁交易的本质，对融资租赁行业而言，亦非好事。哪一个民法既有制度，能够完整接受这一交易过程和实质？

回到您所提的问题上来，没有约定，融资租赁的租赁物归属于承租人还是出租人？当然应当归属于出租人。出租人从一开始就支付了全部购买价款，他当然应当取得租赁物的所有权。

董学立：您的结论是一个视角的结论。站在承租人利益角度，结论相反。此正如所有权保留与购置款抵押权，所有权在那里不重要。

李志刚：出租人享有所有权，是基于买卖合同取得的。承租人取得所有权，法律依据和事实依据是什么？如果不重要，等于说"租赁物归谁所有"，这是一个伪命题——其实恰恰相反，融资租赁的所有权非常重要。如果只付了一期租金，出租人或者承租人破产，谁能把租赁物拿走？出租人基于买卖合同，取得所有权，有什么问题？这不是一个完整的买卖合同交易吗？

所有权保留与融资租赁的差别在于，所有权保留，是保留在原设备生产商那里。融资租赁不是，出租人基于买卖合同取得所有权，但占有、使用、收益的权利，其让渡给了承租人。所有权没有让渡给承租人，这是交易本质。

是所有权还是担保物权

董学立：站在承租人角度，融资租赁就是借款购物，物当然归承租人所有。所以，纳入担保物权制度，以担保物权，担保借款偿还。

李志刚：为什么一定要纳入担保物权？这个担保物权，从哪来的？

董学立：所有权保留，归，不是归属，是手段意义，是担保。购置款抵押权从哪里来，它就从哪里来。

李志刚：最讲逻辑的法律，突然废弃了法律的概念和逻辑，来讲功能，这是个极大的讽刺。"所有权保留，就是担保物权"，这是对全世界民法学的嘲讽，因为基本的逻辑错乱，导致一个词本身的分裂。所有权就是所有权，担保物权就是担保物权，二者永远不一样。顺位和保护，通过所有权与担保物权的一体登记解决，不可能通过一个"担保合同"的"功能性概念"解决。仅仅因为具有担保功能，就否定其法律上的所有权属性，从根本上摧毁了民法的概念体系和逻辑推理。其另一个现实后果，就是造成了《民法典》第 388 条和《民法典》合同编融资租赁合同章的整体逻辑错乱。

董学立：所有权保留担保是担保物权概念出现之前最原始的担保，让与担保也是。前面我已经讲了历史进程。

李志刚：所有权保留，权利人享有的是所有权，还是担保物权？让与担保，权利人享有的是所有权，还是担保物权？

董学立：名义是所有权，实质是担保。罗马法、英国的中世纪担保法，都是这样的。

李志刚：法律上，是所有权，还是担保物权？

董学立：所有权保留，让与担保，都是担保物权。

李志刚：法律上，所有权保留的权利人、让与担保的权利人，享有的是所有权，还是担保物权？

董学立：所有权，可以分为目的性所有权和手段性所有权。手段性所有权就是担保物权。

李志刚：哪国民法典这么写的？

董学立：法典不是理论，以上分类是理论。

李志刚：理论没问题。法律上，把融资租赁的所有权认定为担保物权、所有权保留，认定为担保物权，就是根本性的错误。《民法典》第388条不是理论，是法典化的规范。尽管如此，它也没有把"形式上的所有权"就是担保物权，写进去。所以在法律适用上，出租人不享有所有权，享有的是担保物权，也是一个错误的论断，混淆了法理和法律、经济实质和法律逻辑。

董学立：买卖合同中的所有权保留是什么？

李志刚：（1）是买卖，买卖合同是所有权和价款的让渡，法律对此从未规定"担保"二字，也从未出现"担保物权"。（2）保留的就是所有权，所有权附条件转移。从头到尾都没有"担保物权"的出现。所有权保留的权利人保护，应当通过所有权登记公示实现，而不是混淆所有权与担保物权的概念实现。

董学立：此次《民法典》的担保部分，我觉得最大的变化应该是增加了非典型担保合同，《民法典》第388条就具有有穿透力的法体系的意义。正如全国人大常委会副委员长王晨在立法说明里提到的，非典型担保合同，包括融资租赁。那我的理解，正像你反对的那样，我觉得非典型担保合同这个说法，是不合适的。但是，也没有其他更好的表达，正常的应该是非典型担保物权，融资租赁就是一种非典型担保物权，是以所有权保留的方式来担保债权的实现的。

李志刚：功能性评价和学理解释，我不持异议。在《民法典》的语境下，期待正确处理好第388条与融资租赁合同章的关系，避免因为一个“功能性概念”，而混淆整个法律担保物权与所有权的基本区分逻辑。

【总结及倾向性意见】

讨论形成两种观点，一种观点认为融资租赁本质是购置款抵押权担保，出租人享有的是名义上的所有权，是担保物权。另一种观点认为融资租赁是交易实践产生的新的交易模式，不应当削足适履，用理论改造商事交易实践，而是适应交易实践发展理论。融资租赁合同独立成章，本身就是立法适应实践的体现。出租人享有的所有权，是法律上的和事实上的，并直接影响合同履行期间的物权归属和救济。不能因为此种所有权具有担保功能，就强行将其变性为法律上的、事实上的所有权。《民法典》第388条不能解决融资租赁当事人的权利义务关系问题，融资租赁交易中的租赁物所有权保护应当通过完善租赁物的所有权登记制度来解决。

【代表性学术观点】

全国人大常委会法工委认为，担保合同属于民事合同的一种。担保合同除包括《民法典》规定的抵押合同、质押合同外，还包括其他具有担保功能的合同，如融资租赁、所有权保留等非典型担保合同。担保合同的成立和生效等问题应当依照《民法典》合同编的有关规定。[1]

崔建远认为，理解《民法典担保制度司法解释》第65条第1款“在融资租赁合同中，承租人未按照约定支付租金，经催告后在合理期限内仍不支付，出租人请求承租人支付全部剩余租金，并以拍卖、变卖租赁物所得的价款受

① 黄薇主编：《中华人民共和国民法典物权编解读》，中国法制出版社2020年版，第610页。

偿的，人民法院应予支持；当事人请求参照民事诉讼法'实现担保物权案件'的有关规定，以拍卖、变卖租赁物所得价款支付租金的，人民法院应予准许"的规定，首先，应确定其规范的案型。第一种案型是，承租人违约，但出租人只请求承租人承担违约责任，没有解除合同。第二种案型是，承租人违约，出租人同时请求出租人承担违约责任并主张解除合同。其次，在第一种案型中，《民法典担保制度司法解释》第 65 条第 1 款所谓"承租人未按照约定支付租金，经催告后在合理期限内仍不支付"，属于担保权实现的条件成就；所谓"当事人请求参照民事诉讼法'实现担保物权案件'的有关规定，以拍卖、变卖租赁物所得价款支付租金的，人民法院应予准许"，意味着最高人民法院承认出租人于此场合享有担保权，并认可和保护出租人行使该权。最后，在第二种案型中，在法律适用的顺序上，万不可把《民法典担保制度司法解释》第 65 条第 1 款的规定置于非常优先的位置，它无排斥《民法典》第 745 条前半句关于"出租人对租赁物享有的所有权"的规定和第 752 条关于"可以解除合同，收回租赁物"的规定之效，换句话说，出租人援用《民法典》第 745 条前半句和第 752 条后半句的规定时，承租人无权援用《民法典担保制度司法解释》第 65 条第 1 款的规定对抗出租人的请求。如此把握的根据在于：在出租人对租赁物享有所有权的情况下，只要融资租赁合同被解除，租赁物的所有权就归属于出租人，出租人收回租赁物系所有权效力和行使的体现，法律没有理由不予支持，不应强制"参照民事诉讼法'实现担保物权案件'的有关规定，以拍卖、变卖租赁物所得价款支付租金"。最佳的方案是赋权出租人可以选择：或是"收回租赁物"，又或是"参照民事诉讼法'实现担保物权案件'的有关规定，以拍卖、变卖租赁物所得价款支付租金"。[①]

最高人民法院民事审判第二庭认为，《民法典担保制度司法解释》主要适用于典型担保，对于非典型担保如何适用《民法典担保制度司法解释》，存在双重的限制适用条件：仅在涉及因担保功能发生的纠纷时，才能适用《民法典担保制度司法解释》；适用的也是《民法典担保制度司法解释》的"有关规定"，而非全部规定。（1）并非所有被称为非典型担保的交易形态都具有担保

① 崔建远：《对非典型担保司法解释的解读》，载《法治研究》2021 年第 4 期。

功能，所有权保留买卖、融资租赁中，出卖人、出租人享有的所有权具有担保功能。非典型担保涉及的担保功能，主要涉及以下几方面的规则：有关登记对抗、担保物权的顺位、担保物权的实现、价款优先权等担保规则。当非典型担保因能否以及如何适用前述规则发生纠纷时，可以适用《民法典担保制度司法解释》的相关规定。（2）所谓的"有关规定"，主要是指《民法典担保制度司法解释》第四部分"关于非典型担保"的规定，而这些规定多数都是前述的涉及担保规则的规定。除《民法典担保制度司法解释》明确规定可以适用于非典型担保的条文外，其他条文原则上不适用于非典型担保。如当事人主张某一条文可以适用于非典型担保的，应当详细说明能够适用的理由，法院也应当在判决中对应否适用进行详细说理，避免因非典型担保的泛化适用而冲击担保制度体系。[①]（3）与所有权保留买卖中出卖人保留的所有权具有担保功能一样，融资租赁中出租人对租赁物享有的所有权亦具有担保功能。但与《民法典》关于所有权保留的规定相比，《民法典》关于融资租赁中出租人权利保护的规定有两个显著不同：一是明确规定出租人收回租赁物的前提是解除合同；二是没有规定当事人无法就租赁物的取回协商一致时，可以请求参照适用担保物权的实现程序。《民法典》在规定上的不同是否意味着《民法典》对于融资租赁中出租人对租赁物所享有的所有权在其担保功能的实现上采取了不同于所有权保留的思路？对此，存在两种不同的意见：一种意见认为，虽然融资租赁中出租人对租赁物享有的所有权和所有权保留买卖中出卖人对标的物保留的所有权均旨在为价款或者租金债权的实现提供担保，但由于融资租赁的标的物往往是大型设备和机械等，其价值较高，对出租人权利保护的程度也应更高，因此，只要满足法律规定的条件，出租人请求解除合同并收回租赁物，人民法院就应予以支持。另一种意见认为，尽管《民法典》关于所有权保留中出卖人权利保护的规定与融资租赁中出租人权利保护的规定不同，但无论是出卖人享有的所有权还是出租人享有的所有权，都是非典型担保物权，自可参照适用担保物权的实现程序。此外，在融资租赁合

① 最高人民法院民事审判第二庭：《最高人民法院民法典担保制度司法解释理解与适用》，人民法院出版社 2021 年版，第 86~87 页。

同中，既要保护出租人的利益和交易安全，同时也要保护承租人的利益和交易安全。因此，在出租人请求解除合同并收回租赁物的情形下，如果承租人担心利益受损，提出反诉或者抗辩，请求人民法院对标的物进行拍卖、变卖并以所得价款清偿所欠出租人的租金的，人民法院也应一并处理。最高人民法院民事审判第二庭认为，根据《民法典》第752条的规定，在融资租赁合同履行过程中，如果承租人经催告后在合理期限内仍不支付租金的，出租人可以请求支付全部租金，也可以解除合同并收回租赁物，因此关于出租人对租赁物的所有权及其实现问题，应根据出租人的选择进行不同的处理。[①]

（讨论整理及后续评论：李志刚）

① 参见最高人民法院民事审判第二庭：《最高人民法院民法典担保制度司法解释理解与适用》，人民法院出版社2021年版，第86~87页。

第二部分

《民法典》物权编专题

父母购置房产于成年子女名下之法律效力

【发言群友】

汪青松、刘生亮、李建伟、王松、刘建功、戴景月、常鹏翱、郭宁华、叶林、刘保玉、段晓娟、葛洪涛、李志刚、王赫、薛军

【讨论时间】

2020年8月

【沙龙实录】

汪青松：父母以在读本科的孩子的名义签订购房合同，父母出钱，将房屋登记在孩子名下。该房屋所有权到底是属于孩子，还是属于父母的夫妻共同财产？查询了一些案件，主要是父母将房屋登记在未成年子女名下，后来被债权人起诉要求用房产还债的，法院一般不承认父母对孩子构成赠与，大多支持债权人的请求。本案是成年子女，购房合同是以孩子名义签订，不知对房屋权属的理解上是否该有所不同？一个相关问题就是，父母出钱、房屋权属登记在子女名下，是否属于《物权法司法解释（一）》第2条所谓“不动产登记簿的记载与真实权利状态不符”[①]的情形？

---

① 《物权法司法解释（一）》第2条规定：“当事人有证据证明不动产登记簿的记载与真实权利状态不符、其为该不动产物权的真实权利人，请求确认其享有物权的，应予支持。”该司法解释已失效，现为《民法典物权编司法解释（一）》（法释〔2020〕24号）第2条，具体条文内容与前述条文一致，未作修改。

刘生亮：应该不属于。

汪青松：我也觉得不属于，但有相关案件就是用该条司法解释的规定支持了父亲的确权主张。

李建伟：如为刑事案件，则实质认定。

汪青松：该案是民事案件，属于家庭纷争。

李建伟：民事案件适用该条款，属于目的错误。

汪青松：好思路，有没有关于该条目的的权威解读？

王　松：在内部关系上，宜理解为父母将房屋赠与给孩子，已完成登记，房屋已归孩子所有。父母再用物权法司法解释主张所谓确权，不应得到支持。《物权法司法解释（一）》第2条可以作为借名买房、确认权属的依据。本案更像是赠与合同。

案例的背景事实与实体判断

刘建功：这种案件背后的情况是什么？父亲和孩子打官司要确权？异乎寻常啊。这位父亲是不是外面欠了不少债，债权人申请查封这栋房子？或者未雨绸缪先发制人？

戴景月：仅登记能认定赠与吗？欠缺表意吧？

王　松：父母以上大二的孩子的名义买房、登记在孩子名下，是说，这种可能或者说概率高一些。事实真相或者说背景，汪青松老师没说，也可能背后事出有因，比如说是不是为了对抗外部债权人搞的确权之诉，不好说。

刘建功：这个案子是父亲告儿子？父亲和儿子各自的具体诉讼主张，对于判断这个案件还是必要的。

常鹏翱：《物权法司法解释（一）》第2条适用于登记错误，借名和赠与恐怕都落不到它的适用范围。

刘生亮：同意，是对错误的救济，与更正、异议是一个体系。

汪青松：常鹏翱老师的观点我非常赞同，但司法实践中对该解释的适用情形似乎更为宽泛。

常鹏翱：司法的确有扩大适用的情形，登记错误涉及物权的判断标准，正是对标准认定有歧义，造成物权和债权、确认之诉与给付之诉混在一起，麻烦四起。生亮兄把它与更正登记、异议登记放在一起理解，完全赞同。

戴景月：同意您对司法实务实际扩大的意见。问题是登记和实际不一致的情形原因很多，不仅是狭义的登记错误，有些法官援用这一条但没说清楚。

汪青松：据介绍，案件的相关背景事实是父亲因有外遇而与母亲离婚，财产协议分割将该房留归自己。后以该协议诉至法院，请求确认房归自己，法院支持。就类案检索情况看，不认为登记在子女名下房产归子女的判决还不少。我的困惑在于：购房合同都是子女名义签订的，仅因为购房款是父母出的，就否定孩子的登记权属，是否妥当？

郭宁华：如果夫诉妻离婚及财产分割，儿子也确认该房产属于夫妻原共同财产的话，判决没什么问题。成年儿子未表态？

汪青松：离婚协议上没有孩子的意思表示。孩子事后认为父母协议无权处分自己名下房产。

刘生亮：即使孩子确认，也不一定行。

郭宁华：判决的话还有点程序问题，孩子进来作为第三人吗？感觉侵犯了孩子的权利，至少是程序上的权利。

戴景月：无论夫妻诉还是父子诉，儿子要参加诉讼是必然的。

汪青松：本案是父亲提起确认之诉，起诉孩子。所以主要是实体后果，要么是房产真的不该归孩子，要么就是错误判决剥夺了孩子的合法产权。

王　松：孩子怎么答辩的？

汪青松：孩子不认为是借名，认为虽然房款不是自己出的，但登记在自己名下的房产就是自己的。

王　松：仅仅说登记似理由尚不充分，似应说清楚为什么登记在自己名下。比如，基于赠与，孩子可能取得房产所有权；如果说孩子也承认是父亲的房产，仅仅挂在自己名下，可能又是一种结果。

戴景月：登记在孩子名下，推定为孩子的。父亲举证自己（或夫妻）出钱购房，或孩子没能力购房，转为孩子证明赠予。

叶　林：如果孩子父母涉及刑事案件，购房款视为赃款，依照《刑法》关于追缴赃款的规定，无论房子还是现金，一样可以追缴。如果只是一个民事案件。这是一个现金赠与关系，父母的债权人最多拥有撤销权，此时如果房价上涨，孩子只需要还本付息。如果房价下跌，把房子让出去就行了。这样既能够解决赠与的问题，也能够确认房产登记的效力。

戴景月：问题是不动产登记或动产的交付就意为赠与完成吗？

叶　林：这个案件中，赠与的标的不是房屋，是现金，不涉及不动产的登记和动产（货币以外）的交付。

汪青松：不少案件孩子确实都是主张赠予，难点在于法官认为没有证据证明父母有赠与意思。叶林老师这个现金赠与是一个很好的思路，如果被司法实践普遍接受，就容易处理此类问题了。

王　松：类似于父母出资为儿子购房，现在儿子儿媳要离婚，父母为了不让儿媳取得房产，转而主张挂儿子名买房或者让儿子写借条构成借贷，儿媳主张构成赠与。此时应当主要由父母承担举证责任，因为是父母主张改变现状，而且通常是赠与，不一定要有赠与合同才构成赠与。

借名买房、登记错误与房屋赠与

王　松：针对《物权法司法解释（一）》第2条，最高人民法院司法解释理解与适用举例是借名买房的案例，[①]摘录如下：甲诉乙财产权属纠纷一案，乙向某房地产开发公司购买别墅，8日后甲与乙签订《协议书》，约定该房屋系甲的住房，使用乙名义购房，由甲付款、甲管理使用，乙对该房产不具有实际产权和使用权，甲对房屋享有产权。房管局向乙颁发房产证。后甲、乙因产权问题发生争议，甲起诉请求确认诉争房屋为其所有。被告乙不同意甲的诉求，认为双方的协议应为无效，不能对抗其已在登记簿上登记为产权人的事实。

① 最高人民法院民事审判第一庭编著：《最高人民法院物权法司法解释（一）理解与适用》，人民法院出版社2016年版，第76~77页。

一审法院认为:《协议书》合法有效。《协议书》约定甲使用乙的名义购买房屋，实际购房付款人为甲，乙对于房产不具有实际产权和使用权。甲持有交付房款的发票原件、存折原件和乙身份证件原件，明确每月实际存款的数额。乙称是其支付房款和月供，但未提供任何证据证明其曾交付过上述款项，应当认定甲实际支付了购房款和月供。不动产登记簿虽具有不动产权利推定力，但并不能最终决定实体上的法律关系存在与否。甲是以乙的名义购买房屋，并实际支付全部购房款，是房屋的真正购买人及实际所有权人。据此判决：确认诉争房屋为原告甲所有。后乙上诉。二审法院驳回上诉，维持原判。

郭宁华：借名买房似乎不属于登记错误的范畴。

刘保玉：借名登记与赠与不应混为一谈，即使借子女的名义，亦同。赠与须有赠与的意思表示。

赠与的意思表示

戴景月：父母以上大二的孩子的名义签订购房合同，父母出钱，登记在孩子名下。该房屋所有权到底是属于孩子的，还是属于父母的夫妻共同财产？这个过程没看出有赠与现金或房屋的表示。

汪青松：赠与表示确实是个实务难题，家人之间，一般很难有明确的意思表示，事后更难举证。所以，实践中的许多案件，只要一看到父母出钱给孩子买房，就直接理解为借名买房。

戴景月：家庭共有呢?

王　松：江苏省高级人民法院2019年发布的《家事纠纷案件审理指南（婚姻家庭部分）》第35条规定：“婚姻关系存续期间夫妻购置所有权登记在夫妻双方以及子女名下或者仅登记在子女名下的不动产的性质应当如何认定？对于婚姻关系存续期间夫妻购置所有权登记在夫妻双方以及子女名下或者仅登记在子女名下的不动产，应当审查夫妻双方进行所有权登记时的真实意思表示，尽可能甄别夫妻双方是否存在逃避债务、规避执行等行为。在排除前述情形的情况下，可以按以下情形分别处理：……（2）对于婚姻关系存续期间夫妻购置所有权仅登记在子女名下的不动产，一般应当认定为子女的财产。如果有证据证明夫妻双方将所有权登记在子女名下的真实意思仅是代名登记，夫妻双方并无赠与意思的，该不动产应当认定为夫妻共同财产。但夫妻之间的财产约定不能对抗善意第三人。”[①] 按照该指南的意见，通常认定为子女的财产。如果父母主张是借名登记，父母要举证证明，否则应认定为子女的财产。

戴景月：江苏省高级人民法院的前述指南也是对事实的推定。这种推定应该回到公示效力和善意第三人保护的背景下。

汪青松：这个指南的立场很有道理，应该成为处理类似案件的共识。

王　松：是的，比较合理。

叶　林：在父母子女之间，家长收入丰厚，孩子只是在读的学生，父母的财产最终还是要给孩子，这是常态，如果认为这是借名，就非常奇怪了，认为是赠与反倒更合乎常理。

郭宁华：通常情况下，赠与是实践性合同，父母付款完毕视为赠与完成，但还有另一个问题，赠与和接受赠与是否应该明示？《民法典》第657条规定：“赠与合同是赠与人将自己的财产无偿给予受赠人，受赠人表示接受赠与的合同。”这里没说是不是要明示。

戴景月：既是合同，自然是明示的。

叶　林：在民法学上，赠与最初就是一个实践性合同，甚至就是一个单方行为。我们非要把它解释为是一个合同、合意行为，这本身就很别扭。

王　松：同意叶林老师的观点。此种情况赠与是常态。

郭宁华：叶林老师说的常态我非常赞成。但本案中会不会有购房资格限制的问题？

叶　林：因为介绍的背景比较简单，没有说得太多，所以不好假设。

汪青松：叶林老师说非常符合家庭关系中的实际情形，不能非要事后找

---

① 江苏省高级人民法院：《家事纠纷案件审理指南（婚姻家庭部分）》，载最高人民法院民事审判第一庭编：《民事审判指导与参考》2019年第2辑（总第78辑），人民法院出版社2019年版，第211~229页。

一个明确的意思表示。

郭宁华：赞成。尤其是家事赠与和民事赠与恐怕在规则上也不一样。

段晓娟：登记在儿子名下的房子，父亲母亲之间争议确权直接就确定不合适吧？无论儿子成年与否，这个登记都是绕不过去的。

郭宁华：这个案子是父告子。

汪青松：父亲就是通过证明自己出了钱和实际管理房产出租，借助物权法司法解释，绕开了登记，将房子确为自己的。

戴景月：前置情形有，妻子把房屋作为夫妻财产分割给丈夫了。这就意味着妻子认为没赠与给儿子。

汪青松：这也是个情节，妻子签了析产协议，其中有案涉房产归丈夫的内容。其在法庭上说是赠与。

刘生亮：这就又涉及无权处分了。汪青松老师，将原本登记在父母名下的房产转移登记在子女名下，与从第三方购买登记在子女名下，会不会有不同？

汪青松：很多案件认为买房合同签订时就是借名。

段晓娟：如果父母买房子登记在儿子名下，没有反证，也不属于逃废债等应予否定评价的行为，不认定赠与认定为什么？以事后的主张认为儿子借款买房、父母认借名买房恐怕不合适。

戴景月：情形是多样的，假设也很多。夫妻购房登记在子女名下，有一种可能，以后大概率是赠与子女或由其继承，届时不再更改登记，省事。

汪青松：很多案件就是认为是借名买房。

叶　林：回顾一下案例有三个大的段落，第1个段落是，夫妻关系尚存，夫妻同意支付一笔钱，由孩子买房。第2个段落是，夫妻离婚时，丈夫想取得或约定取得该房产。第3个段落是，丈夫起诉孩子要求确认产权。所以，这个案件当中不涉及第三人。

戴景月：在没有表示证据的情况下，不能认定赠与，登记在儿子的名下的理由不一定是借名，但是现金确实没过儿子手。

段晓娟：由此不由得又想起监护人处分被监护人财产的问题，“为维护被监护人利益”，实践中有许多做生意的人买房登记在孩子以及自己和孩子名下，然后为自己或者经营的公司抵押贷款，实践中不乏被认定抵押无效。

汪青松：这种情况下又承认房屋是孩子的了。

戴景月：抛开本案，房子登记在甲名下，能证明的事实是乙出钱购买并实际占有。

叶　林：这个案件与其说是房屋确权的问题，不如说是丈夫离婚时反悔的问题，因此认定是家庭关系中的现金赠与，孩子买房，比较理想，除非丈夫提供足够的反证。

戴景月：可以说占有还没改定吗？

段晓娟：赞成叶林老师观点。

叶　林：支付的方式有很多种，包括指示交付或第三方履行。

汪青松：父母为孩子支付房款，在没明确说是借的情况下，首先推定为赠与是妥当的，也是符合生活实践的。

叶　林：父母子女之间不会约定债权债务的问题，所以，应该不发生占有改定的情形，这只是我个人的想法。

戴景月：我意思是暂时放孩子名下，以后决定赠与、继承、出售（给孩子）、收回。此种情形变数很多。

叶　林：如果出现这种异常的情况，反倒应当是以书面协议为妥。如果没有书面协议，就不能认定这种情况是正常的。

段晓娟：如果父母出钱，买的房子登记在儿子名下，当时又没有借款之类的合意，父母出的钱不认定为赠予没有合理解释，从证据规则上不妥当，也不符合社会公众的认知。

汪青松：常情常理也是证据规则的重要内容。

戴景月：登记在孩子名下，以后视情况决定是否赠与。

未成年子女名下财产问题

葛洪涛：再给大家提供一个案例，供大家参考：父母经营企业，涉诉，被保全查封账户中800万元，现想提供三套住房置换查封物，其中一套在3岁孩子名下，一套在17岁孩子名下。现父母能提供银行流水证明两套房子都系其出资，孩子也都签字同意（包括3岁孩子）。问：审判庭应如何处理？难点在于，一方面，特殊形势下法院应尽量不查封企业流动资金；另一方面，面临未成年子女名下房屋的权属判断难题。

叶　林：有趣呀，未成年人好可怜。

葛洪涛：也可能，未成年人本身就是个“道具”。

戴景月：本案可以认为是撤回赠与吗？

李志刚：未成年子女与成年子女（个人财产事实上的独立性）应作不同处理。恶意逃债另说。

葛洪涛：碰到查封物置换这个案件的时候，我也感觉，事情可能很复杂。如果认定是赠与，实践合同，实践了，就没有撤回余地了吧？

段晓娟：在现有的规则下，除了从为被监护人的利益的解释入手，似乎没有别的途径可以走。

刘生亮：保全企业生存是为了被监护人根本的、长远的利益。

葛洪涛：这个案件让我反思这个路径。

戴景月：这意味着仅登记就是赠与了。

葛洪涛：是赠与，还是借名？以及如何分配举证责任？好像都有区分类型，分别讨论的余地。

戴景月：登记，不但是赠与和借名。至少还有待定。

家事与商事

叶　林：不谈法理，谈一个纯粹实务建议方案，如果非要用孩子的财产去替父母还债，那么，父母就应该把自己在公司中的权益转移给孩子。否则，就是监护人剥夺未成年人的财产权。

葛洪涛：您的逻辑是自洽的。但有问题的是，当初父母把房子登记在孩子名下的时候，真实的想法可能仅仅是以后继承时可以不交遗产税，至于生活或经营困难时是否保留处分权，并未涉及。我们如何解释父母当时的意思表示，好像还是有空间的。

戴景月：在家庭关系领域我们一定要坚持商法规则吗？

汪青松：您这个疑问是个很好的启发，父母将自己出钱购买的房屋登记在孩子名下，是不是赠与意思的外在表示形式？

叶　林：在葛洪涛说的这个案件中，出现了几个跳跃：第1个跳跃是，父亲作为公司（假设）法定代表人，似乎自愿承担了公司债务。第2个跳跃是，为了处理公司的债务，父母以自己财产担责。第3个跳跃是，父母把个人责任转嫁到被监护人身上。

葛洪涛：我来弥补跳跃。（1）父母是担保人。（2）第二个的确可能是跳跃，能不能跳，需要大家讨论。父亲也是法定代表人。

戴景月：父亲是工商登记公司的代表人。

叶　林：这个案件中的孩子，可能有几种角色情形：第一，他就是父母手中的一个“工具”；第二，他是被监护人。如果是第一种情况，似乎可以认为是借名。如果是第二种情况，就必须顾及被监护人的利益。

戴景月：第二种情况引入家庭领域了。

葛洪涛：是的，身份重叠的可能性，增加了我们的判断难度。我们让父母提供了出资的流水、孩子的签字，但仍然不足以判断，仍然会有争议和风险。

戴景月：父母赠与子女的东西，会异己到自己需要也不能收回的地步吗？

葛洪涛：如果作了公证，还真难说。

李志刚：这类问题，我一直在想，是不是有“家庭财产团体所有”的问题，在此基础上，再区分内部关系与外部关系。

戴景月：离开感情、整体、互助、共担等前提，把家庭搞得跟公司一样，麻烦会越来越多。

刘生亮：贺剑、汪洋他们提出过吧？

葛洪涛：贺剑老师的文章，考虑了经济生活与家庭情感因素，对这一问题很有启发，但好像并不直接涉及。

戴景月：家庭本来有很多事情是说不清，或者不能说清、不需要说清的。

李志刚：家事确实有特殊性，如果不涉及外部关系，要尊重伦理与常理。

推定意思

葛洪涛：个人认为，这里貌似涉及外部关系，但实际是一个内部问题。通常而言，就是一个善良的父母想避税，将房子登记在孩子名下，遇到困难，改变了想法的故事。当然，如果有其他证据证明，可以推翻上述推定。

叶　林：孩子的第三个身份，还可能是赠与合同的受赠人。

葛洪涛：解释成赠与就会很麻烦。但在意思表示不明的情况下，解释成借名登记，理论上的障碍就会小很多。

戴景月：有时不要法官解释，要听当事人表示。

葛洪涛：是的，首先应该探求当事人真意。

王　赫：物权行为理论的解释可能要清楚得多。办理登记就表明了转让或取得所有权的意思。法官每次都事后去推测当事人的真意，这是要有多自信呢？

葛洪涛：那在物权行为理论下，借名登记怎么处理？

叶　林：葛洪涛提及的这个案件，似乎还可以这样来理解：当父母以担保人身份对外承诺担保的时候，也就同意以自己全部财产作为责任财产，此时，他将部分财产赠予或转让给其他人，带有逃避保证责任的意味，减损了一般责任财产的价值。所谓赠与给孩子或者给孩子买房子，都是属于逃避保证责任的方式。

葛洪涛：我们也考虑了这个方法，但房屋登记在负债之前。这里推测的真意，不是否定物权转移的法律效力，而是推测原因行为是赠与，还是借名。

叶　林：如果保证合同是在房屋登记之后签订的，债权人似乎应该承担更大的风险了。

葛洪涛：现在债权人已经查封了父亲银行账户中的资金，债权实现没有障碍。是父亲想用房子置换查封的存款。

刘生亮：想到用物权行为理论解释，才问汪青松老师：“将原本登记在父母名下的房产转移登记子女名下，与从第三方购买登记子女名下，会不会有不同？”比如权利移转型让与担保。

王　赫：我理解在物权行为理论下，无论是借名登记还是让与担保，都是当事人之间的约定（债权行为），属于无名合同，在当事人之间是可以寻求返还（借名）或者清算的（让与担保）。但在物权层面，过户登记本身就包含物权设定和变动的意思，不依赖于原因行为，即所谓分离原则。

薛　军：如果涉及父母出资买房，将其登记在子女名下，要区分不同情况。如果子女属于未成年的幼儿，显然没有对相关财产价值的形成作出贡献，在这种情况下，原则上不需要考虑相关的处置对未成年人保护的影响。因为我们谈保护未成年人的财产权益不受侵害，需要从实质意义看，而不是从形式意义看。如果未成年的子女，是从外公、外婆或者爷爷、奶奶那里通过遗赠等方式获得房屋等财产性利益，那么父母显然不能擅自处置，但如果相关的购房款完全是父母出资，那么不能因为登记在幼儿名下，就成为应该严格保护的幼儿的财产利益。这不符合事实情况。因此如果父母要处置，应该允许（大家讨论的案例）。父母的债权人在符合条件的情况下，也可以通过撤销赠与的申请（请求权基础是债权人撤销权）来击穿幼儿形式上的房屋所有权人的身份。因为在这些情况下，根本谈不上涉及对未成年人利益的侵害。父母出资买房子，登记在孩子名下，从合同的角度看，可以理解为是对孩子的赠与，从物权形式上的归属的角度看，应该根据不动产登记簿来认定，谁是登记簿上的名义所有权人，谁就是所有权人。这样才能维护登记簿的效力。

葛洪涛：是的，我们考察父母出资，也是想排除孩子房屋系他人赠与的问题。

汪青松：薛军老师总结得很全面，登记在未成年人名下的房产，父母往往也是有些特殊考虑，而不一定是单纯的赠与目的。

【总结及倾向性意见】

1. 关于《民法典物权编司法解释（一）》[同《物权法司法解释（一）》第2条]可否作为借名买房情形下确认权属的依据?

多数观点认为,《民法典物权编司法解释（一）》第2条所称的确认物权能够得到支持的情形，应当限于当事人有证据证明不动产登记簿的记载与真实物权状态不符、其为该不动产物权的真实物权人。因为确认之诉仅就某种权利或法律关系以及事实的存在与否予以宣告，并不导致任何权利的变动，故在物权权属确认中，能够实现物权权属确认的，应当限于已经享有物权的人，依法主张确认其物权，对于并未依法享有物权的人，请求确认其享有物权的，则不能得到支持，否则将构成对现存的物权状态的变动，显然有违确认之诉的功能。[①] 也就是说,《民法典物权编司法解释（一）》第2条适用于登记错误的情形，与更正登记、异议登记是一个体系，不能作为借名买房情形下借名人请求确认权属的依据。

《民法典》第209条第1款规定："不动产物权的设立、变更、转让和消灭，经依法登记，发生效力；未经登记，不发生效力，但是法律另有规定的除外。"第216条第1款规定："不动产登记簿是物权归属和内容的根据。"借名买房情形下，在登记权利人将房屋产权移转过户给借名人之前，从法律上看房屋所有权仍归属于出名人，借名人只对出名人享有债权，不能取得对房屋的所有权，故借名人依据《民法典物权编司法解释（一）》第2条规定，直接起诉请求确认其对房屋享有所有权的，不能得到法院支持。借名人与出名人之间实际存在委托购房合同关系，在合同法层面借名人对出名人享有合同债权，在物权法层面出名人就是所有权人。即便借名人与出名人之间约定房屋所有权归借名人所有，依照法律规定借名人对房屋也不享有所有权，该内部约定不具有对抗善意第三人的效力。当借名人符合了购房条件或者该房屋具备了再行转让交易的条件时，因不存在继续履行合同的障碍，借名人可以起诉请求出名人协助办理过户登记，法院审查具备过户条件的，应当依法

① 司伟:《论不动产登记与权属确认——兼论对〈物权法司法解释一〉第2条的理解》，载《法律适用》2016年第5期。

支持其主张出名人协助办理过户登记的诉讼请求。[①]

2. 关于父母购置房屋，将房屋所有权登记在子女名下的行为性质认定。

首先，不宜仅仅按照产权登记的情况将房屋一概认定为子女的财产，还应审查父母在购买房屋时的真实意思表示。如果真实意思是将购买的房屋赠与子女，如赠与合同等证据，应将该房屋认定为子女的财产；如果真实意思并不是将房屋赠与子女，如借名买房、代名登记，父母并无赠与意思的，如父母与子女约定父母享受房产权益，属于双方间的自由约定，如无其他违法情形，该约定应有效，在双方之间房屋宜作为父母的财产。当然，双方之间的财产约定不能对抗善意第三人。

其次，如果父母主张是借名买房、代名登记，并无赠与意思；子女主张是赠与，此时看双方举证情况。父母没有提供充分证据证明其主张的，一般应当认定为子女的财产。成年子女对父母赠与的房屋行使物权，将损害父母生活的，法院可依《民法典》第8条“民事主体从事民事活动，不得违反法律，不得违背公序良俗”的规定不予支持。[②]

最后，关于子女婚前、婚后接受的父母赠与的认定，适用《最高人民法院关于适用〈中华人民共和国民法典〉婚姻家庭编的解释（一）》第29条的规定：“当事人结婚前，父母为双方购置房屋出资的，该出资应当认定为对

---

① 实践中，股权代持（名义股东与实际出资人相分离）情形发生的股权投资收益的归属争议，也是采取类似规则。《公司法司法解释（三）》第24条规定：“有限责任公司的实际出资人与名义出资人订立合同，约定由实际出资人出资并享有投资权益，以名义出资人为名义股东，实际出资人与名义股东对该合同效力发生争议的，如无法律规定的无效情形，人民法院应当认定该合同有效。前款规定的实际出资人与名义股东因投资权益的归属发生争议，实际出资人以其实际履行了出资义务为由向名义股东主张权利的，人民法院应予支持。名义股东以公司股东名册记载、公司登记机关登记为由否认实际出资人权利的，人民法院不予支持。实际出资人未经公司其他股东半数以上同意，请求公司变更股东、签发出资证明书、记载于股东名册、记载于公司章程并办理公司登记机关登记的，人民法院不予支持。”即内外有别，在内部，如果名义股东与实际出资人约定实际出资人享受投资权益，属于双方间的自由约定，根据缔约自由的精神，如无其他违法情形，该约定应有效，实际出资人可依照合同约定向名义股东主张相关权益；在外部，如果实际出资人请求公司变更股东、签发出资证明书、记载于股东名册、记载于公司章程并办理公司登记机关登记等，此时实际出资人的要求就已经突破了前述双方合同的范围，实际出资人将从公司外部进入公司内部，成为公司的成员。此种情况下，参照《公司法》第71条第2款规定的股东向股东以外的人转让股权，应当经其他股东过半数同意。

② 《刘甲诉刘某某、周丙共有房屋分割案》，载《最高人民法院公报》2016年第7期（总第237期）。

自己子女个人的赠与，但父母明确表示赠与双方的除外。当事人结婚后，父母为双方购置房屋出资的，依照约定处理；没有约定或者约定不明确的，按照民法典第一千零六十二条第一款第四项规定的原则处理。”即父母在子女婚前的赠与，除明确表示赠与子女及其配偶外，系对自己子女个人的赠与；在子女婚后的赠与，有约定按照约定，即父母在赠与合同中指明房屋归自己子女的，应当尊重其对财产的处分权，房屋归其子女所有；没有约定或者约定不明确的，夫妻任何一方受赠的房屋属于夫妻共同财产。应当注意的是，这里对《婚姻法司法解释（二）》第22条作了修改，删除了《婚姻法司法解释（三）》第7条。

【代表性学术观点】

1. 物权登记与权属确认。

吴光荣认为，对于因登记名义人与实际出资人不一致而发生的不动产权属争议，既不能一律根据不动产登记簿的记载确认权属，也不能一概根据“谁出资，谁受益”的原则来处理，而应根据物权法规定的确权规则，区分情况，合情合理地认定标的物的权属以及当事人之间的权利义务。（1）不动产登记簿与权属确认。除非有相反证据证明登记簿的记载确有错误，人民法院应根据不动产登记簿的记载确认权属；即使登记簿记载的权利人不是真正权利人，但相对于与登记名义人进行交易的善意受让人，登记名义人仍然是真正权利人，其处分不动产的行为是有权处分，而非无权处分。（2）债权关系与物权归属。在登记名义人和实际出资人不一致引起权属争议时，应严格区分物权法上的权利归属和债权法上的权利义务，不能顾此失彼，甚至混为一谈。（3）房地关系与权属确认。除非有相反证据证明，房屋等建筑物的所有权应属对土地享有建设用地使用权的当事人；对土地享有建设用地使用权的当事人在取得房屋等建筑物的所有权后，再根据当事人之间的协议履行合同上的义务。[①]

司伟认为，（1）物权变动的“权源”是当事人之间的法律行为或法律规

① 吴光荣：《不动产权属确认的基本原则》，载《人民司法·应用》2009年第19期。

定的非法律行为，而非不动产登记的确认，不动产登记在本质上是不动产物权的公示方式，据此应区分不动产物权权属确认民事诉讼程序与不动产登记行政诉讼程序。（2）在以登记为生效要件的基于法律行为发生的物权变动中，不动产登记是不动产物权的生效要件之一，仅有原因行为但未完成不动产登记的，因欠缺不动产物权的生效要件而不发生物权变动的效力。（3）法律赋予不动产登记（簿）以权利推定力，但作为一种权利推定，就意味着可能存在"真实权利状态与登记状态不一致"，从民事诉讼程序的角度看，法律对不动产登记簿推定力的规定是一种证明责任或举证负担的规范。（4）对于合同法律关系的当事人之间就合同所涉不动产物权归属发生争议的，应区分物权关系与债权关系，当事人关于不动产物权归属的约定，在以登记生效为要件的物权变动模式下，不具有物权法上的效力，不符合物权变动生效要件，其性质为债权而非物权，当事人之间的争议应基于合同约定的债权债务关系加以处理。（5）《民法典物权编司法解释（一）》第2条所称的"不动产登记簿的记载与真实权利状态不符"的涵义是指登记物权状态与真实的物权状态不一致，所谓的"真实权利人"应当是"真实物权人"，只有原告提供的证据能够证明上述事实的，才符合《民法典物权编司法解释（一）》第2条规定的情形，其确认物权的请求才能够得到支持。①

尹田认为，不动产登记无确权效力。通常所称之"登记确权"，其含义并非由登记机关对不动产权属作出确认，而仅仅是指不动产登记具有明确物权具体内容（土地使用权性质、土地或者房屋的具体面积、权利人姓名或者名称等）的功能，此种功能，与物权归属裁判或者法律确认意义上的"确权"是两回事。《民法典物权编司法解释（一）》第1条有关"因不动产物权的归属产生的争议"应属于民事争议的规定，从诉讼的角度明确地否认了不动产登记的"确权效力"。其有关物权归属争议处理的第2条规定，则进一步明确了两个问题：（1）在因不动产物权归属发生争议的民事诉讼中，法院应当根据事实和法律作出裁判，被告所持有的不动产权利证书，不能成为该项裁判

① 司伟：《论不动产登记与权属确认——兼论对〈物权法司法解释一〉第2条的理解》，载《法律适用》2016年第5期。

的障碍。（2）在诉讼中，不动产权利证书具有"权利推定"效力，只有在原告"有证据证明不动产登记簿的记载与真实权利状态不符、其为该不动产物权的真实权利人"时，法院才能支持其诉讼请求，否则，应推定不动产权利证书的记载为正确记载。而《物权法司法解释（一）》第8条则从权利保护的角度认定了未经登记的不动产物权的强制力即具有"不受侵害性"，直接否认了不动产物权登记的"确权"效力。根据该规定，因司法裁判等公法行为以及遗产继承、事实行为取得的不动产物权如受不法侵害，即使未登记，也受法律保护。这就表明，未经公示的物权仅缺少对抗善意第三人的效力（不得以其权利否认善意第三人的权利或者正当利益的主张），除此之外，具有物权的全部法律特性。①

辛正郁认为，除基于法律特别规定，登记与否并不决定物权状态的情形外，在物权变动依登记发生效力的一般场合中，《物权法》采纳了债权形式主义的物权变动模式，即原因行为加登记。登记在物权变动中的意义因内部外部关系而有不同含义：在内部关系中，登记标志着交易双方之间旨在转移不动产物权的权利义务关系画上句号，但不动产物权的取得及享有受到双方债的关系约束，登记表彰的物权变动是债履行的结果；在外部关系中，业已发生的物权变动通过登记将向社会公示，外界经由不动产登记对不动产物权归属产生信赖。法律建立不动产登记制度，本质上并不是为了确认双方之间债的履行结果，登记虽然确认了特定当事人之间以不动产物权为标的的债的履行结果，但不能反过来说不动产物权系由登记所赋予，因为交易双方不动产物权取得、丧失、变更的基础只能是一个相对的债的关系。《物权法》第9条②所称"经依法登记发生效力，未经登记不发生效力"，登记虽然是不动产物权变动生效的要件，但"要件"不同于"原因"，不动产物权变动的原因或基础只能是买卖、赠与、抵押等当事人的单方或双方法律行为。由此，《物权

① 尹田：《物权登记的效力及其法律适用——对〈物权法司法解释一〉相关规定的解析》，载《法律适用》2016年第5期，第11~12页。

② 现为《民法典》第209条。《物权法》第9条第1款规定："不动产物权的设立、变更、转让和消灭，经依法登记，发生效力；未经登记，不发生效力，但法律另有规定的除外。"《民法典》第209条对《物权法》第9条未作实质性修改。

法》第9条规定的意旨主要在于协调外部关系，其对内部关系发挥的作用是提示特定当事人，如不将仅对双方具有约束力的物权变动以登记方式公开，外界将对错误的不动产物权状态产生信赖。比较登记在确认特定当事人之间的不动产物权变动以及公开这种物权变动两者，后者才是登记的本质。除法律另有规定，因物权归属或基础关系所生纠纷，是平等民事主体之间财产争议，理应通过民事诉讼对相应法律行为及其他法律事实进行判断。作为不动产物权变动的公示方法和手段，登记表彰的不动产物权权利状态是一种拟制事实，它并不总能反映真实不动产物权关系。所以，赋予不动产登记以终局证明效力，既为登记制度功能所不能承受之重，也有违诉讼证据规则。这一点在内部关系中尤为重要，而在外部关系中，则需要协调好保护真实权利与维护交易安全之间的关系。①

孙宪忠认为，《物权法司法解释（一）》第2条规定："当事人有证据证明不动产登记簿的记载与真实权利状态不符、其为该不动产物权的真实权利人，请求确认其享有物权的，应予支持。"这个条文要解决的问题，就是"债权形式主义"的观点所造成的只认可不动产登记作为交易中物权确认的问题。该条文建立的裁判规则，就是要承认在现实生活中不动产登记之外，还有其他的物权变动的有效方式。有很多当事人要证实自己不动产的权利，可是他的权利还没有纳入不动产登记。没有纳入登记，那么过去法院就按照债权形式主义是不认可、不确认、不支持他的物权。而现在的司法解释要确认、支持其物权。简言之，交易中物权确认的分析和裁判的要点：第一点就是要承认当事人的意思表示；第二点就是物权变动的意思表示要以公示是否充分来确定其法律效果；第三点就是不动产登记有充分的效果，但是它不是唯一的效果；登记之外也有其他可以作为物权确认的公示方式。②

在民事诉讼中针对有关不动产物权归属的问题上，不动产登记簿的证明力应当如何认识？**最高人民法院民事审判第一庭**认为，根据《物权法》第16

① 辛正郁：《逻辑与经验的深入研判和审慎选择》，载《法律适用》2016年第5期。
② 孙宪忠：《〈物权法司法解释一〉与交易中的物权确认规则》，载《法律适用》2016年第11期。

条[①]之规定，不动产登记簿是物权归属和内容的根据。这赋予了不动产登记簿权利推定效力，意味着不动产登记簿上记载的权利人一般会被推定为不动产物权的享有者。但同时，《物权法》第17条[②]、第19条[③]又分别规定了“不动产登记簿确有错误”“不动产登记簿记载的事项错误”的情形。从上述三个条文的体系解释角度而言，法律一方面认可了不动产登记簿在确认物权归属和内容方面具有极高的证明力；另一方面也承认现实中确实存在不动产登记簿记载的物权权属和内容与其真实情况不一致的情形，不能赋予不动产登记簿绝对的证明力。从诉讼法角度而言，一方面，不动产登记簿属于公文书证，由于其对不动产物权归属的证明是通过法律上的权利推定这一方式完成的，故不动产登记簿上有关不动产物权记载事项，在确定不动产物权归属方面的证明力远高于其他证据的证明力。此消彼长，相应地，这也就加大了请求确权的一方当事人证明不动产登记簿的记载与真实权利状态不符、其为真实权利人的难度。另一方面，既然作为一种拟制事实，不动产登记簿登记表彰的权利状态并不总能必然反映真实不动产物权关系，那么就应允许当事人通过举证推翻不动产登记簿所表彰的物权状态。因此，在民事诉讼中，应当根据《民事诉讼法》及其司法解释对于证据规则及证明责任的规定，来综合认定不动产物权的归属。对此，广大从事民事审判工作的法官应当有全面的认识。[④]

---

① 现为《民法典》第216条，内容与《物权法》第16条一致。《物权法》第16条规定：“不动产登记簿是物权归属和内容的根据。不动产登记簿由登记机构管理。”

② 现为《民法典》第217条，内容与《物权法》第17条一致。《物权法》第17条规定：“不动产权属证书是权利人享有该不动产物权的证明。不动产权属证书记载的事项，应当与不动产登记簿一致；记载不一致的，除有证据证明不动产登记簿确有错误外，以不动产登记簿为准。”

③ 现为《民法典》第220条，对《物权法》第19条没有实质性修改。《物权法》第19条规定：“权利人、利害关系人认为不动产登记簿记载的事项错误的，可以申请更正登记。不动产登记簿记载的权利人书面同意更正或者有证据证明登记确有错误的，登记机构应当予以更正。不动产登记簿记载的权利人不同意更正的，利害关系人可以申请异议登记。登记机构予以异议登记的，申请人在异议登记之日起十五日内不起诉，异议登记失效。异议登记不当，造成权利人损害的，权利人可以向申请人请求损害赔偿。”

④《进一步提升保障财产权利及市场交易安全与效率的法治化程度——最高人民法院民一庭负责人就物权法司法解释（一）答记者问》，载《人民法院报》2016年2月24日，第3版。

2. 关于父母出资购买的房屋登记在子女名下问题。

贺剑认为，夫妻财产法的基本价值包括婚姻保护、意思自治与交易安全，婚姻保护是主导思想，后两者为补充考量。父母对子女之赠与，基于常理，鉴于子女离婚风险，父母通常仅愿意向子女一方为（大额）赠与，相应财产应为其子女一方的夫妻个人财产。以往实务多有争议，症结在于未能真正尊重第三人之意思，仅机械理解"确定只归一方"的含义。《婚姻法司法解释（二）》第22条第2款规定，父母在子女婚后的购房出资赠与应当被认定为对夫妻双方的赠与，但父母"明确表示赠与一方的除外"，即为适例。其缺陷为，"由于传统习惯的缘故，父母在出资时往往并不会明确出资给哪一方……故只能认定为夫妻共同所有，但这又明显有违赠与方父母的本意"。在此背景下，《婚姻法司法解释（三）》第7条尝试予以补救，当相应房屋登记于赠与人子女一方名下时，将购房出资赠与解释为对其子女一方的赠与。此将不动产登记与赠与人意愿挂钩的做法，虽不无瑕疵，却迈出了尊重赠与人默示意思的第一步。不过，由于未曾洞悉第三人意思之于无偿所得归属的决定性意义，《婚姻法司法解释（三）》第7条具有破冰意义，其尊重赠与人默示意思之旨趣，在民法典时代应予发扬光大。[①]

吴晓芳认为，夫妻共同出资购买的房屋登记在未成年子女名下，不能仅仅按照产权登记的情况将房屋一概认定为未成年人的财产，还应审查夫妻双方的真实意思表示。因不动产物权的登记分为对外效力和对内效力，对外效力是指根据物权公示公信原则，不动产物权经过登记后，善意第三人基于对登记的信赖而与登记权利人发生的不动产交易行为应受到法律保护；对内效力是指应审查当事人的真实意思表示来确定真正的权利人。实际生活中，夫妻双方共同出资购买房屋后，可能基于各种因素的考虑而将房屋产权登记在未成年子女名下，但这并不意味着该房屋的真实产权人即为未成年子女，人民法院应注意审查夫妻双方在购买房屋时的真实意思表示。如果真实意思确实是将购买的房屋赠与未成年子女，离婚时应将该房屋认定为未成年子女的财产，由直接抚养未成年子女的一方暂时管理；如果真实意思并不是将房屋

---

① 贺剑：《夫妻财产法的精神——民法典夫妻共同债务和财产规则释论》，载《法学》2020年第7期。

赠与未成年子女，离婚时将该房屋作为夫妻共同财产处理比较适宜。[①]

此外，父母离婚时协议将夫妻共同房产赠与子女的，一方不能反悔。因为离婚协议中的房产赠与条款与整个离婚协议是一个整体，与解除婚姻关系密不可分，不能单独撤销。《婚姻法司法解释（二）》第 8 条第 1 款[②]即规定："离婚协议中关于财产分割的条款或者当事人因离婚就财产分割达成的协议，对男女双方具有法律约束力。"当事人反悔请求变更或者撤销离婚财产分割协议的，如果不能举证签订协议时有欺诈、胁迫的情形，一般很难得到法院的支持。[③]

最高人民法院民法典贯彻实施工作领导小组认为，父母在子女婚后为其出资买房，虽然表面上不排除为子女配偶提供居住条件的考虑，但血亲与姻亲的差异决定了为己方子女提供婚后居住条件这一本意才是促使父母出资的根本原因。《婚姻法司法解释（二）》第 22 条第 2 款规定："当事人结婚后，父母为双方购置房屋出资的，该出资应当认定为对夫妻双方的赠与，但父母明确表示赠与一方的除外。"何谓"父母明确表示赠与一方"，除明确的赠与合同外，可以通过不动产登记情况来判断父母是赠与自己子女一方还是赠与其夫妻双方。即在父母出资意思表示不明时，如果房产登记在自己子女一方名下，应当认定为是对自己子女一方的赠与；如果登记在自己子女及其配偶双方名下，应当认定为是对夫妻双方的赠与；如果登记在子女配偶一方名下，基于血亲关系的特殊性，宜认定为是对夫妻双方的赠与。为此，《婚姻法司法解释（三）》在制定时即确定了"父母明确表示赠与一方"与"产权登记主体"两者相结合的思路：即婚后由一方父母出全资为子女购买不动产，产权登记在出资方子女名下，等于已经向社会公开了不动产的所有者只是自己的子女，申请登记的内容也是意思表示的一种，这种情况下视为只对自己子女

---

① 江必新主编：《中华人民共和国民法典适用与实务讲座》，人民法院出版社 2020 年版，第 911~912 页。相同观点见本书研究组：《夫妻共同出资购买的房屋，产权登记在未成年子女名下，离婚时应如何处理》，载最高人民法院民事审判第一庭编：《民事审判指导与参考》（总第 43 集），法律出版社 2011 年版，第 237 页。

② 现为《最高人民法院关于适用〈中华人民共和国民法典〉婚姻家庭编的解释（一）》第 69 条第 2 款，对《婚姻法司法解释（二）》第 8 条未作实质性修改。

③ 江必新主编：《中华人民共和国民法典适用与实务讲座》，人民法院出版社 2020 年版，第 903 页。

的赠与；对于婚后一方父母部分出资为子女购置房产，夫妻双方支付剩余款项，所有权登记在出资方子女名下，基于该不动产属于婚后所得且夫妻另一方参与支付剩余款项，除当事人另有约定外，该不动产应当认定为夫妻共同财产。对于父母出资的部分，可以按照《民法典》第1063条第3项“遗嘱或者赠与合同中确定只归一方的财产”为夫妻一方的个人财产的精神，视为只对自己子女一方的赠与。如果双方对房屋的产权归属没有特别约定，所购房屋的产权及增值收益部分应当归夫妻双方共同共有。①

杜万华、程新文、吴晓芳认为，《婚姻法司法解释（三）》中父母婚后给子女买房的规定，是指父母支付全款给子女购买房屋且产权登记在出资方子女名下的情形。如果父母只是在子女婚后支付首付款，夫妻共同还贷，产权登记在出资方子女名下，首付款可以认定为只赠与出资父母的子女，离婚时该房屋应认定为夫妻共同财产，对首付款部分应认定为出资人子女的个人财产。由于个人财产婚后的自然增值仍然归个人所有，故离婚时首付款的增值部分也应判归一方所有。②

冉克平、黄依畑认为，借名买房行为由借名人、出名人的借名协议与出名人、交易相对人的房屋买卖合同所组成。借名协议的效力会因购买房屋的性质不同而有所不同。在当事人内部，以借名当事人的意思自治为主，依据借名协议的约定以及相关举证对房屋归属予以认定。在借名关系外部，涉及交易第三人的借名行为法律效果须考虑第三人是否为善意以及争议房屋的所有权是否已经转移至第三人名下等因素，以判断借名人的债权是否更值得优先保护；涉及申请执行人时，作为借名人的案外人享有的债权不足以排除强制执行。出名人无法履行义务时，借名人可主张违约责任以求救济。③

王毓莹、翟如意认为，出于规避政策等原因，借名买房的情况大量存在，借名买房人提起执行异议之诉，主张排除执行。根据《物权法》第9条、第

① 最高人民法院民法典贯彻实施工作领导小组主编：《中华人民共和国民法典婚姻家庭编继承编理解与适用》，人民法院出版社2020年版，第160~161页。

② 杜万华、程新文、吴晓芳：《关于适用婚姻法若干问题的解释（三）的理解与适用》，载《人民司法·应用》2011年第17期（总第628期）。

③ 冉克平、黄依畑：《借名买房行为的法律效果研究》，载《财经法学》2020年第2期。

16条规定，从法律上看房屋所有权仍归属出名人。借名人与出名人之间通常存在借名买房的约定，除房屋登记在出名人名下外，由借名人实际占有、使用、收益或者处分，但该约定仅为内部约定，并不具有对抗善意第三人的效力，更不具有阻却执行的效果。借名买房的行为通常是为了规避国家法律法规或者相关政策规定，即使不能直接依据其目的对该行为作出否定性评价，但借名人对该行为可能带来的风险系为明知，根据风险自担及比例原则，对借名人要求排除执行的诉讼请求不应支持。[①]

【典型案例1】

刘甲与刘乙、周丙共有房屋分割案[②]

案号：重庆市第五中级人民法院（2015）渝五中法民再终字第00043号

【裁判要旨】

父母出资购房将产权登记在子女名下，具有赠与性质。子女不仅应在物质上赡养父母，也应在精神上慰藉父母，努力让父母安宁、愉快地生活。子女对父母赠与的房屋依《物权法》分则行使物权，将损害父母生活的，人民法院可依《物权法》总则的规定不予支持。

【基本案情】

被告刘乙、周丙系夫妻，原告刘甲系二被告的独生女。2012年11月，刘乙、周丙、刘甲购买某房屋，合同约定刘甲占90%，刘乙、周丙各占5%。2014年5月，该房屋交付使用，同年8月办理了房屋产权证，载明该房屋为成套住宅，权利人为刘乙、周丙、刘甲，但未对产权份额予以明确。刘甲与刘乙、周丙因房屋装修发生争议，刘甲于2014年6月2日书面通知二被告停止装修该房屋未果，起诉请求分割房屋，判决该房屋中属于二被告的10%的房屋产权部分分割归原告所有，由原告补偿二被告2.8万元；二被告赔偿其擅

---

① 王毓莹、翟如意：《执行异议之诉中排除执行的民事权利类型化研究》，载《人民司法·应用》2019年第28期。

② 参见《最高人民法院公报》2016年第7期（总第237期）。

自装修给原告造成的损失5000元。二被告明确表示不愿将其拥有的房屋产权份额转让。二被告仅有与刘甲共有的一套房屋居住，现暂住他人房屋。

【裁判观点】

重庆市第五中级人民法院再审认为：现有新证据证明，本案讼争房屋系被申请人刘乙、周丙及再审申请人刘甲按份共有。单从《物权法》第97条[①]之规定看，刘甲占份额90%，有权决定本案讼争房屋的处分，但刘乙、周丙与刘甲系父母子女关系，双方以居住为目的购房，从购房的相关证据看，大部分房款由刘乙、周丙出资，刘乙、周丙购房时将大部分财产份额登记在刘甲名下，超出刘甲出资部分，具有赠与性质，系父母疼爱子女的具体表现。"百善孝为先"一直是中国社会所尊崇的基本伦理道德。从刘甲陈述及提交的《承诺书》看，刘甲仍存有赡养父母之念，值得肯定和发扬。目前刘乙、周丙与刘甲之间存在较深的误解与隔阂，双方生活习惯差距较大，刘乙、周丙多年在本土生活，不愿去苏州与刘甲共同居住生活，刘乙、周丙对居住地和居住方式的选择应予尊重，他人不应强求。刘甲虽然承诺财产份额转让后，可由刘乙、周丙居住使用该房屋至去世时止，但双方目前缺乏基本的信任，刘乙、周丙担心刘甲取得完全产权后变卖房屋而导致其无房居住，具有一定合理性。刘乙、周丙承诺有生之年不转让处分享有的份额，去世之后其份额归刘甲所有，刘乙、周丙持有的财产份额价值较小，单独转让的可能性不大，刘甲担心父母将其财产份额转让他人，无事实根据，且刘甲承诺该房由其父母继续居住，目前要求其父母转让财产份额并无实际意义，徒增其父母的担忧，不符合精神上慰藉父母的伦理道德要求，并导致父母与子女之间的亲情关系继续恶化。《物权法》第7条[②]明确规定："物权的取得和行使，应当遵守法律，尊重社会公德，不得损害公共利益和他人合法权益。"综上所述，刘甲

---

① 现为《民法典》第301条，内容有修改。《民法典》第301条规定："处分共有的不动产或者动产以及对共有的不动产或者动产作重大修缮、变更性质或者用途的，应当经占份额三分之二以上的按份共有人或者全体共同共有人同意，但是共有人之间另有约定的除外。"

② 现为《民法典》第8条，《民法典》第8条规定："民事主体从事民事活动，不得违反法律，不得违背公序良俗。"

要求其父母转让财产份额的诉求与善良风俗、传统美德的要求不符，法院不予支持。法院二审判决认定为共同共有不当，导致适用法律有瑕疵，应予纠正，但判决结果正确，应予维持。

【典型案例 2】

王甲与吴乙离婚纠纷案[①]

案号：黑龙江省大庆市龙凤区人民法院（2011）龙民初字第 472 号

【裁判要旨】

婚前一方父母以该方名义签订房屋买卖合同、交付定金及首付款，并未表明是赠与其夫妻二人，婚后办理房屋产权登记，登记在该方个人名下，且该方父母为该房屋偿还房贷，该房屋仍应认定为父母对个人的赠与，涉案房屋为婚前个人财产。

【基本案情】

原、被告于 2007 年 9 月 7 日办理结婚登记。在共同生活中，原告、被告因办理房屋过户事宜产生冲突，原告与被告已经难以共同生活，原告要求离婚，被告亦同意，双方感情确已破裂。原告、被告共同居住的房屋，是被告父母以被告名义于 2007 年 8 月 20 日向房地产开发公司交付的定金 5000 元，于 2007 年 9 月 2 日交付首付 55 000 元购买。原告、被告婚后，被告父母继续为该房屋偿还房贷。

【裁判观点】

黑龙江省大庆市龙凤区人民法院认为：原告要求离婚，被告亦同意，双方感情确已破裂。婚姻期间双方共同居住的房屋购买于 2007 年 8 月 20 日，被告的父母以被告名义交付定金、首付均发生在双方结婚登记之前，且被告

---

① 参见最高人民法院中国应用法学研究所编：《人民法院案例选》（2012 年第 2 辑），人民法院出版社 2012 年版，第 85 页。

父母一直为该房屋偿还房贷。虽房屋登记办理发生在原告、被告结婚登记之后，但登记在被告吴乙个人名下，且原告未提供相关证据证实房贷系原告、被告共同偿还的主张，根据《婚姻法司法解释（二）》第22条第1款之规定，"当事人结婚前，父母为双方购置房屋出资的，该出资应当认定为对自己子女的个人赠与，但父母明确表示赠与双方的除外"，故房屋为被告吴乙婚前个人财产，原告要求按共同财产分割的诉讼请求于法无据，法院不予支持。

（讨论整理及后续评论：王松）

《民法典》第397条抵押权“地随房走”之地的范围

【发言群友】

王富博、李志刚、潘法、刘生亮、葛洪涛、薛军、叶林、王赫、仲伟珩、常鹏翱、徐同远、陆晓燕、吕来明、高圣平、张谷、李后龙、任一民、刘建功、吴光荣、李红建

【讨论时间】

2020年7月

【沙龙实录】

问题与观点

王富博：一宗4万平方米的土地，土地使用权人在其上建了一栋楼，占地2000平方米，并用该楼抵押贷款办理了登记。抵押权人在实现抵押权时，是仅能主张拍卖该楼并优先受偿，还是可以主张将该栋楼及其占用的整宗土地一起拍卖并优先受偿？观点一：只能拍卖楼并优先受偿。主要理由是：根

据《民法典》第 397 条（原《物权法》第 182 条）的规定，[1] 以建筑物抵押的，该建筑物占用范围内的土地使用权一并抵押。故该楼占用范围外的其他土地使用权并不属于抵押权的标的物。观点二：应当将该楼及整宗土地一并拍卖，抵押权人可以就拍卖的总价款行使优先受偿权。主要理由是：在一宗土地上仅有单一建筑物时，该建筑物占用的范围及于整宗土地。

李志刚：观点二的理由出处是什么？

王富博：主要借鉴的是理论学说。

潘　法：应就该楼及其占用的 2000 平方米土地一并拍卖并优先受偿。依据是《民法典》第 397 条的地随房走规定。其余土地上无建筑物，不存在地随房走的问题。观点一、观点二似均欠妥当。

对“占用范围内”的理解

王富博：两种处理意见均不否定房地一体原则，只是对《民法典》第 397 条中“占用范围内”理解不同。换言之，是对一体抵押的土地使用权的面积范围是房屋占用的垂直投影那部分，还是整宗土地认识不同。

潘　法：可以检索案例，这类案件很多，不是新问题。本案的前提是建筑物抵押，不是土地使用权抵押。

刘生亮：可能涉及后顺位抵押权人利益。

李志刚：《物权法》第 182 规定的“占用范围内”的建筑用地，文义是明确的，没有发现可以解释为“整宗用地”的空间。100 亩土地上建了 1 亩的房屋，抵押了 1 亩地上的房子，要及于 100 亩地，也有违常理。

潘　法：原来是房、地两证，现在是不动产权证书一个证，更没有争议了。

葛洪涛：假如占地 1 亩的楼房建在 1.01 亩土地上呢？所以，是不是要具

---

① 《物权法》第 182 条规定：“以建筑物抵押的，该建筑物占用范围内的建设用地使用权一并抵押。以建设用地使用权抵押的，该土地上的建筑物一并抵押。抵押人未依照前款规定一并抵押的，未抵押的财产视为一并抵押。”对应《民法典》第 397 条规定，仅将“依照”改成了“依据”，其他内容与《物权法》第 182 条一致。

体看一下宗地的规划用途，根据宗地规划与房产规划的关系，来判断地与房在功能上的紧密程度？

李志刚：题设是 20：1，与 1.01：1 可能不同。

薛　军：我在给学生讲课的时候，是这样解释“占用范围内的”的，要看这种占用对相关土地产生了什么影响，相关土地的利用在事实上和经济上是否是可分的，未占用部分是否具有独立利用的经济上的以及商业上的可能性。

如果占用了一部分，使其他部分不具有独立的利用价值，应该认为是整体占用。如果其他部分仍然可以独立利用，则应该严格解释为占用范围内。

优先受偿权范围

王富博：薛军老师从土地利用价值最大化角度所作的考虑非常有道理，但我个人认为，这仅解决了如何拍卖实现抵押权的问题，没有解决抵押权的效力是及于房屋占有的范围还是整宗土地的问题。换言之，即便整体拍卖以确保土地利用价值最大化，抵押权人能否就拍卖的总价款主张优先受偿？

叶　林：如果拍卖获得的只是垂直投影范围内的土地，购买者在使用房屋前，就不得不与垂直投影外的土地权利人签订使用权的协议，否则，该土地和房屋就无法使用，进而必然极大减损房屋和土地的价值。我想，这既不是购买者的目的，也不应当是拍卖者的目的。无论是拍出土地，还是买入土地，都以使用为目的。

与此相关，《物权法》和《民法典》物权编都采用了“占有范围内”，这是以“占用”为限定的，或者是以“用”为界定标准的词语，在规划设计时，纵有容积率的概念，在房屋面积确定、周围容积率确定的前提下，完全可以将土地权利扩张到垂直阴影之外的部分。

潘　法：目前，不动产登记是房、地一体一个证，权利范围是明确的。以前房、地分别登记时，案件中的房屋所有权人和土地使用权人也是同一的。

刘生亮：房地一致原则下，房地分押，构成共同抵押关系。为价值最大化计，处理上应一并进行。分配上好像有所谓分别受偿说与重复抵押说。如果没有竞争关系（分押产生）的话，倾向观点二，与土地登记规范一致。

王富博：仅房屋抵押，整宗土地并没有全部抵押呢？

刘生亮：题设案例中，宗地上只有一栋楼且未区分所有，按照地随房走，宗地范围内一并抵押。

王富博：购买房屋后，如果是单一房屋所有权人，则根据地役权的规定，权利人应有权从他人享有权利的土地上通行利用；如是区分所有，则道路等公共设施属于业主共有，也不会影响业主使用。即便登记是一致的，但房屋处分后则会出现事实上的不一致。

潘　法：当然。这是土地使用权人以房抵押的必然后果，是可预知的，不产生权利妨碍。

李志刚：《物权法》第 182 条及《民法典》第 397 条的规定用的概念都不是“宗地”，而是“占用范围内的建设用地使用权”。

刘生亮：题设案例的解码，关键在于对“占用范围内”的理解，这个应该从法律上解释，核心可能在于建筑物是否存在区分所有而对土地使用权的牵连。

李志刚：“宗地范围内”，出处在哪？

刘生亮：嗯，还是要找到逻辑起点。

李志刚：建筑物区分所有权和土地地块，不是一码事。

刘生亮：不是一码事，但有牵连。

垂直投影、功能判断与区分所有

王　赫：基本同意薛军老师的观点。及于该建筑物占有的土地，当然对于占用不能作“垂直投影”的理解。一方面，应当从功能上去界定，一栋用来观景的别墅，显然不能因为其周边土地都已经用来布置景观而不属于其占有的土地。另一方面，也可以参考建筑物建设时的相关审批文件。此外，如果因为其上没有其他建筑物，就及于整个土地，抵押权人的权利，就会因为事后是否再建建筑物而有不同，也不符合权利的稳定和当事人的预期。

王富博： 房屋的基本功能是住，观景的别墅，即便周边土地不属于其所有，似也不影响其对其上景观的观瞻。

潘　法： 个人认为案件审理中对占用范围的土地面积认定应以不动产登记部门核定面积为准，如何核定房屋占用的土地面积，似不属于案件审理中法官判断的问题，也就是说，应根据证照来判断。

王　赫： 设置地役权也能解决这个问题，虽然所有权更稳定。关键就是对占有的理解：（1）作为建筑物必需的土地（垂直投影，反对观点认为这个土地也不需要，如果参照日本法可以产生法定地上权）；（2）作为建筑物必需的土地以及保障其基本功能的土地（反对观点认为保障其基本功能也可以通过相邻关系和地役权解决）；（3）作为建筑物必需的土地以及保障其预设适用功能的土地，比如上述的观景别墅（反对观点同上）；（4）全部土地。

刘生亮： 建筑物区分所有对应的土地使用权存在何种关系，共有？

潘　法： 农村的房子都有院子，宅基地不等于房屋垂直投影面积，但属于房屋占用土地。区分所有本就与共有相伴而生。本案似不存在建筑物区分所有的适用。

刘生亮： 正因为不存在，才这样处理。但区分所有法理的可作为处理此类案型的工具。我的意思是，“占用范围内”的规范解释背后的学理依据是区分所有，从而案型、规范、学理保持一致。这个解释不能仅从文义来进行，规范目的是关键。

王富博： 恰恰是证照中没有记载占用的土地使用权面积。这个问题确实不是一个新问题，但裁判中尺度也确实不统一。

仲伟珩： 土地是不是也应该有专有和共有的区分？《物权法》第73条[①]规定了小区绿地和道路属于业主共有。这种共有是不是应该和建筑物的所有相对应？

李志刚： 题设案例不存在这种情形。

---

① 《物权法》第73条（现《民法典》第274条，内容一致）规定：“建筑区划内的道路，属于业主共有，但属于城镇公共道路的除外。建筑区划内的绿地，属于业主共有，但属于城镇公共绿地或者明示属于个人的除外。建筑区划内的其他公共场所、公用设施和物业服务用房，属于业主共有。”

潘　法：那争议的是事实认定问题还是法律适用？

王富博：法律适用争议。

登记机关视角

常鹏翱：提供一点不动产登记立法和实操的信息，供各位参考。

（1）不动产统一登记时，为了体现"统一登记"，登记簿以不动产单元为基础进行编制，没有建筑物等定着物的，宗地就是不动产单元。如果地上有房屋，如开发商建成房屋，则房屋均记载于该登记簿中。（2）开发商出卖房屋，业主取得房屋所有权的，房屋连地构成不动产单元，单独设不动产登记簿。（3）由于实践中分宗涉及规划调整，登记机构很少会在一宗地里对土地占有面积进行标注，当然，地役权涉及用地范围加以注记的除外。（4）在这种限定下，无论地上建筑物有多少，它们均在同一建设用地使用权上，房地一并处分由此展开。（5）在统一登记之初，自然资源部曾希望记载建筑物面积占比，但如何计算，涉及垂影等不同方法，是一个难题，更关键的是，地方登记机构不知其意义何在，后不再统一要求。

王富博：感谢常鹏翱教授。案例涉及的问题是统一登记之前的，不知统一登记之后实践操作中是否还会带来类似需要对《民法典》第397条解释的问题。

潘　法：我咨询了传统民事条线的几位资深审判长，他们的意见高度统一，房屋及于2000平方米土地。

常鹏翱：从理论和法律上讲，严格根据规划，宗地是个分母，是确定的，房屋无论建成与否，也有确定性。分子越多，每个可分建筑物分配的使用权比例越小，但权属及于整宗地。统一登记前后，宗地概念以及分宗实践没有改变，改变是不会再出现房地不一的现象。从自然资源部和登记机构的理解来看，《民法典》第397条所指的占用土地，不是物理上是否占用，而是如何把土地使用权量化配置给房屋所有权的问题。仅供参考。

王富博：按常鹏翱教授所言，宗地上有多栋建筑时，应是按份共有建设用地使用权，但其权属又及于整宗地，似乎有些不一致？如果不是从物理上配置土地使用权，而是从功能上配置，那就印证了薛军老师和王赫法官的观点。

常鹏翱：我没有说清楚。在不是区分所有的情况下，房屋与土地一体化，故属于一个不动产单元，房屋及于土地全部，讨论的案情似乎是这种情况。在区分所有时，实际以房屋为基础，附加对应的土地权属，构成一个不动产单元，如甲房屋与乙房屋是两个不同单元，分别附加不同比例的权属，甲房屋处分，对应的权属处分。

李志刚：常鹏翱教授认为题设案例的抵押权及于4万平方米的土地吗？

常鹏翱：是的。涉及房、地关系的案件，似乎应考虑规划、登记操作的现实。

李志刚：4万平方米土地规划建20栋住宅楼，现在在2000平方米的土地上盖了1栋楼，也及于4万平方米吗？

常鹏翱：我理解是的，否则结果是通过司法进行分宗。

文义解释、历史解释与体系解释

徐同远：房地一体规则，在《物权法》上，除了第182条，还有第146条和第147条，[①]它们应作相同解释。

李志刚：徐同远老师的观点，认为是及于是2000平方米，还是4万平方米？

徐同远：4万平方米。

陆晓燕：在实践中一直是按照观点二处理的，直觉是房地一体的立法本旨是物尽其用。学习了各位老师的观点，又强化了这一观点。那么如果是在

① 《物权法》第146条（现为《民法典》第353条，内容一致）规定："建设用地使用权转让、互换、出资或者赠与的，附着于该土地上的建筑物、构筑物及其附属设施一并处分。"第147条（现为《民法典》第354条，仅将"但"改为了"但是"，其他内容未变）规定："建筑物、构筑物及其附属设施转让、互换、出资或者赠与的，该建筑物、构筑物及其附属设施占用范围内的建设用地使用权一并处分。"

2 万平方米的土地上，存在占地 2000 平方米和占地 3000 平方米的两栋建筑该如何处理？对应的土地使用权是 5000 平方米和 1.5 万平方米吗？

又如果占地 2000 平方米的房屋先抵押；其后再建造了占地 3000 平方米的房屋，再对占地 3000 平方米的房屋进行抵押。那么，是否认为第一次抵押及于 2 万平方米的土地和 2000 平方米的房屋；第二次抵押成立对 1.5 万平方米土地的二押和 3000 平方米房屋的一押？

潘　法：建议征求执行部门的意见。在最高人民法院对《物权法》第 146 条和第 147 条的释义中，仍然强调了这种限制，[①] 与第 182 释义一致，地随房走，走的不是占用土地，而是以占用土地范围内以正当使用该建筑物所必需的土地范围为限。《物权法》第 182 条释义再次强调了不得随意扩大范围。

李志刚：将《民法典》第 397 条规定的“该建筑物占用范围内的建设用地使用权”，理解为“该建筑物所在的整宗用地”，我个人理解起来，确实有困难。

徐同远：对于房随地走、地随房走，法律在作出规定时，总要以某种表述来对房与地之间的关联加以明确。《物权法》第 182 条第 1 款规定：“以建筑物抵押的，该建筑物占用范围内的建设用地使用权一并抵押。以建设用地使用权抵押的，该土地上的建筑物一并抵押。”这里的“该建筑物占用范围内的”“该土地上的”，是在明确这种关联。

如果我们假设该条第 1 款想把全部建设用地使用权（不限于抵押房屋所“用”的建设用地）都放在随房走的范畴之列，它在“该建筑物占用范围内的”之外，还有什么更好的表述吗？

换言之，如果认为“该建筑物占用范围内的”是针对抵押房屋所“用”的建设用地而言的，那么如果设想另一种情形，即把全部建设用地使用权（不限于抵押房屋所“用”的建设用地）都放在随房走的范畴之列，这时候法条如何表述呢？

整个《物权法》都没有宗地的表述或概念。《物权法》第 182 条第 1 款来

① 参见最高人民法院物权法研究小组编著：《〈中华人民共和国物权法〉条文理解与适用》，人民法院出版社 2007 年版。

自《担保法》第36条第1款，《担保法》也没有宗地的表述或概念。

李志刚：如果是整宗，立法应当表述为：该建筑物所在宗地的土地使用权一并抵押。这里并不需要多么高明的立法技术或者语言技术。没有用宗地，说明立法上就没想用宗地这个概念和单位。如您所言，立法上从没用宗地这个概念，所以能从法条里面解释出宗地这个概念，我感到有点奇怪。宗地、块地、片地应该都能表达类似含义。《民法典》第397条的规定是占用。“占”，是什么意思？

徐同远：立法者没有在其他地方用宗地，在这里舍“宗地”而用“该建筑物占用范围内的”这一表述。而且，我们猜一下的话，立法者在设计以上条文时，所想的案型可能是房屋与其所占用范围内的建设用地两相契合，即这宗建设用地是其上的房屋应得应分的。

李志刚：如果立法预设是“两相契合”，是否说明立法者也并没有将房外之地“一并赠送”的意思？

徐同远：要解决的是法律适用上的技术或方法。也就是说，观点一是（直接）适用《物权法》第182条第1款的产物，还是其他法律适用方法的产物？

潘　法：《房地产管理法》表述为“占用”。管理部门不会不知占用土地与宗地的区别。

王富博：据我有限的了解，在一宗土地上存在多栋建筑时，无论是理论界还是实务界，大都按照类似于按份共有的思路去认定每一栋建筑物所占用的土地使用权范围，不认为每一栋建筑都共同占有整宗土地使用权。

吕来明：对《民法典》第397条第1款“该建筑物占用范围内”的理解涉及对房地关系是物理空间描述还是法律联结关系表述。如是前者，则只涉及建筑物地基面积及周围较小范围辅助面积；如是后者，则应当是整宗地。《民法典》第397条的两句话应该是一个整体意思，不妨从后一句话倒推一下：“以建设用地使用权抵押的，该土地上的建筑物一并抵押”这里的“建设用地使用权”“该土地”应该是指整个宗地，而不是宗地内各个部分。至于宗地面积大建筑物小的问题，在不存在区分所有的情况下超过抵押物价值，那是个案问题，因为也有可能不超过。在存在多个建筑的情况下，如同常鹏翱所说，各自对应的是整个宗地中抽象的份额。

徐同远： 如果是因为登记部门的原因导致前述“两相契合”不存在，这反倒更加坐实了《物权法》第182条第1款所谓“该建筑物占用范围内的”应有之义是宗地。

李志刚： 1栋楼的抵押，产生1栋楼加地和19栋楼的地的抵押权的后果，与当事人的预期、常理、“占用”的文义都不符。拍卖价款的优先受偿，和买受人按照规划使用，也是不同的问题，未必要捆绑。前者是价款怎么分的问题，后者是买受人怎么建的问题。

王富博： 房地一体原则既有客观物理属性使然，也为了权利人正常利用房地。在处分土地使用权的情况下，其上的房屋不可能脱离土地使用权而单独存在利用存续，因此，只能完全一体处理。

但在处分房屋时，是否应及于房屋占用范围之外的土地使用权，情况则不大相同。因为房屋买受人在同时取得房屋占用范围内的土地使用权的情况下，通常即足以正常利用该房屋。此时，将权利人的权利范围扩张及于房屋占用范围外的土地，是否有现实必要性，是否存在对其权利过度保护的问题？

占地与规划

高圣平： 我个人认为，在目前规划日益完善的背景之下，经批准的规划文件具有决定性作用。

王富博： 案件往往都有滞后性，如规划只建一栋楼，其余土地作他用，如养殖绿化，与规划建多栋楼，结果是否不同？

高圣平： 在建设用地规划中，已经有了用途、容积率等内容的规划设计总图。不过，你说的也是实际情况。按照规范的许可程序，用地许可和项目许可阶段，其实什么都有了。

常鹏翱： 赞同高圣平教授意见，不能忽视规划和出让。

李志刚：如果一宗地上规划建10栋住宅楼，建成并抵押了其中1栋。是否及于另外9栋规划但未建的住宅楼的土地使用权？

张　谷：现在应该及于整宗土地，这是建设用地使用权存在的问题。

王富博：抵押权的范围和怎么样实现抵押权才能物尽其用是不同的。例如以机器设备抵押，和厂房、配套其他设备等一并处置才能实现物尽其用、价值最大化，可以一并处置，但并不能因此改变抵押权的范围，抵押权人应仍对设押的机器设备价值享有优先受偿权。将按规划建设的建筑物处置变现，似也不涉及规划及土地登记调整问题。

高圣平：但执行程序中会涉及分宗的问题。原来碰到过一例，3栋建筑物在一宗建设用地上。其中2栋建筑物抵押了，实现抵押权时对建设用地使用权作了分宗（按建筑面积占比），也就是分成了两个不动产单元。

潘　法：根据物权法司法解释，拍卖成交确认书直接产生物权变动效力，后续可直接办理权属变更登记，不需要规划和土地登记调整。

高圣平：在规划用途上，其他土地如用作绿化、停车场等配套设施，在解释上并不具有独立性，应视1栋楼与整宗地一起作为抵押财产。

常鹏翱：目前的不动产登记完全以不动产单元为基础，并与规划密切关联，对抵押财产的理解应基于此。

举例来说，甲取得建设用地，规划建1栋，先以该宗地为单位建立登记簿，规划信息会显示在登记簿上。建成后，办理房屋所有权首次登记，就要在房地产权那一页，连房带地记载甲的权利，同时建设用地使用权页失去意义，可以注销。甲拿建成的房屋抵押，就是在抵押这个房地产权（房屋所有权、建设用地使用权）。在甲不能清偿时，乙通过拍卖等方式受让的是与该栋房屋对应的房地产权。

其他条件不变，规划10栋房屋，甲建成1栋房屋，进行抵押。抵押财产对应的是该栋房屋的房地产权［房屋所有权与其对应的抽象份额（可简化为1/10）的建设用地使用权］，在甲不能清偿时，乙通过拍卖等方式受让的是与该栋房屋对应的房地产权，结果是在该房地产页表明权利转移给乙。但建设用地使用权页保持不变，权利人仍为甲。实践中，也有在此加注乙的权利取得事项。这样一来，抵押财产就不是整宗土地。

潘　法：开发环节权证都在开发商名下。开发商经常会将待开发的某些楼栋抵押贷款，即便抵押权实现时土地权证没有办理在权利人名下，但因登记簿上有权利备注，将来房屋交付时似仍可办理单独的权证，不会影响抵押权人的权利。据有限的观察，没发现将某几个楼栋抵押后土地使用权及于开发项目的整宗土地的情形。

历史与现实

王富博：常鹏翱教授所说是统一登记后的现状，观点完全赞同。但对此前分别登记时的历史遗留问题，处理上是否也相同？

常鹏翱：统一登记整合了原来分散的各不动产，没有改变前置的规划、出让等，而这些前置是理解房地关系的关键，它们一致，处理不应有别。另外，原来分散登记有房屋转让和项目转让之分，潘法上面说的与这能对应。

王富博：我个人认为统一登记前后还是有根本差异的。统一登记后，按您所说，一宗土地上只有一栋建筑物时，其所占用的土地使用权是整宗土地的，因此抵押标的物也因登记记载而明确了，拍卖的时候将房屋和整宗土地一体作为抵押物处分并优先受偿，就完全符合《民法典》第 397 条的规定了。但在分别登记的情况下，房屋权属登记簿中并没有记载其所占用的土地使用权面积，因此存在前述不同观点。此时，观点一系按照对《民法典》第 397 条的文义解释处理；观点二是按照扩张解释处理。但扩张解释的现实合理性和法理依据何在，不甚明了。

统一登记后房屋没占用的土地也登记在房屋之下，纯属操作上使然，我想可能连登记部门都没有意识到由此所带来的法律效果。

以房屋设立抵押时，当事人所预期的抵押财产当然也就是房屋，如果将整宗土地使用权也一并纳入抵押物范围，那么就完全等同以土地使用权设定抵押了。当房屋和土地使用权价值差异较大的情况下，不同观点会带来悬殊的法律后果。

李后龙：《江苏省不动产登记条例》规定，建筑物区分所有权的不动产单元登记时，不动产权证书可以只记载宗地面积，不记载分摊土地面积。

围绕该条规定曾有激烈争论。主张者认为区分所有权房屋价值在于房屋面积楼层而非土地面积，像统一登记前那样明确占用面积没有实际意义，登记明确宗地面积即可。所以相关案件争议与统一登记后这种变化有关，简单地看不动产权证书，好像整个宗地在抵押范围内，但明眼人都知道不在。然而当出现一些极端情形时，如 2 万平方米土地上只有一幢 3000 平方米的楼并被全部抵押了，从不动产权证书上看，是 2 万平方米土地使用权似乎都在抵押权内，但实务中从抵押的债权数额以及宗地建筑规划情况看，是可以判断出抵押的土地范围的。如果这种登记方式扩大适用到区分所有权以外的房屋，就有很大后遗症了。其实，区分所有权也是可以明确土地面积的，统一登记前都能明确，何况现在？

破产法视角

任一民：题设案例，可区分为两个层次：其一是抵押物范围中涉及建设用地使用权部分，是以 2000 平方米抵押房屋所占用范围内的建设用地使用权，还是整宗 4 万平方米；其二是抵押权人行权范围，是可以请求拍卖整宗用地及其地上建筑物，还是限于抵押房屋及其占用范围内的建设用地使用权。

关于问题一，我们在破产实务中的处理，更倾向于按照抵押房屋正常使用所必需的建设用地范围为限。主要是基于以下原因：第一，如以整宗用地为范围，有违《物权法》第 182 条的文义解释，并且《物权法》第 147 条、第 183 条[①] 均统一用“建筑物占用范围内的建设用地使用权”加以限定。第二，如按抵押房屋面积与规划建筑面积的占比来确定“占用建设用地”，在一定意义上更为公允，但也不无争议。首先，可能面临因规划容积率调整引发整体建筑面积调整的问题（那将按何等规划为准，是以抵押登记时的规划标准还是处置抵押物的规划标准，或者是破产受理日的规划标准为准）；其次，

① 对应《民法典》第 398 条。

可能面临实际建设面积超越规划面积的情形（对于超规划的建筑物是否因其未经审批就否定其占用土地使用权的计算资格，也有讨论空间）；最后，是否就应按抵押房屋面积与规划面积的占比来计算，也有讨论余地，因不同建筑物的楼层不一，2000平方米的平层与1万平方米的10层建筑物，对应的占用建设用地的面积就该是1∶10吗？第三，是否按建筑物垂直投影面积来计算"占用建设用地"面积，这一标准虽然存在简明易算的优点，但现有案例似乎更多持否定观点。第四，如抵押房屋存在附属设施或周边建有绿化设施，是否纳入抵押物范围？个人理解应考察该附属设施是否属于不可分物，或者分割是否会严重影响其独立使用价值等因素，否则原则上不宜将其纳入抵押物范围，更不宜由此扩增"占用的建设用地"范围。因为这种抵押物范围的扩增，极可能导致其他利害关系人权益受损，特别是在破产程序中，那就意味着可供其他债权人受偿的责任财产的减少，尤应慎重对待。有鉴于此，个人更倾向于按抵押房屋正常使用所必需的建设用地范围为限确定抵押物中的土地使用权部分面积。

关于问题二，在破产程序中可能影响不是很大，因为可以通过管理人制作相对科学合理、有助于债务人财产价值最大化的处置方案，提交债权人会议表决通过后付诸实施，或者在债权人会议授权下予以实施，再按破产程序统一分配。但在执行程序中，不同的行权方法可能对抵押物处置价值会带来不同影响。若按之前的理解，将抵押权人的行权范围限于抵押房屋正常使用所必需的建设用地范围为限处置抵押物，那就意味着处置的是较小体量的标的物，往往容易变现，且容易吸引更多竞买者参与竞价，可以让抵押物交易价格提升，从而更好维护抵押人乃至抵押权人的权益。如果将抵押房屋与整宗用地一并处置，那可能会导致抵押物的低价变现。就此而言，个人更倾向于抵押权人按抵押标的物范围为限来行权。但是，实务操作中，也可能面临整宗土地分割需要协调相关行政部门的问题，同时也涉及后续过户登记事宜，可能需要借助于司法能动性来协调解决相应问题。

规划、审批与功能

李志刚：一栋房加地有抵押权人优先受偿，19 栋房加地由债务人的其他债权人受偿，未见不当、悬殊或者不公。既有的规划仍然约束买受人，该怎么续建，继续续建，不因为宗地易主，导致规划改变。

常鹏翱：从土地出让之始到登记时权籍调查，都离不开规划，在统一登记前也是一样的。这样理解下的“占用”不是物理上的占用，而是观念上的比例，就像共有份额一样。

王富博：规划是对土地功能的预先设计划分。规划虽然可以作为登记的重要依据，但不能代替登记作为确认不动产权属及其范围的根据。即便一宗土地上只规划建造了一栋建筑，但在其余土地另有其他独立功能和使用价值的情况下，观念上是否能认定该栋建筑占用的土地使用权范围仍及于整宗土地，似可探讨。个人认为，在一宗土地上只有一栋建筑的情况下，一概认定该栋建筑占用的土地使用权范围及于整宗土地，实际是否认了该栋建筑实际占用范围外其他土地的独立价值和功能，在建筑物处分而其他土地具有独立使用价值的情况下，无异于剥夺了原土地使用权人的权利。

潘　法：观念上的比例如果在财产处置时能够实现土地使用权的区分，也不是及于整宗土地。

常鹏翱：是的，规划肯定不能替代登记，实际是对土地使用提前进行功能分区。建筑物占地外的功能也要看规划，这是认定违建的基础。如果规划有通道占地，它们也是不动产，也能作为构筑物登记。

刘建功：规划虽然不能代替登记，但规划能够给权利人一个权利范围的预期。权利人获得的在不动产上的权利，受限于经审批的规划下设定的正常使用范围。如果这 4 万平方米土地上，报批审核的规划就是仅仅建设一个 2000 平方米的高档建筑，那么，房屋上设定的抵押权当然就会及于整宗地块。

王富博：仅建一栋建筑，不代表其他土地别无他用，如养殖、堆场、苗圃等。况且规划也不是一成不变的，今天只规划了一栋建筑，日后也可能修改规划，增设其他建筑。总而言之，在其他土地仍存在独立功能和价值的情况下，处分时是否能够否定原权利人的权利？

刘建功：政府审批项目时，是要审图的。批给你100亩地，首先是土地用途要符合规划。是建设商品房的建设用地，还是做养殖的农业用地（譬如国有滩涂），还是工业用地，这是第一位的。如要做住宅建设，住宅的高密度、低密度，容积率，都是重要审批内容。如要做农业项目，各片地的用途都是清清楚楚，不能想怎么做就怎么做。实际生活中，确实有改变规划增加容积率等情形。但严格地说，未经法定程序的更改是非法的，经过法定程序更改的，应当对之前因信赖规划而受影响的当事人予以补偿。

李志刚：整体拍卖、变卖抵押物之后，买受人仍受规划约束。这和卖的钱怎么分，可能属于两个问题。实现抵押权之后，新的买受人继续按照规划完成建设的，比较常见。

刘建功：审批项目时，某块地盖房子，其他地用来干什么都在审批范围内的。这块地在批项目时的审图结果，就是单栋建筑物抵押权的可预期范围。

各地处理问题楼盘，原则上就是以完成原规划下经审批的项目为基础。有时为了照顾接盘者利益，可能会适当改变容积率、把临街房屋商业用途变更为住宅用途等，不会大变。如果向政府申请一个项目，要求批100亩地。报告里说其中有40亩暂时没有安排用途，以后再说。政府不会同意的。政府至多会批地60亩，连这个也还要看这么大一块地和项目规模之间匹配度。

王富博：说的就是一片土地上只规划了一栋不动产，但其他的土地仍可能存在规划为其他用处的情况。按照一体处分的原则，只要不是建筑物，其他具有独立功能的土地也要一并处理，这样是否合理？另一种情形是规划了多栋建筑，但只建成了一栋，并且用于抵押，这是因该土地上仍然只有一栋建筑，如果按一并处分原则，规划其他建筑的土地使用权也要一并转让，是否合理？

刘建功：由于行政审批用地项目时已经事先就建筑物"占用范围"给出了答案，在规划了很多建筑而仅建成一栋并被抵押时，肯定不应该及于其他尚未建成的建筑物所应当坐落的土地。

如果审批项目时仅有一栋建筑，其他土地虽然未规划建设其他建筑物，但是，必然被规划为某个用途，行政审批不可能批一个用途不明、未来有多种可能的项目。这些土地只要查一下项目报批时的审图，一定有用途。如果一大片土地仅建设了一栋建筑，其他土地被规划为绿地之类，那么，这个就是用途。假设这个项目就是一个非常高档的住宅，绿地是住宅的配套，那么，房屋抵押权自然能及于被规划为绿地的土地。总而言之，项目申请批复文件能够给我们答案。

吴光荣：学习了各位的高见，看来争议还是比较大。趁着大家讨论的热度，我在想，假如未来的司法解释要设定一个规则，不知如此设计是否可以："当事人以建筑物设定抵押，抵押权人主张该建筑物规划所占用范围的建设用地使用权一并抵押的，人民法院应予支持，但该建筑物规划所占范围远大于建筑物实际所占范围且大于部分具有独立使用价值的，抵押权人仅得就建筑物及建筑物实际所占建设用地使用权的价值优先受偿。"

高圣平：为担保司法解释的起草作出实质性贡献。

李红建：赞同吴光荣观点。处分，按独立价值进行处分；但抵押优先权仅限于建筑物实际所占范围的价值。

王富博：经过各位专家和朋友的点拨，对这一问题终于有了较为全面的认识，这充分彰显了本群强大的智力资源优势和理论与实务交融的特色。虽然观点上仍然会有分歧，但这恰恰是学术研究的魅力及立法司法发展的动力。在实务中，我们将秉承法律规定，结合学术观点、价值判断、社会效果等，尽可能作出妥善的处理。最后由衷感谢各位专家学者、法官同仁、实务朋友给予的指点和帮助。

【代表性学术观点】

高圣平认为，"以建筑物抵押的，该建筑物占用范围内的建设用地使用权一并抵押"，这里的"占用范围"应结合规划条件和不动产登记予以确定，不宜简单地以建筑物的物理范围为标准。(1)《民法典》第 397 条第 1 款前段所称“占用范围”主要系用来界定建筑物与建设用地使用权之间的所属关系，即建设用地使用权仅指与设押建筑物相应的建设用地使用权，而非其他建设用地使用权。“占用范围”的具体认定，尚须综合《城乡规划法》《不动产登记暂行条例》及其配套规则等加以具体认定。（2）“占用范围”的具体认定应结合规划条件。根据《城乡规划法》第38条的规定，规划条件不仅是建设用地规划许可证的重要内容，而且是建设用地使用权出让合同的必备内容（《民法典》第348条第2款新增的内容）。建设单位的建造行为受到规划条件的约束，由此规划条件决定了建设用地使用权的商业价值。（3）“占用范围”的具体认定应结合不动产登记规则。按照《不动产登记暂行条例》及其实施细则的规定，不动产以不动产单元为基本单位进行登记。不动产单元指权属界线封闭且具有独立使用价值的空间。没有建筑物、构筑物以及森林、林木定着物的，以土地、海域权属界线封闭的空间为不动产单元。如此，本来绵亘无垠的土地被观念上的“不动产单元”特定化，与物权客体特定性原则相合，同时借由登记制度使“不动产单元”成为独立物，也就有了成为物权客体的可能。不动产权利即以不动产单元为单位而登记、指称。依不可分性原则，建设用地使用权抵押权的效力及于建设用地使用权之全部。以建筑物物理范围确定建筑物抵押权所及的建设用地使用权范围，虽简便易行，但也有碍建筑物的正常使用。（4）该宗地上有一栋或数栋建筑物，但存在区分所有的情形，某权利人以其建筑物设定抵押的，该设押建筑物所占该宗地的应有份额一并抵押。在区分所有法理上，该宗地的建设用地使用权当属业主准共有的部分，在性质上，业主对建设用地使用权的准共有属于在按份共有和共同共有之外的第三种共有，业主并不对该宗地范围的某个具体地块享有建设用地使用权。“占用范围内的建设用地使用权可能是一宗单独的建设用地使用权，也有可能是共同享有的建设用地使用权中的份额，特别是在建筑物区分所有的情况下。转让占用范围内的建设用地使用权不可能也不应该导致对业主共同享有的建设用地使用权的分割。”（5）一宗地上仅规划并建成了1栋建筑物，且不存在区分所有的情形，权利人以其建筑物抵押的，抵押权的效力自应及于整宗地的建设用地使用权。在规划用途上，该建筑物坐落范围之外的其他土地如用作绿化、停车场等配套设施，并不具有独立的经济效用，应使该1栋建筑物与整宗地的建设用地使用权一起作为抵押财产。虽然该建筑物坐落范围之外的建设用地尚能再建其他建筑物，但在规划变更之前仅具可能性。解释上可以认为，此时，整宗地均为正当使用该建筑物所必需，否则建设单位无法取得建设用地规划许可证。（6）一宗地上规划建造10栋建筑物，建成并抵押了其中1栋建筑物，且不存在区分所有的情形，权利人以其建筑物抵押的，抵押权的效力自不应及于其他9栋建筑物的建设用地使用权。在抵押权实现之时，可就该栋建筑物与整宗地的建设用地使用权一体变价，但抵押权人仅能就该栋建筑物及其规划占比的建设用地使用权的变价款部分优先受偿。在实践中，亦有仅就抵押建筑物与其建筑面积规划占比的建设用地使用权一起变价的情形，但此模式涉及对建设用地使用权进行分割（又称分宗），既涉及不动产单元的分割登记，也涉及规划的变更与调整（如容积率的计算），在规范的操作程序上比较困难。[①]

常鹏翱认为，根据“地随房走”规则，房屋转让、抵押或查封时，占用范围内的建设用地使用权一并处分或查封。对占用范围的界定，应以被处分或查封的房屋面积与宗地上规划的房屋总面积的比例为标准，而不能以房屋实际占地面积、建筑占地面积或宗地面积为标准，否则会违背宗地与房屋的功能整体性，不能合理确定宗地权利归属，不能平衡当事人的利益，不能实现房地产的最大效用，也没有普遍解释力。采用前述的比例标准，符合我国城乡规划、房产管理、不动产登记等法律制度和行政规制情况，具有实践合理性。司法实践中主要有三种观点。一是“实占范围说”，即“占用范围”指房屋基底面积。要达到房屋及其实占范围的地权归他人所有的目的，一种路径是将土地分宗，但土地分宗是相关主管部门的行政事权，能否分宗要由主管部门依法决定。有些情形还无法进行土地分宗。另一种路径是按份共有。但按份共有忽略了不同部分土地的经济功用，不利于平衡当事人的利益，且会发生对抵押人无益的现象，因增加交易成本，对受让人也不利。二是“建筑占地说”，即“占用范围”指宗地中的建筑占地面积。在抵押权实现时，若

① 高圣平：《〈民法典〉房地一体抵押规则的解释与适用》，载《法律适用》2021年第5期。

不能进行土地分宗，只能按份共有地权，其结果对受让人提出了高要求，其不仅要有购入抵押财产的财力，还要有建房的能力和行动，否则就会陷入违约，这种额外要求在客观上会降低抵押权实现的机会。三是"整宗土地说"，即"占用范围"指房屋所在的整宗土地。但在某一区分所有权人抵押房屋时，是不可能连整宗地权一并抵押的，且降低了抵押权实现机会。常鹏翱持"地权份额说"，即"占用范围"指房屋分摊的土地权益份额，表现为房屋面积与该宗地规划建筑总面积的比例，一并抵押的是该份额地权。此说的优点在于：一是符合宗地与房屋的功能整体性布局，地权对房屋的法律载体价值弥散于整宗地，从利益归属上看，作为物理载体的宗地不可分地对应着所有的房屋。以不同房屋的建筑面积——而非房屋实占范围的土地面积、房屋价格或房屋在功能上的重要性——之比为标尺，划定各房屋在地权中的利益份额，无疑最客观、最公平，也最简便。这样一来，在房屋可分的前提下，各房屋对宗地的支配利益通过面积之比的份额得以量化。二是可以稳妥实现房地一体规范的调整任务。在地权和房权的价值能分别评估的情形，随房权一并处分或查封的地权价值能得到公平合理的确定，不至于像实体方案那样致使当事人之间利益失衡。恰当界定了随房权一并处分的地权份额，能使当事人各得其所，进而有效实现交易目的，降低交易成本。还有利于发挥房地产的最大经济效用、有利于房地产的流通、有利于明晰房地产的权利负担，便于法律制度的妥当适用，符合规划实践，具有普适性。①

最高人民法院民事审判第二庭认为，在当事人仅就建设用地上的建筑物设定抵押的情况下，如果该建筑物所占用的土地面积远小于该宗建设用地，在抵押权人实现抵押权时，能否就该宗建设用地的全部享有优先受偿权的问题，倾向于认为，出现这一情况的原因是政府规划主管部门的规划。政府容积率也是据此算出来的。在规划没有改变的情况下，尽管当事人仅就建设用地上的建筑物设定抵押，但是根据房地一体抵押的法律规定，抵押权人可以就该宗建设用地行使优先受偿权。②

---

① 常鹏翱：《论"地随房走"规则中"占用范围"的界定》，载《现代法学》2021年第3期。

② 最高人民法院民事审判第二庭：《最高人民法院民法典担保制度司法解释理解与适用》，人民法院出版社2021年版，第448页。

【类案检索】

据杨晓霞、郭姗姗统计，关于《物权法》第 182 条规定中的“占用范围”应当如何认定的问题，裁判观点主要有三种：[①]

第一种观点，垂直投影说，即建筑物实际接触地面的建筑物外墙或结构外围的投影面积。该观点认为“建筑物占用范围”仅指办理抵押登记的建筑物的实际物理状态，指客观形态上建筑物占用、坐落的那部分建设用地使用权，超出部分不属于抵押物的范围。

第二种观点，宗地面积说，即土地权属界线封闭的地块和空间，以“宗地”将绵延无垠的土地特定化。此观点认为我国实行以宗地为单位的地籍管理制度，建设用地使用权人持有的《国有土地使用权证》即以宗地为单位核发的，建设用地使用权及于整块宗地，而建设用地使用权的抵押登记应以宗地为单位，抵押效力亦及于整块宗地。第一种观点所谓的“超出建筑物坐落范围之外”的建设用地使用权依法不具有单独交换价值。

第三种观点，分割面积说，认为在一块宗地上存在数栋建筑物，而仅以部分建筑物设定抵押，或存在数套区分所有的单元房而权利人以自有房屋设定抵押时，该设定抵押建筑物所占该宗地的应有份额一并抵押，即按照地上建筑物的实际面积之和与宗地面积之比例确定拟设定抵押物所占宗地比例，从而对分摊的土地使用权设立抵押。上述权利人对宗地的分摊是仅一种观念上的分割，不同权利人在事实上对同一建设用地使用权形成共有关系。在实践审判中，部分法院认为在案涉工业用地的规划条件未作变更，也未进行宗地分割处理的情况下，基于公平合理的原则并兼顾抵押人和抵押权人的利益，应当以抵押建筑物面积占规划建设总面积的比例作为分摊案涉土地权益的基本依据。

【典型案例 1】

杨某等 13 人与招商银行股份有限公司武汉分行等执行分配方案异议之诉案

---

① 杨晓霞、郭姗姗：《浅析司法实践中“建筑物占用范围内建设用地使用权一并抵押”的内涵》，载微信公众号“天衡联合律师事务所”，2018 年 12 月 3 日发布。

案号：最高人民法院（2019）最高法民申 714 号

【裁判要旨】

主张《物权法》第 182 条中的"占用范围"应理解为建筑物的垂直投影面积，缺乏法律依据。

【基本案情】

2013 年 5 月 6 日，方某（案件的被执行人）向招商银行股份有限公司武汉分行（以下简称招商银行武汉分行）申请个人贷款 1660 万元，双方签订了《个人购房借款及担保合同》，方某出具了同意将其位于武汉市某房屋（武房权证洪字第 ×× 号）作抵押担保，双方于 2016 年 6 月 17 日在房产部门办理了抵押登记，房屋建筑面积为 684.94 平方米，招商银行武汉分行依约发放贷款后，方某未按时足额还款，招商银行武汉分行遂诉至法院。2015 年 7 月 24 日，湖北省武汉市洪山区人民法院作出裁定，内容为：准予对被申请人方某的房屋（武房权证洪字第 ×× 号）采取拍卖、变卖等方式依法变价，申请人招商银行武汉分行对变价所得的价款优先受偿本案的债权，偿还范围为本息。该裁定生效后，招商银行武汉分行遂请求法院对抵押房屋进行拍卖及变卖。由于方某另涉及其他案件在一审法院执行，武汉市洪山区人民法院将该案移送至一审法院一并处理。一审法院执行中，对方某的房地产进行了拍卖，该别墅土地使用权面积为 2020.58 平方米，在扣除各项费用及执行费用后，方某的房地产变价剩余款为 18 225 555 元，由于可供执行的财产不足以清偿方某所欠的全部债务，招商银行武汉分行及王某等 14 人申请参与分配，一审法院于 2017 年 4 月 28 日作出（2016）鄂 11 执恢 2 号执行财产分配方案，该方案中明确招商银行武汉分行在方某抵押担保的房屋及相对应的土地价值范围内优先受偿，其他土地及附属部分应参与执行分配，按照比例进行受偿。招商银行武汉分行不服，于 2017 年 5 月 18 日向一审法院提出执行异议。2017 年 6 月 30 日，一审法院向各申请参与分配人发出通知，如不服分配方案可予以诉讼解决。招商银行武汉分行认为该分配方案损害了其合法权益，故而引发诉讼。

湖北省黄冈市中级人民法院一审认为：招商银行武汉分行提供湖北省武汉市洪山区人民法院（2015）鄂洪山民特字第8号民事裁定书，用以证明其对拍卖方某房产款享有优先受偿权，但该判决书只是明确了招商银行武汉分行对该抵押房屋可以行使优先受偿权，并未判决对方某房屋及相对应的土地和其他土地及附属物部分均享有优先受偿权。而一审法院是对方某房屋和其他土地及附属物部分整体进行拍卖，拍卖范围大于方某抵押担保的房屋及相对应的土地，故招商银行武汉分行认为其银行对拍卖方某房地产款全部享有优先受偿权无事实和法律依据。故其抵押效力范围应在方某抵押担保的房屋及相对应的土地价值范围内优先受偿。本案被执行人仅就房屋部分对招商银行武汉分行设立了抵押，并且经省武汉市洪山区人民法院作出（2015）鄂洪山民特字第00008号民事裁定书确定了招商银行武汉分行享有优先受偿权的范围仅限于房屋的变价款。因此，房屋的抵押优先受偿权不能及于土地部分。

湖北省高级人民法院二审认为：(1)在办理抵押借款时，对抵押物的评估价格是按照房屋和土地一并进行的。在方某取得的洪国用（2013私）第4867号《国有土地使用权证》上亦载明：土地使用权人为方某，使用面积为2020.58平方米。说明该土地所对应的建筑物为与《房屋所有权证》相一致的别墅房屋。而在招商银行武汉分行在武汉市洪山区住房保障和房屋管理局对抵押房产办理的《房屋他项权证》上亦载明：房屋他项权利人为招商银行武汉分行，房屋所有权人为方某，债权数额为1680万元。亦可说明方某在招商银行武汉分行抵押贷款时是将其房屋和土地一并抵押的。故武汉市洪山区人民法院作出（2015）鄂洪山民特字第8号民事裁定书所确定的优先受偿范围，应为当时在方某名下的房屋和土地。(2)根据《物权法》第182条的规定，本案招商银行武汉分行在办理抵押贷款时虽仅办理了房屋的抵押登记，而未对土地办理抵押登记，但依据上述法律规定，可以推定与抵押房屋相关联的土地使用权也一并抵押与招商银行武汉分行。(3)关于该条规定中的“占用范围”在本案中应如何理解的问题，因方某在以房屋办理抵押借款时，在原房屋所有权人方某名下的房屋所对应的土地使用权证土地上仅只有该房屋，而无其他建筑物或附属建筑物，本案应认定涉案房屋所占用的范围为该土地使用证上所载明的2020.58平方米土地。一审法院对该占用范围的认定，无事实和法律依据，导致适用法律错误，依法应予以纠正。

最高人民法院经审查认为，方某、招商银行武汉分行在办理涉案贷款抵押手续时虽仅在房产部门办理了抵押登记手续，但根据《物权法》第182条的规定，杨某等13人认为涉案土地使用权未被设立抵押权的再审申请理由不能成立；对于上述条文中所规定的“占用范围”的理解，杨某等13人认为应理解为建筑物的垂直投影面积，但并未提供相关法律依据。

【典型案例2】

江苏紫金农村商业银行股份有限公司六合支行与南京隆茂服装有限公司别除权纠纷案

案号：江苏省南京市中级人民法院（2015）宁商终字第00805号

【裁判观点】

南京市中级人民法院认为，《物权法》第182条第1款所称“占用范围内”主要用来界定建筑物与建设用地使用权之间的所属关系，即建设用地使用权仅指与设押建筑物相应的建设用地使用权，而非其他建设用地使用权。当宗地上有数栋建筑物，且该建筑物不属于区分所有，权利人以其中部分建筑物设定抵押的，该设押建筑物所占该宗地的应有份额一并抵押。在案涉工业用地的规划条件未作变更，也未进行宗地分割处理的情况下，基于公平合理的原则并兼顾抵押人和抵押权人的利益，本案应当以抵押建筑物面积占规划建设总面积的比例作为分摊案涉土地权益的基本依据。

（讨论整理：刘生亮，后续评论：李志刚）

抵押权实现与执行异议之诉

【发言群友】

周家开、李志刚、肖建国、王长军

【讨论时间】

2020年6月

【沙龙实录】

抵押权与执行异议

周家开：债权人仅就主债权起诉，未主张抵押权。判决生效，债权人申请执行。执行中，甲主张行使抵押权。执行法院制作分配方案。有的支持，有的反对，形成执行分配方案的异议之诉。请教：（1）抵押权诉讼程序、担保物权实现特别程序与执行程序如何衔接？（2）主债务诉讼时效期间与抵押权行使期间应如何把握？（3）执行异议之诉的审理范围如何确定？比如，债权人诉讼中只主张借款，不主张抵押权，执行异议之诉中能否审理该抵押权？

李志刚：在执行异议之诉中，审理的是能否足以对抗的问题。抵押权的部分，属于应当查明的事实，本身似不涉及抵押权是否应当支持的判项。故倾向于不构成“不能审理抵押权”。

周家开：我认同，在执行时效内，债权人可以通过《民事诉讼法》实现担保物权的特别程序，也可以通过诉讼程序获得对抵押权的执行依据，以实现抵押权。但题设案例是抵押权人既没有与主合同一并诉讼，也没有根据实现担保物权的规定，取得执行依据。抵押权人能否在执行程序中直接以抵押合同和抵押登记行使抵押权？这也是第一个问题，涉及三个程序的衔接。

《民法典》第410条第2款规定：“抵押权人与抵押人未就抵押权实现方式达成协议的，抵押权人可以请求人民法院拍卖、变卖抵押财产。”由此可见，只有在抵押人和抵押权人双方未就抵押权实现方式达成协议的情况下，才能请求法院来实现抵押权。依此款规定，抵押权人在实现抵押权时不必再像以前那样，在不能就抵押权的实现方式与抵押人达成协议时，必须通过先向人民法院提起诉讼的方式，获得胜诉判决并申请强制执行后，才可以对抵押财产拍卖、变卖并就变得价款优先受偿。所谓“未就抵押权实现方式达成协议”，是指债务人不履行到期债务或者发生当事人约定的实现抵押权的情形时，抵押人和抵押权人之间没有达成有关抵押权实现的协议，此时抵押权人可以直接请求法院实现抵押权。所谓“请求人民法院拍卖、变卖抵押财产”，是指抵押权人有权请求法院通过裁定的方式直接“拍卖、变卖抵押财产”以实现抵押权，而无须通过诉讼程序进行实体判决来实现抵押权。

肖建国：执行分配中，担保物权等优先受偿权人，在未取得抵押权执行依据时，也可以直接申请分配。如执行法院据此作出甲优先受偿的分配方案发生了争议，在分配方案异议之诉中，抵押权之存否及其抵押担保的债权范围和数额，会成为争议标的，法院审理范围应当包括抵押权。

主债权判决生效与诉讼时效、执行时效

王长军：第二个问题的争议焦点在于：债权人对主债权提起诉讼，法院作出生效执行依据后，主债权的诉讼时效处于什么状态？目前有三种观点：（1）消灭。诉讼时效已经完成其历史使命。（2）中断。诉讼结束后继续计算。

（3）转为执行时效。

周家开：对，这个问题涉及《物权法》第 202 条即现《民法典》第 419 条规定的问题。《民法典》第 419 条规定与《物权法》第 202 条的规定完全一致，即“抵押权人应当在主债权诉讼时效期间行使抵押权；未行使的，人民法院不予保护”。司法实践中，由于抵押权人因各种原因在主债权诉讼中未一并主张抵押权，也未通过实现担保物权特别程序取得抵押权执行依据，执行程序中主张抵押权或要求加入执行程序，抵押权行使期间与主债权诉讼时效、申请执行时效如何认定与衔接，有中断说、固定期限说与消灭说几种不同的看法。最大的分歧在于抵押权行使期间是否适用民事诉讼中诉讼时效的一般原则的问题。

中断说认为，抵押权是从权利，抵押权的存续期间适用诉讼时效的规定。向人民法院提起诉讼及申请执行均是法定的诉讼时效中断的事由。因此，主债权基于起诉及申请执行都会引起诉讼时效中断，抵押权的行使期间也相应中断。抵押权在主债务诉讼时效期间内行使都是有效的，人民法院应当予以支持。[①]

固定期限说认为，抵押权的行使期间是一段固定的时间，是以主债权的到期日来确定的。抵押权是物权，并不适用诉讼时效的一般原则。比如主债权的履行期限是 2017 年 2 月 1 日到期。则主债权的诉讼时效和抵押权的行使期间为 2017 年 2 月 1 日至 2020 年 2 月 1 日。主债权诉讼时效的中断不会引起抵押权行使期间的中断。倘若申请执行时已超过 2020 年 2 月 1 日，则抵押权失去请求人民法院保护的效力。

消灭说认为，抵押权的行使必须与主债权在诉讼时一并提出。主债权在得到胜诉判决支持后并非引起诉讼时效的中断，而是诉讼时效的消灭。因为得到胜诉判决支持后的主债权不存在仍然需要继续请求人民法院进行司法确认及保护的需要。所以抵押权的行使期间当然也不复存在。

我提出的第一个问题即程序衔接问题与第三个问题即审理范围问题，根

---

① 参见江苏省南京市中级人民法院（2017）苏 01 民终 682 号判决。

据《民事诉讼法司法解释》第508条第2款[①]规定，被执行人为公民或其他组织的执行案件，抵押权人可直接申请参与分配，这是没争议的。争议在于能否扩大到全部执行案件。除上述情况引起的分配方案异议之诉，还有案外人执行异议之诉，我上网搜索发现很多单个执行案中，抵押权人没有与主合同一并主张，也没有按担保物权实现特别程序取得执行依据，先以主债权生效裁判为执行依据，执行立案后，主张抵押权。特别在第三人提供抵押的情况下，第三人不是借款合同案当事人，引起案外人执行异议之诉，申请执行人的执行依据又没有抵押权，这又涉及在执行异议之诉中能否审理抵押权，如审了，会不会违反《民事诉讼法》第227条对执行依据有异议的规定？总之，对抵押权行使的诉讼程序、特别程序与执行程序的衔接规则，由此引起的异议之诉审理范围，如能审，就涉及长军兄的三个问题，对主债务诉讼时效期间与执行时效期间的衔接问题。

王长军：个人认为，抵押权人在执行中直接申请参与分配与第二个问题有区别，因为此时主债权的时效显然未过，法院也未对主债权作出判决。第二个问题是三个问题的前提，只有把这个问题弄清了，其他两个问题就好解决了。

周家开：我们也作了部分调研，从目前对部分抵押权人的了解看，不一并主张抵押权的目的是及早拿到生效文书，进入执行程序，有的认为如一并主张，债务人会上诉申诉，涉及首封及哪个法院有先处置权问题。法院执行部门认为，《民事诉讼法司法解释》第508条规定，抵押权人可以直接申请参与分配，那直接申请执行或在执行中主张行使抵押权也不会有问题。因有单个执行案，也有申请参与分配情况，由此引发执行异议之诉或分配方案异议之诉。我想再扩大范围调研一下，抵押权人不一并主张，是否还有其他原因或目的？执行部门直接增加行使抵押权除了提高执行效率外，是否还有其他原因？对申请执行人及案外人等当事人的权利保护路径是什么？等等问题。

王长军：债权人一并主张主债权、抵押权，成本最低，效率最高。分开主张难以理解，且产生本案的争议问题，尤其是第二个问题。对于第二个问

① 对应《民事诉讼法司法解释》(2022年修正)第506条第2款。

题，我个人赞同诉讼时效消灭说，理由：（1）法院判决处理后，还继续计算主债权的时效实无意义；（2）执行时效应当独立于诉讼时效，独立计算，其起算时间及一些规则也与诉讼时效不同。照此理解，根据《物权法》第202条即现在《民法典》的第419条“抵押权人应当在主债权诉讼时效期间行使抵押权；未行使的，人民法院不予保护”的规定，不支持其抵押权。实体结果虽不利于抵押权人，但也是其自身所致。

周家开：对，即使在后来的异议之诉中，对方主张抗辩时效问题，也要审查。抵押权人并不经济。

王长军：是的，成本更高。

【总结及倾向性意见】

关于抵押权人在诉讼程序仅主张债权未主张优先受偿权的，能否在执行程序中主张优先受偿权，一种观点认为，抵押权人在诉讼中仅主张债权未主张优先受偿权的，在执行程序中不得再主张优先权。其主要理由是，债权人分别主张并不具有值得保护的正当利益，因此应当通过规定在诉讼程序中不主张抵押权就产生失权效果的方式，倒逼抵押权人规范提出主张，从而避免程序反复。另一种观点认为，目前司法解释明确规定，抵押权人可以在执行程序中申请参与分配，主张优先受偿，并未区分是否在诉讼程序中提出主张，不允许抵押权人在执行程序中主张抵押权无法律依据。

【代表性学术观点】

最高人民法院执行局认为，抵押权人虽在人民法院审理主合同时没有主张抵押权，但是只要在诉讼时效期间内，抵押权人仍然有权单独就抵押合同主张抵押权，人民法院在处理抵押物时也有义务保障抵押权人对抵押物变现价值的优先受偿权。但是，人民法院在执行程序中对抵押权是否存在只能进行形式审查，如果其他人对于抵押权人是否享有抵押权存在实体异议，则抵押权人的抵押权应通过诉讼程序确认后才能在执行程序中得到保护。[①]

周家开认为，（1）执行异议之诉中如何认定抵押权行使期间问题，涉及抵押权行使期间与主债权诉讼时效、申请执行时效如何认定与衔接。未取得胜诉判决支持的主债权诉讼时效中断的，抵押权行使期间也随之发生同样的法律效果上的变化，即主债权诉讼时效中断，抵押权行使期间也中断。根据《民事诉讼法》“申请执行的期间为二年。申请执行时效的中止、中断，适用法律有关诉讼时效中止、中断的规定”，已取得胜诉判决支持的主债权不再适用主债权诉讼程序中的诉讼时效，而是适用申请执行期间的规定，由于申请执行期间也适用诉讼时效的一般原则，即主债权诉讼时效终止，开始计算申请执行期间，申请执行期间适用诉讼时效的规定，可以中断。未超过申请执行期间的，人民法院对抵押权予以保护；超过申请执行期间的，人民法院对抵押权不再保护。理由有三：一是抵押权是物权，本身并不适用诉讼时效。之所以将其与诉讼时效挂钩，是因为抵押权的长期存在会影响抵押物的经济效用，同时又是主债权的从权利，因此，借鉴其他国家和我国台湾地区的做法才会将抵押权的存续期间与主债权的消灭时效或者诉讼时效挂钩。二是既然《民法典》第419条规定抵押权的行使期间与主债权的诉讼时效挂钩，那么理当是一种可变期间。抵押的目的是担保债权的实现，诉讼时效的中断会影响债权的实现进程，但在债权并未消灭的情况下，抵押权的行使期限过窄不符合担保目的。三是主债权获得生效判决的支持后，自然不再存在诉讼时效的问题。而应当适用申请执行时效的规定。申请执行是法律保证当事人胜诉权的程序，是司法公正与权威的体现。如果抵押权的行使期限是固定期限的话，当事人的胜诉权就无法保障。超过申请执行时效后，主债权与抵押权均不应获得保护。有观点认为，抵押权存续期间过长会给抵押人造成损失，抵押权人一并主张抵押权并无客观障碍，所以不应当延伸到执行期间。但抵押权一般以登记生效或者获得对抗效力，而公示的意义在于维护交易安全。《民法典》第406条已经规定抵押物的转让不必经抵押权人的同意，同时转让后亦

---

① 最高人民法院执行局：《执行法院能否保护抵押权人未经诉讼程序确定的抵押权》，载最高人民法院执行工作办公室编：《执行工作指导》2006年第1辑，人民法院出版社2006年版。

不会影响抵押权的实现。因此，抵押财产的交易并无客观障碍，也无给抵押人造成损失的实际情形。涤除抵押权的路径是消灭主债权。在抵押人非债务人的情况中，抵押人通过清偿债权使主债权消灭的，也会获得对债务人的追偿权。因此，不应太过于限制抵押权人的权利，申请执行时效同样适用于抵押权的行使期间。据此，由于申请执行期间也适用诉讼时效的一般原则，即主债权诉讼时效终止，开始计算申请执行期间，申请执行期间适用诉讼时效的规定，可以中断。未超过申请执行期间的，人民法院对抵押权应予以保护。（2）关于执行异议之诉对抵押权效力的审查问题，应当审查，但不应作出确权判项。执行异议审查部门对案外人异议的审查主要属于程序性和阶段性审查，而对于认定案外人是否享有足以排除强制执行的民事权益则属于实体救济，应当经诉讼程序予以审查并最终确定，两者的审查标准和程序均存在明显不同。因此，审理执行异议之诉案件时，应当对案外人享有什么样的实体权利，该权利能否阻却执行作出最终的实体判决。[①]

【典型案例】

周某1与石某某执行分配方案异议之诉案

案号：江苏省高级人民法院（2018）苏民终1345号

【裁判要旨】

抵押权人在取得执行依据时，未主张优先受偿权的，不影响抵押权的效力，不影响在执行程序中依法行使抵押权，对抵押物拍卖所得价款享有优先受偿的权利。

【基本案情】

2014年5月30日，石某某与王某某签订了房地产抵押担保借款合同一份，约定将王某某所有的坐落于上海市的房地产抵押给石某某，并于同日办

① 参见周家开：《执行异议之诉中抵押权实现的相关问题探析——以〈民法典〉第419条为视角》，载《法律适用》2021年第5期。

理了抵押权登记，登记债权数额为800万元。

2014年9月28日，镇江市中级人民法院（以下简称镇江中院）就石某某与王某某、周某2、周某3民间借贷纠纷一案，作出（2014）镇民初字第67号民事判决，判令王某某、周某2、周某3偿还石某某借款795.58万元及利息。

2015年8月20日，镇江中院就周某1诉周某4、镇江亨利达融具设备有限公司、李某某、王某某民间借贷纠纷一案，作出（2014）镇民初字第177号民事判决，判令周某4、镇江亨利达融具设备有限公司、李某某、王某某内向周某1偿还借款本金991.5万元及利息；周某4、镇江亨利达融具设备有限公司、李某某向周某1偿还借款2000万元及利息。

2016年5月26日，在石某某启动的执行程序中，镇江中院对王某某名下位于上海市房地产进行公开拍卖，成交价为7 427 300元。

2016年6月23日，周某1向镇江中院提交参与分配申请，申请参与分配。镇江中院于作出（2014）镇执字第253号分配方案，因记载于上海市房地产登记簿中上海市产抵押权人为石某某，设立抵押登记的债权数额为800万元，该房地产拍卖价款不足以清偿优先受偿的债权，故无剩余价值可供普通债权人分配。各债权人的具体分配数额为：（1）石某某：7 427 300元（优先受偿）；（2）周某1：0元。周某1不服，提起分配方案异议之诉。

镇江中院认为，《物权法》第9条规定：不动产物权的设立、变更、转让和消灭，经依法登记，发生效力。《物权法》第179条规定：为担保债务的履行，债务人或者第三人不转移财产的占有，将该财产抵押给债权人的，债务人不履行到期债务或者发生当事人约定的实现抵押权的情形，债权人有权就该财产优先受偿。本案中，王某某作为债务人将其所有的坐落于上海市屋抵押给石某某，并办理了抵押登记，抵押权合法有效，石某某作为抵押权人对抵押财产享有优先受偿的权利。周某1提出（2014）镇民初字第67号民事判决书中确认的石某某债权与抵押权所担保的债权并非同一债权，但未能提供证据予以证实。石某某与王某某虽于2014年5月30日签订了房地产抵押担保借款合同，但并不能表明抵押权所担保的借款系2014年5月30日当日发生，该合同中约定的债务履行期限系还款期限，亦不能表明抵押权所担保的借款系新的借款。石某某在（2014）镇民初字第 67 号案件中并未提出关于抵押权的诉讼请求，（2014）镇民初字第 67 号民事判决书中未对抵押权作出确认，并不影响抵押权的效力，不影响石某某作为抵押权人依法行使抵押权，对抵押物拍卖所得价款享有优先受偿的权利。因抵押财产即坐落于上海市屋公开拍卖的成交价为 7 427 300 元，尚不足以清偿债权人石某某优先受偿的债权，故无剩余价值可供普通债权人周某 1 分配，（2014）镇执字第 253 号分配方案并无不当。判决驳回周某 1 的诉讼请求。周某 1 不服一审判决，上诉至江苏省高级人民法院。

江苏省高级人民法院认为，一审判决认定事实清楚，适用法律正确，应予维持。判决驳回上诉，维持原判。

（讨论整理及后续评论：王赫）

让与担保与优先受偿权

【发言群友】

王长军、李志刚、杨代雄、谢鸿飞、高圣平、纪海龙、王文胜、李宇、冯文生

【讨论时间】

2019年9月

【讨论实录】

王长军：以不动产或股权设定让与担保，债权人对担保物是否享有优先受偿权？一种观点认为不享有，因为物权法定原则。另一种观点认为享有，因为可以参照抵押权或质权处理。您怎么看？

李志刚：话说“让与担保”本身取得的是股权或者所有权，不是担保物权，取得转让对价，与其他债权人无涉，是否必须要回到“担保法”中“优先受偿权”的话语体系？更进一步，商事领域的让与担保，本来就是为了交易便捷，克服担保物权实现过程的冗长和诸多不便。在意思自治、估值和价格变动的风险自担的缔约方式下，必须清算，是不是一种“父爱主义”？如果此次制定《民法典》能有效回应商事交易中的让与担保需求，真正肯定其便捷性和正当性，可能要大大降低整个市场的交易成本。

杨代雄：从交易目的看，债权人取得所有权系以担保为目的，即所谓担

保性所有权，实质上发挥了担保物权的作用；又因为物权法上有流质约款禁令，所以债权人有清算义务。问题的根本在于：流质约款禁令是否仍需贯彻。

李志刚：当然，如果是民事交易中的让与担保，对于普通民事主体给予强制清算的保护，防止资本对生存权的过度掠夺，可能仍有必要。

让与担保与隐藏行为

王长军：《民间借贷司法解释》第24条对让与担保第一次作出了规定，确认其合同效力，但未承认债权人对担保物的优先受偿权，核心就是囿于物权法定原则。最高人民法院在（2019）最高法民终133号判决里面，承认了让与担保对股权的优先受偿权。《民商审判会议纪要》（最高人民法院民二庭向社会征求意见稿）第42条第2款“抵债物已经交付债权人或者已经办理权属变更登记的，以物抵债协议性质上属于让与担保，可以参照《物权法》抵押权或者质权实现的相关规定处理”的观点与该判决观点相同，看来最高人民法院在此问题上又进了一步。

“让与担保”分为“让与”和“担保”两个行为。“让与”属于虚伪意思表示，“担保”则是隐藏行为；“让与”行为无效，债权人不能取得股权或所有权，但“担保”行为符合《民法总则》第143条则有效，只能按照担保来处理。倘若不按照担保处理，最终实施清算，即使在商事交易中，也很容易被债权人利用其强势而导致流质或流押，损害债务人或第三人的利益。

商事担保的语境与评价

李志刚：作为商事主体的债务人（抛开民事主体，比如股东的股权让与担保）不具备股权价值判断能力和交易风险的判断能力吗？股民炒股亏了，是否要“刚性兑付”呢？股民炒股亏了，不仅损害了自己的利益，还损害了股民的其他债权人的利益。有担保物权制度，当事人却不用，不是说明当事人都要“隐藏”，可能还是立法的制度供给不足，而不得不通过合同的开放性来创造新的交易模式。

现行担保物权的弊端在于：（1）诉讼、执行、实现程序较长，成本较高；（2）随时可能受他人查封阻遏；（3）高估流拍，强行抵债；（4）随时接受破产程序的阻遏。商事让与担保交易中，债务人权益受损害，某种意义上是假想的问题。债务人是理性交易主体，10万元的东西，不太可能1万元就通过让与担保转让出去——如果肯定其效力而不是强制清算，其会更理性地评估，而不是拖入另一个冗长的清算程序。债权人可能也不是一个能力强大的"掠夺者"预设（强买强卖罕见），而是想要如何快捷地、低成本地实现债权。故让与担保肯定不是物权法内生的，而是从交易现实中产生的——为什么一定要框定到立法和理论的预设当中去呢？如果没有《合同法》第52条规定的无效情形，按照合同约定履行，有何不可呢？

谢鸿飞：赞同李志刚的基本思想。《物权法》第195条提供了折价、拍卖、变卖三种方式供当事人约定，但未达成协议的，抵押权人"可以请求人民法院拍卖、变卖抵押财产"，并没有规定双方无法达成协议时，债权人是否可以自行拍卖和变卖抵押财产。实践中，权利让与型的让与担保因为赋予了债权人名义上的股权等，这意味着债权人可以自行变卖或拍卖，似乎解决了担保物权实现的效率问题。另外可解决的一个问题是如何维持担保物的价值。如双方依据在担保合同中约定，作为担保物的不动产或者股票等的市价下跌20%时，债权人可以行使担保物权。通过让与担保的方式，债权人作为权利人，可以出售房地产或股票及时止损，对债权人和债务人都有利。未来如果动产担保登记统一，且登记能力提升，足以消灭隐蔽担保的话，全面承认权利让与型担保似乎可行，法律承认可以为让与担保交易中的权利移转提供登记依据。但可能有一个问题：既然让与担保最能保障债权人的利益，债权人通常又强势，那么是否会出现债权人都选择让与担保，从而架空其他担保方式的可能呢？

李志刚：谢鸿飞老师提供的立法背景和思路非常有启发，看来立法者已经考虑到这一问题。不过个人认为，20%标准不可行，因为这一程序仍然冗长和充满争议。

比较法的视角

高圣平：在日本，因让与担保的制度优势，其他典型动产担保交易形式以及融资租赁，已经日渐式微。商人有商人的逻辑，如果典型担保制度设计得过于严苛，自然会采取其他更为便捷的方式。

杨代雄：有这个可能性，趋利避害，人总是倾向于选择最便利的行为方式。

谢鸿飞：我觉得可能问题在于：是什么使让与担保如此盛行，传统的担保有什么重大缺陷？如果是执行效率或者自己执行难（抵押权情形，债权人无法直接变卖物），是否可以改进担保物权执行方式？比如，用《荷兰民法典》第3编第248条的模式，直接赋予质权人执行实现权利的模式；或者《美国统一商法典》中的模式，抵押权人没有违反和平秩序时，可执行取得抵押物；或我国台湾地区动产担保交易的方式，动产抵押人有损抵押物价值时，抵押权人可直接取得抵押物的占有？

李志刚：自行执行，困难重重。融资租赁中，出租人行使租赁物取回权，难于上青天。

谢鸿飞：是的，我们不太可能。

纪海龙：让与担保在德国特别发达，以动产提供担保的，德国以让与担保和所有权保留为主（德国无动产抵押）。让与担保不适用通谋虚伪表示的规定，在德国是通说。让与担保也不违反物权法定，因为并没有新的物权种类被创设。

高圣平：主要是实行问题。我们物权法上全面否定私的实行，我记得在参加物权法起草时，当时我建议把私的实行加进去，但遭到普遍的反对。主要理由在于，社会信用状况不够理想。这次民法典编纂时，也是这个理由。

谢鸿飞：制定民法总则时，对自助行为的讨论也是一样的，这个可以理解。

债权人的缔约优势

王长军：让与担保确有许多优于抵押、质押的优势，如可用于设立让与担保的标的物比抵押、质押财产范围要更为广泛，动产、不动产、财产权利等一般均可用于设立让与担保；一些因担保登记不完善而无法设立担保物权的财产，或因政策原因而不能为债权人办理担保登记的财产，也可运用让与担保模式来担保债权实现；让与担保最有利于债权人利益的维护等。但从我国的现实来看，一旦赋予流质型让与担保，可能会造成极为不公的后果。实务中，有的债务人为了借款，每月五分甚至七八分的利率都借。

李志刚：借款利率由借款合同调整，二者不应捆绑。

王长军：债务人危难之时，什么条件都可答应。

纪海龙：龙俊博士在《法学》2019 年第 1 期发表了《民法典物权编中让与担保制度的进路》一文。

李志刚：我相信这肯定不是立法和司法预设，也不是普遍的现实。如果债权人强势，债务人什么条件都可以答应，是一种立法预设，那整个合同法可能要重新改写。

王长军：一个真实的案例：甲公司向乙借款 1500 万元，月利率三分。甲公司用它开发的价值 5000 余万元的商品房设定让与担保，全部通过网签备案到乙的名下。再如，银行办抵押借款，一般都按抵押物的六七折贷款，如允许流质型让与担保，抵押、质押定将大幅降低，公正问题必将凸显。通常商人以追求最大利润为目的，一旦允许流质型让与担保，债权人以其强势（尤其是借款合同中）签订不公平的让与担保将不是个案。再则，如果许可流质型让与担保，则必将导致承认流质契约，二者的弊端是一样的。

李志刚：（1）利率不应纳入考量，如果觉得利率高了，立法可以规定利率上限为 6%，乃至 1%。（2）抵质押，实现担保物权，除了冗长的程序，还要经过层层收费剥皮，实际上六七折已经是市场均衡价。尚未看到如期按约实现抵押权，并且溢价实现担保债权的案例。（3）如果您是债务人，在法律明确认可让与担保有效且无须清算的情况下，是否会将自己的财产以六折转让给债权人？

王长军： 通过司法程序实现担保物权效率确实较低，付出了时间成本，但可通过担保物权的特别程序，加快执行中的网评、网拍来提高。但时间成本有助于确保公平公正。倘若准许流质型让与担保，以我国的现状来看，后果必将令人担忧。

李志刚： 担保物权实现程序经不起异议的轻松挑战，执行程序的网评、网拍程序，比之前有所提升，但实行时间和实行的受偿率，建议还可以做个实证统计。如果真的这么好用，可能也不会沦落到借道让与担保的地步了。

如果说诚信的话，债权人的诚信、不诚信可以写在纸上、合同上。但一旦拿到钱，到追偿时候，债务人的诚信，就不好评价了。如果诚信是评价因素的话，那么让与担保对于防范债务人的不诚信，就太有必要了。倒是债权人是否诚信，在让与担保合同上，可以一览无余。

让与担保与自力救济

王文胜： 在我的知识体系中，让与担保就是以所有权来实现担保的目的，根本不是什么特殊的担保物权制度。现在讨论中那么多纠结，本质上就是“父爱”泛滥。

李　宇： 在不承认自力实现的情况下，让与担保的作用也无法高估，尤其是动产、不动产的让与担保。在物处于债务人占有中时，让与担保权利人同样面临变卖、拍卖和执行的困扰。也就是股权等权利让与担保，可能稍有点优势。

李志刚： 便利性和困扰，通过当事人的交易模式选择即可知晓。个人不太相信，当事人会抛弃一个法律设定好的担保物权制度设计，舍近求远去选择一个吃力不讨好、充满风险、交易成本更高的交易模式。

冯文生： 合同及有名合同都是制定法为社会经济提供的制度工具，当事人从这个工具袋中挑选什么工具，怎么使用这些工具，构筑什么交易模式，达到什么目的，发挥什么功能，应该是他自主自责的事。

李志刚：那强制清算问题呢？

冯文生：所谓“让与担保”，是相关交易中的事实认定问题，是就作为法律关系客体的“行为”另行达成合意，不应当从合同主从关系出发生拉硬扯，应当纳入现行法律框架中来分析。强制清算，主要是为了防止架空物权担保制度并防止债务人与债权人利益明显失衡。

【规范梳理】

1.《民间借贷司法解释》（法释〔2015〕18号）第24条[①]规定：“当事人以签订买卖合同作为民间借贷合同的担保，借款到期后借款人不能还款，出借人请求履行买卖合同的，人民法院应当按照民间借贷法律关系审理，并向当事人释明变更诉讼请求。当事人拒绝变更的，人民法院裁定驳回起诉。按照民间借贷法律关系审理作出的判决生效后，借款人不履行生效判决确定的金钱债务，出借人可以申请拍卖买卖合同标的物，以偿还债务。就拍卖所得的价款与应偿还借款本息之间的差额，借款人或者出借人有权主张返还或补偿。”

该条规定在理论上和实务上并未能够提供足够的规则支持。因登记的技术与理论障碍，通过合同模式对让与担保现象予以规制，仍为最佳选择。《民法典担保制度司法解释》第68条就是《民法典》第388条的生根动作。

2.《民法典担保制度司法解释》第68条规定：“债务人或者第三人与债权人约定将财产形式上转移至债权人名下，债务人不履行到期债务，债权人有权对财产折价或者以拍卖、变卖该财产所得价款偿还债务的，人民法院应当认定该约定有效。当事人已经完成财产权利变动的公示，债务人不履行到期债务，债权人请求参照民法典关于担保物权的有关规定就该财产优先受偿的，

① 该司法解释已于2020年修正，《民间借贷司法解释》（2020年12月23日修正）第23条规定：“当事人以订立买卖合同作为民间借贷合同的担保，借款到期后借款人不能还款，出借人请求履行买卖合同的，人民法院应当按照民间借贷法律关系审理。当事人根据法庭审理情况变更诉讼请求的，人民法院应当准许。按照民间借贷法律关系审理作出的判决生效后，借款人不履行生效判决确定的金钱债务，出借人可以申请拍卖买卖合同标的物，以偿还债务。就拍卖所得的价款与应偿还借款本息之间的差额，借款人或者出借人有权主张返还或者补偿。”

人民法院应予支持。债务人或者第三人与债权人约定将财产形式上转移至债权人名下，债务人不履行到期债务，财产归债权人所有的，人民法院应当认定该约定无效，但是不影响当事人有关提供担保的意思表示的效力。当事人已经完成财产权利变动的公示，债务人不履行到期债务，债权人请求对该财产享有所有权的，人民法院不予支持；债权人请求参照民法典关于担保物权的规定对财产折价或者以拍卖、变卖该财产所得的价款优先受偿的，人民法院应予支持；债务人履行债务后请求返还财产，或者请求对财产折价或者以拍卖、变卖所得的价款清偿债务的，人民法院应予支持。债务人与债权人约定将财产转移至债权人名下，在一定期间后再由债务人或者其指定的第三人以交易本金加上溢价款回购，债务人到期不履行回购义务，财产归债权人所有的，人民法院应当参照第二款规定处理。回购对象自始不存在的，人民法院应当依照民法典第一百四十六条第二款的规定，按照其实际构成的法律关系处理。”

《民法典担保制度司法解释》第 68 条的规范意义在于以下三点：

第一，承认了权利移转型让与担保，即当事人已经完成财产权利变动的公示，债务人不履行到期债务，债权人得请求参照《民法典》关于担保物权的有关规定就该财产优先受偿，除非约定具有法定无效情形。

第二，在让与物权的担保中，无论当事人所约的财产权利变动经过公示与否，债权人均不能在实质上取得该财产的物权，只可在外观上是该财产的物权人。换言之，在债权人与担保人之间，不发生物权变动，但在债权人与第三人之间，只要该财产的物权转移至债权人之手已经公示，该第三人对此合理信赖，即信赖外观上昭示的债权人是该财产的物权人，那么，法律就应当保护这种信赖，应当适用《民法典》第 216 条关于公信原则的规定。在债权人以物权人的身份处分该财产与第三人，该第三人主张取得该财产物权的情况下，应当适用《民法典》第 311 条第 1 款的规定，发生该第三人善意取得该财产物权的效果。

第三，在让与担保的物权转移已经公示的背景下，之后要债务人不履行债务，那么，债权人对担保人虽不可主张已经取得该财产的物权，但有权依据《民法典》关于担保物权的规定，使其债权优先受偿。[①]

【代表性学术观点】

最高人民法院民事审判第二庭认为，（1）关于让与担保的合同效力。随着《民法典》明确规定了当事人可以签订其他具有担保功能的合同设立担保物权，对于非典型担保合同的效力问题，理论界和实务界多数倾向于认可让与担保合同的效力。一是以虚伪意思表示为由认定让与担保无效缺乏法律依据。让与担保是集担保和让与性于一身的行为，属于特殊的担保类型，该合同本身并未违反法律、行政法规的强制性规定。让与担保的当事人以真意进行所有权的让与行为，尽管转让所有权的意思旨在实现担保的目的，但该意思系当事人真实意思表示，并非欠缺效果意思的通谋虚伪表示。二是认可让与担保合同的效力并未违反物权法定原则。物权法定原则的内涵是物权的种类、内容、效力以及公示方法由法律规定，原则上不能由法律之外的规范性文件进行规定，也不允许当事人自由创设物权的种类、内容、效力以及公示方法。根据区分原则，物权法定原则本身并不影响合同的效力，对于让与担保合同的效力仍应按照《民法典》第153条的规定认定。三是关于让与担保是否违反流质、流押条款的问题。《民法典》虽未明确规定让与担保，但通过第401条、第428条对流押、流质条款的修改，足以产生让与担保的制度效果。在我国司法实务中，不应简单地认定该担保形式无效，尤其不应依据有关流押或流质之禁止规定认定担保合同无效。但是关于债权人和债务人约定不履行到期债务，财产归债权人所有的约定的效力问题，因让与担保本质上属于非典型担保，债权人签订让与担保合同的目的在于支配财产的交换价值而使债权获得清偿，而不是取得财产的所有权，如果承认该约定的效力，债务人届期不履行债务时，债权人不经过任何清算过程即可获得财产所有权，有违担保的本质，应否认债权人可以取得财产所有权的事先约定效力，避免债权人乘债务人之急而滥用优势地位，通过压低担保物价值的方式谋取暴利。

---

① 崔建远：《对非典型担保司法解释的解读》，载《法治研究》2021年第4期。由上述论述可知，崔老师持债权人所为处分为无权处分的观点。这与权利移转型担保法理是否相悖，与代持、借名的辨识路径不无讨论空间。

（2）关于让与担保的权利实现程序。《民法典》旨在消灭隐形担保，而让与担保通过协议的方式即可完成，具有很强的隐蔽性，让与担保具有物权效力的前提是，当事人根据合同的约定完成了财产权利变动的公示方法，形式上已经将财产转让至债权人名下。具体而言，动产已经完成了交付，不动产或者股权等则应当为债权人完成变更登记。仅签订让与担保合同而未完成权利变动公示的，不具有物权效力。让与担保属于非典型担保，其担保物权的效力应当参照最相类似的担保物权，在合同中未约定债务不能清偿时具体的清算办法时，法院可基于《民法典》第 401 条、第 428 条的规定，认定债权人对相应标的物的优先受偿权，其中动产让与担保应参照动产质押，不动产让与担保应参照不动产抵押的相关规定。债权人可以请求参照《民法典》关于担保物权的规定对财产折价或者以拍卖、变卖该财产所得的价款优先受偿。此外，债务人履行债务后也可以请求返还财产，或者请求对财产折价或者以拍卖、变卖所得的价款清偿债务。

我国台湾地区新近案例有让与担保担保物权说的动向，也引发了我国台湾地区学者重视。我国台湾地区 2019 年台上字第 2447 号民事判决认为，“信托的让与担保”，系指债务人或第三人为担保债务人之债务，将担保标的物之财产权移转于担保权人，担保权人仅于担保之目的范围内，取得担保标的物之财产权。因属于担保物权性质，就具有登记公示外观之不动产，其让与担保之成立，仅需办理所有权移转登记与债权人为已足，故不以交付不动产担保物之占有为要件，担保之债务清偿后，标的物应返还于债务人或第三人；债务不履行时，担保权人得依约定方法就该担保物取偿。

正如学者所言，该判决的争议解决并未涉及第三人或信托让与担保是否为物权的争议、担保物权的见解，并非作出判决结论所必需的主要理由，而是附带提及的旁论，既非必要，见解后与现行规定抵触。

物权行为形式主义下，不动产物权行为非经登记即不生效力，其登记是指当事人拟设定的物权登记，不是只要有某一种登记掩护，即可设定取得当事人合意创设的物权。

对此，**陈荣传**评价，即使信托让与担保为担保物权，因甲、乙是依法律行为而设定，但未就该设定行为予以登记，其设定该物权的不动产物权行为，即因未登记，而不生效力。本判决的甲、乙协议为信托让与担保后，虽已办理移转所有权的登记，但因该登记为纯粹的所有权移转登记，为注记乙受让的所有权不是一般的所有权，而是所有权内容受到限制的担保物权，因此，该登记并非信托让与担保的登记。

陈荣传认为，信托让与担保是以移转所有权的方式，设定担保物权，其移转的所有权，是以所有权为名的担保物权，不是民法所规定的所有权，其拟设定的担保物权，尚无明文规定，也难认为是依习惯形成之物权。在不动产物权登记实务上，无法为让与担保的物权登记，故即使民法已采用较缓和的物权法定主义，仍不宜将不动产信托让与担保，定性为担保物权。

在物权行为具有独立性并采形式主义及无因性理论的前提下，信托让与担保的约定仅具有债权效力，发生物权变动效力的，是移转所有权的行为。因此，乙虽已取得所有权，其所有权亦与一般所有权无异，但甲之占有是以信托让与担保的约定为权源，故为有权占有。

若担保物尚未交付占有，应认担保权人于清偿期届至而未受债权之清偿，请求债务人或第三人交付担保物之占有时，仍负有清算担保物价值之义务，且期价值如超过担保之未偿债权，并应返还剩余价值与债务人或第三人。倘担保权人应返还清算后担保物之剩余价值，与担保物本身之价值非显不相当，其所负返还剩余价值之义务与债务人交付担保物之占有间，尤有同时履行抗辩规定之适用。

依据担保权的基本法理，清算担保物的卖得价金，以清偿被担保的债权，结算余额再返还给债务人。仅为关于担保的意定之债，此种担保关系的当事人互负债务。①

谢在全追溯判例法之进程重新思考让与担保现象，提出“于民法明文承认习惯法得形成物权之后，判决诚宜尽早宣示让与担保系习惯法所形成之担保物权，俾为其打开登记之门，更促进流动性集合动产、债权让与担保之运用及发展，融资担保工具迈向多样化，孕育工商经营之友善环境，助益经济

① 陈荣传：《让与担保与担保物权的距离》，载我国台湾地区《月旦法学教室》2021 年第 1 期。

之推进及产业之转型升级”。[①]

如果把消灭隐形担保作为民法典担保物权制度构建的核心思路的话，缺乏公示的先天缺陷决定了让与担保民法典的进路。[②]

我国台湾地区 2020 年台上字第 2634 号有关请求所有权转移登记的案件的判决认为：按解释当事人之契约，应以当事人立约当时之真意为准，真意何在，应以过去事实及其他一切证据资料为断定之标准，不能拘泥文字致失真意。又让与担保，系指债务人或第三人为担保债务人之债务，将担保标的物之财产权移转于担保权，担保权人仅于担保之目的范围内，取得担保标的物之财产权。因属担保物权性质，就具有登记公示外观之不动产，其让与担保之成立，仅需办理所有权移转登记与担保权人为已足，债务不履行时，担保权人得依约定方法就该担保物取偿。亦即，担保权人可取得标的物之一定价值，用以优先清偿担保之债权，此际担保权人不论以变卖受偿或估价受偿（包括担保物所有权确定由担保权人取得）方式，进行换价处分及优先受偿程序，担保权人均负有清算之义务。如担保物价值超过担保之未偿债权，并应返还剩余价值与债务人或第三人。

在我国台湾地区 2020 年台上字第 3214 号请求给付票款案件的判决中，则认为：物权除依法律或习惯外，不得创设。亦即物权得依习惯而创设。一般民间习惯，常见债务人因担保自己债务之未来的履行，与债权人约定将自己财产所有权移转于债权人（受让人），债务履行期届至，如有不履行该担保目的之债务时，经债权人实行清算后，除债务人清偿该债务得向受让人请求返还担保物外，受让人即确定取得担保物之所有权。唯该担保物价值高于应履行债务之价额者，债务人得向受让人请求偿还其差额。此类以担保为目的而移转担保物所有权予债权人之担保物权设定，即为学理所称让与担保。民间惯行之让与担保制，本于契约自由，及物权法已有习惯物权不违背物权法定主义法文，执法者自无否定其有效性之正当事由。让与担保之标的以物供担保者，包括不动产与动产，因让与担保具有物权效力，为保障第三人交易

① 谢在全：《判例法之进程——以让与担保为例》，载我国台湾地区《月旦法学杂志》2021 年第 3 期。
② 参见龙俊：《民法典物权编中让与担保制度的进路》，载《法学》2019 年第 1 期。

安全，与一般物权之取得、设定、丧失及变更同，应有公示方法，不动产以登记、动产以占有为之，但非不得依一般惯行之公示方法为之。以票据权利为标的者，其外观公示方法，因背书交付移转“占有”而有公示作用。

【典型案例】

黑龙江闽成投资集团有限公司与西林钢铁集团有限公司民间借贷纠纷案

案号：最高人民法院（2019）最高法民终133号

【裁判要旨】

当事人约定以股权转让的方式担保债权实现，若为双方真实意思表示，且无流押、流质之约定时，则合同有效。若双方对于股权变动进行了变更登记，则该股权转让可产生对抗第三人的物权效力，债权人可就该股权优先受偿。

【基本案情】

2014年6月20日，西林钢铁集团有限公司（以下简称西钢公司）与刘某某签订《协议书》，约定西钢公司向刘某某借款本息合计约为7.24亿元，现西钢公司无力偿还，同意将其持有的逊克县翠宏山矿业有限公司（以下简称翠宏山公司）64%的股权转让给刘某某。西钢公司与翠宏山公司在工商部门办理了翠宏山公司股东变更登记。2015年8月13日，双方签订《补充协议书》，约定1年内若西钢公司不能偿还全部欠款，则刘某某有权对外出让翠宏山公司的股权。

后闽成公司向法院起诉，请求对刘某某所持有的翠宏山公司64%的股权折价、拍卖、变卖所得价款优先受偿。法院查明，闽成公司为实际债权人，确认有其行使债权。

【裁判观点】

关于闽成公司是否有权就翠宏山公司64%股权优先受偿的问题，黑龙江省高级人民法院一审认为:(1)案涉合同系各方当事人的真实意思表示，其内容不违反法律、行政法规的效力性禁止性规定，又无导致合同无效的法定情形，应认定为合法有效。虽然西钢公司辩称其与闽成公司为转移西钢公司的优良资产，通过虚增西钢公司债务的方式，签订了案涉系列协议，该协议均非当事人的真实意思表示，但其并未提供证据证明该主张。(2)《借款合同》均约定以翠宏山公司64%股权提供担保，2014年6月13日《协议书》及2015年8月13日《补充协议书》亦约定以股权转让的形式保证刘某某债权的实现，刘某某没有实质持有该部分股权的意愿。据此可以确认，双方签订该合同的真实目的并非真正实现股权转让，而是对案涉债务提供担保。(3)但根据物权法定及物权公示的原则，其不具有物权效力，亦不具有对抗第三人的效力。同时，因西钢公司与刘某某之间没有真实转让翠宏山公司64%股权的意思，案涉翠宏山公司64%股权的实际权利人仍为西钢公司。因黑龙江省伊春市中级人民法院已于2018年6月11日受理了西钢公司的重整申请，如闽成公司以翠宏山公司64%股权优先受偿，视为对个别债权人的债务清偿，违反《企业破产法》第16条关于“人民法院受理破产申请后，债务人对个别债权人的债务清偿无效”的规定，故闽成公司关于以翠宏山公司64%股权优先受偿的诉讼主张，法院不予支持。

最高人民法院二审认为:

1. 根据合同约定的交易内容可见，双方签订股权转让协议的目的是以股权转让形式保证刘志平债权的实现，担保西钢公司按协议约定偿还借款。

2. 按照当事人《协议书》《补充协议书》约定将西钢公司名下翠宏山公司64%股权变更至刘某某名下，与前述以龙郡公司100%股权提供担保为同一性质的担保，并非真正的股权转让，而是将翠宏山公司64%股权作为对刘某某债权实现的非典型担保，即让与担保。有关让与担保的约定内容真实、自愿、合法，不具有合同无效情形，应为有效合同。同理，亦应认定以翠宏山公司64%股权设立的让与担保约定有效。

3. 对西钢公司有关《协议书》《补充协议书》系本案各方通谋虚伪意思表

示，依据《民法总则》第146条[①]规定和《企业破产法》相关规定，应属于无效的主张，不予支持。是否为《民法总则》第146条规定的“以虚假的意思表示实施的民事法律行为”，应当结合当事人在主合同即借款合同和从合同即让与担保合同中作出的真实意思表示，统筹作出判断。约定将债务人或第三人股权转让给债权人的合同目的是设立担保，翠宏山公司64%股权转让至闽成公司代持股人刘某某名下是为西钢公司向闽成公司的巨额借款提供担保，而非设立股权转让民事关系。对此，债权人、债务人明知。从这一角度看，债权人、债务人的真实意思是以向债权人转让翠宏山公司股权的形式为债权实现提供担保，“显现的”是转让股权，“隐藏的”是为借款提供担保而非股权转让，均为让与担保既有法律特征的有机组成部分，均是债权人、债务人的真实意思，该意思表示不存在不真实或不一致的瑕疵，也未违反法律、行政法规的效力性强制性规定。

4. 对西钢公司有关翠宏山公司股权设定的让与担保违反物权法定及物权公示原则、违反法律禁止流押流质的规定的主张，法院不予支持。首先，根据物权和债权区分原则，物权法定原则并不能否定上述合同的效力，即使股权让与担保不具有物权效力，股权让与担保合同也不必然无效。其次，让与担保虽非《物权法》等法律规定的有名担保，但属于在法理及司法实践中得到广泛确认的非典型担保。法院认为，《物权法》第186条[②]规定，抵押权人在债务履行期届满前，不得与抵押人约定债务人不履行到期债务时抵押财产归债权人所有；第211条[③]规定，质权人在债务履行期届满前，不得与出质人约定债务人不履行到期债务时质押财产归债权人所有。前述《物权法》禁止流押、禁止流质之规定，旨在避免债权人乘债务人之危而滥用其优势地位，压低担保物价值，谋取不当利益。如约定担保权人负有清算义务，当债务人不履行债务时，担保权人并非当然取得担保物所有权时，并不存在流押、流

① 现为《民法典》第146条。

② 现为《民法典》第401条。该条规定：“抵押权人在债务履行期限届满前，与抵押人约定债务人不履行到期债务时抵押财产归债权人所有的，只能依法就抵押财产优先受偿。”

③ 现为《民法典》第428条。该条规定：“质权人在债务履行期限届满前，与出质人约定债务人不履行到期债务时质押财产归债权人所有的，只能依法就质押财产优先受偿。”

质的问题。西钢公司与刘某某就以翠宏山公司 64% 股权设定的让与担保，股权出售价格应以“评估价格为基础下浮不超过 10%”的清算方式变现。上述约定不违反禁止流质流押的法律规定，应当认定上述约定有效。

5.《最高人民法院关于进一步加强金融审判工作的若干意见》第 3 条规定，依法认定新类型担保的法律效力，扩宽中小微企业的融资担保方式。除符合《合同法》第 52 条规定的合同无效情形外，应当依法认定新类型担保合同有效；符合物权法有关担保物权规定的，还应当依法认定其物权效力。

6. 对于前述股权让与担保是否具有物权效力，应以是否已按照物权公示原则进行公示，作为核心判断标准。本案讼争让与担保中，担保标的物为翠宏山公司 64% 股权。《公司法》第 32 条第 2 款规定，公司应当将股东的姓名或者名称向公司登记机关登记；登记事项发生变更的，应当办理变更登记。未经登记或者变更登记的，不得对抗第三人。可见，公司登记机关变更登记为公司股权变更的公示方式。《物权法》第 208 条第 1 款①、第 226 条第 1 款②及第 229 条③规定，在股权质押中，质权人可就已办理出质登记的股权优先受偿。举轻以明重，在已将作为担保财产的股权变更登记到担保权人名下的股权让与担保中，担保权人形式上已经是作为担保标的物的股份的持有者，其就作为担保的股权享有优先受偿的权利，更应受到保护，原则上具有对抗第三人的物权效力。这也正是股权让与担保的核心价值所在。本案中，西钢公司与刘某某于 2014 年 6 月就签订《协议书》以翠宏山公司 64% 股权设定让与担保，债权人闽成公司代持股人刘某某和债务人西钢公司协调配合已依约办妥公司股东变更登记，形式上刘某某成为该股权的受让人。因此，刘某某依约享有的担保物权优于一般债权，具有对抗西钢公司其他一般债权人的物权效力。

7. 认定刘某某对讼争股权享有优先受偿权，不构成《企业破产法》第 16 条规定所指的个别清偿行为。《企业破产法》第 16 条之所以规定人民法院受

---

① 现为《民法典》第 425 条第 1 款。

② 现为《民法典》第 443 条第 1 款，该款规定：“以基金份额、股权出质的，质权自办理出质登记时设立。”

③ 现为《民法典》第 446 条。

理破产申请后的个别清偿行为无效，一是因为此种个别清偿行为减少破产财产总额；二是因为此类个别清偿行为违反公平清偿原则。在当事人以股权设定让与担保并办理相应股权变更登记，且让与担保人进入破产程序时，认定让与担保权人就已设定让与担保的股权享有优先受偿权利，是让与担保法律制度的既有功能，是设立让与担保合同的目的。本案中，翠宏山公司 64% 股权已经变更登记至刘某某名下，刘某某就该股权享有优先受偿权利。根据在案证据，尽管案涉一系列借款合同、抹账协议、以翠宏山公司股权设定让与担保的协议及补充协议均以刘某某名义与西钢公司等签订，但银行转账记录等相关证据显示，闽成公司与西钢公司之间存在真实的债权债务关系。在闽成公司与刘某某之间对于股权代持关系并无争议的情况下，闽成公司主张就翠宏山公司 64% 股权优先受偿，法院应予支持。

8. 闽成公司对翠宏山公司 64% 股权享有优先受偿权。基于本案各方确认并经刘某某同意，将为担保闽成公司债权已设立让与担保的股权又出质给西钢公司债权银行，民生银行大连分行对翠宏山公司 64% 股权应优先于刘某某（闽成公司）受偿。

（讨论整理及后续评论：刘生亮）

股权让与担保的交易结构、法律关系与法律效力

【发言群友】

李志刚、朱虎、叶林、李宇、赵廉慧、陈敦、刘春梅、陆晓燕、任一民、李秀霞、王赫、王松、刘建功、熊丙万、周家开

【讨论时间】

2021 年 1 月

【沙龙实录】

股权让与担保中的争议问题

李志刚： 股权让与担保涉及多法交集，是理论与实务界争议较多的一个热点难点问题。就我个人有限的观察，至少包括以下几个方面的问题：

第一个问题，典型的股权让与担保与非典型的股权让与担保的区分和法律评价问题。

《民法典》并未给股权让与担保作完整的定义。通常而言，股权让与担保的叫法，是通过对一个交易过程的描述的方式进行定义。那么，如果我们对一个交易过程的描述和实践中具体的交易模式不太一致的时候，能不能也按

照典型的股权让与担保模式得出一个同样的结论？我给大家举个例子。

首先，是固定本息型与增值分享型的差异。我们正常所认为的股权让与担保主要是我借你一笔钱，股权转让到我的名下，作为风控措施，到期之后，按照本金加利息的价格再把股权回购过去，或者不用回购，我直接卖了清偿，这是第一种方式。这种交易方式有什么特点呢？它的主债权是一个定额的债，有本金有息、有固定利率。实践中，还有固定收益加超额收益分成的。比如，我不仅想拿固定收益，还想拿超额收益。因为我还看好你的股票还涨，但涨和不涨又有不确定性，那好，我和你作个约定：现在是 5 元，如果未来涨到 8 元，卖的 8 元就都给我了；如果达到 10 元怎么办呢？我拿回 9 元，另外一元给你。由此可见，主债权的收益，有固定收益和浮动收益两种模式。不仅是一个固定本息的借贷，还可能是股权价值增值的分享。当出现后面这种模式的时候，就不太好说它就是个借贷了，因为有股权收益在里面。

其次，是股权转让的对价差异。就股权让与担保中的股权交易来说，它也可能有多种模式。第一种是 1 元把价值 1 亿元的股权过户过来；第二种是以 1 亿元的对价把 1 亿的股权过户过来；第三种是以 5000 万元的股权价值把 1 亿元的股权过户过来。这三种不同的交易模式，能不能作同一评价？

最后，是期满之后的股权处理方式差异。比如，第一种，到期之后，我不需要一定让你去买，我就可以直接卖；第二种，有选择权，我选择或者要求你选择去买，你也可以选择买或者不买。如果你不想买，这个股权就是我的了。换句话说，有回购选择权的和没有回购选择权的，能不能作同样的法律效力评价？

前面我所描述的这些交易问题，都是就股权让与担保是否是一个典型的交易模式，以及对非典型的交易模式，怎样作法律评价的问题，作相同评价还是不同评价？换句话说，是用什么样的内涵和外延来界定股权让与担保的交易模式。

第二个问题，股权让与担保的受让人登记为股东了，他是不是公司法意义上的股东？

这一点，2021 年新颁布的《民法典担保制度司法解释》第 69 条有所涉及。如果是基于股权让与担保交易受让的股权，还是否承担出资责任？股权让与担保是合同关系，解决合同相对人之间的权利义务关系。这没错，但能不能基于股权让与担保合同，就可以击破公司法上对于谁是股东的认定？这里面最大的问题和风险在什么地方？弊端在什么地方？

作为市场主体，我现在要去对交易对手进行法律尽职调查。尽职调查的时候，看工商登记，对手名下是有价值1亿元的股权的，所以相信其有一定的清偿能力。半年之后，对手拿出一份和别人签的合同说："虽然持有股权，但是是基于股权让与担保持股，不是真的股东。"就是因为你自己拿出了一张私藏的合同，整个工商登记的企业信用系统登记都被击破了？这可不可以？也就是说，这样一个股权让与担保的交易，和《公司法》上规定的冲突，是谁服从谁，以谁为准？对谁是股东的问题，应该按照担保合同的规则来确定，还是应当立足于公司法的规范判断？

第三个问题，在合同履行期间，股权受让人所享有的权利，是股还是债？在破产程序中，对股权让与担保的权利人的权利，应认定为是一个股权，还是债权？

第四个问题，股权让与担保中的股权出让和回购是否涉及其他债权人的撤销权。

当我们说股权让与担保的时候，其实是把它作为一系列的交易环节、作为一个整体来看的。但在出现纠纷的时候，它可能只进行到一个环节，后面的环节没有进行。在单独的一个环节中，比如，在对价上，可能以1折、7折或者全价的对价购买了特定公司的部分股权；在股权的行使上，可能完全没有行使股东的表决权和分红权，也可能行使了特定事项的表决权（如公司对外担保事项的表决）但未行使分红权，还可能完全行使了股东的表决权和分红权；在回购安排上，可能有回购安排，也可能没有回购安排。在上述不同的对价、股权行使和回购安排的排列组合下，外部第三人，能不能主张撤销权？如何判断以1折、7折和10折的价格收购股权，是一个公平的还是不公平的交易？是不是要作统一的评价？

第五个问题，现在不是单纯地全部自己去持股，而是委托信托公司来持股。

股权的信托虽然可以作登记，但是并没有信托法意义上的信托登记。换句话说，在工商的登记，看不出来是基于信托的登记，没有标识，无法辨识是股东还是信托持股。这个时候，能不能基于是信托公司，就产生当然的特殊性：“因为是信托公司持股，又是股权让与担保，所以不承担股东的出资责任”？如果是，依据是什么？如果未来的立法能解决股权的信托登记问题，如通过工商登记来解决，那是可以的。但是，现在没有解决。现在能不能基于信托公司持股，就产生当然的信托登记的效力？登记是不是信托法上规定的信托法定登记？

上面是我在实务当中遇到的几个问题，向诸位师友请教。

立场选择与价值判断

朱　虎：实践中，股权让与担保存在很多形式。由此涉及一个立场的问题，即我们是看重股权形式上的登记情况，抑或是更看重当事人之间交易的实质。《民法典担保制度司法解释》第68条吸收了《民商审判会议纪要》的意见，但尚有三个问题待解决。

第一个问题，如果股权形式上转移到债权人名下，约定债务人不履行到期债务时，财产归债权人所有如何处理？按照担保解释规则，流质流押条款无效，其他条款继续有效。此种情形下，债权人无法主张股权归其所有，只能进行清算，拍卖、变卖包括折价。由此带来的一个问题是，是否允许事先折价。《民法典》以及《民法典担保制度司法解释》第68条第2款所说的折价，指的是债务人到期不履行债务时的折抵，那么事先约定折价是否允许？《民法典》没有明确规范。因为这里仍然存在与所谓禁止流质流押同样的价值考虑，就是债权人利用自己的优势地位对担保人进行压榨。同样在《民法典担保制度司法解释》第45条抵押权实现情形，也存在是否承认事先折价协议的效力问题，而这直接关涉股权让与担保的实现效率。

第二个问题，涉及立场选择问题。如约有流质条款，办理了股权转让登记，债务到期没有清偿，债权人没有与担保人协商便处分了股权，将股权以较低价格转让给第三人。此种情况下如何处理？第一种解决方案是着眼于形式，因为股权登记到债权人名下，债权人有权处分，也就无所谓善意与否的问题。第二种解决方案就是无权处分，需要考虑受让人的善意和恶意问题。两种解释方案的区别在于，是着眼于形式还是着眼于当事人担保的实质交易目的，并由此产生价值判断的不同结论。就我个人而言，更倾向的是有权处分的解释方案。换言之，至少在《民法典担保制度司法解释》第45条规范下，应允许事先约定自行拍卖、变卖。如果没有约定，为了保障股权的高度流通性，当事人之间可能会根据当事人的交易目的来判断。对于第三人而言，由于股权已经登记在债权人名下，且做的并不是担保登记，而是股权的转移登记。此种情况下，对于交易第三人而言，就可能相信股权实际上是归属债权人。在这种情况下，我个人倾向的价值考量是不需要考虑受让人善意或恶意。因为在商业交易中，考量受让人的善意或恶意，是不确定的事情。采取不同的价值判断立场，会得出不同的结论。

第三个问题，由于股权已经形式上转移到债权人名下，如何保障与债权人进行交易的第三人？如果第三人仅是一般债权人，则其不是对特定财产的期待，而是信赖债权人的资信。但如果债权人对该财产采取查扣措施，又该如何处理？此时，担保人是否可以提出执行异议或执行异议之诉？

按照最高人民法院的相关规定，执行异议以形式审查为原则，只需要从形式上判断对被执行的股权是否存在足以排除强制性的民事权益。但如果是提出执行异议之诉，担保人对于被执行的股权是不是享有足以排除强制执行的民事权益？

交易过程与法律解构

叶　林：朱虎老师从《民法典》本身的精神的角度考虑得更多，我还是从一个偏实务的角度去说这件事。先按时间顺序捋一下交易过程，因为我觉得对一个交易的准确的描述，是法院裁判中最重要的一件事。如果对这个交易没有描述清楚，相当于事实不清，所以回答起来就很难。

假定第一个环节是债务人和担保权人之间签了一个所谓让与担保协议，至少要有明确的担保的意思在里面。这个协议只对双方具有约束力。

第二个环节，当债务人的股权，通过一种方式转给了担保权人，不仅要有一个双方的协议，而且还需要公司其他股东的同意，在这种情况下做一个过户登记，才有可能把股权真正过户到担保权人名下。这个阶段中，公司的其他股东其实是按照股权转让的逻辑进行审查的，除非在特定的案件当中，明确地讲这是让与担保，而其他股东也同意了，则另当别论。否则的话，一定是通过正常的股权转让的方式进行。公司的其他股东，通常情况下不知道这是不是让与担保，只知道这是一个股权转让。

第三个环节，公司给他做了商业上的登记，那么这个时候的公示，不仅是协议上记载为担保权人拥有股权，同时公司的商事登记也是记在担保权人的名下。

第四个环节，债务到期的情况下，担保权人或所谓股东和第三人签订了一份协议，把这个股权进行让渡。此时，公司的其他股东对于该协议仍然是按照一个新的股权转让协议去对待的。当然，这里面涉及价格的高低与优先购买权等一系列问题。

对上述四个环节，我的理解是：

在第一个阶段中，双方之间达成了担保的约定，性质上属于担保合同，应该不存在争议，而且对这份合同一定在双方之间产生约束力也应该没有争议。至于其中的流质流押条款，我同意朱虎的意见。这个部分的条款的确效力上有问题，但是不影响整体合同的效力。因为约定流质流押，本身就是违反法律规定的，就不应该期待有正常的抵押或者是质押所产生的效力，它一定会产生效力的减损。从这个意义上讲，债务人也好，抵押权人也好，都心知肚明，它不可能会实现与正常的抵押完全相同的效力，它一定是弱担保或者在内部担保的一种状况。

第二个阶段，公司通常情况下是按股权转让做过户登记，其他股东放弃了优先购买权，此时是假定公司知道是让与担保，还是假定公司不知道让与担保，就成了核心问题。如果公司仅说，我所知道的就是股权转让，那么这种情况下，只能按股权转让去处理。一般情况下，公司都会推脱说自己不知道是让与担保，公司只是给你做股权过户登记，除非公司本身就是担保权人或者是公司本身就是债务人，所以这里还有举证责任的问题。让与担保的主张对公司来讲是没有约束力的，因为做的股权转让登记而非担保登记。

这种情况下，股权记载在担保权人名下，其以某种方式把股权转让给第三人，公司的其他股东放弃了优先购买权。

当担保权人把股权让渡的时候，就按正常的股权转让即可，这不是一个形式主义或者是实质主义的问题，是一个第三人怎么能知道没有担保的问题。这其中，举证责任就变得特别重要。应该由主张担保或者主张让与担保一方，来证明第三人知道是担保，还以转让方为权利人来受让。据此，可以推定受让人有过错。此时，债务人寻求的救济，只能是去找拿了担保物的担保权人。但是保护的强度，就不要将该股权作为承担赔偿责任的一般财产了。因为把股权质押或者提供担保时，其实已经失去了对它的直接控制，自己要承担其中的风险，而不涉及对债权人或债务人保护的价值判断立场问题。所以，股权让与担保不仅看起来复杂，而且还要把举证责任的问题提出来。

问题本质：所有权构造与债法约束

李　宇：在让与担保的定性问题上，我还是倾向遵从传统观点，即所有权加债法约束的法律构造。从裁判思路角度来说，是一种内外有别的思路。

毫无疑问，在当事人之间存在一种债法性质的约束。在设定担保之后，债权人虽然拥有所有权，但是他不能任意进行处分，并且在债务受清偿的时候还应当返还。但是在外部设计上，显然还是应该按照物权法的原则发生物权变动的效力，或者按照公司法的原则，认定已经发生了股权转让的事实。尽管当事人之间具有担保目的，但是在涉及第三人关系上，这种内部的担保约定不具有对抗第三人效力。这里的第三人，既包括对该股权有物上权益的第三人，如受让人、质权人或者其他的担保权人等，也包括公司这一个给付义务人。因为在股权转让关系当中，公司实际上属于类似于债权转让中债务人的地位，他对受让人也就是新股东负有给付义务。只是转让人和受让人之间存在内部的担保约定，但无法对抗公司，除非能够证明公司同意此种安排。比如，公司也在让与担保契约上盖章。

内外有别的思路，一方面，尊重当事人之间内部的意思自治；另一方面，在对外关系上没有破坏既定的财产变动模式对第三人的影响，第三人不会承担过高的注意义务。比如，在债权人擅自将股权转让给第三人的场合，对第三人而言，他所看到的权利外观就是一个完整的股权，看不到任何担保目的或者担保约定的登记，就应当如同其他股权转让的情况一样，第三人无论是善意恶意，还是高价低价，也无论是否完成股权的变动登记，都应该受到原本在一般的股权转让情形下所应享有的保护。至于转让人与第三人之间如存在恶意串通的行为，自然可以按照《民法典》第 154 条的规定宣告无效，但是并不能仅因第三人知道有任何单独的约定，就必然构成恶意侵权。

简言之，第三人在让与担保情况下所受到的保护，不应该低于在一般的完全的股权转让情况下所应受的保护。毕竟当事人之间选择了让与担保这种方式，就意味着他们在享有让与担保交易模式的好处的时候，要承担让与担保特殊的风险，如可能会被第三人取得股权或者被第三人申请强制执行等。也就是说，对于当事人而言，选择让与担保的模式，肯定是认为比其他的担保方式好用、有利，否则为什么不用股权质押？选择让与担保，是因为有其特殊的市场考量，但是这种内部关系上对债权人特殊偏好的满足，不应该以牺牲第三人利益为代价，或者说不应该以降低第三人原本在财产变动秩序中所享有的保护水平为代价，否则就产生了经济学上所谓的负外部性。从法秩序上来说，也是不允许的。原则上，并不允许当事人之间的内部约定发生溢出内部关系而害及外部第三人的法律效果。当然，当事人自己可能会遭遇到特殊的法律风险，从事前的视角来看，自然是在设计交易架构时就应该预见到的，从而设计一些更加充分的保障手段，如，要求债权人提供一些反担保，或者对债权人擅自处分约定比较重的违约责任等。也就是说，内部关系上的特殊安排所产生的成本，应该尽量内部化，不应该转嫁给外部第三人。从事后救济的视角来看，即便当事人之间没有就债权人擅自处分标的物等情形约定特别的救济，也可以尝试用现行法赋予的各种手段来进行救济，包括恶意串通行为无效、撤销权等。法律制度应该尽量保持交易形式中立的原则，无论当事人采取何种交易形式，只要落入特定的概念类型，就依法产生相应的法律后果，不应迎合某种特殊的交易需要，而扭曲既有的财产法秩序性来为特殊群体的一方当事人提供特别的保护，这应该已经超出了法律制度应有的范围。法律制度只是提供各种各样的工具，这些工具有各自的弱点，也有各自的长处。具体如何选择完全取决于当事人在具体交易情境中的缔约条件，而不可能是任何一种工具会让内部当事人占尽好处，而把它的风险完全转嫁给外部人。

这也涉及对其他第三人的考量，包括李志刚提到的股东对公司出资义务。作为登记为股东的债权人，他是否就能免于承担？恐怕也不适合免于承担。

在信托式的让与担保项目上，其实也应该发生类似的效果。如果受托人持有股权，同时又可以免于承担公司法上的各种股东义务的话，实际上就会降低第三人所应有的保护水平。受托人由于承担了出资义务或者其他股东义务所承担的损失，在内部关系上完全可以转由委托人或者受益人等来负担，这也是他们本来就应该负担的。所以我的结论就是“内外有别”，仍然维持传统的所有权转移加债法约束的法律构造。

法律规范、交易动机与信托法视角

赵廉慧：我从《民法典》规定、交易动机与目的以及信托法三个方面，对股权让与担保作一简单的分析。

第一，关于股权让与担保的规范依据和物权法定。

《民法典》第388条，包括其他的司法解释以及《民商审判会议纪要》，留下了一个空隙。让与担保作为非典型担保，在现实中有没有独特的需求，是传统的典型担保不能解决的？特别对于股权来讲，为什么不采取股权质押？作为非典型担保，它需要解决的最主要的问题是什么？实际上是物权法定原则的溢出。

作为财产法学者，我一直认为，物权法定原则应该保持一定的容忍度，对一些其他的包括非典型担保、非典型的物权，提供一定的空间。但是让与担保的出现，让我产生了怀疑。既有的规则体系，实际上都没有办法准确给出股权让与担保相对确定的规范构造。《民商审判会议纪要》，特别是其第 89 条，涉及信托的这一部分，股权让与担保没有特别明确的公示手段。第 89 条中规定在当事人之间成立担保法律关系。这里的当事人指的谁呢？我个人狭隘地理解认为，可能是债权人和债务人之间，它没有办法产生对外效果，因为它没有非常有效的公示。正如李宇老师谈到的，实际上是一种所有权转移加上债法的约束。这样一种担保的手段，它能够产生担保的效力，但是能不能产生对抗第三人的效力，取决于具体的交易情形安排。实际上，很多运用股权让与担保模式的，是以上市公司股票做交易的。而商法上我们要重视特别效率。

物权法定原则，要反对的什么？不是反对新的类似物权性的权利的创设，而是反对那些过分复杂，边界不清楚的权利创设。无论立法还是司法解释，都还没有办法对这种权利的边界作出清晰的界定。

第二，分析一下在信托交易结构当中，为什么会出现所谓的股权让与担保情形。

大多数采取股权让与担保模式的交易，都是有明股实债的问题。这种交易的主要动力在于信托公司要规避监管，所以构造出一个股，但实际上后面往往都附有回购以及担保。此时，股权转让实际上可能最终达到的目的是担保的功能。所以，裁判者就很容易草率地以所谓"实质重于形式"而进行穿透，就认为这种交易就是一个债加上一个股权担保。但因为在这样一种交易当中，股权已经转移至信托公司，信托公司就应该承担所有股东都应该承担的相应的责任。这种非典型的担保手段，是有风险的。占有只能彰显出股权的财产权人，在行使效果上有担保功能，在外部人看来，这种效果实际上就是财产权转移的一个效力，对外部第三人无法产生公示效力。

第三，在信托的场景下，很多交易结构实际上是不太适合所谓的让与担保的。如果要达到担保的目的，很多交易结构可以采用股权质押的方式。为什么不采用股权质押呢？股权质押既不承担股东的责任，又有明确的公示手段。为什么会出现让与担保这样一种担保手段？实践当中，很少有信托公司真的是看中了股权的价值，公司基本上就是一个壳，信托公司派驻的董事、监事、高管，实际上也不参与管理。这种情况下，实际上不是看重这个企业的自身价值，看重的是负有回购义务的设计。在回购义务项下，还可以提供其他的担保手段，来实现担保的效果。如果司法过分地激进，认为它是以担保为目的转移股权，然后他就不应该产生股东责任，这样的话，实际上是过分保护了信托公司。

陈　敦：要完善信托财产登记制度，只有通过信托登记公示出来的股权关系，才可以认定为是一种信托关系。

刘春梅：关于赵廉慧老师提出的不采用股权质押而采用让与担保的原因，补充两点：（1）股权价值与目标公司实体资产相关性很高，股权质押后债务人可通过增资方式稀释已质押股权，债权人以股权担保目的落空；（2）通过股权让与担保，锁定公司经营目标，保障债权定向投资目标。实践中，还有一种是结构性信托计划，信托公司持有劣后受益人控股股东对目标公司的股权。由于我国没有建立《信托法》第10条规定的信托财产登记制度，信托公司以转让登记方式实现担保功能。

审判视角的剖析

陆晓燕：我从审判视角，与大家交流三个问题。

第一，关于"股权让与担保"的鉴别问题。实践中，"股权让与担保"往往不会以一份直接载明"股权让与担保"字样的协议明确表达；更多情形是由若干份协议组成，如主债务协议（股权让与协议/增资入股协议）+主债务清算协议（股权回购协议/一定期限后无条件减资退股协议），这就需要我们运用合同联立的理论，根据商事交易的习惯，去寻找阳合同（这若干份协议的外在表示）背后的阴合同（"股权让与担保"的内在意思）。然后，在股权

让与协议 / 增资入股协议中又会对新股东的股权作出一些限制性约定，会对股权项下的财产权以及其他成员权，在老股东与新股东之间作一个权利划分。

第二，关于股权让与担保的效力问题。有一种思维范式是，一定要将它纳入物权评价体系，用“物权法定”去评价它能不能成立物权，成立的是所有权还是担保物权。按所有权构造论，强调手段要素，从法律结构出发，将担保理解为相关协议中意思表示的动机、民事行为的动机；按担保物权构造论，强调目的要素，从经济实质出发，将担保理解为相关协议中意思表示的内容、民事行为的内容。这里要看主债务清算协议是归属型清算还是处分型清算。倘若是归属型清算，还要看归属型清算是事先的归属还是事后的归属：如果是事后的归属，那就是所有权构造，据此将老股东结欠的主债务金额与新股东应付的股权转让款进行抵销，这里会有两个手续，先有股权估价手续，如评估、公开处置等，把股权的市场价格展现出来，再有价款抵销手续，正因为是价款抵销，通常会存在多退少补；如果是事先的归属，由于我国禁止流质，那么需要将它调整为处分型清算，进入担保物权构造，也就是即便否定它流质的效力，也会肯定它担保的效力。倘若是处分型清算，那就是标准的担保物权构造了。

但我个人倾向的思维范式是，这些带有让与担保色彩的系列协议，属于一种复杂的交易安排、特殊的商业构造，它或许有让与担保主债权实现的目的或功能，但有让与担保目的或功能的协议，并不等同于让与协议 / 担保协议，更不等同于所有权 / 担保物权。我们只需以协议去解释它，不必把它等同于物权协议，更不必把它框为某种物权。用“物权法定”去羁束它，对其协议内容，尊重意思自治；对其是否构成物权的问题，符合“法定物权”要件的便构成物权，不符合“法定物权”要件的便不构成物权，但不影响协议的有效性。

这就要说到，为什么商人在金融模式中，喜欢运用股权让与担保而不是股权质押。我们能看到，在股权让与担保的模式下，更能实现金融机构的一些商业目标。股权的特殊性在于，股权的价值波动很大，不像不动产的价值固定，股权的价值，会随着企业的经营状况、资产负债的变化而变化。如果运用股权质押，股权的价值很难控制。但如果运用股权让与担保，金融机构就可以通过特殊约定来保障金融利益，如作为股权受让人参与企业管理来维护股权价值，还可以获取利润分配，因此在金融模式中应用得相当普遍。这些约定，恰恰是股权让与担保作为一种特殊担保手段的价值所在，法官不应当局限于担保物权的法定范式而去否定这些约定的效力，即使不构成担保物权，这些约定也隶属于协议内容而对签约各方发生羁束力。

第三，关于名义股权的效力问题。股权的特殊性在于，它不仅是权利，也是义务。这里面有三个视角。

一是名义股权的内部效力，涉及名义股东与实际股东之间的内部关系，对此，应按双方约定。

二是名义股权的外部效力，涉及名义股东、实际股东与债权人之间的外部关系。一方面，从权利的角度来看，名义股东拥有权利外观，即使无权处分也能构成善意取得。这里要讨论的是，名义股东的保全/执行/破产债权人能否对抗实际股东。之前我看到有部分执行案例，按照“或者吃掉或者被吃”规则，认定对标的股权采取了保全查封/执行查封/破产接管措施的债权人，虽然还是债权人不是物权人，但这种债权基于保全查封/执行查封/破产接管而对标的财产产生了支配力，可以对抗没有采取任何公示手段的实际股东，如当名义股东进入执行，标的股权应作为执行财产首先偿付执行债权人，余额给付实际股东；当名义股东进入破产，标的股权应作为破产财产分配给破产债权人，不能由实际股东取回。但是，《民商审判会议纪要》对此类债权人能否对抗实际股东，还是持一些保留意见。另一方面，从义务的角度来看，若实际股东对债权人负有瑕疵出资的补足义务，那么名义股东也要承担该义务，这涉及债权人对名义股东的信赖利益，是一个对外效力。

三是名义股东在实际股东破产后的效力变化，实质是名义股东与实际股东之间的内部关系。在实际股东破产后，便转化成了名义股东、实际股东与债权人之间的外部关系。这是因为，在破产前，实际股东资大于债，所有者权益是正数，实际股东的主人是实际股东的股东。但在破产后，实际股东往往资不抵债，所有者权益是负数，基于股东有限责任，这个负数并不由实际股东的股东买单，而是由实际股东的债权人买单，于是实际股东的主人就变成了实际股东的债权人；当然，在破产后，实际股东仍存在资大于债的小概率情形（进入破产系明显缺乏清偿能力导致），所有者权益仍是正数，债权人仍可得到全额受偿，实际股东的主人仍是实际股东的股东。

那么，在进入破产程序后，实际股东资不抵债的，由于主人的变化，实际股东（的股东）在破产前对名义股东的内部承诺就不再具有羁束力，实际股东（的债权人）在破产后就能展开与名义股东的外部对抗；实际股东资大于债的，实际股东（的股东）在破产前对名义股东的内部承诺仍然具有羁束力。正因如此，在破产后，实际股东资不抵债的，名义股东不能基于实际股东（的股东）对其的内部承诺，申报债权而对抗实际股东（的其他债权人）；实际股东资大于债的，名义股东便可基于实际股东（的股东）对其的内部承诺，申报债权而羁束实际股东（的股东）。由于实际股东是资不抵债还是资大于债，需届债权分配才能判断，所以我们可以将名义股东的债权列为劣后，也即只有在实际股东资大于债、普通债权全额受偿的情况下，名义股东的债权才能得到保护；反之在实际股东资不抵债、普通债权存在缺口的情况下，名义股东的债权就不应得到分配。劣后债权的属性特征是，排在债权人的最末一个组，不去对抗其他债权人，体现为一种对外的不对抗；但又羁束实际股东的股东，体现为一种对内的羁束力。

这里我特别强调，实践中不采取股权让与担保而采取先增资再减资的方式进行融资时，更需要区分内部效力和外部效力。在内部关系中，他实际上是个债权人，只是运用增资获得股权的方式来为自己的债权获得一个担保；但在外部关系中，基于股权外观，若他的减资未履行法定手续，不可能不让他承担减资责任。

《企业破产法》的检验

任一民：我想重点分析一下担保人以其下属子公司（以下简称目标公司）的股权设定让与担保后，因担保人破产，引发的其与担保权人、目标公司之间的法律关系和效力评价问题。

1. 关于担保人与担保权人间涉及担保股权的若干问题。

依据《民法典担保制度司法解释》第 68 条、第 69 条规定，让与担保标的股权仍属于担保人财产，股权让与担保权利人只是作为担保权人就股权的交换价值享有优先受偿权。这一规则在担保人破产后会遇到不少争议问题：第一，担保人如何收回股权？设定让与担保时，通常是以签署股权转让协议的方式将股权移转给担保权人，现担保人要收回股权，是否也仅能走股权转让（回购）模式？直接收回，是否面临监管层面的障碍？第二，担保人以转让方式回收时，目标公司其他股东是否享有优先购买权？若之前设定让与担保时未向其他股东披露担保意图，甚至担保权人在持有股权期间行使了股东成员权时，该如何评判？第三，若市场监督管理局要求提供股权转让的完税证明如何处理？如果是破产的担保人自行转让，该溢价收益往往可以用担保人的其他亏损（这是破产企业常见“资源”）冲抵，但若由担保权人处置那就可能增加税费成本，该费用由谁负担？第四，股权被担保权人的外部债权人查封的，查封是否可以解除？《企业破产法》第 19 条规定，人民法院受理破产后，有关债务人财产的保全措施应当解除。这一效力是否及于登记在担保权人名下的股权？如是，是否还应参照非破产情形下的执行规则，区分查封申请人是普通债权人还是对股权主张物权的申请人，进而给予其不同对待？第五，若股权被担保权人对外设定了质押担保，是否还可以收回？质押权人权益该如何保障？是否需要作质押权人善意与否的甄别？权利冲突如何评价？第六，若担保权人对外转让股权且完成变更登记，担保股权是否只有在股权转让交易效力被否定后才能收回？第七，若担保权人也陷入破产，担保股权是作为担保人还是担保权人的破产财产处理？如认为更应尊重商事外观主义，归担保权人处置，则当股权变现价值高于担保债权时，担保人对超出部分享有的是取回权还是债权？若是债权，是普通债权还是优先债权？

2. 关于担保人与目标公司间涉及担保股权的若干问题。

第一，若被担保股权尚存在认缴而未实缴出资的事实，目标公司能否向担保人申报债权？该认缴的未到期出资是否因担保人破产而加速到期？若担保股权被纳入担保权人的执行或破产程序处置，目标公司是否仍有权向担保人申报债权？第二，目标公司申报债权并获得清偿后该清偿利益如何归属？目标公司申报的债权若获得确认，并在担保人破产程序中获得清偿，股权价值因目标公司获得清偿款而增加，担保权人是否享有该增值收益？第三，若担保人在破产临界期内向目标公司交付认缴出资，是否因构成追加物保而可以被撤销？第四，若担保人在破产临界期内向目标公司认缴增资且实缴增资，该实缴增资是否因构成追加物保而可以撤销？若认缴增资的撤销因与目标公司债权人保护相冲突而无法实施，那该如何界定担保权人权益损失？第五，若担保权人持股期间未经担保人同意行使了股东的成员权，是否应承担因其错误决策而导致股权价值贬损或目标公司利益受损的赔偿责任？第六，若担保权人行使股东成员权系基于担保人的许可，担保人管理人在接管后是否有权收回该成员权？第七，如果目标公司也陷入破产，担保权人在持股期间行使了成员权且对目标公司破产存在一定的过错，担保权人是否要因此承担相关法律责任？

当担保人破产时，其与担保权人和目标公司之间的法律关系，就由更多尊重意思自治的内部关系转向了涉及各种第三人的外部关系，从而面临更多元化的价值冲突、利益的竞争与平衡问题。具体如何因应，尚有待深入学习和思考。

叶　林：我觉得破产法的面向，只是一个测试方法而已，我们的好多规则，可以通过破产法的方式来测试；但这不是一个主导性、决定性的方向。

李秀霞：请教任一民老师，在破产时，股权要收回的时候，有没有优先权给担保权人？是否还存在优先权？

任一民：就算是把股权收回来，对担保权人的优先权肯定是认可的。如果目标公司的股权被让渡出去作了让与担保，在目标公司进入破产程序的时候，绝大多数情况下，可能最终被认定为资不抵债，股权价值归零。此时，让与担保的标的物相当于价值归零，也就意味着担保权人在这里就没有实质性的优先受偿权了。但是，如果破产企业有对外投资的股权，被投资公司还是好的，那么，破产企业自身的股权本身应该也还是有价值的，此时，无论是担保人将其拿回来处理，还是由担保权人处理，我想，优先权都应该是能够成立的。

股权让与担保的过程与性质

叶　林：我们在说股权让与担保的时候，到底说的是股权，还是让与、还是担保？这个是我听了以后感觉很有趣的一件事。如果你把它当作一个股权转让，实际上这个事情是很简单的。但是牵扯到担保以后，它的担保属性到底有那么强烈吗？我其实是心存怀疑的，所以它的核心可能还是一个转让的概念，而不是一个担保概念。

赵廉慧：对于商事交易特别是金融交易过程中，运用股权提供增信的功能，是不是我们就可以把它归类成一种新的担保手段，这个是值得探讨的。可能有的时候可以，但是有时就是复杂交易安排当中的一个环节。司法解释实际上没有办法对什么叫股权让与担保作出一个很清晰的界定，我们实践当中很多的安排都具有增信的效果，但它是不是一种担保，还是要按照担保规范进行认定。

刘春梅：我赞同叶林老师考虑交易模式的观点，现在应该是一个交易框架下的数个合同，根据具体交易场景进行分析，不宜简单地往法定担保形式靠拢。如果建立了信托登记制度，其实可以设立担保信托，将担保物作为信托资产委托信托公司持有，受益人是债权的持有人，债权无论怎样流转，债权对应的担保物因已信托登记，信托公司隔离、处置均方便。

通过让与担保，提前锁定担保物价格，个人倾向认为也没问题。之前曾经有个带料加工承揽合同的案例，约定的是工程完工后给钱；为保工钱，签订附条件房屋买卖合同，给工钱，房屋买卖合同就终止；不给工钱，就出售房屋，还做了预售登记。最后，一审、二审判决都认可了这种约定。

李志刚：《民法典》颁布以来，有一种观点比较盛行，即以《民法典》第388条之名，认为具有担保功能的合同就是担保合同。对此，不敢苟同。如果以这个视角来看，叶林老师和赵廉慧老师所说的，让与担保这种交易结构，是不是担保？这是一个元问题，会直接影响后续一系列的判断。如果把它作为特殊交易结构，遵从约定，换句话说回到合同法和公司法的约定上，可能要更简单，也更符合交易的本质。因为只有写在合同和法律里面，可能才是更确定的，更符合当事人的意思。

陆晓燕：我刚才提出怎样去鉴别股权让与担保的问题，其实也是回应了我在实践当中的一个困惑。其实很多时候，合同安排都是一种商业的特殊的交易模式，与股权质押还是不一样的。只不过，是为了实现担保这样一个商业目的，而安排的一种复杂的交易结构。

王　赫：当我们谈股权让与担保的时候，实际上应对的是实践中以这个名字或者不以这个名字命名的一系列的协议。这些协议可能各有特点，有些协议可能是明显偏担保的，有些协议可能是偏股权的。在实践中，主要的问题应当是合同的意思表示解释问题，也就是，当事人的真实意思表示到底是偏哪一边。当事人为什么不采取一种纯粹的股权质押的担保方式，而要采取这种让与担保的方式，可能有各种各样的目的。是否一定要把它放入让与担保中，然后规定一个一致性的法律后果？我觉得，这可能确实是我们在司法实践当中需要思考的问题。

李秀霞：股权让与担保在不同的场景之下，有不同的分析方法和界定，其性质和法律后果可能不是统一的。

从合同角度来理解，我认为比较简单，比较容易。从企业破产法的角度、在信托的场景下，问题就复杂得多。就股权让与担保合同而言，第一，这是当事人之间的内部约定，《民法典》已经确立了担保方式可以约定，股权让与担保的约定是有效的，在当事人之间也产生担保的效力，但这不是法定的担保物权，当事人如此约定就要承担这种约定所带来的风险。所以不能赋予它过强的效力，即物权上的效力。与此同时，它会受到合同法一些规则的规制，比如，担保权人没有取得所有权，所以其处分股权属于无权处分，因而就会涉及善意取得，第三人的善意与否。此与保管租赁合同中的无权处分类似。

第二，从执行的角度来看，朱虎老师提到的，股权如果被案外人第三人执行的话，如被冻结了，担保人可否提出异议，能不能提出异议之诉？我认为可以提，因为实际上担保人是股权权利人，有利害关系。至于能不能被支持，我认为要进行实质审查权利人是谁。正如刚才王松老师所说的外观主义是商事交易规则，公司法上的一个规则，但是在执行里面我们还是讲实质主义。比如，股权代持法律关系中，股权交易的第三人与非股权交易的第三人来执行名义股东的股权，法律后果是不一样的。对于同名义股东进行非股权交易的第三人，执行股权时需要探知实质上的权利人是谁，实质股东的股权不能执行。同样道理，担保人是实际的权利人，我认为其异议是会被支持的。

第三，王赫法官提到的统一性问题，即股权让与担保能不能在所有场域得到一致性的法律后果，我也认为股权让与担保还是应在具体案件当中具体分析，如合同法、信托法、公司法，还有破产法的角度。这些法律的规则同股权让与担保合同的规则相互交叉和作用的时候，法律后果是不一样的。所以，股权让与担保的性质能够定性，它是一种约定担保，但是，在不同的场景，其法律后果不同。

陈　敦：实践中，金融类的合同不同于普通的民事合同，它往往是由许多合同共同构成。我们要更新一下对合同的理解。从关系契约的视角，对合同作出综合的分析，然后再作出合同性质的认定。

合同真意与外观主义

陆晓燕：我特别希望司法实践遵从权利的外观，尤其在发生对外对抗情形的时候。当出现抽屉协议，法官首先要去鉴别抽屉协议的真假。但无论怎样去鉴别，都无法辨认出这个抽屉协议到底是事后伪造还是事前就有的。即便抽屉协议是事前就有的，那么从法官的角度，也可以以非善意去揣测个别的债权人，因为他完全可以签一份内部的一个抽屉协议，甚至是单方持有一个抽屉协议，选择性地拿出来。譬如，在破产的时候，他说自己是债权人，不是股东；而没破产的时候，或者说股权升值的时候，他就说自己是股东。法官对于这样的一些情况是防不胜防的。所以尊重权利的外观，即便权利的外观跟实际的权利有一定的背离，那么也应由造成这种背离的人去自负其责。

李志刚：陆晓燕法官主张的尊重外观，并将外观造成的风险由设定者自担，这可能是一个非常重要的原则。

王　松：对内外有别，外部关系按照外观公示处理的观点，我想，还应进一步作类型化区分处理：一是当事人故意设定房屋、股权让与担保的交易，有的甚至有逃避执行等违法目的，原则上依外观公示处理，优先保护外部债权人。二是有的是无奈为之，例如，购房人不能贷款，以能贷款的亲戚朋友名义买房，虽然产权登记人是名义人，但系实际购房人出资、还贷、装修、使用。如果名义人对外欠款，债权人查封该房屋，不宜简单依物权登记、认定属于名义人的房子而执行，需要区分：如果外部债权人基于对房屋登记的信赖而进行的交易，则借名买房行为与交易有关，可以执行（当然也要考虑债权人有没有过错）；如果外部债权人与名义人的交易与该借名买房行为无关，则应注重房产实质归属，不宜执行房屋。

再如，政策导致的借名登记，某农商行股份有限公司组建时实际发起人有股东上千人，前些年工商登记时因受限于《公司法》关于股份有限公司发起人不超过200人规定，部分股东合并登记，致使部分发起人股东实际持股数与工商登记发起人名下股权数不一致，如某股东登记的股权数量既有自有股份，又有他人股份（因数量众多，不知道具体是哪些股东的股份），后来该股东欠债，法院查封其股权并打算拍卖。此时如果简单按登记处理，不是很妥当。《民商审判会议纪要》也指出不能泛化和滥用外观主义：“外观主义是为保护交易安全设置的例外规定，一般适用于因合理信赖权利外观或意思表示外观的交易行为。实际权利人与名义权利人的关系，应注重财产的实质归属，而不单纯地取决于公示外观。”

股权让与担保的特殊性

刘建功：如果把股权换成是一个房产的话，问题讨论就会变得很简单，为什么股权转让就会变得复杂了呢？我想还是因为股权的特殊性决定的，就是因为他不仅是有权利，权利上还有负担，如资本问题、权利行使过程中的各种决议行为等意思表示行为，这些都会使他与单纯的不动产的让与担保相比大大复杂化了。

熊丙万：股权让与担保与不动产让与担保之间的差异在什么地方？特别在组织法上，它跟一般的民事交易的差异在什么地方？关于隐性债权人的问题，要不要区分是不是真的涉及第三人，要不要区分内部关系与外部关系？是涉及一个具体的第三人还是隐性第三人？这个挥不去的身影，在裁判过程中的权重如何把握？

周家开：第一，关于未来裁判。根据《民法典担保制度司法解释》第69条的观点，实际上认为股权还是担保人的。那么，我们以后在执行案外人执行异议之诉中，可能还是要进行实质审查，并最终还是要支持实际权利人。

第二，关于内外关系。我始终坚持，作为法官，不应当以隐形的第三人为出发点去作裁判，或者说，去过度地保护债权人。但是，要从交易的信赖利益出发，确确实实保护实质的权利人。

第三，关于破产法视角。我非常赞同陆晓燕法官的观点：不应支持和鼓励，当事人选择性地拿出阴阳合同，来影响权利性质认定，什么好处都占了。应当注意，商人可以按照商业规则交易，但法官要注重权利的平衡，要注意公平地保护各方当事人的合法权益。

刘生亮：我谈三点认识。第一，关于手段和目的。对于股权让与担保这样一种现象而言，首先我们要明确思考问题的出发点，其交易的逻辑和细节，要区分哪些是手段，哪些是目的。当真正发生纠纷的时候，我们要评价的对象到底是什么？是评价它的目的，还是评价它的手段？

比如，刘建功庭长所说的，由于股权的特殊性，对让与担保交易的结果会产生什么样的影响？如果所采取的手段大于目的，而恰恰是因为所采取的手段，引致了其他的法律关系，才导致这个问题特别复杂。大家讨论的，无论是合同法上的、组织法上的，还是破产法上的，可能都存在这个问题。

第二，法律关系的相对性和边界。同一个现象、同一个事实，在不同的法律关系下，它的后果也是不同的，我们要作出合理的区分，划出边界。如果采取股权让与的手段，但并没有触及或者触发到其他的法律关系当中去的话，那就没有必要考虑其他法律关系。只有它触发了其他的法律关系，我们才加以评价，并且区分手段与目的。

第三，对股权让与担保与股权代持，是否应当作相同评价？比如，周家开法官提及，在执行异议之诉案件中，该怎么认定和处理。如果是股权代持的话，是有权处分还是无权处分？这个问题可能还是有争议的。仅从利益衡量的角度来论证和处理，说服力可能还不够。

【总结及倾向性意见】

债权投资和股权投资是最常见、最重要的两种投资方式。在收益、风险的大小与配比上，二者各有千秋。近年来，由于股权让与担保在行权方式上的便捷性而广受欢迎，在商事交易中得到广泛运用，甚至被认为已经取得了习惯法的地位。股权让与担保，简言之，即以过户股权的方式，作为投资风控措施的交易模式。但就让与担保制度而言，因让与担保和传统物权法理论中的“流押”相抵牾，故始终未能在我国的立法上取得一个“名分”。此次制定《民法典》的重大历史机缘中，立法者虽然以第 388 条中“担保合同包括抵押合同、质押合同和其他具有担保功能的合同”的规定，似乎为让与担保提供了一个规范接口，但其并未设定“让与担保”之特别条款，其效力争议尚存。而股权让与担保制度因为公司法因素的加入，争议问题更为突出。

从司法层面看，《民商审判会议纪要》第 45 条、第 71 条、第 89 条，分别从以物抵债、非典型担保的合同效力、信托收益权回购的角度涉及了让与担保的问题；《民法典保制度司法解释》第 68 条、第 69 条对让与担保及股权让与担保的问题作了进一步的规则续造，明确了典型的让与担保的合同效力、物权效力与股权让与担保的登记股东出资责任问题。尽管如此，围绕股权让与担保的争议并未完全消除。其核心原因在于，股权让与担保交易中，股权本身的特质而产生的、不同于物的让与担保的特殊性。这种特殊性不仅体现在股权转让合同的权利义务分配多样性当中；也体现为基于《公司法》上的规定，使股东的权利义务与物的所有权、担保物权二元结构有显著不同。在所持股权的标的公司破产的状态下，问题将更加复杂。这些具体问题，仍属未解之争。

一、群友的代表性观点

（一）关于处理股权让与担保纠纷的基本原则

在是否应当进行类型化处理的问题上，赵廉慧、陆晓燕、王赫认为，股权让与担保形式多样，应当通过个案认定，而不应完全类型化；应更多地尊重意思自治，以免排除和限制现实中的合理安排。在交易的内部关系和对外部第三人的效力问题上，陆晓燕主张内部尊重意思自治，外部尊重外观。李宇认为，应按照“所有权构造＋债法约束的结构”和内外有别的原则处理：内部遵循债法约束并通过合同救济但不能约束善意第三人（包括公司），外部遵循财产变动的一般规则，不应将内部交易风险转嫁给外部第三人。赵廉慧认为，内部关系没有外部效力，如果认定为担保物权，实际上产生了外部效力，增加了交易成本、危害交易安全；选择了股权让与担保这种缺乏法定化公示手段的交易方式，则应承担由此带来的风险。刘建功认为，股权让与担保的特殊性在于转让的标的是股权，其既包含权利，也包含义务。如登记的权利外观与实际不一致，应当由造成不一致的主体承担。对多个法律关系之间的效力评价问题，李秀霞认为，不同法律关系，在不同语境下，未必要强调同样的法律后果；周家开认为，执行异议之诉中，需要注意案外人利益的保护；刘生亮主张，在真实意思的认定上，需要考虑手段和目的的关系。

（二）关于交易的性质

叶林认为，股权让与担保包括融资协议、股权过户、再次转让等多个阶段；融资协议中有担保的意思，可以构成《民法典》第388条规定的担保合同，但具体交易中的本质有可能更侧重让与，而不是担保。陈敦主张，股权让与担保交易并非两方之间的一个简单合同，而是包括多个关系契约。陆晓燕认为，股权让与担保可能是借款合同、股权转让合同与回购合同的联立。先增资后减资的融资交易，也可以看作股权让与担保。赵廉慧认为，股权让与是增信措施，但未必一定要归入担保的逻辑。

（三）关于股权让与担保交易的合同效力

对股权让与担保交易整体合同的有效性问题，理论界及实务界已有共识，都认为有效。陆晓燕认为，"让与"是通谋虚伪还是真实意思，需要法官据实认定；股权让与担保的商业动机是控制股权价值（公司财产），合同效力应当予以认可；属于归属型让与担保的，即使构成流质，也仅是该部分条款无效，仍可主张优先受偿权；而处分型让与担保本质就是担保物权。朱虎认为，直接约定股权归属构成流质无效，但可以约定折价；折价可能影响公平，但更具效率；折价回购条款的有效无效，背后是价值判断与价值选择。叶林则提出，司法实务中应尽可能避免以"潜在的债权人"的视角对合同作出无效的认定。

（四）关于投资人对外转让股权的合同效力

在登记股东二次对外转让股权的合同效力问题上，朱虎认为，股权登记是股权归属的登记，而不是担保登记，故登记股东对外转让是有权处分，二次转让合同有效；叶林认为，应侧重形式主义的原则，尊重对外转让的交易秩序，除非因为价格因素影响交易本身的效力。李宇则认为，股权对外转让的善意判断与转让价格无关，如构成恶意串通，则可主张无效。

（五）关于执行异议中的股权归属

在执行异议程序中确定股权的归属问题上，朱虎、陆晓燕认为，执行异议应当是形式审查，以外部登记作为股权归属依据，登记为股东的股权受让人（投资人）的债权人采取保全、执行措施的，可以对抗股权出让人（融资人）。周家开亦认为，执行异议中的风险应当由投资人承担，不能"好处两头占"。李秀霞则认为，商事关系强调外观主义，但执行强调实质主义；认定是股权还是债权，需要考虑能否基于债权产生外部效力。刘生亮提出，对股权让与担保与股权代持是否作相同评价，需要进一步比较二者的权利结构。

（六）关于登记为股东的投资人（股权受让人）的出资责任

陆晓燕认为，登记股东不能因为其担保的意思、目的、功能而免除股东责任。在信托公司持股的出资责任问题上，赵廉慧、陈敦认为，不能因为其是信托公司而给予特别保护，否则有违外部登记的公示公信效力，除非有信托关系的登记公示。

（七）关于融资人破产语境下股权与债权的定性与清偿顺序问题

当融资人破产时，在投资人所享有的是股权还是债权的权利定性问题上，叶林主张，破产是一种特殊状态下的权利定性测试，而不应当作为一种交易常态下的定性方式。在融资人（股权出让人）破产时，陆晓燕认为，涉及交易内部关系到外部关系的转换问题，可以将其视为劣后于普通债权人，但优先于融资人（股权出让人）的特殊权利处理。任一民认为，股权让与担保的功能在于保障股权价值，但若以其作为股东行使成员权，如否决某项决议，即成为实际股东，应考虑其股东身份。在破产程序中的权利顺位上，可以将其作为普通债权人之后，其他股东之前的清偿顺位，实现实质妥当性。

二、本专题编者的倾向性意见

当我们讨论“股权让与担保”的时候，我们在讨论什么？就此问题，至少有两个层面：一是交易层面的，二是法律关系层面的，且二者有紧密的联系和交集。叶林所言的多个交易阶段，是交易程序层面的；陈敦、陆晓燕所言的多个合同，是法律关系层面的；而诉讼中出现的执行异议、出资责任则是合同履行过程中波及的其他法律关系。尽管这一交易会波及更多的其他主体（如投资人的债权人、融资人的债权人、标的公司的债权人等），进而启动诉讼，但影响这些诉讼结果的核心法律关系，仍然是融资人与投资人之间的合同关系及公司法上的股权归属关系。当我们在讨论具体的股权让与担保法律问题的时候，需要在动态交易过程中，确定特定时点的特定法律关系，才能避免“刻舟求剑”“盲人摸象”。

（一）合同法视角

（1）关于股权让与担保合同的效力。除非具有法定无效的情形，不能认定合同无效。（2）应当区分合同效力和基于合同安排而产生的股权变动的效力。是股权质押还是股权转让，分别受《民法典》物权编和《公司法》的调整。股权让与担保没有采用股权质押的交易模式，因此，不能直接适用股权质押的规定。基于股权让与担保交易的合同安排，是否发生了股权变动，特别是这种股权安排能否产生对融资人和投资人以外的第三人的效力，不应依《民法典》合同编的规定，而应当依《公司法》的规定。（3）股权让与担保合同的法律适用，应当遵循"合同约定 +《民法典》合同编的规定补充"的思路，而不是"《民法典》典型合同的规定 + 不一致即无效"的思路进行裁判。（4）股权转让可能是投资担保的手段，也可能其本身就是投资的重要目的之一；即使在股权转让仅是投资担保的手段的时候，转让股权并过户股权本身也是各方的真实意思，只不过这是阶段性的交易安排（手段），可能不是最终的商业目的，尽管如此，手段本身也是真实意思，而不是通谋虚伪。

（二）公司法视角

1. 关于股东身份的认定标准。这是一个公司法问题，不是一个合同法问题。合同和合同法都不能为"谁是股东"的问题提供规范依据，只有《公司法》才是确定谁是股东的规范依据。根据《公司法》第 32 条的规定，在公司内部，确定股东身份的依据是股东名册；在公司外部，确定股东身份的依据是法定登记机关的登记。至于登记股东与其他主体签订的合同，并不是确定股东身份的依据。

2. 关于出资责任的承担主体。出资义务是公司法上的义务，不是合同法上的义务。在股权让与担保交易中，投资人 / 股权受让人已经完成了股权变动的外部登记，则其已经成为公司法意义上的股东。在此前提下，其具有公司法上的法定出资义务。其与融资人 / 股权出让人之间的股权让与担保合同，仅为其双方所知，也仅能约束双方。二者基于双方之间的合同约定不足以排除《公司法》的适用，不足以形成对外部第三人基于外部登记而产生的正当信赖。

3. 关于执行异议中的权利性质、权利顺位与权利救济。投资人是登记股东，融资人 / 股权出让人并不是外部登记显示的权利人，其不具有公司法意义上的股权。融资人 / 股权出让人所享有的权利不是源于《公司法》和市场监督管理部门的登记、股东名册登记，而是其与投资人签订的包括股权转让合同 / 条款在内的股权让与担保合同，其权利性质是债权。融资人的债权不足以排除对股权的执行，融资人不是公司法上的股权的权利人，仅是《合同法》上对登记股权享有回购请求权的"债权人"，而且，这个回购请求权还要以期限届满、对价支付为前提。

（三）信托法视角

信托公司作为登记股东而产生的出资责任，属于公司法律关系，受《公司法》调整。基于信托合同、信托法律关系而豁免的观点，无《公司法》依据，不应支持。

三、方法论反思

（一）探求真实意思：目的与边界

由于股权让与担保交易并非法定的典型合同，因此无法直接从《民法典》中找到其规范定义与法定后果，而就需要按照《民法典》合同编的规定探求其合同效力，按照《民法典》物权编的规定探究其物权效力，按照《公司法》的规定探求相关主体在公司法上的身份、权利及义务。其疑难之处在于，股权让与担保作为一个包含多个履行阶段的复杂交易，其行为和目的之间并非完全对应，但即使其通过股权转让的方式实现其担保功能，其转让股权的行为却并非虚假的意思表示，而是阶段性持股，让与行为本身也是真实意思，并且实际履行，如果没有这个行为，其合同目的反而不能实现。在此语境下，我们是否要强行地对其进行类型化、格式化，还是遵循无名合同的一般处理原则，有约定的按约定，无约定的参照最相近的合同处理？

就此，《民法典》第467条的规定是明确的，“本法或者其他法律没有明文规定的合同，适用本编通则的规定，并可以参照适用本编或者其他法律最相类似合同的规定”，《民法典》规定并非要“削足适履”，必须按照典型合同的规定处理。《民法典》物权编担保物权分编中的第388条虽然规定了“担保合同包括抵押合同、质押合同和其他具有担保功能的合同”，但该条规定本身并不能为解决股权让与担保合同纠纷提供任何法律依据。探求合同当事人的唯一目的是解释合同，而且只有在合同违反法律行政法规的强制性规定时，才涉及否定当事人的真实意思的问题。而合同法上的外部主体，只有在符合“恶意串通损害他人合法权益”等违反《民法典》第153条规定或者其他需要审查合同真实意思的情形时，才能启动裁判程序，对合同当事人的真实意思进行审理和审查。

在解决纯粹的公司法问题的时候，是否需要探求当事人的“真实意思”

呢？即使当事人以转让股权的方式实现担保的目的，是否就能否定其股东身份、免除其股东义务？对这些涉及公司法的具体问题，应当立足于《公司法》，而不是《合同法》。如果《公司法》规定对股东身份的识别、股东权利的行使及股东义务的承担，是以登记股东与其他主体之间的合同约定为前提，需要探求合同相对方的真意的，当然应当将登记股东的合同相对方纳入要件事实的范围，进行审查和审理；如果《公司法》没有将之纳入要件事实，那么，裁判者并不能“主动加戏”，主动添加要件事实，改变规范后果。

（二）外观主义的滥用、批判与反思

在涉及股权归属的纠纷中，存在的较大争议是根据“登记外观”，还是根据真实意思，确定权利归属。前者的法理依据是外观主义，后者的依据是实质正义。而后者的立论经常是建立在对前者的驳论基础上形成的，即不应滥用外观主义。面对这些争论，我们可能还不能太过形而上，因为无论是支持外观主义，还是批判外观主义的滥用，都是一种说理和价值判断。司法裁判仍然要立足规范本身。事实是，在认定谁是股东、融资人/股权出让人的权利是否能够排除登记股东的债权人对标的股权的强制执行的问题上，不应从外观主义的理论中立论和驳论，而是应当回到《公司法》的规定，根据《公司法》的规范，确定谁是股东。《公司法》中从来都没有规定，根据股权转让合同的约定，确定谁是股东。在执行异议的权利排序上，应当分清是股权与股权的顺位问题，还是股权与债权的顺位问题，以及执行的是股权还是债权，对债权的救济是依据《合同法》还是《公司法》的问题。质言之，外观主义是说理工具，是法理论证的一种途径，但其既不是定案依据，也不是否定定案依据的依据。在《公司法》有明确规定谁是股东的前提下，对股权的归属与执行异议中的权利顺位问题，无须借助外观主义的说理证成，也无从以批判外观主义滥用的方式驳论。

（三）内部关系、外部关系还是法律关系

在股权让与担保的法律争议问题讨论中，前述学者大都提到了内部关系和外部关系的区分问题。大部分语境下，股权让与担保的内部关系主要是指融资人与投资人之间的权利义务关系，外部关系主要是指融资人或者投资人

与其他主体之间的权利义务关系，包括对方的债权人、标的公司的债权人、标的股权二次对外受让人等。但事实上，在公司法的语境下，还涉及公司及公司内部主体的内部法律关系和公司及公司内部主体与公司外部主体的外部法律关系。由此可见，“内部”与“外部”本身是相对的，并且可能是根据具体语境转换的。但我们说内部法律关系与外部法律关系的时候，实际上是指诉争的双方，是否存在于一个具体的法律关系当中，以及是否有法律依据支持其以某种特定方式介入这个法律关系当中，并产生法律上的诉权。比如，标的公司的债权人虽然是公司外部主体，但其根据《公司法》及其司法解释的规定，其可以主张对公司股东的出资责任；融资人的债权人可以以股权转让合同是否支付公允对价为依据，主张撤销股权转让合同。

（四）利益衡量的条件与边界

有不少观点基于股权让与担保的真实意思是担保而不是成为真正的股东而进行利益衡量，主张受让的登记股东可以免予承担出资责任，以此实现实质公正。此种观点有两点值得商榷：一是有真实转让股权并且依法行使股权（表决及分红）的情况，此时，仅以具体担保目的而否定其转让之实，显然与事实不符。二是即使其仅仅是出于担保的目的而受让，能否基于利益衡量而免除出资义务？答案是否定的，理由有二。其一，利益衡量不能跨越法律关系。正如梁上上所言，“利益衡量应当是在具有法律关系的当事人之间进行”，如果把两种或者两种以上的不同法律关系纠缠在一起，就会使不同当事人之间的权利义务关系错位，最终使利益衡量失当”，“是一种利益衡量的滥用”。其二，在法律没有规定或者规定不明的时候，才有利益衡量的空间，在法律规定明确的时候，不能脱离法律或者超越法律进行利益衡量，进而改变法律规定的效力结果。以股权的归属为例，《公司法》对股权归属的认定标准是明确的，并没有根据合同改变股权归属的空间。即使合同订立的双方就股权的实际行使作了特别安排，其也不具有《公司法》上的效力，行权主体与责任主体仍然应以《公司法》的规定为依据，合同只解决合同当事人之间的权利义务安排，此处没有利益衡量的余地。但在企业破产法的语境下，本身就是在一个程序中对多个法律关系进行统筹权衡和排序。股权让与担保的特殊交易模式产生的权利类型，存在纠结于普通债权人与股东之间的中间状态，基于破产法的“集中清偿”程序特质和“公平清偿”的价值追求，在普通债权人和股东之间存在特别确定其为中间顺位的空间，且并没有违背超越现行法律规定，也没有损害其他权利人的正当权益，属于一种法律规定范围之内利益衡量。

（五）风险负担与法秩序：重新审视交易风险分配的法律原则

当事人选择股权让与担保的交易模式，而未选择股权质押，其经济理性在于其处置股权的便利性。但其双方之间的合同安排，第三方无从知晓。如果基于其双方之间秘而不宣的合同安排，带来与股权登记公示不同的法律后果和法律风险，由第三方承担，本质上既是对股权让与担保交易双方的一种过度保护（其可以根据对其自身有利的结果而任意选择出示或者隐匿股权让与担保的合同安排），又是对基于登记而产生的公示公信效力的一种显著破坏，将其自行选择的交易风险转嫁给了基于法定公示方式而作出行为判断的任意现实和潜在的第三方。

由风险设置者自身承担风险，是减少风险的最优安排，因为其可以尽早、尽少避免风险的产生。而如果风险设置者设置的风险无须由其自己承担，而是经由司法转移至他人承担，无疑将激励相关市场主体制造出更多的此类风险。更重要的是，如果交易双方之间的合同约定可以改变《公司法》上的法定权利义务设置，基于《公司法》确定的法秩序将被两个民商事主体之间的私相授受所架空，结果是前者可以通过合同救济，后者却无从救济。此种制度安排，并不是一个“好”的制度安排。结论是，当事人可以通过契约自由合理分配内部风险，但应避免其后果的风险外溢，由第三方承担其负的外部性。

（六）回到原点：重申法律关系、要件事实与依法裁判

对股权让与担保的类型化处理可能是一种冒险的行为。因为类型化的过程，可能会剥离、排除掉一些未被类型化的交易结构，而他们的问题仍待解决。即使经过了类型化，我们也很难用一个单一的标准，就不同语境下的权利性质、权利归属、权利顺位等问题得出一个统一的结论。

我们不应凭借对外观主义的支持或者反对，从利益衡量出发，从总体上对股权让与担保交易中的争议问题笼统得出一个我们所认为的“善”的结论；而应当从交易主体的具体合同权利义务安排出发，逐个梳理各组具体的法律关系，基于《民法典》《公司法》《企业破产法》的各项规范条文，依法审查规范条文中的要件事实，在此前提下，去确定各方的权利、义务和责任。

（讨论整理：刘生亮；后续评论：李志刚）

第三部分
公司法专题

《公司法》与公司债权人保护

【发言群友】

张巍、邹宇、朱慈蕴、李志刚、叶林、傅穹、戴景月、陆晓燕、刘建功、黄辉、纪海龙、章恒筑、吕来明、陈克、邓峰、陈醇

【讨论时间】

2020 年 7 月

【沙龙实录】

《公司法》的价值取向

张　巍：《公司法》的源头是股东保护，而不是债权人保护。

邹　宇：最近看叶林老师的文章，提及无法理解为什么《公司法》第 1 条就讲到债权人保护。债权人就是公司在市场交易中的相对人，绝大多数情况下是合同相对方，如果说《公司法》的目的是保护债权人，是不是也可以说，缔结一个合同的目的是保护对方利益？显然不是。

朱慈蕴：《公司法》主要调整股东与公司的关系，债权人的保护只是在公司人格确实被股东滥用时，才可揭开公司面纱。这是美国公司法实践中发展的判例法制度。只是我国《公司法》将其成文化了。成文化不代表该制度可

以被滥用。法院应当慎用揭开公司面纱规则。

邹　宇：叶林老师文章的意思是，无法理解《公司法》中为何要把保护债权人放在如此重要的地位。朱慈蕴老师说兼顾，要看平衡点在哪里。

认缴资本制与公司资本制度

张　巍：坦率地讲，我国《公司法》现在既不是法定资本制，也不是授权资本制。授权资本是股东授权董事来发行资本，不是法律授权股东不实际出资。

邹　宇：我们是分期缴纳的资本制度，授权资本制确实不符合。

李志刚：公司资本制度，其核心是由股东的实际出资或者出资承诺，构成公司的责任财产，经立法固化，而成为保护外部债权人的最重要、最根本的制度。2014 年《公司法》修订时，为了鼓励“万众创业”、实现股东投资宽松的政策目标，而未就公司资本制度对债权人保护功能给予必要考量。本来可以通过加速到期制度来进行弥补，实现认缴出资宽松与债权人保护的平衡。但禁止加速到期的做法，有可能把公司法导向了企业破产法。

邹　宇：不允许出资加速到期，实际是把利益向股东倾斜了，当然也可以说是尊重出资约定。但是债权人只能申请破产，在破产程序中出资还是要到期，而破产基本不可逆，对公司是致命打击。

李志刚：破产法本来应该是“藏家宝刀”，不到万不得已，是不需要拿出来用的。但完全认缴、禁止加速，等于把任何一笔不能清偿的债权都导向了破产。

叶　林：谢谢邹宇。我就是这个意思。目前的资本制，我和张巍老师的意见相似，只是更觉得它比较奇怪。如果站在这个奇怪的制度基础上，再添加旨在修补这个缺陷的新规则，只会使公司法秩序变得过于复杂。换言之，如果基础规则有问题，建立在这个规则基础上的衍生规则，同样是不宜接受的。从上次修改《公司法》开始，在有限责任公司中采用了无实缴资本的资本制，虽然在目标上与“双创”有关，在根本上却是无益的。相反，还在制度和规则层面上带来众多复杂问题，既然没有带来制度利益，未来应以革除为当。

朱慈蕴： 同意目前《公司法》的资本制度比较奇怪的说法。如果要有授权资本制，必定要有比较健全的董事受信义务，否则对股东很不利。我国《公司法》没有授权资本制，反而在认缴制上走得这么远，这算不算对股东的过度保护呢？债权人为什么愿意与公司打交道？其实是因为每一家公司对其他公司而言，都是债权人。这是公平的。因此，如何平衡公司中的股东和债权人的关系，平衡点在哪里？我觉得，董事会的作用不容小觑。

张　巍： 朱慈蕴老师说得正是。再修改公司法，董事会的权责应该好好明确。

叶　林： 我理解朱慈蕴老师的关切，尤其看到"例外适用"的思想，以及"间接保护"四个字，我甚至看到朱老师观点的微调。相对来说，我更喜欢中医固本通脉的疗法，西医的外科手法似乎无益。

张　巍： 与叶林老师同感，固本培元很重要。关键是公司的资本就是缴足了，也不是银行存款，不是放在那儿不动的。就是不分红、不回购，过两年也可能蒸发了。所以我不明白究竟哪个债权人是看着注册资本的数来的呢？

李志刚： "可能蒸发"这个词用得好！如果是正常经营，钱花出去了，有对价。公司的责任财产常态不变，而不是虚置。举个例子，作为金融机构，当然看重交易对手的注册资本是1亿元，还是1元。对注册资本1亿元且实缴的，有财务报表反映钱去哪了。没有实缴的，会考虑破产清算时他能否拿得出1亿元。对注册资本是1元的，则基本可以判断其不值得作为交易对手。

傅　穹：《公司法》改革的归零思考，一个重心就是我国公司资本制改革的归零思考。第一，在《民法典》固化有限公司与股份有限公司的术语之后，公司类型或许难以从闭锁与公开公司展开，因此，降低最低资本额之后，类似闭锁公司，不妨采纳原则实缴，约定则分期缴纳，或者通过税收调整注册资本的虚高。第二，法定资本、授权资本与折中资本，每人心中的内涵不一，但非常认同上述诸位对我国公司资本制的"四不像"说法，授权资本配合信义义务，或许是一个可以考虑的选择。第三，《公司法》重在保护股东与公司利益，交易债权人自我防范之道，非自然或不在场侵权债权人，立法可以予以考虑。第四，公司资本改革，贯穿公司设立、融资、治理、并购、退出等全口径，须联动考虑。张巍教授提出的公司法利益关注头脚倒立关系，引起共鸣。

朱慈蕴：这就是没有注意到公司法的利益平衡。《公司法》是一架精准的机器，每一条款的变动都会牵一发而动全身。

李志刚：是的。完全认缴与加速到期之间，本来是可以通过制度设计实现这种平衡的。公司经营不下去了，股东把认缴的股本补上，公司继续经营。最低限度给股东压力，最大限度维持公司延续。而动辄启动破产程序，劳民伤财，是都输的结局。在公司法和合同法可以正常解决的前提下，轻易还是不要往破产法里面跳。而认缴资本制度下对资本三原则的解释和坚守，是最为重要的保护机制。

朱慈蕴：李志刚的这个例子很生动。公司法对债权人的保护是被动的，但不是不考虑，就推给破产法。正如我刚才说的，每一家公司对其他公司都是债权人，你去做交易怎么可能不看公司的资本与资产呢？每一个债权人都因为公司法规则被黑掉，公司还存在吗？

公司资本与公司资产

张　巍：注册资本1亿元，亏损可能5亿元；注册资本100万元，可能盈利500万元。

李志刚：首先，立法以公司的正常经营状态为预设。暴赢和暴亏，当然有，但那是赌场，对于大部分公司而言，既不是股东的预设，也不是债权人的预设。其次，张巍老师所说的特别的交易情境中，商人的理性选择是对赌，甚至有更好的交易安排，而不是选择常规的交易或者借款。换句话说，在注册资本到位的前提下，盈亏都是正常的，债权人没有怨言。认缴的本质是股东与公司的出资时间的内部合同安排，危及了外部债权人的利益（责任财产）。一方面是怠于出资，另一方面是有债不偿——一起拖进破产，没有任何人从中获益，包括法院。

张　巍：就是完全不要法定资本，对分红回购还是要有所限制。所以，对保护债权人，也有一定的平衡。如果注册资本到位，那可以把注册资本放得很低。

朱慈蕴：张巍老师的设想很重要，但依赖于董事会这个公司的看门人的义务体系的构建。如果能如此，公司偿债能力测试就是一个可以考虑的方向。

傅　穹：完全认缴，加速到期，从理论到实践，均是一个美好的幻象，日本、韩国与我国均证明，行不通，弊大于利。

李志刚：傅穹老师所说的，在我国实践失败，是怎么看出来的？

张　巍：实际上，贷款决策依赖的或是实际的担保物价值，或是现金流预期，注册资本一不能担保，二不代表现金流，真的不知道有什么意义。

李志刚：实缴的注册资本必然反映在报表和现金流中，认缴的注册资本可以向股东追偿。所以2013年底《公司法》修法后，也并没有几个公司选择注册资本是1元，而是在出资承诺和出资压力之间自行选择一个平衡。这正是市场选择的结果，而不是理论预设的结果。

傅　穹：利则缴，亏则不缴，诉讼迭生，冲突众多，成本高企。自《大清公司律》之后，至今，从域外采纳分期缴纳的经验教训，低注册资本下分期缴纳，鲜有成功的故事，尤其是催缴机制不明与董事义务不清的背景下，更是如此。

李志刚：好像没有实证数据支持。

张　巍：注册资本确实反映为资产负债表一个会计科目，但不体现在现金流上。实际上，美国人有想保护债权人的，反倒完全排除了法定资本，不看资产负债表。老套的美国法形式上还有法定资本，实际上一无用处，就像我前面讲的，一个百亿元市值大公司，注册资本不到百万元。

戴景月：银行贷款，要求股东保证，还要他全家保证，这也算公司法的失败吧？

陆晓燕：从理论而言，正常企业不涉及债权人，反正都是资能覆债，只涉及股东而已；只有破产企业才涉及债权人（受理破产申请之后还不叫破产企业，只叫债务人企业，查明资能覆债的情况下可以驳回破产申请，只有宣告破产以后才叫破产企业）。所以我也赞同不应该在公司法的视野下太多地讨论债权人问题。不过，我却认为，在国内实践中，破产程序是进得晚了，而不是进得早了，由此导致从受理破产到宣告破产这段调查期间，没有完全发挥追查资产保护债权人的功能，也导致破产的偿债率低，令人望而生畏。

通过董事实现的公司治理机制

李志刚：对于董事的功能，是不是也不能太高估？我一直在想，董事能从公司得到什么？那么多、那么大的义务和责任，董事还有人愿意当吗？

傅　穹：李志刚提了绝佳好问题。历史与域外经验看过一些，皆如此。从我国实证角度，我尝试论证研究一下。

李志刚：我国的贷款，不看三张报表，不看注册资本，指望他注册资本百万元但是市值百亿元，这债权人的心得多大啊？

张　巍：李志刚的疑虑有道理，不过做董事的滋味还是很不一样啊。不少孩子在美国学校，一个纯粹的非营利不给钱的组织，还有一帮人想占着学校董事的位置不放呢。

傅　穹：古今中外，道理一样。

李志刚：绝大部分中国有限责任公司的董事，可能没有这么吃香吧？国内上市公司的董事，如果压实了责任，不是实质挂名收钱的，可能也没有这么热乎。我还有一个疑惑：就有限责任公司而言，董事基本上是股东的提线木偶。为董事设定那么多义务和责任，是不是最终还是归结到股东身上更合适？比如，董事本身就是股东，或者股东委任，立法让他去催缴，可行吗？

戴景月：把公司和股东甚至股东全家捆一起的现象，至少说明两点：一是《公司法》尽管多次调整姿态，但可能都没有达到主要目的，没有催生独立公司、信用公司、效益公司。二是市场很机警也很简单，既然各种设计让人眼花缭乱，公司逃债手法变多，我就删繁就简，直接抓根本，任你千般设计，我直接废了公司资本制度。《公司法》的根本问题不是公司资本制度，而是信用保障。

刘建功：还没参透各位讨论问题的实质。不过，在法官看来，哪一部法律应该侧重保护什么，不应该把重心放到哪里，要回答这个问题似乎还应该再追问一步：咱们在实际上遇到了什么问题？如果现实中的公司运行，确实是存在债权人利益因公司有限责任等制度的执行漏洞而受损，那么，为什么《公司法》要放弃这个保护责任？是因为《公司法》对债权人的各种保护制度发挥不了作用、甚至带来更多弊端吗？那么我们有没有办法改进公司法的制度？或者说，功夫在诗外，这个责任由《会计法》等担负起来是否更好些？我觉得还应当是问题导向，以有用为要，至于在哪里规定，起码法官们不会太在意。

戴景月：考察一个经营多年的公司，注册资本是 1 万元还是 100 万元没那么重要。重要的是现时偿债能力。

《公司法》与《企业破产法》等周边法对债权人的协调保护

刘建功：一直觉得我们有两部法律没有执行好：《预算法》和《会计法》。一部是约束政府花钱的，这个其实是政府部分问题的源头；另一部是保障市场主体公信力的，这个其实是很多所谓债权人保护问题的源头。

李志刚：可能还有一定差异。一是《会计法》本身不直接解决债权人保护的问题；二是如果账是真的，但没钱，《会计法》的功能可能还有一定局限。

戴景月：无论公司大小，债权人总是质疑它的实际是否像它表现（登记报表报告）的那样？这也说明问题可能和公司法设计无关。

叶　林：对债权人的保护的规范，规定在不同法律中，这种结构性问题在解释论上会带来不同的效果。

戴景月：如果从立法体系的角度考虑，《公司法》不规定债权保护，能够理解，毕竟会有其他法律专司此职。但是如果没有债权保护，公司制早晚会被摧垮。从这点说，同意破产，不是来早了，而是来晚了。只在破产程序里，债权人才能最大可能地看明白自己掉进的是个什么坑。

李志刚：如果《企业破产法》"挺在"《公司法》前面，会有什么样的结果？或者说，《公司法》和《企业破产法》本来就有分工和边界。在认缴资本制度下，这个边界是前移还是后挪？

叶　林：债权人保护的模式，到底在强化债务人义务，还是整合反欺诈规则？这有点儿像事前保护和事后保护的区分一样。

刘建功：破产肯定是来晚了！企业制度的运行就是一个汰弱留强的过程。失去生命力的细胞死亡，新的细胞诞生。如果一个系统只有新生没有淘汰，就如同一个有机体只有消化系统没有排泄系统一样。其实，在一些醒悟过来的地方政府看来，破产在本质上也是招商引资。快垮掉的企业趁早清掉，不至于演变到不可收拾，否则政府还要贴维稳费用。有人来收购破产财产，不就是客商投资么。

我们的破产法，作为排泄系统，自身的问题不比公司法问题小。起码一条，债权人往往只知道合作的公司亏光了，但不知道他们是怎么亏光的。这还是涉及《会计法》的执行问题。这些问题累积起来，就会彻底侵蚀债权人信心，债权人的报复就是让股东全家担保等。这些看起来对有限责任制度的无视现象，根源之一就是对破产制度不重视以及《会计法》等核心配套法律的不严格执行。或者说，违反了，也没人追究责任。一个运行良好的破产制度，会对公司治理健康度有倒逼作用。

李志刚：很有启发：《公司法》（生和活）资本制度的修改，又有和《会计法》（资金的走）与《企业破产法》（公司的死）的配合、整合问题。

张　巍：破产之前股东是股东，破产之后债权人就成了股东，从经济学角度看，这两者也是一条线。《公司法》要突出保护股东的原因在于除了《公司法》（以及由其派生的《证券法》），没有其他法来保护股东，更没有信义义务这种保护。债权人非但有《企业破产法》保护，一部《民法典》有多少条文在保护债权人，合同加侵权占了多少条？更不用提有《消费者权益保护法》《劳动合同法》《产品责任法》了。

陆晓燕：非常赞同刘建功庭长的意见。另外，在破产法的实践中，问题确实也不少。正常企业的主人是股东，破产企业的主人是债权人，这个本来很简单的原理却没有在实践中得到很好的贯彻。尤其是重整，如果说清算是卖企业资产来还债，那么重整本来应该是卖企业经营来还债，都是由债权人来作主的。但现实情况却往往沦为股东甩债的工具，甚至干脆让政府成了破产企业的主人，这些都是导致破产污名化的原因。

破产本身是有很好的制度的，重整中的绝对优先原则也包括了：当任何一个债权组不同意削债方案，法院要进行强制裁定时，不允许股东组再保留任何股权，因为股东组本身是一个最劣后的利益组。这个制度如果很好地贯彻了，就不会导致重整沦为甩债工具。

李志刚：破产重整的强制裁定缺乏制约和监督，本身也存在被捆绑和工具化的问题。这可能也是陆晓燕所言的破产被污名化的原因和表现。

邹　宇：我听不止一个破产法官说：实在没办法了，就强裁。强裁真的是最后一招吗？

陆晓燕：我们当地也曾经有多例金融机构发起的重整，事后银行法务还在总行介绍用重整来催债的经验。但确实，这要求整个程序都真正体现了债权人掌控的原则。主持程序的法官理念非常重要。

股东组和劣后组可以强裁，但对其他组别的强裁要绝对谨慎。另外，公司法上的利害关系人回避表决制度等，要应用到债权人会议表决制度当中来。《企业破产法》在这方面的规定比《公司法》弱多了。

公司法改革与公司资本制

黄　辉：看了一下上面大家的发言，有几个感受。

1. 张巍老师认为中国对于债权人保护过度，以至于出现本末倒置的严重问题，放在2013年认缴制改革之前可能有道理，但现在可能很难说。这也是我开始看不明白的地方，因为法定资本制在2013年《公司法》的修订中已经摒弃了，但不少文章还是在拿法定资本制作为论据。

2. 法定资本制的弊端很多人都讲过。我在2015年第6期《中国法学》发表的《公司资本制度改革的正当性：基于债权人保护功能的法经济学分析》一文中也详细讨论过，包括债权人保护的替代机制等，并支持2013年的公司法改革。

3.将2013年改革后的资本制度描述为奇怪的事物，我不知道是什么意思，但如果是指我国独有的奇怪制度，那可能不准确，因为这个制度是现在很多国家和地区采取的。澳大利亚1998年就采取了，我国香港特别行政区在2014年也采取了。当然，至于这个制度是否适合中国，那是另外一个问题。我在2011年就对此制度进行了详细讨论，并将其命名为"声明资本制"。[①]在英文文献中是没有这个专有名词的。一个原因是英美法系对出资制度已经基本不在乎了，没必要再去创造一个所谓的制度称谓。但我向国内同仁介绍域外经验时需要创造一个名词，以便区别于大家熟知的法定资本制、授权资本制等（上面提到的澳大利亚和我国香港特别行政区都已经摒弃授权资本制了）和方便交流，这可能也是有人觉得这属于"四不像"的原因，这个声明资本制不同于法定资本制和授权资本制，当然是"四不像"了。

4.我国公司法的资本制度现在面临的改革问题是公司出资设立后的资本制度，即资本维持原则。这个问题比出资阶段的2013年的公司法改革要困难得多。我个人不认为现在还存在债权人保护过度的明显问题。因此认为，资本维持原则需要改革，但不是完全抛弃。

邹　宇：理论界对公司资本制度的主要看法是要松绑，充分调动潜在股东的投资积极性，降低成立公司的门槛。授权资本制被认为是立法的努力方向。而黄辉教授所说澳大利亚、我国香港特别行政区已经摒弃授权资本制，其动因和效果确实值得研究。希望海外的学者们多介绍公司法的最新发展。现在境外资料的共性是时效性太弱，甚至有20世纪80年代的作品还在被引用。

黄　辉：是的，其实比较法是很难做的。要追踪最新发展，而且要理解其背后的原因以及配套的制度等。

邹　宇：还有法律名词的翻译，是否能准确形成两种法律制度下的对应关系，而且有些制度是中国或外国特有的，更难译介。法定资本、法定资本

① 黄辉：《现代公司法比较研究：国际经验及对中国的启示》，清华大学出版社2011年版。

制，这两个名词的中英文辨析就能写一篇论文。

黄　辉：非常同意，我曾辨析美国的投资顾问与我国的投资顾问的区别，就是分析同名不同义的问题。[①] 谈到我国的资产管理制度与美国等域外经验的差异。美国的投资公司是资产管理的主要载体，包括多种不同的组织形式，而投资顾问在提供咨询建议之外，也为客户管理资产，经常是资产管理的实际主体。投资顾问推动投资公司（共同基金）的设立，并负责资产管理，接受投资公司董事会和股东大会的监督。相比而言，我国的资产管理以信托契约型为主，较少采用公司等其他组织形式；美国采用"投资者—投资公司—投资顾问"架构，而我国则是"投资者—管理人"架构。我国不宜照搬《美国投资顾问法》的相关规则。我国资产管理在组织形式上宜允许多元化，但在行为监管上应当统一。

重新审视法定资本制

黄　辉：实际上英美法系文献中并无法定资本制这个术语，英文文献只有 legal capital 这个名词，但这个也不是法定资本的意思，而是法律资本，即法律认可的公司资本，而不是法律规定的公司资本（最低资本要求是另外一个英文表述）。因为法律并没有硬性地对于公司资本应当是多少进行规定，而是公司自己选择注册资本是多少，然后法律予以认可，并基于此产生法律权利和义务。与我创造的声明资本制一样，法定资本制应该也是我国学者自己造出来（或者是日本或我国台湾地区学者造出来而后引入）的一个术语，以满足学者进行类型化逻辑分析的需要，但实际上对其定义和特征并不完全清楚。比如，法定资本制下的公司资本是否必须有最低资本要求？是否要一次足够缴纳？是否可以分批缴纳？基于此，我国 1993 年的《公司法》和 2005 年的《公司法》中的出资制度是否都算法定资本制？所谓的资本三原则，也是大陆法系的，在英美法系文献中基本上就只有资本维持原则的提法，从未

① 曾辉：《资产管理的法理基础与运行模式——美国经验及对中国的启示》，载《环球法律评论》2019 年第 5 期。

见过另外两个原则。这些在我的《现代公司法比较研究：国际经验及对中国的启示》一书中有所讨论。邹宇法官的建议很好，以后有机会可以作一个全面的比较和梳理。

张　巍：我讲的法定资本制就是对分红、回购的限制条件，如《公司法》第166条、第142条。根据美国的法律规定，没有要弥补亏损、提取法定公积金才能分红，也没有要履行经债权人认可的减资程序以后才能回购。顺带引发的还有公司不能长期、不设上限地保留库存股，进而限制董事会发行资本的权利。我想这些区别应该不是名字上的区别，而是有实质功能性的区别。

黄辉老师说我国香港特别行政区、澳大利亚放弃授权资本制，是指像我国《公司法》这样限定分红、回购条件，以及限制董事会发行资本的权利吗？授权资本与延期缴付出资的确是两回事。从前美国是不许不实际出资的，尽管董事会一直可以决定发行资本。后来允许延期缴付，相当于股东欠公司的债，按违约处理。如果公司资不抵债，债权人也有可能直接向股东追缴，但至少这笔债权是公司的破产财产。

黄　辉：目前与法定资本制的改革问题相比，资本维持原则的问题更困难。法定资本制对于债权人保护的作用非常有限，甚至是虚幻的，而对于股东限制很大且不合理。因此，明显的收益与成本不成比例，各国和地区也基本都摒弃了法定资本制。但是，资本维持原则对于债权人保护是有实际作用的，对于股东的限制也不能说完全不合理。因此，目前在很多国家，包括英联邦国家和地区，该原则在不同程度上都是保留的，当然美国是个特例。

邹　宇：我20世纪90年代上大学，所有的公司法教科书都必谈"资本三原则"，认为这是公司法上基础理论。由此可见，理论界的认识也是有阶段性的。

张　巍：如果法定资本制是指公司最低要达到多少出资标准，是否要实缴资本，那的确，2013年以后中国就没有法定资本制了。不过好像现在的教科书里还是说中国是有法定资本制的。

最重要的问题恐怕不在于叫什么名字，也不在于是否要实际出资，或者设定出资底线这些具体问题，而是在于对于公司的资本结构，到底决策权在哪里？到底为谁的利益作出决策？美国法对这两个问题的回答是比较清楚的：公司的资本结构——就像公司的经营结构一样——决策权在董事会，通过董事的信义义务，这种决策服务的利益是股东利益。

法律规则的取舍不在于多数决，商事法律规则的优劣取舍还是在于是否符合商事实践的需要。美国的公司、证券法律，很多是世界上的少数，甚至孤例——如强制要约，这也是“美国例外”的一部分。重要的恐怕还得看它的公司业绩表现、资本市场表现是不是也例外了。

纪海龙：这需要法律史上的梳理，才能搞清楚脉络渊源。民法里，也有一些看起来奇奇怪怪的东西，只能通过法律史的考察去揭示。

概念的名与实

李志刚：按照“功能主义”的视角，单纯的概念溯源，在学术上有价值，在实务上关注的焦点可能还是“是什么”“怎么办”，不一定特别纠结于“叫什么”。

章恒筑：所谓“原则”，同时就意味着“原则的例外”。法定资本制也好，资本维持也好，在新经济背景下都需要重新审视。问题是要走得多远。公司是什么？合同束，还是信用的集合？如果公司后面的股东信用是透明的，还需要资本作为对债权人的担保吗？

李志刚：换句话说，现在的公司资本制度，是“法定资本制”，还是“授权资本制”，可能不是问题的关键，关键是“允许极少的出资和久远的认缴或者不进破产不认缴”，是否有弊端，怎么克服。个人理解，资本制度的核心，是公司责任财产的初始来源和基础保障。这一点是不是要完全抛弃了？这也是资本维持原则，是否要坚持的根本和核心。公司责任财产，只有在破产时才到位，是不是最佳方案？

章恒筑：法定资本或是授权资本制度，既要看到趋势，也要顾及当下。适度松动，中庸立场为好。会计上的资产负债表，资本雇佣劳动的假设，推衍出资本的信用担保。在负债表上的资本必须是可以计价的。但人力资本、社会资本等难以计价。资产负债表、资本雇佣劳动难以概括以往交易的全部内容。现在的商法公司法观念和体系，基本上还是工业社会的产物。

黄　辉：英美法系不搞法定资本制和授权资本制这些名词，而是看实际的具体问题。比如，英美法系也讨论最低资本要求和面值制度等，但不说这是法定资本制；就像我们研究公司法就是公司法，而不需要纠结于它到底是商法还是经济法。

章恒筑：在法院处理的一些投资纠纷中，一些跨国公司在中国投资，多是在境外成立投资公司作为投资方。这些投资公司少有以财产作为履约担保的。不能说外商通过这种方式一开始都是假投资，但这既是一种专业投资的方法，也是一种风险规避方式。这也与我国过度看重法定资本的信用担保作用有关。

初始投资与债权安全

张　巍：资本维持原则的问题在于债权人根本不是靠这个最初任意确定的资本数额获得清偿。债权人究竟看重什么？动产、不动产，还是现金流，债权人自己去决定，自己去管住债务人不挥霍掉这些资产就好，没有必要在法律上强行画一条与实际不相干的线。

李志刚：但是，是否意味着鼓励空手上路，是一个法政策选择问题，也要考虑制度设计的背景和诚信环境。空手上路，可能捡到金条，但大部分可能捡不到金条。交易常态是投了一部分资本，获取市场平均利润率。

叶　林：昨天看了一个英国电视连续剧，说到“剃刀党”，其中有一句经典的话。当主人公说自己成立了一家有限公司的时候，对方羡慕不已，说这是“信用的最高体现”。

李志刚：初始资本为零，作为拟制的市场主体，《公司法》是否要提供制度保障，是核心问题。现在我们虽然注册资本为1分钱，也可以设立公司，当董事长，但如果把这作为市场常态和普遍现实，可能也还不一定。换个角度看，金融机构也可以亏本破产，但立法为什么要设定千万元的实缴注册资本门槛呢？他会亏光的啊！

叶　林：一点本钱都没有，就想成立一家公司，这跟“空手套白狼”没什么区别。

李志刚：小本暴富的，可能有百万分之一的概率，这不应作为《公司法》的常态预设。

吕来明：这个问题同意不久前冯果教授在《中国法律评论》上那篇文章的观点。关于出资制度，2013年之后《公司法》对股东出资限制几乎没有了。关键是现行的资本维持原则制度，如减资、回购、利润分配限制制度这些到底有什么大的问题，需要废止？这个真要慎重，要结合商业实践验证，不能仅从美国法的变化来推论我们的错了。

李志刚：作为一个持续营业的组织体，股东掏了多少钱，法律就允许他到市场上来持续地和其他主体进行交易？《公司法》可能要认真考虑。没有现金，有点子和技术当然也可以，但这个点子和技术，是不是真的，可能仍然要有一些工业时代甚至是农业时代的风控思维——信息时代的P2P骗子多，风险呈指数级扩大，很多人真信了。或者说，虽然现在没钱，但至少有出资承诺，看得出你不是骗子，未来有财产责任。

张　巍：现在我们的规则就是允许空手上路，而美国倒是不见得有很多空手上路的。但这不是重点，重点是只要不欺诈，债权人自己看得清楚是不是空手，周瑜打黄盖，诸葛亮不必出声。

公司法与破产法的配合机制

李志刚：是不是要区分空手上路和承诺出资上路？如果是前者，《公司法》当诸葛亮，也说得过去。如果是后者，通过《公司法》解决还是《企业破产法》解决？自2014年《公司法》修订以来，没有大乱，说明空手上路的不多；上路了，也没大乱。承诺出资的，维权成本较高，救济效率较低，《公司法》是否需要在这一块有所作为？还是说也要乐于当诸葛亮？

黄　辉：“是不是要区分空手上路和承诺出资上路？”而且，“修法六七年来，没有大乱，说明空手上路的不多，上路了，也没大乱”，这就是市场的自我保护机制，你会跟一个注册资本为1元的公司做交易吗？记得2013年改革之后，商法学会在华东政法大学开年会，很多人担忧出现大量的1元公司，现在证明担心是多余的，就是因为没有考虑市场机制等其他的债权人保护途径。然而，承诺出资就不一样，承诺代表着出资义务，如果商业大咖设立一个公司，资本额为100亿元，但目前只付了1元，我还会跟他做交易，但是，大咖不能随意减资，如以后把注册资本减少为1元，这个在理论上称为事后的投机行为，也称为公司债务人与外部债权人之间的代理问题，这就是为什么资本维持原则有用而不能完全废除的一个重要原因。

李志刚：是的，就是此意。

陆晓燕：承诺出资上路的，通过《企业破产法》倒逼股东放弃期限利益，股东不肯放弃的就进入破产。

李志刚：说实话，我一直不太喜欢倒逼这个词，因为有没有逼成，不太好说。对债权人来说，通过《企业破产法》维权，这个成本太高了。

陆晓燕：现在债权人都通过申请破产来逼债了，成本不高，屡试不爽。

李志刚：那真是好消息。

陆晓燕：有一个企业已经被申请了5次执转破了，每次一申请就把债给还了，所以连续5次都没破成，正要出第5份裁定。

李志刚：这个企业应该是体量比较大，有正常营运价值的。如果是两三个人的皮包公司，会不会也有还债动力？感觉人走楼空、不主动清算、不惧破产的小公司，好像也不少

章恒筑：大众创业，万众创新，还有个人破产制度推进，这个是政策导向，决定了法定资本制的松动趋势。

李志刚：创业和创新，都是小概率的成功事件。故《公司法》可能需要发挥作用，避免把大众和万众“一条龙”地往个人破产的路上送。

张　巍：这也不用维持资本，只要你和公司约定不许减资就行。说到底，要是商业大咖是骗子，你就是规定维持资本也没用，而且没有维持资本不等于放纵行骗。美国不要维持资本，但你分红、回购，也不能把公司弄破产。说到底，维持资本不过是维持一个账本里的会计科目，就是要保护债权人，用实质的insolvency（破产）标准，比形式地守住一个会计科目，更管用。

章恒筑：想起几年前，审理一个涉资本金维持的案件，最后的判决投进去的公积金，即使没有作为注册资本，公司破产了，也拿不回来。最高人民法院二审和再审审查也认可了这一意见。

契约机制与公司治理

黄　辉：契约机制有几个问题：(1)订约成本高昂，每个交易都要订约，而且契约可能不完备，导致履行问题。(2)违约责任的保护力度有限，不如法律强制性规定的救济有效。(3)很多时候由于交易双方力量不对等，容易产生订约中的剥削行为，这是公司契约理论的一个重大缺陷。(4)如果是骗子，那就是欺诈问题，有其他的法条可以用，资本维持原则不是万能的，但至少可以减少的一般投机行为。这个逻辑是对的，但法律的生命在于执行，分红导致破产是要有因果关系的。现实中，股东完全可以“温水煮青蛙”，不会一次分红就将公司搞破产的。比如，通过分红将公司的偿债能力降低，然后过段时间，再做一个其他事情，导致公司破产。群里有很多法官，可以谈谈现实中能否，以及如何追溯分红和破产的因果关系。

张　巍：(1)实际上贷款的合同就是非常复杂的，没有资本维持的美国，未必比有资本维持的地方贷款合同更复杂。任何合同都有缔约成本，这个成本只有具体地看、经验性地看才有意义。如果说有不完全合同，也是股东和公司订的约最难完全。(2)除非说违约不能判刑，违反资本维持可以判刑，否则也不见得违约责任轻，况且欺诈本来就可以入罪，而没有欺诈，即使违反资本维持也恐难入罪。(3)力量不均等的关键在市场没竞争。(4)没有欺骗，那就是双方你情我愿，当初既是你情我愿，何来嗣后反悔说我没有维持资本呢？

要法院为债权人步步守门也不现实，等于让法官随时判断商业决策。债务人什么能做什么不能做，债权人自己写清楚，出了小问题立即采取措施，避免大问题，这是地役权(loan covenants)的机理。法官帮忙守住最后一线，就是破产(insolvency)。

李志刚：资本维持的制度设计可以降低单个合同治理和个案司法判断的成本。

黄　辉：（1）我国香港特别行政区和新加坡都是保有资本维持原则的，美国的贷款公司是否更复杂，可以实证看一下，当然其实意义也不大，因为很难直接相比，我的观点是：至少就资本维持原则涉及的问题而言，我国香港特别行政区和新加坡的贷款合同就不用去浪费时间去订约了。（2）这也涉及民法视角下，平等主体间的违约责任是否可以替代法定救济（即使不包括欺诈导致的刑法责任）。（3）我同意张巍老师的观点，这个确实主要是市场竞争问题，但是否把这问题完全推给《反垄断法》解决，还是《公司法》也要有所贡献？（4）欺诈与我所讲的投机行为是两码事，以我上面的案子为例，如果公司的注册资本从100亿元降到1元，就有动机去进行高风险的商业，盈利了都是股东的，亏了就是债权人的，这是以债权人利益为代价的股东投机行为，而不是欺骗，反欺诈条款用不上。

张　巍：投机行为可以，而且也确实是用合同（covenants）来防止的。另外，债权人也会有投机：当初明明你情我愿，自愿承担债务人风险（很可能利率已经考虑到这种风险）；嗣后，反过来说债务人违反了资本维持。

如果资本维持真是市场需要的，美国法律从未禁止公司自己在章程里规定资本维持。而可以做的事，在市场上没出现，这本身就很可能说明市场并没有需要。

在章程里写上一句维持资本，今后的贷款协议就不用再磋商这条了，除非想反过来退出（opt out）。我觉得最低限度我们可以把资本维持作为任意性条款，允许公司在章程中选出。法定还是意定，最终的区别在于：有没有针对特定情况特定处理，具体风险具体化解的灵活性与准确性。

李志刚：《公司法》作为组织法，注册资本作为公司最主要的初始责任财产来源，公司法似乎还是应该多提供一些强制性规定，这是不是也是《公司法》与《合同法》的区别与边界？

新制度经济学的视角

张　巍：《公司法》的本质是合同法，这一点经济学家没说错。不过，他们也同时指出，公司中股东与公司订立的合同最特别，最不完全，恰好法律早就有应对之策，那就是信义义务。而经济学家也赞同这种柔性的标准，而非规则式的监管。因此，如果说《公司法》有异于《合同法》之处，那就是公司管理者对股东负有的信义义务，尤其当股东存在严重的集体行动困境时，信义义务成为《公司法》需要法定强制的规则。除此之外，出于与其他商业组织形式的区别，《公司法》还需要强制的是有限责任，这并不是因为无限责任不能用于商业组织，而是由于已经有其他商业组织用了这种责任形式。

从经济学角度，科斯认为需要组织的原因是高的交易成本，但他没说清何种交易成本导致不得不脱离市场进入组织。威廉姆森找到了这个交易成本的源头，就是资产专用性问题，但他没说清为什么组织有能力克服资产专用性。哈特回答了这个问题，就是剩余控制力乃是组织控制交易成本的关键。粗略而言，三座诺贝尔奖对市场组织的理论演进大概是这样。

如果说公司关系不是契约，那么大概就是身份决定的。上述三位经济学家的理论应该都更偏向于契约而非身份。这方面，张五常、巴泽尔、阿尔钦等人也有很多原创性贡献，这些人最早提出了公司是合同束。

陈　克：威廉姆森与哈特之间没有演进关系，前者是不完全合同到纵向一体化，与后者的产权确定控制权，是科斯下面的两条进路。科斯提到市场与企业互相替代的原因是交易成本，市场中交易成本与组织内的威权都涉及了，产生了不同道路解读的可能。詹森的委托代理学说，个人理解上与哈特更近一点，与威廉姆森更远一点。

张　巍：威廉姆森的问题是，纵向一体化之后，究竟为什么产生组织内部的控制力？如果只是说因为老板可以开除人，那市场同样可以选择不和某人做生意。组织又有何不同？哈特的剩余控制力理论是对威廉姆森留下的上述问题的直接解答，当然，解答是不是充分，还可以讨论。

陈　克：可能不能这样理解。威廉姆森认为，权力的概念漫无边际，这里权力应是指向控制力的，资本对劳动者的权力、特殊利益集团的权力等，多是特别经历的产物，作为各种治理因素，嵌入整个治理环境中，都是历史的产物。强调的目的性与经济规划很重要，历史也重要。威廉姆森对控制力也理解为一种制度中的治理要素，被历史性地嵌入公司制度中，是自发的，还是有目的性的，很难说。所以，他后面强调了一句“更进的无效率”。

张　巍：詹森没有回答组织的控制力从何而来。

陈　克：詹森有部分来自德姆塞茨的团队生产理论，德姆塞茨学说对公司制度的解释力也很强，德姆塞茨提到过，有必要的话，分散的所有权可以充分地集中起来，对不称职的经营者给予恰当的指导，所有权重新集中的形式，是可以重新接管的，也可就此理解是有间接的答案。

张　巍：您可指点一下相关文献，我 10 多年前看的，也可能忘了。

陈　克：张巍老师客气了，我看的都是译本，也可能理解有误。或许还有一种解释是，威廉姆森倾向于理解，组织与不完全合同，乃至古典合同都是治理机制，可以互相过渡，其间的控制力不是最重要的，所以他认为无须回答。

邓　峰：我可以提供一点补充资料，详见下图可供参考。[①]

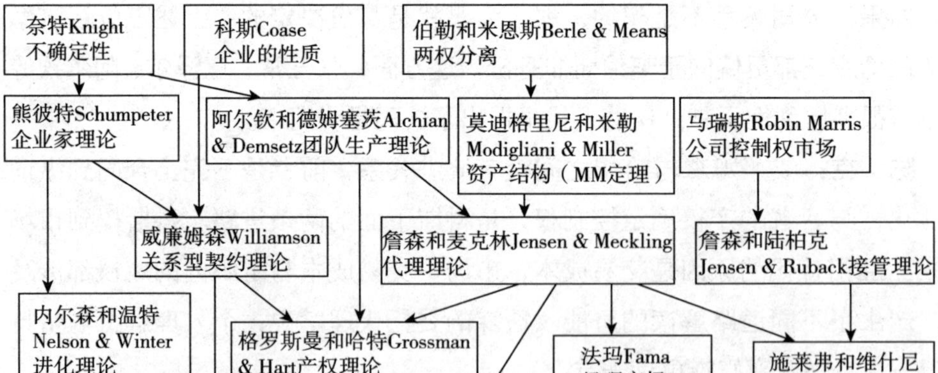

① 邓峰：《普通公司法》，中国人民大学出版社 2009 年版，第 12 页。

在新制度经济学上，格罗斯曼—哈特—莫尔（Grossman-Hart-Moore，以下简称GHM）是产权理论（不完全合同）；威廉姆森是合同理论（relational contract）。后者是大部分产业组织理论的学者跟随的；前者是孤零零的，两者之间存在两场战役，以及10年的争论。

陈　醇： 用法律经济学解释《公司法》和《合同法》，有两个局限：一是契约观念的不一致性，经济学可能将决议当作合同，而在法律上决议与合同相差很远。二是单个契约观念。一束合同和一个合同是有区别的。这正是企业与单个合同的差异所在。

邓　峰： 经济学没有解释什么是控制，什么是fiduciary duty（信托责任），哈特比较坦率，他在一篇文章中自己也承认。合同束理论是以董事会为中心的与各个利益群体之间的合同，不是任何两个群体之间的随意合同，如股东和债权人之间没有合同，股东和员工之间也不存在合同。

陈　醇： 公司行为包括大量单方法律行为、合同和决议，法律意义上的合同只是部分。股东之间、董事之间、员工之间，也需要考虑。毕竟公司不同于以董事会为相对人的合同。

陈　克： 古典合同—不完全合同—纵向一体化，在威廉姆森这里，都是治理机制。

邓　峰： 没错，威廉姆森是用治理机制解决合同问题，GHM是用财产权解决合同问题。两者的区别在于，是否会存在着合同履行中的再谈判问题，GHM不承认有再谈判问题；威廉姆森很强调不完全合同的再协商。

从公司法司法解释来看，《公司法司法解释（三）》采纳了基础财产理论，《公司法司法解释（四）》则采纳了合同理论。所以，李志刚关心的问题，首先应当回答股东和公司是什么关系。如果是一个合同，就必然允许附条件、附期限。

张　巍： 我有个疑问，如果说董事会是中心，代表公司签合同，那董事的合同是和谁签的呢？

邓　峰： 董事是授权（delegation），大陆法上是委任，和合同没关系。合同理论只能解释一部分，所以才会有其他理论，《公司法司法解释（五）》

对这两层进行了区分。

张　巍：有合同关系啊，董事有薪酬，每年有 retainer（固定薪酬）。

邓　峰：董事的薪酬是实践中的操作，不是理论上的 Compensation（薪酬）。

张　巍：如果是股东委任给了董事，反过来董事又代表公司和股东签融资合同，这个我也有点想不清楚。

邓　峰：不过决议、选民，都是宪法上的概念。所以，就公司制度的基础理论来看，单纯的合同理论是不够的。

【总结及倾向性意见】

《公司法》作为组织法主要是调整股东与公司的关系，对债权人的保护是被动的，不应当是《公司法》的主要目的。后者在公司人格确实被股东滥用时，才有必要性，救济方式上也以间接为主，如揭开公司面纱、公司减资中债权人异议制度等。

伴随我国公司资本制度的改革，股东出资的自主权扩张，认缴即可获得股东资格和享有股东权利，认缴制被股东滥用的情况极其普遍，股东与债权人之间的利益失衡。有《企业破产法》的兜底，《公司法》在我国语境下也难担当此重任吗？即便能担此大任，债权人如果知道与公司打交道最终就是破产的结局，谁又愿意与将要死亡的公司打交道呢？因此，《公司法》虽然主要保护股东利益，但债权人的利益也需要兼顾。当然，如何兼顾，是个课题。比如，法定资本制如何定位，最具正当性的资本维持原则是否能够挑战等。那么，更深层次的问题就浮出水面了：公司的终结目标是什么？这又会引发对公司本质的重新思考。

以科斯为首的新制度经济学，对公司本质进行了深入的思考，科斯《企业的性质》一文，催生了关系契约学派和产权学派，与我国公司法制定更接近的是产权学派。公司是层级组织，许多事务建立在组织规则上，是威权，是少数服从多数，不是合意。从经济学的诸多认识上提炼的“公司契约理论”，主张合同法就能解决问题。但公司规则应是授权性规范，毕竟经济学与法学有一定区隔，而且不同语境下的合同、代理、产权也是不同的。比如，经济学上的代理，包括法律中的代表、代理、委任、中介。还有法律上不能明确类型的行为方式，也应区别对待。经济分析，更应作为一种视角，澄清法律关系背后的经济逻辑，退回到分析工具的本来地位。

【代表性学术观点】

对法定资本制的质疑由来已久，主要还集中在注册资本不能反映公司资产的真实状况，因此也不能为公司债权人提供实实在在的保护。2013 年公司资本登记制度改革后，公司股东注册资本数额、出资方式、出资期限等均由股东章程约定，后续实践中过长出资期限带来的注册资本空挂，加剧了学界对法定资本制的质疑，实务界也关注就此产生的公司债权未获清偿情况下，未届出资期限股东认缴出资的加速到期问题。

1. 关于出资加速到期问题。

就此问题，本书第一辑中已有详尽讨论。[①] 实务界通说的观点，以**最高人民法院民事审判第二庭**为代表。其认为：加速到期清偿单个债权人，可能产生底线竞争，不符合《企业破产法》第 31 条、第 32 条的精神。债权人应当申请债务人破产，进入破产程序后再按照《企业破产法》第 35 条使股东出资义务加速到期，最终在真正意义上保护全体债权人利益。[②] 到《民商审判会议纪要》第 6 条，又明确规定"法院穷尽执行措施无财产可控执行，已具备破产原因，但不申请破产"才能加速到期，更是直接引入实质破产标准。坚持加速到期不等于对单个债务实现优先受偿，只有符合破产抑或解散条件，一者出资加速到期，向公司缴纳尚未届满缴纳期限的出资；二者债权人可主张未届出资期限的股东在出资范围内对公司不能清偿的债务承担补充赔偿责任。

理论界更倾向于支持加速到期，并从不同角度论证了加速到期的妥当性。

---

① 李志刚主编：《民商审判前沿：争议、法理与实务——"民商法沙龙"微信群讨论实录（第一辑）》，人民法院出版社 2019 年版，第 402~428 页。

② 参见杨临萍：《当前商事审判工作中的若干具体问题》，载《人民司法》2016 年第 4 期。

如李建伟[①]、王涌[②]、王建文[③]、丁勇[④]等人的文章。对此问题论证最为深入的是蒋大兴。**蒋大兴**认为，任何合同自由都有其边界，股东出资义务的履行期限并非"完全自治"的事项——出资期限的设计应不影响公司的正常经营（包括偿债）。当公司存在"不清偿到期债务"之情形，无论公司是否已达"破产界限"，都应允许债权人主张加速股东出资义务之履行。这不是对"契约严守"的背离，而是对契约诚信的遵守。在合同法上，"非破产加速"存在可能空间：一则，按照合同的相对性原理，"契约严守"不能约束债权人；二则，合同权利不得滥用。在公司法上，"有限责任对价加速""法人格否认加速"及"非破产清算补资加速"等均为"非破产加速"提供了制度解释空间。最高人民法院有关强制执行规范也事实上许可了"非破产加速"。支持"非破产加速说"有助于形成"理性的股东认缴秩序"及"理性的公司偿债秩序"；"非破产加速说"也是交易成本更小的"加速到期方法"，应优先得到适用。因此，"非破产加速"与"破产加速"的适用情形不尽相同，它可填补"破产加速"衍生的规制漏洞——通过给股东施加清偿压力，解决"主观清偿不能"的公司赖债现象。而且，"非破产加速"的弊端也完全可以通过破产撤销权的运用控制在合理范围内，不必担心不合理的"偏颇给付"所衍生的"公平清偿"问题。[⑤]

《民商审判会议纪要》出台后，该争议仍未平息，而且《民商审判会议纪要》第 6 条规定在已经实质具备破产原因的情形下，就应在破产程序中适用出资加速到期规则，方能实现公司所有债权人的公平受偿。《民商审判会议纪要》第 6 条规定肯定了向债权人赔偿，还是会导致偏颇性清偿的结果。一定程度上，与司法中坚持的债权人公平受偿一贯立场相悖。其疑惑更在于，在个案中将股东认缴出资额作为公司责任财产向个别公司债权人清偿，出现偏

① 参见李建伟：《认缴制下股东出资责任加速到期研究》，载《人民司法》2015 年第 9 期。
② 参见王涌：《论公司债权人对未实缴出资的股东的请求权》，载赵旭东、宋晓明主编：《公司法评论》第 25 辑，人民法院出版社 2015 年版。
③ 参见王建文：《再论股东未届期出资义务的履行》，载《法学》2017 年第 9 期。
④ 参见丁勇：《认缴制后公司法资本规则的革新》，载《法学研究》2018 年第 2 期。
⑤ 参见蒋大兴：《论股东出资义务之"加速到期"——认可"非破产加速"之功能价值》，载《社会科学》2019 年第 2 期。

颇性清偿损害其他债权人利益的问题，公司清算人或破产管理人，可否依据《企业破产法》第32条提供的清偿行为撤销的机制，以平等保护全体债权人?

钱玉林认为，以公司资产不能清偿到期债务为界限，应注重股东的出资义务为法定义务属性。虽然在现行《企业会计准则》下，未届出资期限的股东认缴出资额并没有被确认为公司的资产，但可以成为公司的责任财产。因此，在公司资产具备清偿能力的情形下，应尊重公司章程。有关股东出资期限的约定，股东可以享有出资期限利益对抗公司和公司债权人，这样，认缴资本制才得以贯彻。当公司资产不能清偿到期债务时，股东的出资义务就成了一种法定义务，《公司法》第3条规定，公司“全部财产”解释为公司责任财产，股东未缴纳的认缴出资额作为公司的责任财产，自然可以成为强制执行的对象，使《公司法》第3条的立法目的得以实现。[①]

2. 关于法定资本制衍生出公司本质问题。

科斯认为，市场和企业是资源配置的两种可相互替代的手段，市场机制的核心在于靠价格“看不见的手”来调节，而企业组织的特征是人与人之间的管理协调，依靠“看得见的手”，即企业家运用自觉的权威来指导生产。因为价格机制的运用具有很高的成本，包括信息成本、谈判成本、拟定和实施契约的成本等，而通过权威管理可以大量减少本来需要分散定价的交易数目，从而节约交易成本，所以才产生企业。企业的管理成本通常随着企业规模的增大而上升，规模发展是有限度的，边界取决于市场定价的成本与企业组织的管理成本之间的平衡关系。

张五常改进了科斯的理论，他认为企业是“生产要素市场”对“产品市场”的替代，企业与市场本质上都是契约安排，是“一种合约取代另一种合约”，只是形式不同而已。市场合约的交易对象是产品，而企业合约的对象是生产要素，要素所有者必须服从公司内部的管理权威。市场对于产品进行定价，该定价过程需要产生信息成本。企业通过对生产要素进行估价从而间接确定产品价格，这种定价方式的成本通常小于对于产品进行直接定价。后者

① 钱玉林：《股东出资加速到期的理论证成》，载《法学研究》2020年第6期。

由于相关信息可能不充分，企业规模越大，这种信息不足导致的定价错误也越大，当错误成本上升到间接定价所节约的成本时，企业的规模就不应继续扩大。

威廉姆森在科斯基础上，提出了治理机制作为市场、层级制、混合制的上位概念。不同的治理结构对应不同的合同体系。企业公司的层级制对应着“关系契约”，强调公司缔约方之间关系的重要性。根据关系契约理论，与离散的、注重交换行为的市场契约不同，公司契约本质上是缔约方之间复杂的、长期的协作关系，强调交易的效率和安全，而不是或仅是交易的公平和对价。由于公司契约的特殊性，公司规则在很多方面不同于民法上的合同规则：作为公司契约类型之一的章程在变更时不需要所有股东的同意，而是采用多数决原则；单个股东并不能要求公司履行契约，而是需要满足一定的实体和程序条件。

哈特发展出了产权理论，提出了公司是“不完备合约”，存在没有规定的事情，对应的就是“剩余控制权”。产权的本质就是剩余控制权，即不完备合约规定之外的权利。剩余控制权应当归所有者所有，与剩余控制权相对的是剩余索取权。通常而言，剩余控制权决定剩余索取权，二者应当配置于同一主体，否则剩余控制权的所有者会侵占剩余索取权。有些情况下，剩余控制权和剩余收益权也可能分离。在古典小型的企业中，企业投资者集所有权与管理权于一身，既有剩余控制权也有剩余索取权，但在现代大型的企业中，所有权与经营权相分离，采用代理机制，出现了产权残缺问题。因此，需要设计适当的产权制度进行解决。比如，需要界定剩余控制权的归属，谁应当获得投票权以及如何行使投票权？由于股东人数众多，让全部股东行使剩余控制权显然效率低下，而让部分股东行使又会出现权责不对称问题，故需要在相关制度上进行安排，如有限责任制度、管理者信义义务制度等，以避免合约各方的机会主义行为。与市场化机制相比，公司的剩余控制权能够通过权威性更好地制约机会主义行为。公司法旨在规定剩余控制权的配置和行使，体现公司的纵向一体化特征，是产权规则的法律化，解决合同的不完备问题。

作为公司法通说的公司契约论，兼采上述法经济学说中诸因素，更主张契约自由原则，强调公司的私人自治和私法属性。根据公司契约论，公司就是参与人的个体集合，通过契约联结在一起，在这些参与人之中，股东是享有剩余索取权的人，其利益最大化就成了公司目标；作为标准契约条款，公司法的性格应当是任意性而非强制性，国家不应干预公司事务。

公司契约论将公司各参与人之间的复杂关系简化为一堆双边契约，提倡公司事务应当通过私人的、自愿性的当事人协议机制解决，反对国家进行各种公权干预。但是现实中公司行为不但影响公司内部人的利益，也影响公司外部人的利益，如公司生产的环境污染问题。为了纠偏，又产生了社区理论、公司团体生产理论等。但其影响力均远不如公司契约理论。

【典型案例】

浙江新湖集团股份有限公司与浙江玻璃股份有限公司、董某某、冯某某及一审第三人青海碱业有限公司公司增资纠纷案

案号：最高人民法院（2013）民申字第 326 号

【裁判要旨】

股东向公司已缴纳的出资无论是计入注册资本还是计入资本公积金，都形成公司资产，股东不得请求返还。

【基本案情】

青海碱业原股东浙江玻璃、董某某、冯某某与新股东新湖集团就青海碱业增资扩股问题达成的《增资扩股协议》，约定采取溢价投资的方式，其所投入的资金，一部分被计入注册资本，另一部分被计入资本公积金，其中被计入资本公积金的部分往往要高于被计入注册资本的部分。

在该协议履行过程中，因浙江玻璃的违约行为，新湖集团采用通知方式解除了该合同。案涉《增资扩股协议》解除后，新湖集团依据《合同法》第 97 条“合同解除后，尚未履行的，终止履行；已经履行的，根据履行情况和合同性质，当事人可以要求恢复原状、采取其他补救措施，并有权要求赔偿

损失”的规定，请求判令浙江玻璃、董某某、冯某某返还其出资款中的资本公积金 336 884 976.80 元。

【裁判观点】

绍兴市中级人民法院一审认为，50 000 万元出资中计入注册资本金的 163 115 023.20 元系新湖集团依法应履行的法定义务，不能要求返还，而被计入资本公积金的 336 884 976.80 元系基于各方约定，无工商登记或其他形式的公示，可要求返还。故判决合同解除，青海碱业返还资本公积金。

浙江省高级人民法院二审认为，被计入资本公积金的溢价增资属于公司财产，即使增资扩股协议被解除，投资人也无权要求返还资本公积金。故改判不支持新湖集团返还资本公积金的请求。

最高人民法院再审审查认为，第一，资本公积金属于公司所有，是公司资产的构成部分，股东不得任意要求公司予以返还。第二，返还资本公积金势必减损公司资本，损害债权人利益。资本公积金与注册资本均属于公司资本范畴，是公司的资本储备，目的在于巩固公司的财产基础，加强公司信用。第三，返还资本公积金将违反资本维持原则，属于抽逃出资。因此，新湖集团投入青海碱业的资本公积金是青海碱业的公司资产，未经青海碱业及其债权人同意，不得返还。故驳回浙江新湖的再审申请。

（讨论整理及后续评论：陈克）

《公司法》第16条“为股东提供担保”的理解

【发言群友】

李志刚、王文胜、杨代雄、戴景月、徐同远、蒋大兴、李后龙、朱慈蕴、段晓娟、王长军、詹巍

【讨论时间】

2019年8月

【沙龙实录】

争议观点

李志刚：有观点认为，《公司法》第16条的“为股东提供担保”应当实行回避表决，仅仅是指“股东为债权人”的情形，不包括股东是债务人的情形。也有观点认为，担保是为债权实现提供担保，无论股东是债权人还是债务人，公司提供担保都是“为股东提供担保”，股东都应当回避表决。请问您怎么看？

王文胜：不管股东是债权人还是债务人，公司提供担保其便享有利益，并且这种利益之间的差异似未大到影响是否回避的程度。

杨代雄：上述第一种观点显然不可取，股东是债务人的，公司为其债务

提供担保，增强其信用，便利其融资，担保行为显然与股东有利害关系，其应回避表决。

戴景月：《公司法》第16条第1款是为他人提供担保，第2款也是为股东或实际控制人提供担保。个人认为第二种观点有理，同意此种态度。但第16条就是说“为……提供担保”。细细体味，这两种情况，“受益”股东在发生代偿后最终所得还不一样。

王文胜：“为……提供担保”，在文义上可以包括两种情形，既可以是对方作为债权人，也可以是对方作为债务人。

立法语义搜寻

徐同远：在法律文本上，为担保债务履行与为保障债权实现，两种情形都有。比如，《物权法》有如下规定：

第171条第1款规定：债权人在借贷、买卖等民事活动中，为保障实现其债权，需要担保的，可以依照本法和其他法律的规定设立担保物权。①

第179条第1款规定：为担保债务的履行，债务人或者第三人不转移财产的占有，将该财产抵押给债权人的，债务人不履行到期债务或者发生当事人约定的实现抵押权的情形，债权人有权就该财产优先受偿。②

第203条第1款规定：为担保债务的履行，债务人或者第三人对一定期间内将要连续发生的债权提供担保财产的，债务人不履行到期债务或者发生当事人约定的实现抵押权的情形，抵押权人有权在最高债权额限度内就该担保财产优先受偿。③

---

① 现为《民法典》第387条第1款，该款规定：“债权人在借贷、买卖等民事活动中，为保障实现其债权，需要担保的，可以依照本法和其他法律的规定设立担保物权。”

② 现为《民法典》第394条第1款，该款规定：“为担保债务的履行，债务人或者第三人不转移财产的占有，将该财产抵押给债权人的，债务人不履行到期债务或者发生当事人约定的实现抵押权的情形，债权人有权就该财产优先受偿。”

③ 现为《民法典》第420条第1款，该款规定：“为担保债务的履行，债务人或者第三人对一定期间内将要连续发生的债权提供担保财产的，债务人不履行到期债务或者发生当事人约定的实现抵押权的情形，抵押权人有权在最高债权额限度内就该担保财产优先受偿。”

第208条第1款规定：为担保债务的履行，债务人或者第三人将其动产出质给债权人占有的，债务人不履行到期债务或者发生当事人约定的实现质权的情形，债权人有权就该动产优先受偿。[①]

《民法典（草案二次审议稿）》合同编第471条规定：保证合同是为保障债权的实现，当债务人不履行到期债务或者发生当事人约定的情形时，保证人履行债务或者承担责任的合同。[②]

多重解释方法论证

蒋大兴：我认为，不应当包括股东为债权人的情形。首先，从文义解释而言，“为……提供担保”省略部分是债务人身份，“向……提供担保”省略部分才是债权人身份。为债务履行提供担保，结果虽然有助于债权人债权实现，但不能混淆债务人和债权人身份。其次，从目的解释而言，《公司法》第16条对担保的程序的限制，主要在于避免偿债能力评估的利益冲突，该条规定并非禁止担保，而是要合理判断担保风险，避免偿债能力评估中的利益冲突。而且，法律规定需要由股东会或董事会评估被担保人的偿债能力，当被担保人是股东时，存在评估利益冲突，故需要回避表决。若被担保人不是股东，该种评估可能根本都不需要股东会决议，自无回避表决之需求。最后，两种担保的差别在于追偿对象不同，追偿对象不同，导致评估主体不同。股东为被追偿主体时，才由股东会评估，利害关系股东回避表决。其他人为被追偿主体时，通常无须股东会评估其偿债能力。

李后龙：同意蒋大兴意见。担保的三方关系是，担保人为债务人向债权人担保。

李志刚：对公司而言，是否都造成了财产的减损？

---

① 现为《民法典》第425条第1款规定：“为担保债务的履行，债务人或者第三人将其动产出质给债权人占有的，债务人不履行到期债务或者发生当事人约定的实现质权的情形，债权人有权就该动产优先受偿。”

② 现为《民法典》第681条规定：“保证合同是为保障债权的实现，保证人和债权人约定，当债务人不履行到期债务或者发生当事人约定的情形时，保证人履行债务或者承担责任的合同。”

李后龙：公司为所有人担保财产都会有减损。

李志刚：但此种情形，是否都导致公司财产向股东的转移？

杨代雄：《公司法》第16条“为公司股东提供担保”之本意应指公司为股东的债务提供担保，区别于公司为自己的债务提供担保（如抵押）。所谓公司为他人担保与公司为自己担保，恰好是一对概念。至于公司为第三人欠股东的债务，即股东的债权，提供担保，该股东应否回避表决，主要应考虑该股东作为此项担保行为的相对人，与本公司进行交易，可能有利益冲突，所以有回避表决之说。此时回避表决的理由似乎不在第16条本身，而在其他规则或原理。

规范目的与规范依据

朱慈蕴：同意蒋大兴的部分观点，即《公司法》第16条强调给股东担保主要是指其为债务人时。第16条第1款的意义在于明示公司对外担保的能力，仅提醒股东公司对外担保风险大，股东可以通过公司章程决定，公司对外担保权由股东会还是董事会掌握；第2款进一步明示，公司不仅可以对外担保，而且可以给股东和实际控制人提供担保，同时特别明确决策权必须经由股东会；第3款的目的就是强调回避问题，因为股东是直接的利害关系人。

但是，公司为股东作为债权人的债务人提供担保时，当然属于关联交易情形之一，可由《公司法》第21条来规范。此时，无论公司对外的担保是股东会表决还是董事会表决，相关的股东或者其代表都必须回避。

曾有一案例，公司的股东将自己的股权转让给第三方，请公司为第三方担保，此时的受益人股东事实上可以通过此设计来掏空公司。对此事进行规范，确实无法用《公司法》第16条，但是，第21条可以规制。当然，第21条过于笼统，我们还是要在《公司法》中明确一个基本法理，凡构成利益冲突，应当回避。

段晓娟：无论从既往条文的表述还是从司法实践中的通常理解，《公司法》第16条中的“为股东”提供担保都难以得出指的是股东作为债权人的情况。第一，2005年修订前《公司法》第60条对规制的该种情形明确用的是为本公司的股东或者其他个人债务提供担保，第60条到第16条的改变中，没看到作出前述观点一理解的调整的讨论。第二，《担保法司法解释》中用语也是“为债务人”“向债权人”。第三，《公司法》第16条中的“为债务人”不限于主债务人是股东，甚至应当包括主债务人虽然不是股东，但公司提供的担保是在该股东的操控下导致公司提供的担保构成对该股东的利益输送。如主债务人虽然不是股东，但是是股东实际控制的其他公司。

当然，仅从文义来说，“为谁提供担保”，确实可以得出为债务人和为债权人实现债权两种解释，原来习以为常没考虑过这个解释，我们的语言真是奇妙极了。

李志刚：结论是否要回避呢？

段晓娟：要回避。

戴景月：但不宜用《公司法》第16条，多年案例都是理解为“为股东作为债务人”提供担保。

王长军：这个问题很有趣。以前想都想不到《公司法》第16条规定的公司为股东提供担保还有股东是债权人的情形。从保护公司、小股东以及公司债权人来说，确实应当考虑到此种情形，表决时也应当回避。

但仅就目前《公司法》第16条的规定来看，个人赞同蒋大兴老师的观点，即第16条公司为股东担保仅指股东是债务人。我估计立法当初也只考虑到股东作为债务人时，因此第16条也是针对该种情形：第一，从第16条第1款“公司向其他企业投资或者为他人提供担保”来看，这里的“他人”是债务人应无异议。第二，从第2款与第1款的关系来看，第1款的“他人”是普通第三人，第2款则针对特殊人——股东，为股东提供担保必须给予更严格的程序、更高的要求，相当于将第1款的“他人”更换为“股东”，故第2款的“股东”也应当是债务人，这与第1款才和谐。

但李志刚老师提出的这个问题很有价值，如何解决？是通过立法解释还是司法解释，以弥补漏洞，实有必要。

詹　巍：首先，从法条文义看，立法本意应为公司为股东的债务提供担保。担保合同是担保人和债权人之间的合同关系，债务人居于受益者的地位。从已有立法例看，担保债务履行、保障债权实现，“担保”和“保障”的表述还是有差异的。其次，无论是债务得以清偿，还是债权得以实现，对股东而言都是获得了利益。因此，无论是公司为股东的债务提供担保，还是为保障股东的债权而为股东的债务人提供担保，股东如果参与表决，都存在个人利益和公司利益的冲突，都应该回避。就看司法解释是对《公司法》第16条作扩张，还是另行作规定。

【总结及倾向性观点】

《公司法》第16条第2款规定公司“为公司股东……提供担保……”，该股东身份仅理解为债务人，抑或理解为债权人或债务人均可。虽然文义上确实有开放解释可能性，但立法表述习惯上，“为……提供担保”省略部分是债务人身份，“向……提供担保”省略部分才是债权人身份。体系解释上，《公司法》第16条第1款针对一般债务人，第2款针对公司股东或实际控制人，是逻辑上的递进关系，由于第16条前后衔接，故而解释上应作同一对待。目的解释上，公司为股东提供担保，容易对股东进行利益输送，也增大公司负债风险，故需要安排组织程序。据此，基于以上多种法律解释方法都得出，“为……提供担保”此处省略部分对象应该仅仅理解为债务人。

即使公司股东作为“被担保债权之债权人”，虽因不属于《公司法》第16条第2款之情形无须适用第16条第3款而回避。但股东作为此项担保行为的相对人，公司提供担保显然与股东有利害关系，此时可能存在利益冲突，对此种利益冲突似有限制必要。故而纵使第16条未予以限制，解释上可以通过《公司法》第21条禁止关联交易要求作为债权人的股东回避表决。在此背景下，直接以此价值考量为基点直接对第16条第2款作扩张解释，将“为……提供担保”省略部分之对象解释为包括债权人与债务人，亦有妥当性。

【代表性学术观点】

我国《公司法》已经对关联交易给出了明确的定义，即可以从《公司法》

第216条第4项所界定的“关联关系”来解释出“关联交易”。但目前，从规范供给上，我国《公司法》对关联交易的规定是相对匮乏的，现有规范包括第21条对关联交易的禁止以及损害赔偿、第124条对上市公司董事关联交易实行投票权回避、第16条第3款关于公司为股东或实际控制人提供担保时的股东投票权回避，也正是由于缺少系统明确对关联交易的规范，才会出现前述讨论中不得不就第21条原则性条款进行解释，或者就第16条进行扩张解释的尴尬境地。

《公司法司法解释（五）》第1条、第2条从事后救济事前预防两个面向，对关联交易进行了规制，特别是第2条为非控股股东以股东代表诉讼方式对关联交易进行效力否认提供救济路径。但是司法实践中对于如何对关联交易效力进行判断也多有争议，往往需要进一步通过恶意串通等制度进行效力否认，否则纵使认定构成关联交易，也仅能诉请损害赔偿，由此司法实践整体的立场是事后进行补救，而不是对决议形成过程进行程序性管控。

对此**高富平**教授主张，现行法下对非上市公司和有限责任公司中关联股东和董事的表决权滥用的规制，可通过对《公司法》第21条的解释来实现，将关联股东或董事滥用表决权，解释为“利用其关联关系不当行使表决权”，进而适用《公司法》第22条第2款违反“表决方式”之规定，通过撤销决议救济公司利益。①

但也有不同学说主张。如我国台湾地区**廖大颖**教授认为，董事表决的回避与股东的表决回避具有根本不同，不应强调股东表决回避而应通过其他制度解决资本多数决与小股东保护之价值衡平。②也即，股东对公司并没有普遍的信义义务，为自己利益投票是公司制度允许的。由此，股东滥用表决权本身存疑，那么，在决议形成过程中，就对关联交易进行程序性管控，正当性亦是存疑的。

---

① 高富平、孔洁琼：《论公司决议中的表决权回避》，载《扬州大学学报（人文社会科学版）》2019年第3期。

② 廖大颖：《论股东行使表决权回避之法理》，载我国台湾地区《月旦法学杂志》2003年第8期。譬如英美法上通过股东间信义义务等制度进行规范。

【典型案例】

范某某与山西开园鑫融融资担保股份有限公司借款合同纠纷案

案号：最高人民法院（2016）最高法民申 3008 号

【裁判要旨】

公司为一般债务人提供担保，应适用《公司法》第 16 条第 1 款，而非第 2 款。而《公司法》第 16 条第 2 款规定的情形是"公司为公司股东提供担保"，若适用该条款，公司股东应指借款关系中的债务人即借款人，而不是债权人即出借人。

【基本案情】

诉争的两份《借款协议》及《借款展期协议》均系张某某与范某某分别作为出借方，与借款方浩瑞公司及担保方开园担保公司签订。张某某与范某某已依约将足额款项划转给浩瑞公司，两份《借款协议》均已实际履行。张某某后又与范某某签订《债权转让协议》，将案涉债权转让给范某某。

开园担保公司一审开庭时认可两份《借款协议》的真实性、两份《借款展期协议》上开园担保公司公章的真实性，亦未否定《借款展期协议》上开园担保公司法定代表人签字的真实性，只是称该签字无法记清；开园担保公司还明确表示，不申请对上述协议中开园担保公司公章及法定代表人签名进行鉴定。

【裁判观点】

最高人民法院再审审查认为：（1）出借给浩瑞公司的资金所有人是范某某、张某某，而不是范某 1。开园担保公司是为债务人浩瑞公司归还借款提供担保，而不是为债权人范某某提供担保，更不是为范某 1 提供担保。且虽然范某某、张某某是"开园担保公司监事长、股东范某 1"亲属，但都是具有民事行为能力的人，各自财产独立，不能等同。（2）债权人范某某、债务人浩瑞公司均非担保人开园担保公司的股东，应适用《公司法》第 16 条第 1 款的规定。另外，第 16 条第 2 款规定的情形是“公司为公司股东提供担保”，若适用该条款，本案的公司股东应指借款协议中的债务人即借款人，而不是债权人即出借人。

（讨论整理及后续评论：陈克）

逾期出资与决议延期

【讨论群友】

汪青松、谢澍、郭宁华、李志刚、叶林、梁上上、刘建功、张巍、朱慈蕴

【讨论时间】

2020年5月

【沙龙实录】

案例与问题

汪青松：公司章程规定增资期限届满前，A股东履行了部分增资义务。期满后，其他股东均未履行增资缴纳义务。随后，公司召开股东会，在A股东反对的情况下，通过股东会决议，将股东增资缴纳期限延后10年。A股东不能接受这样的结果的情况，有哪些救济方式？

谢　澍：有这种类似的案例，如作出公司决议，多数股东专门针对一个股东，要求他实缴。

郭宁华：A股东有何诉求？

李志刚：根据《民商审判会议纪要》第6条“【股东出资应否加速到期】在注册资本认缴制下，股东依法享有期限利益。债权人以公司不能清偿到期

债务为由，请求未届出资期限的股东在未出资范围内对公司不能清偿的债务承担补充赔偿责任的，人民法院不予支持。但是，下列情形除外：（1）公司作为被执行人的案件，人民法院穷尽执行措施无财产可供执行，已具备破产原因，但不申请破产的；（2）在公司债务产生后，公司股东（大）会决议或以其他方式延长股东出资期限的”之规定，找个公司债权人跳出来，主张加速到期。

汪青松：A 股东想让其他股东都补缴逾期未缴的增资款，自己也把未缴完的补齐。不知能否得到支持？

李志刚：内部关系应当接受多数决，外部关系可能是寻求救济的可选途径。

股东会决议内容与决议效力

汪青松：我不确定的有两方面：一是能否主张决定延期 10 年的股东会决议无效（违法了《公司法》第 28 条关于股东应履行出资义务的规定）？二是 A 股东自己也没完全履行增资义务，那么其还能不能按照《公司法司法解释（三）》第 13 条的规定，作为要求其他股东履行增资义务的原告？

李志刚：关于问题二，“民商法沙龙”之前就“欠缴出资之股东间的催缴诉权”有过相关讨论；[①] 关于问题一，关键在于出资时间是否属于股东会职权范围。

汪青松：变更出资期限应该没问题，关键是按什么程序变更。我个人觉得，出资义务履行问题不属于股东会的职权范围，故不能通过股东会的多数决形成决议的方式予以免除或变更。但似乎也没找到充分的法律规范作为支持。

如果把出资义务看成仅仅是对公司的义务，那么公司股东会决议变更部分股东出资义务的履行，似乎也是对自己权利的正常处分。只是，这样的理

① 参见李志刚主编：《民商审判前沿：争议、法理与实务——“民商法沙龙”微信群讨论实录（第二辑）》，人民法院出版社 2020 年版，第 368~386 页。

解，总是感觉哪里有点不对劲。

叶　林：这是违约方股东决定免去自己违约责任的决议。

郭宁华：章程还没变？

李志刚：合同双方约定免除双方违约责任，可以吗？这与本案的差别可能在于，变更出资时间是否属于多数决事项。如果没有强的理由，A股东自身不愿意接受多数决的结果，可能不是立法和司法介入的动因。

叶　林：补充一下，这是多数股东借由决定免去自己违约责任、加重反对股东责任的决议，违反平等原则。

汪青松：我的直觉是和叶林老师一样的，只不过能否据此诉请股东会决议无效，有点拿不准。

梁上上：出资期限延后，与减资的效果异曲同工，不利于债权人利益。应该不允许。但法律没有规定延后出资的具体程序，存在漏洞。似乎违反资本确定原则。但这里的资本确定不是公司设立时的确定原则。

汪青松：对债权人肯定不利，不过目前好像没有债权人跳出来。

李志刚：暂时搁置50步和100步的差别的话：开饭店（公司），约定今年6月认缴出资500万元。但现在饭店准备租的房子要明年6月才建好，多数决认缴期限改到明年6月，是否可以？

梁上上：股东大会的出资（增资）决议不能变更，违反资本确定原则。

汪青松：梁上上的角度非常值得考虑，出资期限是否属于资本确定原则的应有之义？

股东会决议的范围

李志刚：债权人有债权人的救济方式，如果从头到尾就没有出现债权人，还没开始营业，投反对票股东能否以“损害债权人利益”为由，主张延期无效？

汪青松：李志刚的案设确实又回到了一个重要问题，出资期限变更是否属于股东会决议的范围？

李志刚：如果增资减资是决议范围，出资期限却不是，需要一个理由。

梁上上：增资决议确定，可以包括出资的数额、出资的期限等具体内容。

汪青松：在增资时确定出资期限肯定没问题，不过要考虑这和本案中延长出资期限是否存在实质的区别。

李志刚：如果出资金额可以根据决议变动，并未影响资本确定原则的存在，那出资期限根据决议变化就违反了资本确定原则，可能说不过去。

梁上上：延长出资不是对原来所确定的出资期限的改变吗？

汪青松：如果全体股东一致同意延长也没问题。不过，就像叶林老师很形象地所说，本案的特别之处是一批违约了的股东，通过决议不仅免了自己的违约责任，还延长了出资义务，获得了期限利益。

李志刚：在没有侵害外部债权人的前提下，为什么不允许股东获得期限利益？ 所有人约定本月底各交 10 元。到了本月底，就因为我交了 1 元，所以别人都同意下月底一起交齐 10 元，就不行？

梁上上：没有侵害债权人时，可以变更。

公司法上的公平与正义

汪青松：法律上确实还没有发现明显的不当之处。不过，当期限利益获得的不公平时，总感觉不太符合正义。换个假设，增资决议后，小股东按时缴纳了，然后大股东控制股东会决议没缴纳的延期 50 年缴纳。小股东似乎也只能哑巴吃黄连？

李志刚：如果抛弃多数决的正当性，小股东会天天觉得吃哑巴亏，但这是常态，除非法定保留事项。

叶　林：说得更直白，多数股东都没有补缴出资，原告（假定）股东已补缴出资，但多数股东为了自己延期出资的利益，通过了一个对未出资之多数股东有利、对已出资之原告股东不利的异乎寻常的决议，损害了原告股东的利益。在理论上，违反平等原则，应当无效；在法律上，违反公序良俗而无效；问题在于《公司法》第 22 条是否涵盖公序良俗和平等原则。

李志刚：公司法上的“平等”与“正义”，可能要在资本多数决的前提下考量。因为“基于股份的表决权的平等”，可能是《公司法》上一个基本的前提与假设。

汪青松：叶林老师给出了一个很好的提醒，能否用《公司法》第 20 条“滥用股东权利损害公司或者其他股东的利益”，来认定股东会决议无效？如果从加强小股东保护的角度，为了避免法律失灵，能否在现有法律框架下，给小股东找一个救济出路？

李志刚：有一个简单的出路，否定资本多数决，回到人人平等。

汪青松：在很多情况下确实需要否定资本多数决，《公司法》本身也提供了许多可用的依据，特别是滥用多数决的情况下。借着大家的智慧，我隐约感觉，如果法官足够智慧，本案也许可以创造出一个经典案例来。

李志刚：保护小股东，本身可能也是一个很有道德预设的命题。站在不同主体的角度，对正义与公平，经常得出不同的结论。故突破法定的资本多数决这一公司法的基本原则时，可能要慎之又慎，尽可能遏制法官的“创新冲动”。

郭宁华：朴素的正义感和法官的谦抑性一直在左右碰撞着。

汪青松：推动公司法改革的一个主要力量就是加强小股东保护，理论研究主要考虑的也是这个事情。未来的公司法确有必要对公司的所有控制者加强信义义务的约束。

多数决与信义义务

叶　林：对于这个事情，有几个观察视角：（1）违反有限公司章程（合同）中表达的平等思想，使违约方免去了责任，守约方承担了责任。（2）违反了公序良俗，包括《民法典》之公序良俗，以及包含在《公司法》第 22 条等“法律”中的公序良俗。（3）多数决定是应当坚持的，但不影响本案的处理。

我以为，决议无效本身就是对多数决定原则的适度冲击，但未改变多数决定原则的总体地位，至于能否引入控股股东信义义务，我倒是始终有所怀疑的，原因在于控股股东的不确定性。也因为同样的原因，黄辉研究发现，在东部地区很少适用《公司法》第20条的连带责任。[①]

汪青松：叶林老师所言极是。信义义务本身就存在内涵界定的难题，对法律适用能力的要求比较高。就目前的案例来看，法官对于违反公平原则和滥用股东权利的运用似乎更擅长一些。

刘建功：叶林老师概括的部分股东通过多数决免除了自己的违约责任很有趣。第一，公司作出增资决议后，如果尚未办理注册资本变更登记，那么外部债权人跳出来要求股东履行增资决议是没有请求权基础的。第二，资本的增加减少，是属于股东多数决范畴的事情。股东们如果愿意折腾，上午决议增资下午决议反悔，谁都拿他们没办法。第三，增资决议作出后，其实已经在股东之间成立了一个合同，本质与公司设立前的出资合同类似。也就是说，当全体出资人开会又多数决定，公司不开了。那么法律是不可能去强制他们必须设立这个公司的。第四，在多数决定不增资的情况下，由于存在一份合同，不能因为多数决而免除合同产生的所有违约责任形态，反悔的股东应当向已经履行义务的股东承担损害赔偿责任。股东们出于各种考虑，推翻尚未登记的增资决议，个中情形缘由千差万别，在没有更多事实支撑的情况下，用《公司法》第20条去否定后一份决议效力，太勉强了。

叶　林：“有趣”一词，在英文中表达的是“我不同意或不太同意你的意见”，但刘建功的意见，我却完全赞成。唯一的区别是，不能简单将《公司法》第20条与第22条对接起来。

刘建功：赞同不能简单将《公司法》第20条和第22条对接起来。和叶老师愉快地达成了一致。

郭宁华：赞同刘建功意见，其“第四”损害赔偿思路为守约方提供了救济思路，也对资本多数决的恣意性进行了必要的限制。

汪青松：刘建功提出的通过合同法救济，确实是个更稳妥的、更容易得

---

① 黄辉：《中国公司法人格否认制度实证研究》，载《法学研究》2012年第1期。

到法官支持的思路。叶林老师提出的民法原则在《公司法》第22条中的适用，非常值得公司法学界加以探究。

出资违约、股东决议与回避表决

张　巍：那个独自出资的股东是不是股权比例增加了？

汪青松：按实缴算，是增加了（只有他按照增资方案缴纳一部分）。按认缴算，没有变化。

张　巍：这个问题我觉得是未出资的股东对公司违约了。原有的增资协议一生效，股东就对公司负有出资义务，公司给你股份，你该给公司对价。至于后来修改出资期限的股东决议是一项利益冲突决策，未出资的股东既是公司的债务人，又代表公司这个债权人作决策，是典型的自我交易，这个决议需要未出资股东回避之后才能表决通过。没有回避表决，这个决议应该无效。已出资股东可要求公司董事起诉未出资股东偿还债务，如不起诉，可形成衍生诉讼（好像我国《公司法》允许股东诉公司债务人，美国不行）。

朱慈蕴：同意张巍老师的意见。讨论部分股东延后缴资，这些股东与该决议有利害关系，应当回避。

汪青松：这个思路可行性较高。不过，需要进一步探讨，未回避是不是程序性瑕疵，如果是，又要受制于6个月的撤销期间限制了。

李志刚：讨论公司按出资比例减资的决议，是否要全体股东回避？

张　巍：是讨论延长债务清偿期的决议。

朱慈蕴：减资决议是要求履行减资决议的程序的。

李志刚：这个债务是出资债务。现在不延长了，直接按比例减资（免除出资债务），是否要回避？

张　巍：那就是债务免除，更有利益冲突了。减少注册资本是债务免除的结果。

汪青松：而且是已经过了缴纳期限后，那些未按期缴纳的股东形成了一个延期15年的决议。

张　巍：我不是太了解细节，只是想说明这是一个利益冲突交易决策。

李志刚：那按比例减资的决议，只能通过全体股东回避表决的方式作出了，因为都有利害关系。

汪青松：李志刚讲的这个减资决议如果公平对待所有股东，也履行了债权人保护程序，应该没有问题。不过在已经存在违反缴纳出资义务的情况下，是否可以通过决议延期或减资而免除违约责任，就需要仔细斟酌，这种情况下的决议可能就存在张巍老师讲的利益冲突问题了。不过，我们的《公司法》似乎也没有相关条文可以涵盖这种情形下的股东回避，虽有法理支持，似缺少实定法依据。

朱慈蕴：减资是《公司法》规定可以的，减资决议当然是全体股东讨论，涉及公司资本变更，需要履行通知债权人的程序。这个决议与之前的对部分股东延长缴资期限是不一样的。

汪青松：确实，这个延期决议存在叶林老师所指出的不能公平对待所有股东的问题。

李志刚：减资类比延期，旨在说明出资问题似不能因为利害关系而产生回避的法理。汪青松老师的题设案例，在出资义务的履行上，有五十步和一百步之分；但在延期出资的问题上，似并未因为股东不同，而产生出资期限要求的差异。都违约，都豁免违约责任；但豁免对我的利益小，所以我不同意，所以都不能豁免？

朱慈蕴：这两个类比可能不合适，因为减资有债权人的约束，而延期主要是公司内部的安排。当然，延期也会涉及债权人问题，但是如果有加速到期制度，这个漏洞可以填补。理论上讲，股东的出资责任与义务通常不允许以股东决议方式减免。

汪青松：确实，对于未缴纳部分，所有股东都享受了延期的好处。不过，对于已缴纳部分就不一样了，股东看着增资期限要到了，想着反正章程都规定了大家都要按期缴纳，自己就先缴了600万元，后来看其他股东都没动静，就不敢再继续缴了。

汪青松：我也是赞同朱慈蕴老师的观点，不过在法律依据上似乎不太好找。

李志刚：如朱慈蕴老师所言，延期也涉及债权人的利益保护，但债权人保护，可以通过给债权人救济的渠道。内部事务，内部多数决，是一个基本原则和机制。题设问题，关注点是在全体股东的决议延期的不公，还是前期的违约程度不同的不公？说实话，我只觉得A股东是有点心理不平衡，并不一定能上升到法律上的不公。

汪青松：违约是所有股东都存在的，没有问题。需要重点思考的是，因延期缴纳出资而对公司应承担的继续缴纳和违约责任，是否可以通过股东多数决豁免？

李志刚：那就是违约责任的豁免问题，不是延期决议的回避表决和公平性问题了。资本多数决，小股东要把不平衡作为常态接受，除非违反明确的法定事由。这里还想到另外一个问题，10月认缴，第二年1月实缴了，2月能不能把实缴的出资拿回来？

汪青松：是的，其他的路都有些间接和复杂，还是要回到公司利益角度考虑，在这种情况下，公司利益有没有独立考虑的必要性？还是可以由股东多数决来随意处分？

李志刚：个人倾向于：在讨论内部关系的时候，实际上公司是一个虚置的主体，是一个结果的承受者，而不是一个利益的决定者。这也是我这几年感觉有必要强调公司法“团体法”属性的一个出发点。公司作为一个主体，其利益和意志，主要是通过外部关系体现。在内部关系上，夹杂公司的意志和利益，会有诸多悖论。

汪青松：嗯，如果公司利益也堵死了，那就意味着《公司法司法解释（三）》提供的救济也行不通了。假如一公司增资，小股东按期缴了，然后大股东通过多数决将自己未缴纳的部分延期20年，或者干脆免除算了。那小股东就只能认了。

李志刚：如果没有危及外部债权人的利益，延期30年，似乎也是内部自治事项，小股东觉得亏，主要觉得是出资早了。如果没有涉及外部利益，能否主张把已缴的钱拿回来？

张　巍：已经出资了，再按比例减资，还是没出资就减资？

李志刚：小股东履行出资义务，本身履行是对公司的出资责任，这个出资责任，本身也不能说就是亏了，这是其依约履行合同义务。其解决问题的立足点，应当是追究违约责任，而未必是否定延期决议的正当性。

李志刚：没出资，部分减资。

张　巍：那就要先解决债务免除，这个决议是未出资股东同时站在交易两侧，他们应该回避。如果债务免除决议通过了，然后全体股东再来作出减资决议，减资是因为原来的资本数额因为债务免除而达不到了

李志刚：汪青松老师的案例没涉及减资，我是举的减资例子类比。

汪青松：虽然李志刚从公司自治的角度论证很有道理，不过还是觉得法律对这种情形不能放任，张巍老师的回避思路能够很好地防止大股东滥用多数决，未来的《公司法》可能要考虑对此种回避表决情形予以明确。

张　巍：志刚兄提的问题很好，这个出资减资的问题是我国《公司法》法定资本制产生的。股东决议增资之后就对公司负有债务，由此产生免除和延期的利益冲突问题。如果要从好的公司治理角度看，可以借鉴美国的特别委员会决策，这就可以避免全体股东陷于利益冲突，都要回避的问题。股东可以出于自己利益，站在债务人一方，决定是不是要延期。

李志刚：这是个好的思路。

张　巍：特别委员会站在公司立场，看是否接受，如果独立的特别委员会决定接受，那本案中自己也违约的小股东就无从抱怨。

李志刚：延期与减资的问题，可能存在对所有股东与对个别股东的问题。后者可以回避表决，前者就涉及是否需要一个中立的第三者“把门”的问题了。

张　巍：我只是提个思路，细节可以再考虑。

汪青松：非常有意义，写个专题文章，供我们进一步学习。

郭宁华：顺着刘建功庭长的思路，有如下补充思考：（1）出资义务是对股东和公司关系而言。就股东之间而言，出资更接近一个平等协议。违反者应对其他守约股东承担违约责任。（2）按原期限缴纳出资也是股东会决议，

股东会决议可视为股东间的协议（也可能是多数决，但是有效的），一股东履行了该协议按期缴纳出资，本来其他股东应承担违约之责。但后来其他股东利用公司法上公司治理的资本多数决规则变更了股东会决议，可视为使股东间形成新的有效协议，鉴于原协议已失效，缴纳出资股东无法再依违约责任之原理追究其他股东责任。（3）按新股东决议，各股东都无须马上缴纳出资，根据叶林老师提出的平等原则，已缴出资的股东似应可要求公司退还出资，按照平等原则重新享受期限利益。（4）已缴出资的股东因早出资，和其他未出资股东相比，产生资金被过早占用之不合理损失，其可向其他股东提出赔偿（向公司提出则不可）。该赔偿性质与损害赔偿基本一致。（5）上述讨论的前提不考虑外部债权人问题。

谢　澍：（1）股东出资是规定在公司章程中，当然是契约，但与决议则有所不同，若按上述第2条，需要修改章程，题设实无实现可能。（2）就先缴股东来说，个人认为他并无损失，资金认缴期是一个期间，期间内任一天都是合理的，如果有过早占用之说，则应当是规定期日，显系不可能。（3）那么带来的问题是未缴股东决议延期到底获得的是什么？个人觉得是这部分股东给自已在章程之外新增了一个期限利益，如果可以这么看的话，则可认为先缴股东没有获得这个新增利益。因为是股本金，缴纳以后成为公司资产，如要退还，似理据不足。因此，个人觉得可以提请利益上的补偿（但不是损害赔偿，原因是没有损害）。另外公司法问题多，难于取得共识主要是因为理念问题，如该题设，维护公司自治，或维护先缴股东，或维护大多数股东进而维护公司稳定经营及架构，都会得出不同结论。

【总结及倾向性意见】

本次讨论涉及问题：在股东会决议将公司股东增资缴纳期限延长后，部分履行认缴义务的股东如不接受此种决议，有无救济路径以要求其他股东如期缴款？此问题又进而分为以下两方面，一为此种延长期限之股东会效力几何？二为未履行全部缴款义务的股东得否催缴其他未履行缴款义务股东？[①]

若公司有外部债权人其自可主张得到保护无须讳言，但在无涉外部债权人保护的情况下，该议题核心涉及公司法上两大价值判断之冲突，一为基于公司内部资本多数决的公司自治，二为对难以退出有限公司的中小股东的保护。

在没有侵害外部债权人的前提下，基于公司内部资本多数决的公司自治角度，股东获得期限利益并无不当，并且延长期限与减资似无过多区别，故而延长期限同样可以成为股东会决议之范围。而在具体实践中，股东出于各种考虑，推翻尚未登记的增资决议，个中情形缘由千差万别，在没有更多事实支撑的情况下，简单指认是控股股东滥用权利进而否定决议效力过于勉强。

故而总体而言，在不涉及外部债权人保护时，否认股东会决议效力需要审慎，但这不代表小股东便完全丧失救济途径。

在事前管控方面，由于修改出资期限的股东决议是一项利益冲突决策，未出资的股东既是公司的债务人，又代表公司这个债权人作决策，属于典型的自我交易，故而需要未出资股东回避之后才能表决通过。但是更为普适的案型中，此种决议往往公司的所有股东都是利益相关方，简单以利益冲突回避机理无法处理通用案型。故而为了避免全体股东陷于利益冲突导致无法作出有效股东会决议，更为妥善的机制设计是设立独立的特别委员会机制，由独立特别委员会站在公司立场进行决策。从而在涉及个别股东的问题上时进行回避表决，在涉及全部股东时由公司内部中立第三方决策，如若违反此种程序上安排，小股东应可诉请撤销决议。

在事后救济方面，一种可能是强调控股股东的信义义务，但是此时便直接面临资本多数决与小股东保护的价值碰撞，并且我国法律上是否承认股东间信义义务尚在未定之天，故而实际效果如何依然有待考察。另一种可能是基于合同法上违约损害赔偿思路，公司内部资本多数决决定公司方向自无不可，但在股东间关系上不能据此免除违约责任形态，故而小股东应可诉请违

① 第二点已有讨论，可参见李志刚主编：《民商审判前沿：争议、法理与实务——“民商法沙龙”微信群讨论实录（第二辑）》，人民法院出版社 2020 年版，第 368~386 页。

约损害赔偿。

【代表性学术观点】

在不涉及公司外部债权人情形下，公司内部治理以“资本多数决”为原则。这一原则的实质在于，在公司内部实行少数服从多数的民主制度，让公司依据持股多数的股东意见，而不是所有股东的意见来作出经营判断，以便有利于公司机关及时作出决策。[①]

一方面，若要求一致决定，实际上赋予了少数派股东为自己谋取利益的否决权，容易引发道德危险，与以资本为表决权基础的公司法制难以吻合；[②]另一方面，出资数额较大的股东享受的投资回报和承担的风险也较大，因而出于自利追求也会使他的决策趋向公司利益最大化。[③]当然，控股股东也可能滥用其资本多数决的优势地位，进而侵犯少数股东的合法利益，因此如何平衡资本多数决与小股东保护便成为重要课题。[④]

由于资本多数决与小股东保护的核心在于规制控股股东带来的“利益冲突”，此种利益冲突，一方面，表现在控股股东拒绝对股东分红，甚至解除公司与少数股东之间存在的雇佣合同，使少数股东难以在公司经营中获得经济利益；[⑤]另一方面，若不是直接对小股东进行压迫，很难想象作为“理性人”的控制股东会对自己的利益视若无睹，唯一可能的例外是存在控股股东的自我交易，而这种“抽身离场”而令其他股东陷入不测的场合，即公司控制权

---

① 朱慈蕴：《资本多数决原则与控制股东的诚信义务》，载《法学研究》2004 年第 4 期。

② 钱玉林：《资本多数决与瑕疵股东大会决议的效力——从计算法则的视角观察》，载《中国法学》2004 年第 6 期。

③ 刘俊海：《股份有限公司股东权的保护》，法律出版社 1997 年版，第 272 页。

④ 近来力主引进股东间信义义务可见朱慈蕴：《资本多数决原则与控制股东的诚信义务》，载《法学研究》2004 年第 4 期；刘凯：《控制股东的信义义务及违信责任》，载《政法论坛》2009 年第 2 期；王建文：《论我国构建控制股东信义义务的依据与路径》，载《比较法研究》2020 年第 1 期。有反对意见认为我国已有其他制度如《公司法》第 20 条可适用，典型可见朱大明：《美国公司法视角下控制股东信义义务的本义与移植的可行性》，载《比较法研究》2017 年第 5 期。另有观点认为，相较于实体上的信义义务引入，更应强调程序性规则独立委员会批准、无利害关系少数股东多数决同意等程序性规则，靳羽：《美国控制股东信义义务：本原厘定与移植回应》，载《比较法研究》2021 年第 1 期。

⑤ 朱大明：《美国公司法视角下控制股东信义义务的本义与移植的可行性》，载《比较法研究》2017 年第 5 期。

交易，更为明显。[①]

前述关于逾期出资而后股东会决议的延期讨论中，已有讨论对比出资期限延后与减资，从而揭露问题的根本并不在于逾期出资，而在于无涉外部债权人保护的情形下，如何平衡公司治理内部的资本多数决与小股东保护，进而构建合理的程序性规则，例如，独立委员会批准、无利害关系少数股东多数决同意等。[②]

【典型案例】

上海自贸区咖啡交易中心有限公司与上海君客商务咨询有限公司、上海朗弘投资管理有限公司公司决议纠纷案

案号：上海市高级人民法院（2018）沪民申188号

【裁判要旨】

控股股东利用其优势地位，以多数决通过缩短出资期限的股东会决议，侵害了其他股东的合法权益，该股东会决议应当认定无效。

【基本案情】

2015年3月26日，君客公司、朗弘公司及皓听公司设立了自贸区咖啡中心。自贸区咖啡中心注册资本3000万元，其中皓听公司认缴出资2250万元，所占比例75%，出资时间自营业执照签发之日起十年内。君客公司认缴出资450万元，所占比例15%，出资时间自营业执照签发之日起五年内；朗弘公司认缴出资300万元，所占比例10%，出资时间自营业执照签发之日起十年内。股东会会议分为定期会议和临时会议，并应当于会议召开15日以前通知全体股东。定期会议应每年召开一次，代表十分之一以上表决权的股东，执行董事、监事提议召开临时会议的，应当召开临时会议。股东会会议作出修改公司章程、增加或减少注册资本的决议，以及公司合并、解散或者变更

① 靳羽：《美国控制股东信义义务：本原厘定与移植回应》，载《比较法研究》2021年第1期。
② 靳羽：《美国控制股东信义义务：本原厘定与移植回应》，载《比较法研究》2021年第1期。

公司形式的决议，必须经代表三分之二以上表决权的股东通过。股东会会议作出前款以外事项的决议，须经代表三分之二以上表决权的股东通过。

2016年4月25日，自贸区咖啡中心召开2016年第一次股东会议，会议由自贸区咖啡中心法定代表人丁某主持，君客公司法定代表人何某某、朗弘公司法定代表人王某参加会议。第二项议案为提议公司全部股东在本会议召开之日起1个月内将注册资金全部投入到位，并相应地修改公司章程第5条。皓听公司对此表示同意，君客公司及朗弘公司表示不同意。同日，自贸区咖啡中心作出决议：通过全体股东认缴的出资额于本会议召开之日起30日内即2016年5月25日前全部到位，并由本公司聘请会计师事务所出具《验资报告》。

2016年7月19日，朗弘公司向自贸区咖啡中心支付4万元。同日，君客公司向自贸区咖啡中心支付6万元。

2016年9月18日，自贸区咖啡中心召开股东会临时会议，皓听公司法定代表人丁某、君客公司代理人冯某、李某某，朗弘公司法定代表人王某参加会议。会议提出议案，解除君客公司、朗弘公司自贸区咖啡中心股东资格。皓听公司认为，根据2016年4月25日股东会决议，君客公司及朗弘公司应在5月25日前履行出资义务，但现在仅支付了6万元及4万元，不到注册资本金的1%。2016年7月21日，君客公司、朗弘公司在自贸区咖啡中心验收之日至现场吵闹，已经严重损害自贸区咖啡中心的利益。故，要求解除君客公司、朗弘公司的股东身份。君客公司及朗弘公司表示2016年4月25日的提议全部注册资金一个月到位，系皓听公司利用大股东地位强行通过，朗弘公司和君客公司对此反对。朗弘公司和君客公司已经部分履行了出资义务，解除其股东身份没有法律依据。朗弘公司和君客公司正在筹资，尽快使全部资金到位。对该议案，皓听公司表示同意，君客公司及朗弘公司表示不同意。自贸区咖啡中心以三分之二以上表决权的股东通过，作出决议，解除君客公司、朗弘公司股东资格。

【裁判观点】

上海市高级人民法院再审认为，皓听公司作为自贸区咖啡中心的控股股东，在未经充分协商，征得君客公司和朗弘公司同意的情况下，利用其控股股东的优势地位，以多数决通过缩短出资期限的股东会决议，侵害了其他股东的合法权益，故该股东会决议应当认定无效。此外，皓听公司在君客公司、朗弘公司已缴纳部分出资的情况下，利用其控股股东地位，以多数决通过股东会决议解除君客公司和朗弘公司的股东资格，缺乏法律依据，故该股东会决议亦属无效。

（讨论整理及后续评论：陈克）

增资入股之认缴出资的效力

【发言群友】

李志刚、陆晓燕、戴景月、任一民、刘生亮、邓江源、刘建功、谢澍

【讨论时间】

2020 年 9 月

【沙龙实录】

案例与争议

李志刚：在（2018）最高法民终 281 号深圳市盛康达投资有限公司与深圳市利明泰股权投资基金有限公司等侵权纠纷案中，有一疑惑请教诸位师友：经过增资扩股，虽然部分股东的持股比例降低了，但认缴出资是对公司的负债，原股东所持股权的价值并未减少。是否因为增资扩股是认缴出资，就认定为恶意串通损害第三人利益而无效呢？

陆晓燕：问题不是出在认缴出资，而是出在增资扩股本身。

李志刚：增资扩股，损害质押权人的利益了吗？

戴景月：按算账没有损害质押权人利益，但实际呢？

李志刚：算账都没有损害，就更不能莫须有了。

戴景月：至少认缴部分没有进入公司。

李志刚：公司刚赊销了一批货，账期半年，是否也损害了质押权人的利益，是否应当因此认定赊销无效？

戴景月：以公司全部股权质押，在实际执行中，因为扩股，变得不到30%了。计算中的部分还没到位，实际履行没有保障。

李志刚：执行的是股权，不是公司财产。股权本身价值也因为增资扩股就降低了吗？

戴景月：赊销按算账也没问题，但是如果是恶意逃废债呢？

增资入股是否损害股权价值

任一民：经由增资扩股，对质押股权价值可能带来了实质损害。理由一，质押股权所对应的净资产价值可能实质降低。因认缴增资方，未实际缴付出资，最终可能因其不具备实际偿付能力，使公司账面资产虽然有所增加（增加了对认缴增资股东的债权），但实际却未增加。而质押股权所对应的股比下降，导致了每股净资产价值的实质降低。理由二，控股股东的股权价值往往存在一定的控制权溢价。当其控股股东身份不复存在时，通常也就意味着控制权溢价的丧失。理由三，闭锁型公司的小股东存在变现难的现象，因现行《公司法》对小股东权益维护是有所不足的，质押股权如果实际难以变现，那也就意味着质押标的交换价值的贬损乃至落空。

戴景月：按照股东的设计走下去。质押权人只获得了30%的股权。公司资产增加了70%的扩股增资。按算账是没有问题的。但实际上这70%是债权。

李志刚：就任一民老师的理由一，继续推理的话，所有认缴增资，都可能导致每股净资产减少。那么能否据此推论，所有原股东的债权人都可以主张属于恶意串通，损害第三人利益而无效？关于理由二控股溢价，是否为股权质押保护的利益与财产价值？关于理由三质押股权变现的难易程度，是否构成恶意损害质押权人利益的依据？

刘生亮：前面任一民只解释了实质损害的可能，没说恶意串通。

李志刚：我对这个问题没有结论。我在想，股权质押是否能阻却他人认缴增资，法理基础是什么？或者说，法律依据是什么？

刘生亮：阻却无理，损害得救。

戴景月：假如新的投资人没有钱。质押权人岂不是落空70%了。公司的普通债权人应该不存在这个问题，他的交易对手是公司。

李志刚：不妨举例如下：甲出资1000元，持股1000股，公司资产1000元；乙认缴增资入股1000元，持股1000股。现公司每股净资产对应的都是1元，还是后者变成5角了？

戴景月：仅从执行的角度来说，现金、固定资产、债权三种财产形式，虽然算账时金额是一样的，但变现价值完全不一样。

陆晓燕：原因在于，《公司法》第34条中的分红权与优先认购权的立法本意：“股东按照实缴的出资比例分取红利；公司新增资本时，股东有权优先按照实缴的出资比例认缴出资。但是，全体股东约定不按照出资比例分取红利或者不按照出资比例优先认缴出资的除外。”

李志刚：质押股权，必须保证按原比例分红增资吗？

陆晓燕：股权本身包括了对增资的优先认购权。立法为什么要设置优先认购权？因为股权本身并不仅指注册资本，还包括在注册资本之上形成的利润等，所以在商业安排中，如果老股东放弃优先认购权，新股东往往是按估值认购增发股份，而并非一比一认购。

李志刚：法律保障质押权人的认缴权益吗？

陆晓燕：但是老股东未经质押权人同意擅自放弃了其股权中包括的优先认购权，也即放弃了股权中的部分价值。这种放弃未经质押权人同意不能对抗质押权人。所以，我认为不是无效，而是质权人有一个撤销权，可以使之无效，或者让其继续有效。

上市公司重整中经常有增资扩股，虽然也未经质押权人同意，但是由于资不抵债情况下股权价值为零，所以这项增资扩股不需要质押权人同意。这是我最近在考虑，并且说服自己的理由。但是，如果是正常企业的增资扩股，原股东未经质权人同意放弃优先认购权，质权人可以主张撤销。所以，我倒认为，问题不是出在认缴上，而是出在增资扩股行为本身。

刘生亮：同意不应为无效。我在想，当实质损害成立时，能否类推抵押权价值维持请求权，要求质押人追加担保或提前清偿。

陆晓燕：有一个案例，以5倍估值认缴出资，老股东才放弃了优先认购权。老股东还为这个5倍估值设置了业绩对赌。这里面已经把股权当中超出注册资本的部分体现出来了。

质权人损害救济的法理

李志刚：那至少有四种观点了。（1）损害了质权人对原股东增资扩股的利益，所以无效。（2）认缴导致份额价值减损，串通损害质押权人利益，所以无效。（3）既未减损股权价值，增资扩股本身也是权利义务对等，未损害质押权人利益，所以增资扩股有效。（4）因为损害原股东的控制权，所以原股东的质押权人可以主张增资扩股无效。

李志刚：在公司法语境下，增资入股的公平性可以从公司法上找到依据。故单纯公司法语境下，增资扩股可能引发不公，需要救济，对此，我不持异议。但质押权人能跳出来吗？

陆晓燕：允许新股东一比一认购增资股本，实际上就是将股权价值简单地认同于注册资本价值，这对老股东以及老股东的股份质权人是不公平的。应该给质权人救济路径。但是救济路径怎么安排我没有想好，一概无效，肯定是有点“一刀切”了。

李志刚：为什么不公平？原股东放弃增资入股的权利，就不公平吗？

陆晓燕：我举一个例子，以前所有权人处分所有权不是要经过抵押权人的同意吗？

李志刚：如果股权转让，股东放弃优先购买权，就损害了股东的债权人的利益了吗？

陆晓燕：现在这个老股东不是未经同意就把股权中的优先认购权给放弃

了吗？

李志刚：放弃优先购买权，就损害了股东的债权人利益吗？

股权价值与公司资产

陆晓燕：损害了质权人利益。因为降低了质押标的的价值。质押标的本身就隐藏着优先认购权。

戴景月：质权人利益与约定不一样了。

陆晓燕：就如同抵押人出租房产，降低了房产价值，损害了抵押权人利益，所以不能对抗抵押权人。

李志刚：所以租赁合同无效？恶意串通，损害抵押权人的利益？

戴景月：似乎本来是全部股权质押，忽然成了30%的股权了。虽然公司还是那个公司。

李志刚：30%的股权对应的资产价值没变。虽然持股比例下降了，但公司新增了那70%的股权对应的出资债权。计算每股净资产，那70%对应的债权并非按0元计入。

陆晓燕：立法为什么要规定优先认购权？意思就是除非股东自愿放弃，否则他可以维持原比例不变。股权价值是净资产 × 股权比例，不是注册资本 × 股权比例。但是增资扩股却是按照注册资本一比一来的。

戴景月：也许70%能兑现，也许70%能对应公司净资产，但是，是需要同意的。

李志刚：《公司法》规定优先认缴权，肯定不是为了保护质押权人。这个例子中，每股净资产是否发生了变化？

刘生亮：初心和功能的关系。

李志刚：类推前提是价值贬损了，个人倾向没有减损。还是刚刚那个例子：甲实缴出资1000元，持股1000股，公司资产1000元。后乙认缴增资入股1000元，持股1000股。现公司每股净资产对应的都是1元，还是后者变成5角了？

戴景月：变化了。

李志刚：现在每股净资产是多少？

陆晓燕：除非增资扩股的过程中，已经考虑了净资产。但是即使如此也没有考虑无形资产。准确来说，股权价值 =（净的有形资产 + 净的无形资产）× 股权比例。

陆晓燕：这个股权价值是在原来的注册资本之上，经过一段时间的经营积累形成的，而这个经营积累都是老股东的功劳。

李志刚：您觉得我举的例子中，每股净资产现在是多少？

陆晓燕：如果随随便便允许别人一比一增资进来，那就不对了。所以在现实的增资扩股中都是要对股权按照净资产以及无形资产进行估值的。

戴景月：有创始人的利益在里面。

陆晓燕：你的例子中注册资本是 1000 元，经营之后净资产还是 1000 元，但是，现实当中等到增资扩股的时候净资产就变成了 5000 元的情况也有很多的。

李志刚：还有可能变成 500 元了，那是亏了赚了？我现在的例子就是刚好还是 1000 元，按照上面的操作认缴增资扩股了，现在净资产是每股多少？

陆晓燕：关于例证：甲实缴出资 1000 元，持股 1000 股，公司经营两年后，获得了上市公司资质，公司股价到 3 元一股，市值 3000 元。可以让乙认缴增资入股 1000 元，持股 1000 股吗？

李志刚：债权不计入净资产吗？

陆晓燕：是的，亏损的情况也是会有的。所以那个时候增资是没人要的。

李志刚：我上面的例子，净资产现在是多少？每股现在多少钱？

陆晓燕：你看我那个案例里，肯定是经过了商业谈判老股东才放弃优先认购权让新股东进来，但是新股东是翻了 5 倍认购增资的。与此同时，老股东还对新股东作出了未来一年的业绩承诺。

李志刚：您的案例是公司法案件，不涉及质押权人。我不持异议。您帮我算算我的案例里的现在每股净资产。

陆晓燕：净资产是 4000 元，每股按照深圳证券交易所的除权公式是

4000/2000，跌到了两块钱一股，所以老股东是吃了亏，老股东的质权人同时吃了亏。深交所就是这样除权股票价格的。

刘生亮：不同结构下的估值问题。

李志刚：审计过了，不用估了。我的案例中，昨天刚审计的，今天认缴增资入股的。今天晚上，每股净资产是多少钱？

陆晓燕：因为前面的注册资本1000元，经过一段时间的经营已经变成了3000元的资产，加上增资进来1000元。总共资产是4000元。

陆晓燕：但是股票是2000股了。所以，深圳证券交易所的除权公式就会把股价核到两块钱。

李志刚：我的案例中，不是上市公司，是普通有限责任公司。更为重要的区别是我的例子中假设开业半年，没有开展业务，所以没盈没亏。可以吧？今天认缴增资入股的，今晚算净资产，每股多少钱？

李志刚：帮我算算，现在每股净资产多少钱？

刘生亮：主观价格怎么算？偷换概念，哈哈。

李志刚：案例中有出资没经营，净资产还要算主观价值吗？

陆晓燕：那还需要对公司在这半年中有没有形成无形资产进行估值。但是，最好征求质权人意见，毕竟市场是最好的估值手段，如果质权人同意或者过后不申请撤销就没有问题。

李志刚：所以，公司增资入股，都需要征求质权人意见，否则增资入股可以被撤销或者认定无效？《公司法》并没有写这一条。

陆晓燕：所以我觉得是一个撤销权。因为如果确实是亏损，在增资扩股当时股权价值跌破注册资本的，这样的增资扩股是不损害质权人利益的，质权人就没有撤销权；另外，即使损害质权人利益，如果质权人不发起撤销的，也可以让他继续有效。因为老股东未经质权人同意放弃了质押标的中的一部分财产价值——优先认购权。

李志刚：国外公司法有这样的规定吗？

戴景月：净资产中一部分是实收资本。

李志刚：学习过邓江源从会计角度研究公司法的大作。求教：上面所举案例中，现在的每股净资产，您觉得是每股多少钱?

邓江源：惭愧，对会计学习很皮毛。您举案例中，每股净资产仍不变，是1元。个人理解，认缴的1000元是作为应收账款，列入所有者权益。

李志刚：债权也是钱啊。

邓江源：刚请教了会计师事务所的朋友，他的答复是：财务报表中，每股净资产仍是1元。其中，实缴的1000元列为货币资金。而认缴的1000元不在财务报表中体现。一并供各位师友讨论参考。

争议问题细化

邓江源：论题是不是涉及两对关系：一是质押人（股东）与质押权人的关系；二是公司与认缴出资股东之间的关系。在第一对关系中，担保法和物权法提供了思路，即质押人作出有损质押标的物行为（包括）时，如陆晓燕法官所指出的，质押权人可要求补充担保或者提前清偿。在第二对关系中，正常的增资扩股是公司的经营行为，不应受股权是否被质押的制约（构成假借认缴增资扩股故意侵害质押权人权益的情形除外）。为补强这一观点，如任一民老师所提出的，在封闭公司少数股权被稀释例证中，少数股东要想以其股权被稀释来矫正增资扩股决议的瑕疵，是很困难的。

李志刚：邓江源的思路很清晰，区分了不同的法律关系。请问，认为认缴增资入股，股权质押权人能否主张无效?

邓江源：质押权人的救济途径，原则上不应涉及公司的增资扩股行为的效力。

戴景月：同意，类似于把质押物偷出去出售。

刘建功：李志刚提出的问题，在实务中可能有三种情况。

第一，这种增资以公司设立时的股权对应的投资额计算，完全不考虑公司经营产生的收益等给股权带来的增益。这个等同于原《合同法》第74条、现《民法典》第539条，“以明显不合理低价转让资产”的情形。如果能认定增资者明知，以恶意串通处理应该问题不大（假设公司设立时，资本1000万元，甲占80%，乙占20%，公司无负债。公司多年积累，加上无形资产增值等，资产价值3000万元。甲的80%股权价格应当至少是2400万元。如果增资者投入1000万元，并因此占了50%的股权，等于甲以1000万元投入后瞬间变成2000万元。甲的80%股权因此变成40%，价格也就从2400万元降到了至多1600万元）。

第二，增资是公司持续经营迫切需要的，完全符合商业逻辑，增资者实力强大，信誉卓著，也充分考虑了公司资产增值情况，并且充分考虑了控股等因素。那么，这个增资就谈不上恶意串通了。相反，甲还因此获益（比如，某位富豪是增资者，公司设立时，资本1000万元，甲占80%，乙占20%，公司无负债。公司多年积累，加上无形资产增值等，资产价值3000万元。甲的80%股权价格应当至少是2400万元。如果增资者投入4000万元，并因此占了50%的股权，等于甲以4000万元投入后换了变成3500万元价格的股权。甲的80%股权因此变成40%，价格也就从2400万元升到至多2800万元）。

第三，介于两者之间的情形。可能需要考虑的因素大概有以下几个：（1）增资者投入资本和换取的股权份额，有无考虑到控股利益。（2）增资者自身实力如何，实际履行认缴资本的能力。（3）增资是否符合公司商业需要。考察这几个因素对甲的股权价格的影响。

“具体问题具体分析”

李志刚：刘建功庭长分析得很细致。那您认为是否应当支持质押权人以“认缴增资属于串通损害”为由而主张无效？还是说，要具体问题具体分析？

任一民：需要具体问题具体分析。

李志刚：那是不是在这样的案件中，都要引入司法审计，才能确定“具体情形”？

任一民：未必都要引入司法审计，还是要具体问题具体分析。

刘建功：需要具体问题具体分析。

陆晓燕： 需要将股权价值与增资价格进行对比。

任一民： 比如，类型一，引入的认缴增资股东，属于失信被执行人，明显欠缺履约能力。类型二，引入既无运营经验或能力，也无实际行使控制权可能的自然人，如一些高龄人士。类型三，引入关联人或关联企业，该企业进入后实际实施了一系列转移资产或增设对外担保等风险型交易，掏空质押股权所对应的目标公司。

另外，题述案例中，比较关键的一个事实是，质押人持有的是目标公司100% 的股权。对于这种类型的公司增资决议的形成与否，决策权都在质押人手中。当其引入的认缴增资股东存在如前所述的种种问题时，恶意串通的迹象就比较明显了。

从《物权法》第 193 条、现《民法典》第 408 条规定的抵押人所负有的抵押物价值维持义务来观察，其实，现行物权法针对抵押物价值可能减少的，对应设置了抵押物价值减少的防止权；对于抵押物价值以及减少的，则设置了补救权，包括恢复原状、增担保和提前清偿的请求权。对于权利质权虽然未作类似规定，但个人理解应可以推定适用。当股权质押人实施了有损质押标的价值的行为，质押权人应该是可以寻求救济的，只是救济的方式不能一概而论，而应视情确定，或因恶意串通等因素的存在而主张无效，或可申请撤销。

当然，《物权法》第 193 条、现《民法典》第 408 条所规定的请求权自在其可得行使的范畴。

这一问题值得进一步讨论的是，股权质押权人和增资的目标公司的外部债权人间，谁更应得到优先保护？若增资这一行为被认定构成恶意串通而宣告无效后，能否恢复原状？如何恢复原状？

李志刚： 任一民老师列举的几种“显著恶意”的例子，很有启发。只是对控股权的角度仍有一点疑问，如虽然是 100% 股权，但如果认缴增资是引入阿里巴巴公司，扩大行业影响和营运能力，似不能以失去控股权为由，认定为“串通损害”。

任一民： 赞同您的观点，确实不能因为控股权的让渡就推导出存在“串通损害”，还是要回到具体个案具体分析。如果引入的认缴增资股东本身实力有限，再加上控制权让渡对价不合理，质押人对控制权让渡享有完整的话语权，却积极作为，主动促成增资决议的形成等系列因素叠加，有助于对股权质押人的恶意存在与否形成更为清晰的判断。

李志刚：如您和刘建功庭长所言，如果“具体问题具体分析”，法官在这类案件中需要裁量的事实就非常多了，这里面可能还包括商业判断和法律判断的问题。显著恶意可以判断，非显著的，是交由商业判断还是法官判断，也是一个值得讨论的问题。

按照诸位师友的讨论和高见，能否得出这样的结论？（1）认缴增资本身，并不必然导致损害债权人的利益；（2）至于是否属于恶意串通损害，则需要结合增资入股本身对价的公允性作出判断——这个判断是基于增资入股交易本身的公允性，而不是基于认缴。

任一民：赞同。

陆晓燕：赞同。与认缴是没有必然关系的。认缴只不过是带来对价形式从现金到应收款的转变，不必然导致对价降低。

刘建功：可能还不仅仅是股价的公允程度。

任一民：是整个交易的公允性而不限于股价的公允程度。当然，如果是引入增资股东再来掏空目标公司，进而变相贬损质押股权价值，那就不只是增资交易公允与否的判断了。

李志刚：这么多因素，对法官审理的事实范围、当事人举证的范围，都是个很大的挑战。

谢　澍：赞同，个人还想讲一点，《民商审判会议纪要》里关于注册资本加速到期的两项例外中有一项是发生债务后延长期限，情形与此案例有相通之处，都是在公司进行交易时发生重大改变，认定有恶意（这里均是一个简单的标准），因而作出类似的价值判断。

李志刚：期初认缴和期后推迟认缴，可能还有差别。

谢　澍：当然，可能词不达意：交易时的情况本身是交易的基础之一，以前是否损害债权人更多从实有的资产去考虑（如低价处置资产导致责任财产减少），现在越来越多的情形是资产总量不变但通过各种办法去稀释，从这种角度去看就有一定相似。但是这个标准的边界实在是个挑战，如果原股东有恶意，而新进股东是真来投资入股而且经营能力超凡，将通过公司增收营利而有利于债权人，那又有何不可，所以可能新进股东也要作为一个重要的考虑因素。

李志刚：故可能要考虑商业判断和法律判断的边界，严格限定在“显著恶意”的范围。更为重要的是，能否借由股权质权人的诉请而阻却公司的认缴增资，需要慎重。因为跨越了多层法律关系、涉及多个交易主体，似不应设定了一个股权质押，就等于给后续公司的认缴增资带了一个“金钟罩”。股权质权人的救济，似应侧重从质押人的身上实现，而未必需要扩张到公司的所有利害关系人。

拓展问题

陆晓燕：接着上一个问题再抛出一个问题：倘若对外增资，增资方承诺以5倍于注册资本的估值购买增资股份，但随后又与原股东达成协议，将5倍估值调减到2倍，是否构成对资本公积金的抽逃，而认定无效？

李志刚：（1）承诺未履行，是否属于变更？（2）如果履行的是第二个协议，何来抽逃？

陆晓燕：抱歉，我没有将问题说清。前面的已经不仅是承诺了，5倍金额已经交到公司，明确1倍计入增资，剩余4倍计入资本公积金；后面因为目标公司没有达到预期业绩，新老股东们补充协议，公司退还了3倍估值。

李志刚：资本公积金有法定用途，《公司法》未规定减少资本公积金的程序，似应理解为不能减少，至少应当参照《公司法》规定的减资程序。

【总结及倾向性观点】

本次讨论涉及问题：公司股东将其股权质押，而后公司进行增资扩股，若增资扩股是认缴出资，是否对质押权人利益产生侵害，若是，则如何救济？

对于公司增资扩股而对质押权人产生影响，有必要从两个方面考量：一是对股东直接产生的影响；二是增资扩股对公司产生直接影响并通过股权对股东产生间接影响。

首先，由于新引入的增资人可能资力不足以完成缴纳义务，虽形式上公司净资产并未变化，但会形成公司空有债权但无法实现的境地，对原股东之股权价值产生减损，该种考量侧重点为认缴导致的实现可能性阙如。其次，由于公司持续经营，故而会产生在注册资本之上形成的利润，积累所有者权益，为了避免该部分权益被增资扩股从而后进入公司的股东摊薄，故而在增资扩股时需要通过对该部分资产进行估价，或者通过优先认购权机制形成原股东与潜在增资人的竞争以保障原股东利益，故而如若增资扩股时未就公司经营之利润进行估计，将会造成对原股东的侵害，该点针对增资扩股本身。最后，若原股东本为控股股东，其股权会享有流动性与控制权溢价，增资控股后可能对其控股地位产生冲击，同样产生不利益，但是具有问题的是，此种情况下公司增资需要经过控股股东的同意，质押权人可否借此阻碍公司运行。但总体而言，增资扩股可能对原股东产生影响并进而使质押权人利益受损。

而在正常的商业经营中，增资是公司扩张的重要途径，借由增资而推动公司成长，也会使原股东之股权增值，质押权人自然也因此获益。但是在正常商业经营中，由于公司需要获得资金快速扩张，实际上也不会安排极长的认缴期限，但也可能具有大量需要考量的因素。故而若涉及前述案型，需要法院在个案中具体认定，可能需要考虑的因素大概有以下几方面：（1）增资者投入资本和换取的股权份额，有无考虑到控股利益；（2）增资者自身实力如何，是否有实际履行认缴资本的能力；（3）增资是否符合公司商业需要；（4）认缴期限是否合理；（5）债务人与增资方有无关联关系。

若可以认定此种增资扩股具有恶意，一方面，质权人可以基于《公司法》上的救济路径对股东会决议效力进行攻击；另一方面，也可以基于担保权的保全要求债务人增加担保或提前清偿。

综上，认缴增资本身，并不必然导致损害债权人的利益，至于是否属于恶意串通损害，则需要结合增资入股本身对价的公允性作出判断——这个判断是基于增资入股交易本身的公允性，而不是基于认缴。而在个案中，法院需要保持谦抑，不过度介入公司自治，严格限定在“显著恶意”的范围，而对于股权质权人的救济，似应侧重从质押人的身上实现，未必需要扩张到公司的所有利害关系人。

【代表性学术观点】

对案涉问题，前述讨论在公司法视角已经很充分，得出的阶段性结论是，要更加侧重实务中个案的分析与证据的搜集。但回到传统民法视角，仍有讨论余地。认缴增资在客观上可能对股权质权人产生不利益，并需检视是否存在排除合理怀疑之恶意，再进行延伸，便会凸显由恶意串通侵害第三人利益之法律行为无效本身所隐藏的问题，而该问题已在前述讨论中初现端倪。

这一问题进一步值得讨论的是，股权质押权人和增资的目标公司的外部债权人间，谁更应得到优先保护？若增资这一行为被认定构成恶意串通而宣告无效后，能否恢复原状？如何恢复原状？

我国现行法上“恶意串通侵害第三人利益无效”这一制度借鉴了苏联关于代理制度中相对人与代理人恶意串通制度，并对其进行扩张变形，[①] 并在我国长期司法实践中生根发芽，但学界对该条批判依然数不胜数。有认为恶意串通多数案型可以通谋虚伪制度解决者，[②] 有认为与无权处分、无权代理、债权人撤销权制度以及损害公共利益规范间存在无谓竞合乃至抵牾者，[③] 故而多主张应于立法上删除该条。[④]

---

① 杨代雄：《恶意串通行为的立法取舍——以恶意串通、脱法行为与通谋虚伪表示的关系为视角》，载《比较法研究》2014 年第 4 期；黄忠：《论恶意串通损害第三人利益无效规范的存废——基于体系的一项检讨》，载《人大法律评论》2014 年第 1 期。

② 参见朱庆育：《民法总论》（第 2 版），北京大学出版社 2016 年版，第 262~263 页。

③ 参见黄忠：《论恶意串通损害第三人利益无效规范的存废——基于体系的一项检讨》，载《人大法律评论》2014 年第 1 期。

④ 主张保留者可见梁慧星：《〈民法总则草案（征求意见稿）〉：解读、评论与修改建议》，载中国法学网，http：//www.iolaw.org.cn/showArticle.aspx ? id=4736；另可见李宇：《新桃换旧符：民法总则上的恶意串通行为无效规范》，载《学术月刊》2017 年第 12 期。

但鉴于《民法典》第154条依然保留，故如何调和体系上的矛盾，成为解释论上的工作。有观点认为，尝试限缩该条适用领域，以避免发生无谓竞合，其认为恶意串通规则仅适用于法律行为当事人的恶意串通为真实意思、损害特定第三人利益的情形，而此处第三人利益又几乎多为债权，对侵害债权进行保护的正当性在于此种侵害债权行为悖俗，故而恶意串通侵害第三人利益无效之情形，实际上也能够构成悖俗侵权。进而，在此类情形下，侵权法的思路和目的才是主导性的。从侵权法的角度看，恶意串通控制行为效力是进一步为悖俗侵权受害人的救济服务的。使此种法律行为无效，只是保护特定第三人利益的一种而非唯一的手段，亦非终局的目的。故而，很大程度上，恶意串通制度之救济，可以通过更直接的侵权法救济思路达成。①

而对于前述讨论的案型，更为重要的问题在于债权人撤销权与恶意串通侵害第三人之关系。对此，各界见解不一。

最高人民法院指导性案例第33号认为两者债权人可以自由选择。学说上有主张债权人撤销权制度优先者，② 有主张恶意串通制度优先者，③ 学说分歧直接影响适用顺位、构成要件与法效果，包括恶意串通是否要求有实际损害可能性或仅缔结合同即为已足、恶意串通无效是否为相对无效且是否需要适用除斥期间、恶意串通无效后恢复原状是否需要入库等。有必要说明的是，现行通说认为，债权人撤销权兼具形成权和请求权的性质，④ 从而，既可以撤销合同效力，同时，债权人也可以请求受益人向债务人恢复责任财产。而此种在撤销权中杂糅加入请求权（该请求权法理上可还原为债权人代位权）的构造，同样出现在指导性案例第33号中。法院认定无效后，也直接判令要求受益人向债务人恢复责任财产，由此进一步强化了债权人撤销权与恶意串通逃债在债权保全方面的趋同性。

① 参见茅少伟：《论恶意串通》，载《中外法学》2017年第1期；同样关注到特定物债权以证成恶意串通制度独立价值者，可见李宇：《新桃换旧符：民法总则上的恶意串通行为无效规范》，载《学术月刊》2017年第12期。

② 参见茅少伟：《恶意串通、债权人撤销权及合同无效的法律后果——最高人民法院指导案例33号的实体法评释》，载《当代法学》2018年第2期。

③ 参见刘洋：《债权人撤销权与无效合同的竞合及其适用关系》，载《清华法律评论》2015年第8期。

④ 参见韩世远：《合同法总论》，法律出版社2011年版，第363页。

除却债权人撤销权与恶意串通侵害第三人无效在恢复责任财产的同构性外，亦可以注重发掘恶意串通侵害第三人与侵权责任法之关系，质押权人因双方共同行为而遭受不利益，亦有依据侵权责任法请求损害赔偿或恢复原状之可能。

【典型案例】

深圳市盛康达投资有限公司与深圳市利明泰股权投资基金有限公司等侵权纠纷案

案号： 最高人民法院（2018）最高法民终 281 号

【裁判要旨】

债务人将其对某公司 100% 股权质押给债权人以担保其债务，在质押期间又引进外部投资方对公司进行增资扩股，但外部投资方均以认缴方式进行增资的，且新入股东没有证据证明其有充分认缴能力的，应认定债务人主导的该增资扩股行为属恶意串通损害他人利益情形，增资扩股协议无效。

【基本案情】

隆侨公司成立于 2001 年 12 月 24 日，注册资本 5.6 亿元，利明泰公司持有隆侨公司 100% 的股权。2011 年 11 月 20 日，利明泰公司与九策公司签订《关于隆侨公司股权转让协议》，约定九策公司同意以债务承担及现金支付方式受让隆侨公司 100% 股权，包括：（1）九策公司向利明泰公司支付股权转让款 3.75 亿元；（2）九策公司同意受让隆侨公司后，由隆侨公司承担其之前的或有债务及债务共计 18.5841 亿元。上述协议签订后，九策公司分别于 2011 年 12 月 15 日、2012 年 1 月 10 日向利明泰公司支付股权转让款 5000 万元和 1.25 亿元。

2012 年 3 月 2 日，利明泰公司与九策公司签订《还款协议》约定，双方确认九策公司应付的股权转让款金额为 2 亿元，九策公司保证在 3 个月内将上述未付股权转让款支付完毕，并承担拖欠期间资金成本，同意将其持有的隆侨公司100%股权质押给利明泰公司等。2012年3月7日，九策公司与利明泰公司签订《股权质押合同》，约定九策公司将其持有的隆侨公司的100%股权出质给利明泰公司，以确保九策公司按照《还款协议》的约定履行还款义务。同日，利明泰公司与九策公司在工商部门办理了股权出质登记手续。

2013年1月25日，九策公司向利明泰公司支付股权转让款4800万元。因九策公司未依约支付剩余部分股权转让款，利明泰公司提起诉讼。2014年7月31日，深圳中院以（2014）深中法商初字第10号民事判决判令九策公司向利明泰公司支付欠付股权转让款1.52亿元及相应利息。2015年1月28日，广东高院以（2015）粤高法民二终字第8号民事判决维持了深圳中院上述判决。

2015年2月10日，九策公司作为隆侨公司的唯一股东，以隆侨公司股东会决议的方式将公司注册资本由5.6亿元增至18.68亿元。其中盛康达公司认缴2.4亿元，惠泽津龙公司认缴10.68亿元。隆侨公司股东的持股比例变更为九策公司29.98%，盛康达公司12.85%，惠泽津龙公司57.17%。2015年3月2日，隆侨公司向工商部门申请办理变更登记。

另查，工商登记显示盛康达公司的营业期限自2014年7月3日起至2034年7月3日止，认缴注册资本总额为100万元。惠泽津龙公司的营业期限自2002年12月4日起至2032年12月4日止，认缴注册资本总额为300万元。盛康达公司和惠泽津龙公司认缴隆侨公司出资的日期均为2022年9月10日，隆侨公司营业期限至2022年9月12日止。盛康达公司和惠泽津龙公司称，因公司资本实行认缴制，截至庭审期间两公司对隆侨公司尚未实际出资。两公司的法定代表人均为宋某，惠泽津龙公司系九策公司的控股股东，股权比例为95%。

【裁判观点】

最高人民法院二审认为，在公司注册资本认缴登记制之下，公司经过增资扩股，如果新股东加入导致原股东持股比例发生变化，则新股东认缴的出资是否到位，直接影响原股东所持股份对应的公司资产价值是否发生改变。

如果新股东认缴出资实际到位，因有新的出资注入公司，虽然原股东持股比例发生变化，但其对应的公司资产价值并未改变，进而，以增资扩股前所持股份设定的质押权通过优先受偿所能获得的实际利益亦未发生变化。如果新股东认缴的出资未实际缴付，公司的实际资产价值并未改变，则原股东持股比例的减少，必然导致所对应资产价值的减少，以增资扩股前所持原比例股份设定的质押权，在股份比例减少后通过优先受偿所能获得的实际利益亦会减少。

本案中，隆侨公司增资扩股后，新股东盛康达公司、惠泽津龙公司未将认缴的出资实际注入隆侨公司，隆侨公司的实际资产价值并未增加，原股东九策公司持股比例从 100% 降为 29.98%，其所持股权对应的实际资产价值亦实际降低。利明泰公司就九策公司所持隆侨公司 29.98% 股权通过优先受偿能够获得的实际利益，相比增资扩股前就九策公司所持隆侨公司 100% 股权通过优先受偿能够获得的实际利益，明显减少。盛康达公司和惠泽津龙公司亦未提供证据证明上述两公司具有将认缴出资实际交付的能力，利明泰公司债权可以得到清偿。同时，九策公司因持股比例降低而失去对隆侨公司的经营决策权和控制权，存在致使九策公司所持股份原有的控制权溢价利益受损、实际市场价值降低的可能，进而影响利明泰公司质权的实现。因此，案涉增资扩股行为损害了利明泰公司的利益。

从增资时点来看，相关另案判令九策公司向利明泰公司支付股权转让款 1.52 亿元及利息的生效判决于 2015 年 1 月 28 日作出后，在不足半个月时间内九策公司即于 2015 年 2 月 10 日作为唯一股东通过隆侨公司作出增资扩股的决议；从增资主体来看，新增资本由持有九策公司 95% 股份的惠泽津龙公司和与惠泽津龙公司法定代表人一致的盛康达公司认缴，三方存在紧密关联关系；从增资能力来看，盛康达公司、惠泽津龙公司共同认缴 70.02% 的股份，但二者的注册资本分别为 100 万元和 300 万元，与认缴出资额 2.4 亿元和 10.68 亿元差距明显；从增资期限来看，增资扩股各方将认缴出资的期限设定为隆侨公司营业期限截止日的前两日。可见，隆侨公司的实际价值并未因增资扩股而增加，增资扩股并无合理的商业目的和经营目的，新增资本的认缴期限对于增强隆侨公司的资信度、竞争力和经营能力并无实际意义，而与九策公司关联的盛康达公司、惠泽津龙公司在没有实际投入的情况下取得了隆侨公司的控制权。综合以上因素和整体案情，依据《民事诉讼法司法解释》第109条“当事人对欺诈、胁迫、恶意串通事实的证明，以及对口头遗嘱或者赠与事实的证明，人民法院确信该待证事实存在的可能性能够排除合理怀疑的，应当认定该事实存在”的规定，九策公司、盛康达公司、惠泽津龙公司对隆侨公司的增资扩股行为存在恶意串通。

综上，案涉增资扩股行为符合《民法通则》第58条第1款第4项规定的情形，[①] 应当认定为无效。

（讨论整理及后续评论：陈克）

① 现为《民法典》第154条，该条规定：“行为人与相对人恶意串通，损害他人合法权益的民事法律行为无效。”

股东压制、公司解散与小股东救济

【讨论群友】

叶林、葛伟军、李建伟、李志刚、刘生亮、傅穹、黄辉、张巍

【讨论时间】

2020年7月

【沙龙实录】

实务案例与法律问题

叶　林：有一个关于公司解散案件的法律适用问题。标的公司是一家国有参股的有限责任公司，有四位股东：（1）第一大股东甲持股40%；（2）一个小股东乙持股20%，与第一大股东常常一致行动；（3）另外两家股东丙、丁合计持股40%。目前，标的公司主要由甲协同乙控制运作，丙、丁被完全排挤在外。假如，丙、丁依照章程推荐的董事无法进入公司。但是，标的公司常年持续运行，没有出现经营亏损，丙、丁多次请求召开股东会会议，但都被大股东甲、董事长和监事会拒绝。问题：（1）此时是否符合公司解散之诉的立案条件？（2）是否符合《公司法》关于公司解散的规定？（3）如果不能申请解散，股东丙、丁还能做什么？核心问题似乎是：公司经营良好，大

股东（持股40%）排除其他股东介入，是否符合解散条件？

葛伟军：这好像是股东压制。我们《公司法》关于公司解散的适用条件是公司僵局，范围较窄。股东压制的范围更大一些。似乎不符合解散条件。

叶　林：是的，的确包含了压制因素，但是否有竞存的可能？对于股东压制，现行法和司法解释均未作出明确规定。《公司法司法解释（二）》第1条第1款规定：“单独或者合计持有公司全部股东表决权百分之十以上的股东，以下列事由之一提起解散公司诉讼，并符合公司法第一百八十二条规定的，人民法院应予受理：（一）公司持续两年以上无法召开股东会或者股东大会，公司经营管理发生严重困难的；（二）股东表决时无法达到法定或者公司章程规定的比例，持续两年以上不能做出有效的股东会或者股东大会决议，公司经营管理发生严重困难的；（三）公司董事长期冲突，且无法通过股东会或者股东大会解决，公司经营管理发生严重困难的；（四）经营管理发生其他严重困难，公司继续存续会使股东利益受到重大损失的情形。”

李建伟：这是典型的股东压制，实践中有法院裁决解散的，但少见，不典型。

“陷入僵局”与“经营管理严重困难”

李志刚：最高人民法院2012年4月9日发布的第8号指导性案例“林某某诉常熟市凯莱实业有限公司、戴某某公司解散纠纷案”与此类似，但差别在于落脚到了“陷入公司僵局”。叶林老师的案例情形未陷入僵局，可能主张解散有困难。小股东主张股权转让，拿钱走人，可能也是一种供考虑的途径。

叶　林：在目前裁判实践中，“僵局”到底如何识别和认定呢？尤其是，《公司法司法解释（二）》第1条规定“公司经营管理发生严重困难”，但若公司经营状况（指财务状况）良好，究竟如何区分？换言之，财务良好，即不构成僵局？小股东可以转让股权，但要找到下家，也挺难的。

李志刚：特别之处在于，指导案例8号中两名股东是各占50%的股份，而决议要二分之一以上通过。该案例指出，僵局主要是指内部治理失灵，和利润不一定挂钩。

叶　林：最高人民法院指导案例 8 号特别之处是公司是建立在 50∶50 持股比例基础的，所以反倒是一个不典型的案例呢。

李志刚：是的。如果公司本身有投资价值，可能有人愿意接盘。二分之一的股权结构，也有不少。

叶　林：那倒是，拍卖也是一种方法。在我刚才说到的案例中，如果少数股东连续数年要求开会，大股东始终推诿，董事会也拒绝，甚至持续三年没有开过会议，如此，撇开经营管理困难，算是一种僵局吗？

葛伟军：股东会机制长期失灵，如何理解？是否指无法召开股东会会议，无法作出决议。如果是股东压制，大股东（控制董事会）不召开股东会会议，小股东还有自行召集的救济途径。或者，小股东可以通过针对大股东或公司的诉讼，实现其股东权利。

李建伟：经营管理困难，主要是指管理困难，这个在实践中倒有一定的共识。根据《公司法司法解释（二）》第 1 条，两年不开会就是了。

李志刚：此种情形，治理失灵是比较明显的。司法需要在资本多数决、公司主体维系和小股东权利保护之间寻求一种平衡。换言之，至少要给被欺负的小股东一条出路。有过一个公司僵局请求解散的案例，小股东把《公司法》上所有的救济途径、诉讼途径都用了一轮，二审法院还是没有支持解散。在再审审查程序中，法官就治理失灵等事实作了提示，指令省高院再审。但结果是，省高院再审后仍然不支持解散。换句话说，在资本多数决、公司主体维系和小股东权利保护三者关系的排序上，大部分法官把公司主体维系排在了第一位。

文义解释与价值判断

叶　林：《公司法司法解释（二）》的第 1 条，顾及《公司法》第 182 条的规定，在每种情形下，均加上“公司经营管理发生严重困难”，似乎不愿意轻易采用公司解散。

葛伟军：按照《公司法司法解释（二）》第1条的理解，如果本案超过两年没开股东会会议，是否符合解散条件了？

叶　林：其实，这条司法解释的表述逻辑是有些问题的，四个条件似乎不是并列关系。前三个条件中，虽然最后加上“经营管理困难”，第四个条件中，却声称“经营管理发生其他严重困难”，相当于说前三个条件，即是经营管理困难，第四个条件是“其他困难”。

李志刚：客观上有裁量空间，现实中解散案件的审理复杂程度远非不支持解散的选项可比。

叶　林：就像李志刚说的那样，在我说到的这个事例中，少股派股东也是几乎把所有手段都用了一遍。

资本多数决、公司主体维系与小股东保护的三种价值顺位

李志刚：是的。我前述的那个案件，原告股东前序已经打了好多个官司，都未获支持，最后才走的解散，我感觉他似乎变成了比法官还专业的公司法专家了。所以在资本多数决、公司主体维系和小股东权利保护三者关系的排序上，似乎不应把公司主体维系排在第一位，公司的产生和运营，毕竟是为股东投资服务的。

李建伟：这就是我曾提到的一个概念，“严重的复合性股东权侵害行为”。[①]

叶　林：李建伟说的词语，应该大致属于“竞存”的概念，“复合性”这个词，还是很有实践意义的。

李志刚：在小股东无路可走的时候，要留出一条解散的路子，不应堵死，或者把公司维系的目的（价值追求）置于股东权利保护的目的（价值追求）之上。留出路子，本身也是给小股东一个谈判筹码、给大股东一个潜在威慑的重要制度设计。

叶　林：这三个维度的关系，的确是一个理论上的大问题。我前段时间

① 李建伟：《司法解散公司事由的实证研究》，载《法学研究》2017年第4期。

写文章时，就受到这三个因素的困扰，似乎不容易找到一条中庸的道路。

李志刚：主体维系是考量因素，但不应当是决定因素。

李建伟：还是具体问题具体分析。底线是要留给小股东活路，既然都走了一遍，解散这条路就不能堵死，应该强调处理这个案子的法官有此义务。这与遭受家暴的一方诉请离婚没有区别。

叶　林：提供一个比较法的资料，供大家参考：

我国台湾地区经济主管部门 1968 年 4 月 26 日经商字第 14942 号函：公司因股东意见不合而无法继续营业，而其余股东又不同意解散者，公司之股东得依我国台湾地区“公司法”第 11 条第 1 项规定，声请法院裁定解散。

从这个文件来看，尤其突出“股东意见不合”，其实挺有意思的。

刘生亮：主体维系，股权强制转给大股东（合伙欺负人）？

李志刚：这需要立法规定。

傅　穹：价值冲突与浮动，确系公司利益各方平衡的两难选择，是重大理论基石性话题。若一定需要进行排序，首先，企业维持原则可否位于首位？无企业整体，难以多数决，小股东无立命平台；其次，资本多数决，大小股东利益均须保护，代理成本与被代理成本均须考虑；再次，中小股东保护，强制性规则与受信义务，特定情况下解散，我国《公司法》退出规则较含糊，缺乏程序性路径与定价规则；最后，何时位序浮动，中小股东保护置先，确系难点与考虑之处。好话题，不仅涉及解散，融资与治理均触及每一环节。

叶　林：如果把有限公司的合同属性突出出来，或许可以提供一个解释的路径，如此，若合同解除是可行的，公司解散也是可行的，再推演下来，才是基于企业维持等原则，维系公司的存续。如此，形成“一般为解除，特殊为维持”，更因如此，也会形成举证责任的转换。

李志刚：叶林老师的思路非常有启发。唯有一点思考：在“特殊为维系”的情形下，小股东没有出路了，是不是还应该给一个“大股东强制收购”的出路？

叶　林：小股东权利实际上已经被大股东吸收了，强收的关键是合理补偿。

李志刚：是的，需要通过定价机制解决。

叶　林：看来，在理论上还是可以有一些共识的。

比较法

黄　辉：英联邦就是这么处理的，美国可能适用大股东信义义务。压迫救济，不明白大家为何用压制。压制是个中性词，没有隐含侵害的意思吧，英联邦中的 oppression（压迫）救济也称为 unfair prejudice（不公正的偏见）具有强烈的贬义。

葛伟军：英联邦的不公平损害诉讼，法院可以作出的五种命令中，最后一种是要求公司或大股东来购买小股东的股份，从而实现小股东的退出。

黄　辉：对，其实这个救济很灵活，不止五种。

葛伟军：不公平损害诉讼，确立了股东直接诉讼的标准，很值得我们借鉴。这类救济不涉及公司解散，只是让股东和平退出。

叶　林：信义义务的含义太广泛了，主要是一个裁判法上的概念。不知道美国在这个部分中现在扩张到什么程度了。

黄　辉：是的，这个压迫救济（英国和我国香港特别行政区改为了 unfair prejudice 救济，也就是不公平损害救济，进一步凸显贬义，澳大利亚和加拿大仍然保留 oppression 压迫救济的称谓）下的直接诉讼很强大，替代了派生诉讼，因此，英联邦的派生诉讼数量很少。我曾在一篇文章中提到了这个替代性的效应。①

美国的信义义务概念很宽泛，跟英联邦的信义义务不是一个概念。美国一直在扩展这个概念，这是出于一个历史原因。美国独立后与英联邦分开，英联邦继续发展普通法，而美国就停留在当时的法律，着力在衡平法上发展，包括信义义务。因此，大家经常提到的特拉华州法院（Court of Chancery）实际上是一个衡平法院。而英联邦的普通法院和衡平法院都基本合并了。本人拙著《现代公司法比较研究》（第 2 版），其中有对这个历史原因的论述。

---

① 黄辉：《中国股东派生诉讼制度：实证研究及完善建议》，载《人大法律评论》2014 年第 1 期。

张　巍：请教：为什么英国或者英系法域股东告董事的诉讼，无论直接还是派生，数量都很少呢？就是美国人特别好诉吗？

黄　辉：英联邦的诉讼少，美国多，除了美国人好诉之外，还有很多原因。（1）程序问题，如没有集团诉讼，不允许胜诉酬金制度（我国称风险代理）等。（2）制度环境，如美国主要是以诉讼解决问题，而英联邦有很多执法方法。另外，英联邦有通过非诉讼方法解决争议的传统和机制，比如，公司收购领域，美国诉讼一大堆，但英联邦国家都有一个 Takoever Panel（收购委员会）的监管模式，是采用所谓的教育说服和声誉自治，是建立在大家都是绅士的文化之上，而避免采用打官司的"粗鲁"方法。（3）其实，美国诉讼是比英联邦多，但也不是大家想象得那么多，实证发现，纽约证券交易所和纳斯达克公司成为诉讼方的年化概率只有 1.1%。

张　巍：这应该是他们 2009 年发在 Journal of Empirical Legal Studies《实证法律研究杂志》上的数据。光看 1.1% 好像比例很低，可和英国一比就不得了了。美国的确很多公司法官司打的是并购，不过好像也不会达到那么高的比例。

黄　辉：没有，他们是注明了出处的，我还给《实证法律研究杂志》支付了版权费。其实，简单地将执法分为私人执法和公共执法是有问题的，还有很多其他的法律机制，不能简单地只比较以诉讼为主要形式的私人执法。

张　巍：确实是很有意思的问题，值得深入研究。

黄　辉：我们可以合作研究，多加几个变量控制一下，实证结果可能又会不同。

【总结及倾向性观点】

本次议题是：公司内部的少数股东与多数股东若意见不合，导致公司内部治理机制运行出现障碍应当如何处理，少数股东可否诉请解散公司，或有无其他救济途径？

在我国现行规范体系下，《公司法》第 182 条与《公司法司法解释（二）》第 1 条将"公司经营管理发生严重困难"作为要件，该要件判断着眼于公司内部治理机制，故而是从公司组织机构的运行状态进行综合分析。在司法实践中，出于尽力维持公司存续的角度，导致小股东权利保护实际不足，由此凸显公司主体存续、资本多数决、小股东权利保护之间的价值序列冲突。

除却以解散公司方式对小股东权利进行保护外，在比较法上，也有通过要求公司或大股东购买小股东股权从而保障小股东退出公司的路径，而股东压制下给予小股东的直接救济路径，与股东派生诉讼制度会产生机制上的替代效应。

讨论中提及了最高人民法院第8号指导性案例。此外，第10号指导性案例"李某某解除总经理职务案"，则从另一个角度回应了此问题。该案例中上海佳动力环保科技有限公司有三位股东，同时也是仅有的三位董事会成员，其中的两位董事捏造理由，作出了罢免另一位股东的总经理职务的董事会决议，一审认为撤销总经理职务的决议的事实不成立，裁决撤销决议。二审法院不适用《公司法》第20条禁止股东滥用权利的规定，而适用《公司法》第22条第2款关于决议效力的规定，认定决议程序无瑕疵，还强调决议的事实依据应归为公司自治的范畴，法院无权干预。可见，二审法院对案件作了简单化处理，先不论事实与程序不能进行绝对区分，更重要的是未关注到实质上的股东压制行为的存在。①

因此，这也是司法实践中的实质性股东压制行为未获得恰当救济的一个例证。《公司法》第20条作为兜底性的原则规定，一方面，滥用股东权利与股东压制不能等同；另一方面，股东压制却可在一定程度上帮助法官在审判中界定与解释"滥用股东权利"一词。为此，需要将股东压制与《公司法》第20条规定相结合进行法律解释与适用。特别是在缺乏英国公司法上的不公平损害的制度背景下，长期的复合性股东权益侵害行为，是否通过依托滥用股东权利该一般性条款，尝试寻求系统性构建股东压制的救济体系及法律适用方法，至为关键。

---

① 参见梁上上：《论股东强制盈余分配请求权——兼评"河南思维自动化设备有限公司与胡克盈余分配纠纷案"》，载《现代法学》2015年第2期；彭冰：《理解有限公司中的股东压迫问题———最高人民法院指导案例10号评析》，载《北大法律评论》2014年第1辑。

【代表性学术观点】

黄辉认为，“股东压制”可能出现在各类型公司之中，但应予规制的程度并不相同。在股份有限公司发生股东压迫的情况下，公司的小股东可以“用脚投票”离开公司。[①] 而在以封闭性为核心特征的有限责任公司中，当控股股东滥用资本多数决时，由于股东缺乏有效退出途径，股东压制难题由此产生。[②]

由于我国现行公司法文本中未提到“股东压制”一词，故而往往都是针对具体单一情形而设置，导致实质性条款“交叉分散”规定在多个条文，并且可否适用于“股东压制”情形也在实务中暧昧不明，典型即如《公司法》第 74 条的异议股东股权回购制度与第 182 条公司解散制度。由于对于“股东压制”缺少有效制度供给，故而李建伟主张激活《公司法》第 20 条的滥用股东权利制度，以此作为展开对“股东压制”规制的一般性条款。[③]

然而，如何理解《公司法》第 20 条规定的“滥用股东权利”，又是更为疑难的问题，因为其更深层次问题是我国是否承认股东间的信义义务，[④] 进而涉及公司自治与司法管制的张力冲突。[⑤]

就现有学术观点而言，多承认我国法律缺乏对“股东压制”的有效救济，解决路径各有不同，有主张立法论改进者，亦有主张激活《公司法》第 20 条作为一般条款救济者。

---

① 黄辉：《中国股东派生诉讼制度：实证研究及完善建议》，载《人大法律评论》2014 年第 1 期。

② 邓江源：《股东压制视野中的股东会决议效力》，载《人民司法》2014 年第 15 期。

③ 参见李建伟：《股东压制的公司法救济：英国经验与中国实践》，载《环球法律评论》2019 年第 3 期；同此见解者可见朱大明：《美国公司法视角下控制股东信义义务的本义与移植的可行性》，载《比较法研究》2017 年第 5 期。

④ 肯定说可参见朱慈蕴：《对股东诚信义务的再思考》，载《中国法律》2007 年第 4 期；否定说可参见张学文：《封闭式公司中的股东信义义务：原理与规则》，载《中外法学》2012 年第 2 期。有必要说明的是，张学文认为该条规定仅是对股东行使权利边界的界定，是约束股东权利行使的一般性规则，是一种消极的义务，与信义义务尚有区别，但是其同样承认我国法律上股东压制缺少有效救济，而对于本文关切的公司裁判解散请求权只适用于公司僵局情形，少数股东被压榨时却不能主张此救济权，其认为有待于将来的立法改进。另关于美国法上的信义义务发展历史性原因可参见黄辉：《现代公司法比较研究——国际经验及对中国的启示》，清华大学出版社 2011 年版，第 193 页。

⑤ 参见潘林：《论公司法任意性规范中的软家长主义——以股东压制问题为例》，载《法制与社会发展》2017 年第 1 期。

【典型案例 1】

林某某诉常熟市凯莱实业有限公司、戴某某公司解散纠纷案

案号：江苏省高级人民法院（2010）苏商终字第 0043 号

来源：最高人民法院指导性案例第 8 号

【裁判要旨】

《公司法》第 183 条[①]将"公司经营管理发生严重困难"作为股东提起解散公司之诉的条件之一。判断"公司经营管理是否发生严重困难"，应从公司组织机构的运行状态进行综合分析。公司虽处于盈利状态，但其股东会机制长期失灵，内部管理有严重障碍，已陷入僵局状态，可以认定为公司经营管理发生严重困难。对于符合《公司法》及相关司法解释规定的其他条件的，人民法院可以依法判决公司解散。

【基本案情】

原告林某某诉称：常熟市凯莱实业有限公司（简称凯莱公司）经营管理发生严重困难，陷入公司僵局且无法通过其他方法解决，其权益遭受重大损害，请求解散凯莱公司。

被告凯莱公司及戴某某辩称：凯莱公司及其下属分公司运营状态良好，不符合公司解散的条件，戴某某与林某某的矛盾有其他解决途径，不应通过司法程序强制解散公司。

法院经审理查明：凯莱公司成立于 2002 年 1 月，林某某与戴某某系该公司股东，各占 50% 的股份，戴某某任公司法定代表人及执行董事，林某某任公司总经理兼公司监事。凯莱公司章程明确规定：股东会的决议须经代表二分之一以上表决权的股东通过，但对公司增加或减少注册资本、合并、解散、变更公司形式、修改公司章程作出决议时，必须经代表三分之二以上表决权的股东通过。股东会会议由股东按照出资比例行使表决权。自 2006 年起，林某某与戴某某两人之间的矛盾逐渐显现。同年 5 月 9 日，林某某提议并通知

① 现为《公司法》（2018 年修正）第 182 条。

召开股东会，由于戴某某认为林某某没有召集会议的权利，会议未能召开。同年6月6日、8月8日、9月16日、10月10日、10月17日，林某某委托律师向凯莱公司和戴某某发函称，因股东权益受到严重侵害，林某某作为享有公司股东会二分之一表决权的股东，已按公司章程规定的程序表决并通过了解散凯莱公司的决议，要求戴某某提供凯莱公司的财务账册等资料，并对凯莱公司进行清算。同年6月17日、9月7日、10月13日，戴某某回函称，林某某作出的股东会决议没有合法依据，戴某某不同意解散公司，并要求林某某交出公司财务资料。同年11月15日、25日，林某某再次向凯莱公司和戴某某发函，要求凯莱公司和戴某某提供公司财务账册等供其查阅、分配公司收入、解散公司。

【裁判观点】

江苏省高级人民法院二审认为：首先，凯莱公司的经营管理已发生严重困难。根据《公司法》第183条和《公司法司法解释（二）》第1条的规定，判断公司的经营管理是否出现严重困难，应当从公司的股东会、董事会或执行董事及监事会或监事的运行现状进行综合分析。“公司经营管理发生严重困难”的侧重点在于公司管理方面存有严重内部障碍，如股东会机制失灵、无法就公司的经营管理进行决策等，不应片面理解为公司资金缺乏、严重亏损等经营性困难。本案中，凯莱公司仅有戴某某与林某某两名股东，两人各占50%的股份，凯莱公司章程规定“股东会的决议须经代表二分之一以上表决权的股东通过”，且各方当事人一致认可该“二分之一以上”不包括本数。因此，只要两名股东的意见存有分歧、互不配合，就无法形成有效表决，显然影响公司的运营。凯莱公司已连续4年未召开股东会，无法形成有效股东会决议，也就无法通过股东会决议的方式管理公司，股东会机制已经失灵。执行董事戴某某作为互有矛盾的两名股东之一，其管理公司的行为，已无法贯彻股东会的决议。林某某作为公司监事不能正常行使监事职权，无法发挥监督作用。由于凯莱公司的内部机制已无法正常运行、无法对公司的经营作出决策，即使尚未处于亏损状况，也不能改变该公司的经营管理已发生严重困难的事实。

其次，由于凯莱公司的内部运营机制早已失灵，林某某的股东权、监事权长期处于无法行使的状态，其投资凯莱公司的目的无法实现，利益受到重大损失，且凯莱公司的僵局通过其他途径长期无法解决。《公司法司法解释（二）》第5条明确规定了“当事人不能协商一致使公司存续的，人民法院应当及时判决”。本案中，林某某在提起公司解散诉讼之前，已通过其他途径试图化解与戴某某之间的矛盾，服装城管委会也曾组织双方当事人调解，但双方仍不能达成一致意见。两审法院也基于慎用司法手段强制解散公司的考虑，积极进行调解，但均未成功。

此外，林某某持有凯莱公司50%的股份，也符合《公司法》关于提起公司解散诉讼的股东须持有公司10%以上股份的条件。

综上所述，凯莱公司已符合《公司法》及《公司法司法解释（二）》所规定的股东提起解散公司之诉的条件。二审法院从充分保护股东合法权益，合理规范公司治理结构，促进市场经济健康有序发展的角度出发，依法作出了上述判决。

【典型案例2】

董某某、长春东北亚物流有限公司与吉林荟冠投资有限公司等公司解散纠纷案

案号：最高人民法院（2017）最高法民申2148号

【裁判要旨】

1.股东之间的冲突不能通过协商达成谅解，任何一方都不愿或无法退出公司时，为保护股东的合法权益，强制解散公司就成为唯一解决公司僵局的措施。

2.判断公司的经营管理是否出现严重困难，应当从公司组织机构的运行状态进行综合分析，公司是否处于盈利状态并非判断公司经营管理发生严重困难的必要条件。其侧重点在于公司经营管理是否存在严重的内部障碍，股

东会或董事会是否因矛盾激化而处于僵持状态，一方股东无法有效参与公司经营管理。

【基本案情】

2004年9月20日，长春东北亚物流有限公司（以下简称东北亚公司）注册成立，至2015年12月，东北亚公司工商登记显示，吉林荟冠投资有限公司（以下简称荟冠公司）持股44%，董某某持股51%，东证融成资本管理有限公司（以下简称东证公司）持股5%。后荟冠公司以东北亚公司经营管理发生严重困难、其股东利益受到重大损害、通过其他途径不能解决僵局等事实为由，请求解散东北亚公司。

【裁判观点】

最高人民法院再审审查认为：

1. 有限责任公司系具有自主决策和行为能力的组织体，虽然公司会由于内部成员间的对抗而出现机制失灵、无法运转，公司决策和管理无法形成有效决议而陷入僵局，但是基于公司永久存续性的特征，国家公权力对于股东请求解散公司的主张必须秉持谨慎态度。

2. 股东之间的冲突不能通过协商达成谅解，任何一方都不愿或无法退出公司时，为保护股东的合法权益，强制解散公司就成为唯一解决公司僵局的措施。

3. 根据《公司法》第182条和《公司法司法解释（二）》第1条的规定，在公司解散案件中，法律并未设置主张解散公司的股东需要行使某项权利作为请求人民法院解散公司的前置程序。

4. 一审法院在多次调解未果的情况下，为充分保护公司股东合法权益，依法规范公司治理结构，促进市场经济健康发展，作出解散东北亚公司的判决，适用法律并无不当。

5. 东北亚公司的经营管理已发生严重困难。第一，判断公司的经营管理是否出现严重困难，应当从公司组织机构的运行状态进行综合分析，公司是否处于盈利状态并非判断公司经营管理发生严重困难的必要条件。其侧重点在于公司经营管理是否存在严重的内部障碍，股东会或董事会是否因矛盾激化而处于僵持状态，一方股东无法有效参与公司经营管理。就本案而言，可以从董事会、股东会及监事会运行机制三个方面进行综合分析。董事会方面，东北亚公司董事会有5名成员，董某某方3人，荟冠公司方2人。公司章程第53条规定：董事会会议由董事代股东行使表决权，董事会会议对所议事项作出决议，决议应由代表五分之三以上（含本数）表决权的董事表决通过。根据以上规定，董某某方提出的方案，无须荟冠公司方同意即可通过。荟冠公司曾3次提出修改公司章程，均遭到董某某的拒绝。此外荟冠公司向东证公司转让部分股权一事，东北亚公司拒绝配合，最终通过诉讼才得以实现。2013年8月6日起，东北亚公司已有两年未召开董事会，董事会早已不能良性运转。关于股东会，自2015年2月3日至今，东北亚公司长达两年没有召开股东会，无法形成有效决议，更不能通过股东会解决董事间激烈的矛盾，股东会机制失灵。关于监事会，东北亚公司成立至今从未召开过监事会，监事亦没有依照《公司法》及公司章程规定行使监督职权。综上，客观上东北亚公司董事会已由董某某方控制，荟冠公司无法正常行使股东权利，无法通过委派董事加入董事会参与经营管理。东北亚公司的内部机构已不能正常运转，公司经营管理陷入僵局。

第二，东北亚公司继续存续会使荟冠公司股东权益受到重大损失。公司股东依法享有选择管理者、参与重大决策和分取收益等权利。本案中，荟冠公司已不能正常委派管理者。2007年8月29日，荟冠公司推荐常某某出任总经理，2015年3月11日，荟冠公司委派宋某某、徐某某出任董事并担任副董事长和副总经理，东北亚公司均以未达到公司章程规定的五分之三决策比例为由拒绝，东北亚公司人事任免权完全掌握在董某某一方。荟冠公司不能正常参与公司重大决策，东北亚公司向董某某个人借款7222万元，没有与之对应的股东会或董事会决议，另外审计报告显示董某某的关联方从东北亚公司借款近1亿元。2014年10月，东北亚公司向中国工商银行申请了5000万元贷款，而荟冠公司对于该笔贷款的用途并不知晓。2015年东北亚公司粮油市场改造扩建一事，荟冠公司及其委派的董事也并未参与。荟冠公司未能从东北亚公司获取收益，东北亚公司虽称公司持续盈利，但多年并未分红。荟冠公司作为东北亚公司的第二大股东，早已不能正常行使参与公司经营决策、管理和监督以及选择管理者的股东权利，荟冠公司投资东北亚公司的合同目的无法实现，股东权益受到重大损失。

第三，通过其他途径亦不能解决东北亚公司股东之间的冲突。基于有限责任公司的人合性，股东之间应当互谅互让，积极理性地解决冲突。在东北亚公司股东发生矛盾冲突后，荟冠公司试图通过修改公司章程改变公司决策机制解决双方纠纷，或通过向董某某转让股权等退出公司的方式解决公司僵局状态，但均未能成功。即使荟冠公司向东证公司转让部分股权，也由于荟冠公司与董某某双方的冲突历经诉讼程序方能实现。

同时，一审法院基于慎用司法手段强制解散公司，多次组织各方当事人进行调解。在二审法院调解过程中，荟冠公司、东证公司主张对东北亚公司进行资产价格评估，确定股权价格后，由董某某收购荟冠公司及东证公司所持东北亚公司的股权，荟冠公司及东证公司退出东北亚公司，最终各方对此未能达成一致意见，调解未果。东北亚公司僵局状态已无法通过其他途径解决。

综合来看，东北亚公司股东及董事之间长期冲突，已失去继续合作的信任基础，公司决策管理机制失灵，公司继续存续必然损害荟冠公司的重大利益，且无法通过其他途径解决公司僵局，荟冠公司坚持解散东北亚公司的条件已经成就。

信托持股与出资责任[①]

【发言群友】

李志刚、刘保玉、纪海龙、戴景月、张谷、刘生亮、朱慈蕴、张巍、吴光荣、陈敦、朱晓喆、李宇、肖建国、梁上上

【讨论时间】

2020年4月

【沙龙实录】

问题与观点

李志刚： 有个信托公司持股的出资责任问题，请教诸位师友。信托公司受委托人委托，持股20%，但委托人及信托公司虽然签订了信托合同，对该20%股权的出资2000万元始终未按期出资。另外信托合同在信托登记中心做了登记，但工商登记的股权未显示信托关系。

现公司债权人以《公司法司法解释（三）》第13条第2款的规定，就公

① 本节的委托人、受托人、受益人的主体概念皆出于《信托法》第2条，该条规定："本法所称信托，是指委托人基于对受托人的信任，将其财产权委托给受托人，由受托人按委托人的意愿以自己的名义，为受益人的利益或特定目的，进行管理或者处分的行为。"

司债权在未出资本息范围，向信托公司主张补充赔偿责任，是否应当支持？

观点一认为，依照《公司法司法解释（三）》第13条，信托公司应当担责。观点二认为，不应当担责，因为信托公司仅仅是信托持股，故不应担责，出资责任应由委托人承担。观点三认为，按照《信托法》第37条，受托人因处理信托事务支出的费用、所负债务，以信托财产承担。题设信托资金未交付，故信托公司不承担责任。

刘保玉：我认为应该区分信托关系中受托人与委托人之间的内部关系和信托人对公司的外部关系。受托人应该担责，之后可向委托人追偿。况且，就给定的情况看，不能说信托公司没有过错或懈怠。

李志刚：我也这么认为。《公司法》上的出资责任、股东责任，并没有将信托公司和信托关系、委托关系排除在外。以信托关系、委托关系架空《公司法》的规定和股东登记制度，是不能接受的。除非未来股权信托在公司登记机关予以登记公示。

《公司法》与《信托法》的交集及其边界

纪海龙：从逻辑可能性上，作为《信托法》外行，补充个不知道对错的观点四：受托人承担责任，但原则上应以信托财产为限（《信托法》第37条第1款），信托财产包括针对委托人的2000万元的请求权，也就是可以以执行债权的方式执行这个请求权。如果受托人有悖职责的，受托人亦承担责任（《信托法》第37条第2款，或者类推该款）。

李志刚：纪海龙兄所提的观点四，基本的逻辑是否可以理解为《信托法》和《公司法》交集之处，仍受《信托法》调整？即《信托法》的规定构成对《公司法》的法定限制？此点和刘保玉老师所提及的区分公司法上关系与信托法上关系，似有本质不同。

戴景月：这个信托财产特定化了吗？就是交付并分别记账了吗？

李志刚：股权交付并工商登记。

戴景月：但受托人没有持有财产（股金），《信托法》第37条第1句好像解决受托人有权对委托财产支配。

纪海龙：观点四的基本逻辑大概是法律明定的信托财产和受托人固有财产的分离，如果突破这个分离，需要特别事由（比如受托人违背职责）。当然，也可以把信托和公司类比，把信托想象为一个公司，把委托人想象为公司出资义务人，把信托公司想象为公司管理层。

戴景月：但是这个管理层没持有信托财产，才造成了未实际出资。

信托合同的登记、信托财产的法定登记与股东的工商登记

李志刚：《信托法》第37条是否可以击破《公司法》?

戴景月：这是关键，是不是说因为信托登记存在，工商登记就该承认委托人才是股东。委托人和信托公司虽然签订了信托合同，但未交付信托资金。信托合同在信托登记中心做了登记，但工商登记的股权未显示信托关系。

李志刚：您一语中的。信托登记，可能存在信托合同在信托登记中心登记，与股权本身的信托财产在工商机关登记的差别。

纪海龙：刚刚忽略了“工商登记的股权未显示信托关系”这句话，这句是指信托公司以自己名义作为股东在工商进行登记，工商登记没有显示信托公司管理的某个信托持股。

李志刚：是的。

戴景月：更深一步，信托公司自己登记为股东，但说明了是受托。也不存在击破的情形，信托和委托不一样吧？收购信托物，发现物有瑕疵，该找信托人算账。

纪海龙：信托登记管理办法规定信托登记信息受法律保护，信托登记公司应当对信托登记信息及相关文件依法保密。除法律、行政法规或者国务院银行业监督管理机构规定可以公开的情形外，任何单位或者个人不得查询或者获取信托登记信息。

戴景月：前面条文的存在又不会影响委托行为的原因，是受托人以自己的名义。

纪海龙： 我的意思是，因为这个因素的存在，信托登记在本案中可以忽略不考虑

戴景月： 明白，同意。

张　谷： 不存在击破问题。《公司法司法解释（三）》第13条到底是什么呢？凭什么债权人可以越过公司直接把握背后的股东呢？公司对股东的出资请求权，本身就是公司财产的组成部分，这不同于一般债权（是社团对社员的，不是普通的民事主体之间的；也没有诉讼时效问题）。该请求权为财产，债权人当然就可以申请法院扣押。我们没有此种权利扣押一说，遂兜了一大圈，让债权人代公司之地位要求于股东。既然受托人持股，业经工商登记，债权人以之为股东，公司也以之为股东，债权人之代位要求信托公司担责，顺理成章。关键是信托合同中或者信托法上若有相关的解除权规定，没有的话，准用委托合同随时终止，责任就又回到委托人处了。

纪海龙： 同意张谷老师关于《公司法司法解释（三）》本应是债权扣押的观点。

委托与信托

纪海龙： 转换个场景类比，如果是代持股的情形，甲作为代持人，代持乙的股权，出资义务却未履行，公司债权人按照《公司法司法解释（三）》第13条主张权利，是甲承担责任，还是乙承担？如果是甲承担，那么上面讨论的案子中，信托公司就以固有财产先承担吧。

刘生亮： 该第4条道路要补一个“分段”，信托财产内适用《公司法》，超出部分适用《信托法》？

戴景月： 委托人把信托财产交付受托人后，可以类比股东和公司财产。江平先生说过大意，欣慰《信托法》出台，遗憾的是在出台时就知道它不完善。意思是受托人受限太多，限制了财产的作用发挥。但是我认为受托人以自己名义经营管理没有疑问。

《信托法》能否击破《公司法》

朱慈蕴：如果工商登记股东为信托公司，且没有注明为代持（事实上注明代持不能免责信托公司，而是有可能引入委托人的责任），当然可以被债权人追责［我觉得张谷老师的质疑有道理，但《公司法司法解释（三）》的规定也是我国特色的解决股东不出资而公司不履行追缴义务的一种可行方式］。这是公司股权登记的意义所在。

同时，本案信托公司受托的股权是瑕疵股权，即负担对公司缴资债务的股权。信托公司本应知道瑕疵股权的事实。信托公司担责后可以向委托人追偿（这需要根据信托合同），还可以依据《信托法》的规定，处分信托股权（信托资产）而弥补相关损失。在股权问题上，《信托法》不能击破《公司法》。

李志刚：有观点认为，让与担保、股权他益权信托的交易结构越来越多，而且司法越来越倾向于否定"外观主义"，探寻当事人的真实意思，故应当考虑信托公司的特殊性和信托关系的特殊性，而不应"坐实"信托公司的股东身份和股东责任。有无师友认同这种观点？

张　巍：那就是受托而无信了。信托的本意就是要创造一种形式，把形式去掉了，还要信托干什么呢？

朱慈蕴：那不应登记在信托公司名下，而让信托关系作为委托人与受托人的关系作为内部关系存在。

李志刚：我也认同，应当区分信托法上的关系和公司法上的关系。信托的特殊性，应当限于信托法律关系，不应成为免除《公司法》上的责任的事由。

吴光荣：我倒是觉得如果真不考虑信托的特殊性，或者仅在内部关系上考虑信托的特殊性，那中国法上的信托就真的与委托无异了。

李志刚：信托财产的独立性，取决于法定信托财产登记制度的完善。但受托人在外部法律关系上的法律责任，是否可以因为是信托关系而免除？

信托登记的效力与公司债权人的尽调义务

吴光荣：个人认为，信托登记与公司登记一样，也应赋予一定的公示效力。就案涉问题而言，在受托人为信托公司且已经股权办理信托登记的情况下，如果公司债权人是基于对股东的信用而与公司进行交易（在当前公司资本制度下，公司的信用实际上是与股东的信用联系在一起了），就应作尽职调查，了解真正的股东是谁。另外，如果一概看外观（形式），就无法解释冒名登记的情形。信托公司通过信托代持股权，虽与《公司法司法解释（三）》第28条规定的冒名投资不同，但也与一般的隐名投资有别。所以我认为，即使法定信托财产登记制度尚不完善，也应考虑信托与委托的区别。

李志刚：有两点疑惑：（1）目前的所谓信托登记，实际上是"信托合同"登记，而不是对股权这一信托财产的登记。如果认同此种公示效力，是否意味着所有的股权交易都要到信托登记中心这一本身就欠缺上位法依据的登记机关去查询，才是"善意的债权人"?（2）《公司法司法解释（三）》所确定的股东欠缴出资的责任，是基于公司的责任财产，还是基于登记股东本身的信用?

陈　敦：信托公司已经登记为公司股东，且未记载股权信托信息，信托公司应当履行股东职责，应负出资责任。信托公司与委托人之间的协议，相对于公司债权人而言属于内部协议，不应具有对外效力。信托登记办法所为登记，只是信托产品登记，并非信托财产登记，其财产公示效力有限，不能作为对抗交易第三人的依据。

信托公司作为受托人，或其他主体作为受托人，是以其名义对外行事，并承担法律责任的，信托关系本身并非其免除依据外部法律所科法律责任的合法事由。

李志刚：就交易的信赖而言，还有观点认为，欠资股东是否对公司债权人承担责任，还要区分债权形成时间和成为股东的时间。

吴光荣：如果公司债权人是基于对公司资产的信任而进行交易，他就应该调查股东是否全面履行出资义务，而无须关注股东是谁；如果他认为即使股东出资不实，也有股东信用作保障，就应尽可能了解真正的投资人。在受托人为信托公司的情况下，公司债权人应有合理怀疑信托公司不是真正的投资人。至于信托合同的登记是否具有直接的对外效力，确实值得探讨。

李志刚：据此，是否应当得出这样的结论：《公司法司法解释（三）》出资补充责任的真正含义是——只要公司债权人未就股东出资义务完成情况进行尽职调查，就不能追究股东的出资补充赔偿责任？另一个推论是：《公司法》有关股东的所有规定，不适用于信托公司，而应以《信托法》的规定，确定“谁是真正的股东”？

吴光荣：这个结论似乎不能得出，因为现在讨论的不是股东应不应该承担出资不实的责任，而是谁应该承担出资不实的责任。同理，推论也是危险的。

李志刚：讨论的，就是信托公司是否应该承担责任的问题。

信托的内部关系与外部关系

朱晓喆：归纳问题焦点如下：委托人未实际出资，将股权转让给信托公司代持。信托公司取得了本身就是一个有瑕疵的股权，只能针对实际股东享有的2000万元的请求权，这就是信托财产。接下来问题是，信托公司是否以管理运用信托财产中，仅以信托财产（有瑕疵的股权、2000万元的请求权）承担责任的问题。这个问题理论上有争议：（1）以信托财产和受托人固有财产承担责任（赵廉慧的观点）。（2）仅以信托财产承担责任（日本、美国的立法趋势），但须在信托文件中明确受托人仅以信托财产承担责任。

《信托公司管理办法》第38条规定：“信托公司因处理信托事务而支出的费用、负担的债务，以信托财产承担，但应在信托合同中列明或明确告知受益人……”（《信托法》第37条也是根据。）由此可见：（1）只要信托合同中列明或告知受益人，信托受托人就承担有限责任（信托财产为限）。（2）不以信托财产登记信托为前提（实际上我国没有信托财产登记制度，现行的都是信托产品登记），也即不需要公示，就会对债权法发生效力（此点存在争议）。（3）实践中信托公司都会约定承担有限责任。

我的结论：同意纪海龙的观点四。这个结论与《公司法》的关系，似乎是《信托法》解决信托关系具有优先适用地位。

陈　敦：朱晓喆老师观点很有启发。但我觉得信托合同列明或告知受益人，依然是信托内部关系，在信托公司对外承担股东出资责任问题上，先要解决《公司法》的问题，然后再回到《信托法》，解决信托公司责任范围问题。

朱晓喆：是的。观点的分裂就在这个地方：信托约定是否要登记或公示，才发生对于外部债权人的效力？大陆法系强调登记才能发生对抗效力（日本、我国台湾地区），而英美信托法从来不要求登记才成立信托，信托来源本身就是一种“避法”行为，当事人根本不想公开。我的推论和结论，是依据现行法和规章。但对于原理性问题，信托是否必须登记才有对抗效力，回答不了。

陈　敦：纪海龙老师的观点是信托公司原则上以信托财产（针对委托人的2000万元请求权）为限承担责任。就出资不实责任而言，瑕疵出资股东补足出资的责任应该就是承诺的出资额吧？当然，如其他股东也有不实出资，该股东承担连带补足责任的除外。

李　宇：这一问题和信托财产归属问题也有关系。如果认为信托财产归属于受托人，则受托人成为公司股东，享有股东权利，承担股东义务。如果认为委托人是信托财产归属者，则委托人为公司股东。依信托法原理，受托人为信托财产归属者，但我国《信托法》第2条规定不明，两种理解均有可能性，进一步造成了本问题的模糊。

朱晓喆：通说认为《信托法》第2条是要求转移财产权属才成立信托。

李志刚：核心可能还是《信托法》能否击破《公司法》的问题。或者说，能否超越信托关系之外，仍然按照信托关系确定权利归属。更重要的是，责任的归属。

代持的风险承担与转嫁

吴光荣：在没有所谓“代持”问题时，按《公司法司法解释（三）》第13条处理当然没问题，但如果发生代持，就要再看代持背后的法律关系了。此时，法律应关注由何者承担风险更具正当性。

朱晓喆：核心有两个问题：（1）信托财产受托人有限责任问题；（2）《信托法》与《公司法》关系问题。前一个问题更加根本，如果得到承认，还会在强制执行法、企业破产法上贯彻。

肖建国：工商登记与信托登记，公示性不同。就股东出资责任而言，工商登记具有更强的公示性，而信托登记仅对信托关系，具有弱公示性，不能对抗公司法上的工商登记效力。就这一点而言，赞同由股权代持的信托公司以固有财产承担补足出资的责任。

李志刚：我感到法（法律或者行政条例）定的、有确定的登记公示效力和效率的登记制度，正在被各种各样的不确定的、没有法律依据的、甚至是藏而不予示人的所谓“实质正义”架空。由此，不免感到一种恐慌。一种法定公示的法秩序被隐蔽约定架空的恐慌，哪怕是扛着“实质正义”的旗子。

朱晓喆：考验法律人内部价值体系判断的时候来了，信托就是来搅浑水的，什么物债二分，在它看来都不是事儿。

李志刚：在信托法律关系内部，按照《信托法》的规则互相搅混，情有可原。但浑水让信托法律关系外部的当事人来背锅，可能就要慎重一些。某种意义上，是不是一种内部风险通过“实质正义”而实现了跨越法律关系的转嫁？

朱晓喆：以两种登记制度效力来推论，是一种形式的推论，回避了事情的本质。

李志刚：在信托当事人之间、信托法律关系的语境下，讨论信托的特殊性，当然没有问题。法律规定，会不会被越来越多的“利益衡平”架空？而利益衡平本身，就是有立场站位的。更为关键的是，这种所谓的利益衡平，不能以架空既有法律规范为代价。何况其本身有巨大的不确定性。

朱晓喆：《民商审判会议纪要》第 96 条【信托公司固有财产的诉讼保全】第 1 句规定："除信托公司作为被告外，原告申请对信托公司固有资金账户的资金采取保全措施的，人民法院不应准许。"

李志刚：该条规定不涉及有法定公示方式的股权登记。

李　宇：第一，暂时撇开学说和实务见解上对信托财产归属的分歧不谈，如果将信托财产归属者定为受托人，则受托人应承担法定的公司股东义务，至于其是否以信托财产为限承担此种义务或责任，则是《信托法》相关条文的解释问题，对此也存在争议。从信托法理论而言，对于普通信托，宜认为受托人承担无限责任，对于商业信托，认为受托人承担有限责任。

第二，目前的信托产品登记或信托合同登记不具有法定公示力，但问题在于，股权本身是否属于《信托法》上所称的应当进行登记的信托财产，也存在两种解释可能性，如果并不认为股权属于应当登记的财产，则是否具备法定公示要件，并非该信托关系对抗第三人的要件或信托生效的要件。如果认为股权属于应当登记的财产，则在现有的登记状况之下，完成股权转移登记，可认为满足了《信托法》所要求的公示要件。

陈　敦：信托公司作为股东，债权人以股东出资不实提起诉讼，符合"信托公司作为被告"的前提条件。

朱晓喆：同意陈敦老师意见。我大概是想说，信托公司固有财产不是那么轻易能作为被执行的对象。

吴光荣：同意朱晓喆老师的观点。如果信托公司承担的责任限于信托财产，则该责任是否为《公司法司法解释（三）》所规定的补充清偿责任，就值得追问。所以我的意见是，对于代持背后的法律关系，似乎还是有必要区分信托和委托，尤其是当受托人（名义股东）是信托公司时，公司债权人是不是也应该有心理预期：此时还有真正的股东存在。

肖建国：换个说法，信托公司为股东时，公司债权人能否对工商登记产生信赖（工商登记中没有载明信托持股），还是有义务进一步调查核实信托关系？公司债权人的尽调义务，以何者为准？

李志刚：尽调不是义务，仅仅是自我风险防控措施，任何时候为他人设定义务，都需要一个法定的义务来源。公司法上，似乎也不存在“真正的股东”，只有“是股东”和“不是股东”两个选项。

李　宇：没有义务进一步调查核实是否为信托。受托人基于信托关系对外应承担的责任，不因相对人是否进行调查核实而免除。

陈　敦：信托公司管理运用信托财产，是为受益人利益或特定目的，信托财产为股权时，信托公司是股东，并非代受益人或委托人持有股权，而是以自己的名义来管理股权，按照信托文件来行使股东权利、承担股东义务，当然也承担股东责任。至于信托公司的股东责任是否以信托财产为限，换言之，信托关系能否突破《公司法》规定，是争议点。考虑《公司法》有关股东出资责任及债权人利益保护规定之明确，及信托关系在我国语境下的各种尴尬，首先肯定《公司法》上义务履行，再讨论信托关系部分更为妥当。事实上，回到信托内部，受托人显然仅以信托财产为限承担责任，不仅因其合同约定之完善，更因其所处地位之优势，当无须过于忧虑。反之，强以不完善之信托关系为由，突破《公司法》之明确规定，势必造成各种法律关系处理上的混乱，得失失衡。

李　宇：在题设案例中，如果认为受托人以信托财产为限承担责任，意指受托人以对委托人享有的2000万元出资请求权为限承担责任。如委托人资力不足，受托人无须以固有财产承担责任。

李志刚：《信托法》第37条规定的“以信托财产为限”，似也应当理解为信托关系语境下的，并不意味着信托公司由此产生了信托法律关系之外的法律责任的“金刚不破之身”。

类推股权冒名登记？

吴光荣：在冒名登记的情形下，《公司法司法解释（三）》没有固守所谓外观主义，而是着眼于真正的行为人（真正股东），明确规定被冒名人无须承担出资义务和出资不实的责任。此时，公司债权人是否需要保护？再说，在冒名登记的情形下，将出资义务规定为真正的行为人，到底是有利于公司债权人还是不利于公司债权人？如果不利于公司债权人，由公司债权人承担风险的正当性何在？

梁上上：可能是大道至简吧，内部关系通过外部关系就可以解决。无须把问题设想得很复杂。

李志刚：冒名登记，是否属于登记无效？

吴光荣：问题是，不管如何解释冒名登记（个人认为，登记无效其实很难解释通），难道冒名登记的风险就应该由公司债权人承担吗？

李志刚：冤有头，债有主。非法行为的后果，自有其责任承担的主体。冒名登记的情况下，登记股东并无可归责性，其与信托公司自甘风险，显然不能同日而语。

朱晓喆：的确存在委托代持、冒名登记等情形不能一概而论。归纳下来，股东身份不真实的，有委托代持、冒名、信托等各种情形。各种情形下，股东登记名义人是否承担责任，考量的因素是多方面的，而并非简单以登记，或内外部关系的划分，就能回答得了。可考量的因素，如登记名义人的可归责性、债权人保护、组织体的稳定性、登记的效力、商业交易惯例、信托的特殊性等。怎能以单一因素决断呢？以单一因素推出结论，是偷懒的做法，回避了事情的本质、事物的差异。

吴光荣：另外，在股权信托下，也不是说信托公司不承担任何责任，尤其是在信托公司存在过错时，但是否应承担股东的补充清偿责任，则值得探讨。

李志刚：题设交易及请求权基础，不是《信托法》上的主体与责任，而是《公司法》上的主体与责任。《公司法》的语境下，并未就“谁是股东”的问题，玩出这么多花样。人为主动加戏，或者支解《公司法》的规定的话，可能需要《公司法》上的依据。

梁上上：是否先处理第一层面的问题，再处理内部第二层面的追偿等问题？

朱晓喆：个人认为应该通盘考量每一案型。

刘生亮：的确存在委托代持、冒名登记等情形不能一概而论。

归纳下来，股东身份不真实的，有委托代持、冒名、信托，各种情形下，股东登记名义人是否承担责任，考量的因素是多方面的，而并非简单以登记、或内外部关系的划分，就能回答得了。但这些因素是否在同一个作业面向呢？按请求权基础检讨，因素类型链接到要件上会有不同的后果。

李　宇：信托关系并不仅仅涉及内部关系，《信托法》也处理外部关系。信托受托人与债权人之间的关系也属于外部关系，《信托法》规定在此情况下实行有限责任，受托人得依有限责任之规定对抗涉及信托关系的债权人。只要信托已经成立并生效，《信托法》上受托人有限责任的效果即依法发生。只是在股权信托的情况下，认定信托登记是否为股权信托生效要件存在模糊性，原因在于《信托法》关于信托生效要件（应登记的信托财产是否包含股权）的不确定性。

吴光荣：还要看到，如果信托公司陷入破产，可能由委托人（实际出资人）承担责任补充清偿责任更有利于公司债权人。

李志刚：单从破产和有利角度来说，似乎信托公司破产是小概率事件，而且金融机构破产，一般还有接盘的。但委托人破产就太常见、太普遍了，空头支票是大概率事件。故仅就此角度而言，可能信托公司担责，也更有利于公司债权人保护。

【总结及倾向性观点】

信托公司为受益人利益或特定目的，管理运用信托财产。信托财产为股权时，信托公司并非代受益人或委托人持有股权，而是自行管理股权，按照信托目的行使股东权利，承担股东义务。

核心争议在于，信托公司作为公司股东，能否依据《信托法》第 37 条[①]，主张其责任以信托财产为限。换言之，信托关系能否突破《公司法》出资义务的规定。倾向意见认为《公司法》规制股东认缴出资义务的履行，不考虑

① 《信托法》第 37 条规定：“受托人因处理信托事务所支出的费用、对第三人所负债务，以信托财产承担。受托人以其固有财产先行支付的，对信托财产享有优先受偿的权利。受托人违背管理职责或者处理信托事务不当对第三人所负债务或者自己所受到的损失，以其固有财产承担。”

履行出资义务的资金来源。反过来说，不能以股东与他人的资金关系来否定自己所认缴出资范围。强以不完善之信托关系为由，突破《公司法》之明确规定，势必造成各种法律关系处理上的混乱，得失失衡。

在我国《信托法》语境下，信托的最大特征就是委托人基于信任将其财产权委托给受托人，由受托人按委托人的意愿以自己的名义，为受益人的利益或者特定目的，进行管理或者处分的行为。因此，所谓信托财产，就是指受托人因承诺信托而取得的财产是信托财产，或者受托人因信托财产的管理运用、处分或者其他情形而取得的财产，也归入信托财产。我国《信托法》并未从正面规定信托财产的具体范围，而只是规定法律、行政法规禁止流通的财产，不得作为信托财产。不过，《信托公司管理办法》第16条规定："信托公司可以申请经营下列部分或者全部本外币业务：（一）资金信托；（二）动产信托；（三）不动产信托；（四）有价证券信托；（五）其他财产或财产权信托……"该规定囊括了所有可能的财产，其中股权成为信托财产又区分两种情形：一是委托人以信托财产形式交付给受托人管理的股权，也就是股权信托；二是受托人通过交易或投资等方式运用信托财产而取得的股权。本议题讨论的是第二种情形。该种情形下的代表性纠纷源自《信托法》与《公司法》之间的适用冲突，比如信托公司因为信托财产为股权而被登记为公司股东，由于未缴纳相应出资或者抽逃出资的情形，法院判令信托公司承担责任。

可能需要关注的问题是：为什么受托人持有股权作为信托财产时的义务，会引发争议？

《公司法》是规范公司的组织和行为，确定公司、股东和债权人权利义务关系的基本法；《信托法》是调整信托关系，规范信托行为，保护信托当事人的权利义务关系的基本法。因此，确定股东责任应当首先以《公司法》及相关解释为依据。除非《公司法》及相关解释有明确规定，否则认定股东责任不应以股东身份或股权取得方式而有所差别。

谈及信托财产为股权时的信托公司股东责任问题，看似讨论的是股东责任是否因股东身份而有区别，实质探讨的是信托公司是否为真实股东。就《公司法》而言，无论因何种原因取得公司股权，只要其登记为公司股东，就是公司的真实股东，即便代持股权，也只是代持股东与隐名股东间的权利义务关系，而不影响代持股东基于股东身份对外承担责任。就《信托法》而言，信托公司虽然是受托人，但是其因受托管理而取得的信托财产与其固有财产是相互独立的。如果财产可以具有独立的民事行为能力，那么公司的真实股东就应当是信托财产而不是信托公司。

重要的是，股权代持是发生在代持股东和隐名股东之间的“隐秘行为”，外部人无从知晓存在代持关系，自然也不应受代持影响。但信托在被公示，表明其系因管理信托财产而成为公司股东，这时其“代持”行为就可以被外部人士知晓。如果可以将信托计划登记为股东，则这一问题将被彻底解决。在登记制度变化前，可以考虑要求信托公司在信托财产范围内承担股东责任。如果信托公司存在《信托法》第37条第2款规定的不当行为，则先确认其应以固有财产承担责任的范围，然后在该数额范围内承担股东责任。

赵廉慧教授认为，终局性的解决方案是进一步完善信托登记和公司登记，如果公司股东可以登记为信托计划，则这一问题将被彻底解决。在登记制度变化前，可以考虑要求信托公司在信托财产范围内承担股东责任。如果信托公司存在《信托法》第37条第2款规定的不当行为，则先确认其应以固有财产承担责任的范围，然后在该数额范围内承担股东责任。①

【代表性学术观点】

赵廉慧认为，（1）关于信托持股和商法领域“外观主义”的一致性问题。不管是委托人主动的信托持股安排，还是把信托当作融资手段持有股权，根据《信托法》的规定，受托人就是其持有股份的股东。只要最初设定的信托关系不因违反法律或公序良俗（公共利益）无效，这个判断就应该成立。《信托法》基本的运作机理就是创设出一种特殊的持有财产权利的方式，对第三人而言，受托人就是信托财产的权利人（所有人），这一点是没有争议的。这是《信托法》确立的最根本的规则之一。如果否认了这一点，相当于否认《信托法》本身。而这一点正和商法当中的外观主义相一致。只要构成信托持

① 参见赵廉慧：《信托法解释论》，中国法制出版社2015年版，第246~251页。

股，不管信托内部（委托人/受托人/受益人）之间的权利关系如何，对第三人而言，受托人就是股东。信托法所确立的这种权利归属关系在商事领域是更有效率的，这也是信托制度在商事领域得到越来越多运用的原因。[①]（2）对股权所在公司的债权人而言，谁持有这个股权都不重要，他可以理解是一个黑匣子在持有这个股份，这个黑匣子可以是一个公司，可以是一个有限合伙，可以是一个信托。对于债权人而言，最重要的是证明这个黑匣子是否构成了出资不实或者抽逃出资。例如，在信托持股的场合，信托文件约定受托人不对股权进行管理，不从股权的分红中取得利益，将来仅仅通过回购股权的安排实现信托财产的回收，这种约定往往被受托人用来证明自己不是股东（甚至有法院支持的）。这个论证是非常不符合逻辑的。这些都是内部的约定，黑匣子内部的安排不应对债权人构成约束。关键问题仍然是：黑匣子是否构成了抽逃出资或者出资不实？实践中有不少案例，正是由于持股受托人怠于履行股东责任，让股权的转让人（公司的实际控制人）有机会转走公司资本。受托人证明自己不是股东的证据恰恰证明了黑匣子内部进行了抽逃出资。对于原本就出资不实的股权转让给了受托人，此时出资不实的责任就转移给了受托人。受托人在受让股份的时候应当谨慎。（3）如果证明抽逃出资或者出资不实责任成立，黑匣子内部如何承担责任？如果是一个公司直接受让的股权，公司以自己的全部资产对目标公司承担出资不实或者抽逃出资的责任。如果是受托人信托持股，此时，由于信托财产没有法律人格，承担责任的只能是受托人。受托人当然可以选择用信托财产承担责任（《信托法》第37条），但是，信托财产无法完全承担责任的，其固有财产在法律上并没有任何抗辩权。（4）黑匣子内部的安排不应产生使义务和责任消失的效果。在受托人以信托财产受让股权的场合，有时可能涉及《信托法》第37条的适用，有时《信托法》第37条是没有适用余地的：例如，在受托人受让的股权上原本就有出资不实的情形——此时，受托人要承担的债务甚至无法构成第37条所要求的“因处理信托事务所支出的费用、对第三人所负债务”。（5）在这些纠

---

① 参见赵廉慧：《信托公司因信托计划受让股权是否应承担瑕疵出资责任》，载微信公众号“InlawweTrust”，2021年8月11日发布。

纷中，受托人提出的很多理由在法律上是站不住脚的：即使有了合法的信托登记，信托持股得到确认，受托人也无法主张所谓的有限责任抗辩。我国没有任何法律条文提供这种抗辩。很多诉讼中采用的所谓“信托财产独立性抗辩”更是荒诞不经：信托财产独立性能产生对抗委托人、受托人和受益人的债权人的效力，无法产生对抗信托债权人的效力。（6）信托制度源自衡平法，是公平的制度。如果通过信托能让原本存在的义务和责任神秘地消失，信托制度就会逐步丧失存在的正当性。[①]

【典型案例 1】

中信信托有限责任公司与青岛海融兴达商业管理有限公司、青岛舒斯贝尔房地产开发有限公司、山东舒斯贝尔置业有限公司追偿权纠纷案

案号：最高人民法院（2016）最高法民终 475 号

【基本案情】

山东舒斯贝尔公司系青岛舒斯贝尔公司设立时的股东，根据工商登记中验资报告的记载，其未在法定期限内履行股东应尽的全面出资义务，后向中信信托公司转让全部股权。

山东舒斯贝尔公司、中信信托公司签订的案涉《股权转让合同》载明如下内容：“‘鉴于’部分：中信信托公司拟发起信托计划，山东舒斯贝尔公司拟将标的股权信托给中信信托公司，成为信托计划项下次级信托受益人，享有次级信托受益权，双方已经为此签订了《信托合同》，山东舒斯贝尔公司同意按照《信托合同》的约定将标的股权信托给中信信托公司，中信信托公司同意接受该信托。”且记载受让人中信信托公司对山东舒斯贝尔公司未全面履行股东出资义务是明知的。

青岛海融公司以为青岛舒斯贝尔公司垫付税费为由，请求判令山东舒斯贝尔公司在未出资本息范围内对青岛舒斯贝尔公司不能清偿部分承担补充赔

① 参见赵廉慧：《再论信托持股中受托人的对外责任》，载微信公众号“InlawweTrust”，2021 年 8 月 13 日发布。

偿责任、中信信托公司对山东舒斯贝尔公司应承担的补充赔偿责任承担连带责任。

【裁判观点】

最高人民法院认为：（1）案涉股权过户固然能够实现受托人控制股权的目的，但是由于过户登记在外观上并不具备信托财产的标识，隔离效果无法得到保障，且由于此类因信托目的引起的股权变动兼具股权交易与股权信托的双重特征，还引发了应当适用《信托法》还是《公司法》的争议。（2）《信托法》与《公司法》在该问题上如何协调，不仅关系到个案中当事人权利的平衡与保护，也关系到信托行业的健康发展，是一个难以取舍的现实难题。（3）中信信托公司与青岛海融公司关于法律适用的主张都具有一定的法律依据与现实合理性，《信托法》第37条第1款是关于“处理信托事务所产生费用与债务如何负担”的规定，根据该条文，无法得出一审判决关于“第三人不受信托财产和固有财产责任划分的约束，信托人应当以其名下的所有财产对第三人承担责任”的结论。（4）青岛海融公司的债权源自抵押财产的变现费用，理应在变价款中优先予以扣除，然后再将剩余变现款交抵押权人。或者说，该部分款项原本就不应被中信信托公司实质取得。基于上述涉案债权来源特殊性的考虑，一审法院根据《公司法司法解释（三）》第13条第2款、第18条的规定，判令中信信托公司对山东舒斯贝尔公司在未出资范围内就青岛海融公司对青岛舒斯贝尔公司的债权应承担的补充赔偿责任负连带责任并无不当。

【典型案例2】

上海爱建信托有限责任公司等与方大炭素新材料科技股份有限公司股东损害公司债权人利益责任纠纷案

案号：最高人民法院（2020）民再20号

【裁判要旨】

信托公司受托持股，仅具有委托合同的内部效力。上海信托登记中心的信托财产登记非法定信托登记机关的信托登记，不具有法定公示效力，不能对抗《公司法》规定的股东身份的法定登记产生的效力。

【基本案情】

2006年8月31日召开的惠能公司职工持股受益人大会决议，显示指定并授权委托人代表惠能公司与爱建信托公司签订《信托合同》，委托爱建信托公司受让泛域公司持有的惠能公司34.145%股权。明确该股权对应信托资金5839.35万元。后，爱建信托公司与泛域公司于2006年9月8日签订的《股权转让协议》，由于泛域公司未缴纳该部分股权对应的出资，故爱建信托公司以零价格受让该股权，并明确该部分股权对应的欠缴9560.65万元出资义务由爱建信托公司履行。

方大公司有权要求爱建信托公司在未出资本息范围内对惠能公司债务不能清偿部分承担补充赔偿责任。

爱建信托公司抗辩，其基于设立信托而持有惠能公司股权，如所持股权存在瑕疵增资问题，应当以信托财产承担相应责任的上诉理由。

【裁判观点】

北京市高级人民法院二审认为，本案是股东损害公司债权人利益责任纠纷，关于股东的出资责任应该根据《公司法》以及公司法相关司法解释来作出认定，所以本案不适用《信托法》。爱建信托公司持有的惠能公司34.145%股权受让自泛域公司，因泛域公司未缴纳该部分出资人民币9560.65万元，爱建信托公司对于泛域公司未履行出资义务即转让34.145%股权亦属明知，且承诺承担出资义务。故方大公司有权要求爱建信托公司在未出资本息范围内对惠能公司债务不能清偿部分承担补充赔偿责任。

最高人民人民法院再审认为，（1）爱建信托实际上系依据信托合同作为受托人，为委托人持有股权，其与委托人分别属于惠能公司的名义股东和实际出资人；（2）名义股东和实际出资人之间的约定只具有内部效力；（3）上海信托登记中心是区域性登记机构，并非全国统一正式的信托登记机关，不具有法定的公示效力；（4）爱建信托所持股权在外观上并不具备信托财产的标识，隔离效果无法得到保障，方大公司无从知晓作为股东的爱建信托是否是实际投资人，“故从公示制度的完善程度而言，应优先适用公司法的相关规定”。故维持了二审判决。

（讨论整理及后续评论：陈克）

一人公司之人格逆向否认

【发言群友】

邹宇、李志刚、刘生亮、戴景月、王长军、王志诚、叶林、黄辉、张巍

【讨论时间】

2019 年 12 月

【沙龙实录】

邹　宇：《公司法》第 63 条规定：“一人有限责任公司的股东不能证明公司财产独立于股东自己的财产的，应当对公司债务承担连带责任。”

问题是：上述情况下，公司是否也要对股东债务承担连带责任？也就是说，是单向连带还是双向连带？是直接判连带，还是执行股权？请各位专家不吝赐教。

李志刚：连带责任需要法律明确规定。《公司法》第 63 条仅规定了股东对公司债务承担连带责任，未规定公司对股东债务承担连带责任。文义解释，似读不出公司对股东债务承担连带责任的意思。

刘生亮：《民间借贷司法解释》第23条可不可以作为除外情形？[①]

邹　宇：该条规定没有明确一人公司。

刘生亮：换个角度，逆向否认。

戴景月：执行股权吧？至少不会用《公司法》第63条确定公司连带责任。

王长军：赞同，在现有法律可解决的问题则依现有规定处理即可。执行股权可以保护债权人利益。

王志诚：（1）依《公司法》第63条之文义，公司对股东债务不负连带责任。除非该公司对股东债务依契约为连带保证。（2）因股东为该一人公司股东，债权人可执行股东对公司的股权。

邹　宇：逆向否认可以吗？

戴景月：此条件下的公司行为被股东行为涵盖，反向则不是，股东还有独立于公司的自己行为。

王志诚：可否逆向否认有争议，我国台湾地区过去对于雷曼公司案不承认逆向否认。法人人格否认是股东要直接承担公司债务，非连带责任。若要公司承担股东债务，则是符合逆向法人人格否认的话，公司要承担股东责任。这论点是承认逆向否认才成立。

邹　宇：王志诚教授所言极是，直接承担不是连带。

叶　林：我之前写过一篇文章[②]，核心观点是：《公司法》第20条第3款

① 《民间借贷司法解释》（法释〔2015〕18号）第23条规定："企业法定代表人或负责人以企业名义与出借人签订民间借贷合同，出借人、企业或者其股东能够证明所借款项用于企业法定代表人或负责人个人使用，出借人请求将企业法定代表人或负责人列为共同被告或者第三人的，人民法院应予准许。企业法定代表人或负责人以个人名义与出借人签订民间借贷合同，所借款项用于企业生产经营，出借人请求企业与个人共同承担责任的，人民法院应予支持。"

《民法典》生效后，相关司法解释在用词上细微调整，现《民间借贷司法解释》（2020年12月29日修正）第22条规定："法人的法定代表人或者非法人组织的负责人以单位名义与出借人签订民间借贷合同，有证据证明所借款项系法定代表人或者负责人个人使用，出借人请求将法定代表人或者负责人列为共同被告或者第三人的，人民法院应予准许。法人的法定代表人或者非法人组织的负责人以个人名义与出借人订立民间借贷合同，所借款项用于单位生产经营，出借人请求单位与个人共同承担责任的，人民法院应予支持。"

② 叶林：《公司人格否认的侵权法法理分析——公司法第20条第3款的解读》，载《国家检察官学院学报》2009年第9期。

的规定，适用侵权法，进而解释连带责任的法理依据。如果从侵权法角度来说，可证明逆向人格否认是可能存在的。

李志刚：感谢叶林老师的分享。侵权法确实是《公司法》之外，救济的又一个思路。有一个疑惑：就是仅在一人公司的语境下，是两个主体之间的侵权，还是一个主体（人格否认）的左口袋到右口袋？

邹　宇：如李志刚所言，既然推定财产混同了，是不是可以理解为一个主体？

叶　林：侵权法上所称的共同行为在学说上认为是意思联络的行为，但没有明定意思联络者的主观态度，因此，按照一般侵权法，只需要过错就可以构成。至于是不是同一个主体，由于法律并没有采用这样的概念，因此，即使是一个主体，也不一定就一定会产生连带责任的后果。

王长军：请教：甲公司设立了乙公司，乙公司设立了丙公司。甲、乙、丙都是一人公司。对丙的债务，甲和乙应否承担连带责任（在甲、乙都不能证明股东与其设立的公司的财产独立时）？

李志刚：这是双重否认？法理上似一致。现在诸多关联企业整体合并破产的，在人格否认的问题上，似也比较开放，没有太拘泥于单线、单向。

王长军：照此，就可推出三重、四重甚至多重否认，但在一个案件中同时否认多个公司的人格，似也值得探讨。（1）《民法典》第178条第3款规定："连带责任，由法律规定或者当事人约定。"则股东对公司的债务只能依据法律或司法解释或约定，法理不是连带责任的依据。（2）《公司法》第63条规定："一人有限责任公司的股东不能证明公司财产独立于股东自己的财产的，应当对公司债务承担连带责任。"从该条似得不出甲要对其丙的债务承担连带责任。（3）如果乙与丙的财产已经足以清偿债权人，则在同一诉讼中又否定乙的人格将乙的股东甲作为共同被告令其承担连带责任实无必要，因为《民商审判会议纪要》指出："损害债权人利益，主要是指股东滥用权利使公司财产不足以清偿公司债权人的债权。"（4）如果通过执行程序，乙、丙的财产不足以实现债权人的债权，债权人可再以另诉否定乙的人格，要求其股东甲承担连带责任。

黄　辉：我同意您的观点。法人人格否认在侵权中是有重大意义的。

张　巍：既然承认一人公司，就应该尊重股东破产隔离的意愿，也应认识到维持公司形式对小企业的成本。《公司法》第63条似不应采举证责任倒置。揭开公司面纱规则对保护小企业有重要意义，值得认真对待。从商业实际出发更加重要。

【总结及倾向性观点】

本次讨论涉及的问题为：在一人公司中，若股东与公司财产混同，公司是否需对股东债务承担责任？若需承担，以何种法理构造？

首先，连带责任需要法律明确规定。而在文义上，《公司法》第63条仅规定了股东对公司债务承担连带责任，未规定公司对股东债务承担连带责任。《民间借贷司法解释》第22条第2款则仅规定个人借贷资金用于单位生产经营时得以请求公司与个人共同承担责任，辐射范围相对狭窄。但是公司法上人格否认制度的逻辑并非连带责任，而是在个案中直接否认公司的独立地位，此时只有股东作为单一主体由其承担直接责任。故而如详加考察《公司法》第20条第3款与第63条使用之语词，颇有暧昧之处。

其次，若忽视用语上的问题，而遵从立法者原意，肯定我国已经采纳正向法人人格否认，但这不代表反向人格否认制度便当然得以适用。就《公司法》第20条与第63条而言，文义上均不包含反向人格否认，但有观点以为得以通过侵权法角度对反向人格否认进行证成。

综上，在文义上我国法律并未明确采纳反向否认制度。但是，在解释上，有扩张可能性，或者通过其他制度达到类似效果。

本讨论关切的公司逆向人格否认（以及非法人实体如合伙）中，涉及更为重要的问题是，公司的债权人是否得以通过反向人格否认制度而对股东资产享有某种意义上的优先权。而一旦适用反向人格否认，若股东也是一家公司，将会对股东的无担保债权人以及该股东公司的其他股东产生不利影响，[①]

① 参见［美］斯蒂芬·M.班布里奇、M.托德·亨德森：《有限责任：法律与经济分析》，李诗鸿译，上海人民出版社2019年版，第177页。

并进而导致作为潜在的补偿，股东在融资时可能会要求更高的回报，从而提高筹资成本，削弱其作为一种商业组织形式的活力和吸引力。[①]对普通公司而言，在处理外部人反向刺破案件时，维护公司其他股东和债权人对于公司资产不会用于满足针对公司内部人（股东、母公司）债权的合理预期的价值，同实现公共利益及匡正错误行为的价值这二者之间的权衡和取舍，就成为最基本的考量。

上面论述可能在一定意思上，在否认一般公司反向人格正当性的同时，也强化了一人公司反向人格否认的妥当性，因为此情况下没有第三方损害问题。但在此之外，无论如何，一人公司也是公司。具体的适用条件与一般的正向人格否认较为接近，但是尺度把握上应更严格。[②]

另外，针对《民商审判会议纪要》尝试人格否认的类型化努力，还可持保留态度。考量到人格否认制度实际上难以给出明晰的标准，并且纵使明确列举标准进行界定，但公司依然得以在遵守规则字面意思的同时进行违法活动，比如，确定若干公司住址、电话、银行账号同一，或者人事交叉、财务不分、业务趋同即构成人格混同之表征，则公司必定回避这些表征，将上述事实状态间接化，但依然保有实质混同，不过就是导致股东控制多家公司的成本略增，而同时也使债权人掌握证据和法院判断多家公司人格混同或者母子公司人格混同的难度增加。[③]故而亦有激进观点提出应予废除人格否定制度，而直接关注股东的不法行为，并直接请求股东就其不法行为承担责任，在合同之债中主要涉及事前股东虚假陈述与事后抽逃出资，在侵权之债中则通过社会法与行政、刑事措施对公司及其高管进行规范（如对出租车公司要求最低保险额度）。[④]

---

① 廖凡：《美国反向刺破公司面纱的理论与实践——基于案例的考察》，载《北大法律评论》2007年第2期。

② 廖凡：《美国反向刺破公司面纱的理论与实践——基于案例的考察》，载《北大法律评论》2007年第2期。

③ 朱慈蕴：《公司法人格否认：从法条跃入实践》，载《清华法学》2007年第2期。

④ 参见［美］斯蒂芬·M. 班布里奇、M. 托德·亨德森：《有限责任：法律与经济分析》，李诗鸿译，上海人民出版社2019年版，第259~267页。

【代表性学术观点】

班布里奇教授认为，股东人格否认制度旨在要求股东对公司债务和其他义务承担个人责任，从而否定股东独立于公司的形式。通过刺破公司独立法律形式有多种变种，包括公司内部人反向人格否认、公司外部人反向人格否认以及企业责任制度，前二者旨在否定公司独立于股东从而公司的责任财产得以进入股东之责任财产，而后者则为关联公司间否认公司间的独立性从而要求公司集团中的公司需对姐妹公司的债务承担责任。[①]

由于以上系列制度的共同特征是否认“公司”这一预先安排的独立形式，由此便涉及《公司法》最为核心的“有限责任”制度，因此本讨论关切的一人公司之公司外部人反向人格否认及以上诸问题的细化讨论其实都共享同一前提，即有限责任之正当性——以及否认有限责任之正当性。

从公司契约论、交易成本节省及事前视点出发，公司可以分为公众公司与封闭公司，在债务类型上可以分为意定之债与法定之债（典型为侵权之债），从而有四种排列组合可能性，同样是班布里奇教授对以上四种类型的利益状况进行详尽考察，认为封闭公司的侵权债权人是有限责任合理性证成的最困难情形。还是要回到公司制度的性质认定上，将公司视为一种拟制，考虑到公司监督者“股东”的相对效力和法律补救措施替代品的存在，如保险政府监管等，有些责任还应作为“缺省规则”而显现。[②] 盖因侵权债权人事前无法进行磋商，选择有利于己的方案。相反，股东可以利用控制权加强对公司员工监督，并承担风险，或在第一时间防止损失。特别在一人公司中人格否认的执法成本更低。

与对侵权之债关切相反的是，均有实证观点主张实务中合同债权人主张

① 参见［美］斯蒂芬·M. 班布里奇、M. 托德·亨德森：《有限责任：法律与经济分析》，李诗鸿译，上海人民出版社 2019 年版，第 170~186 页。

② 参见［美］斯蒂芬·M. 班布里奇、M. 托德·亨德森：《有限责任：法律与经济分析》，李诗鸿译，上海人民出版社 2019 年版，第 58~84 页。

否定公司人格不仅更为频繁且成功率更高。[①]

【典型案例】

王某1与刘某、王某2、昌吉市晋煤煤矿有限责任公司、平某某股权转让纠纷案

案号：最高人民法院（2013）民二终字第120号

【裁判要旨】

《公司法》第63条规定："一人有限责任公司的股东不能证明公司财产独立于股东自己的财产的，应当对公司债务承担连带责任。"对该条可以进行扩张解释，从而得以反向刺破。

【基本案情】

刘某与王某2于2010年12月23日签订的《股权转让协议》无效；王某2需返还刘某股权转让款7150万元、垫付款85.5万元。而新晋煤公司系由王某2出资设立的一人有限责任公司。本案中，刘某所交付的股权转让款由新晋煤公司出具收据，王某2也不能提交证据证明新晋煤公司的财产独立于王某2自己的财产，故而请求新晋煤公司承担连带责任。

【裁判观点】

新疆维吾尔自治区高级人民法院一审认为：新晋煤公司系由王某2出资设立的一人有限责任公司。根据《公司法》第64条（注：现行《公司法》第63条）的规定："一人有限责任公司的股东不能证明公司财产独立于股东自己的财产的，应当对公司债务承担连带责任。"本案中，刘某所交付的股权转让款由新晋煤公司出具收据，王某2也不能提交证据证明新晋煤公司的财产独

① 中国法上实证研究可见黄辉：《中国公司法人格否认制度实证研究》，载《法学研究》2012年第1期；黄辉：《公司集团背景下的法人格否认：一个实证研究》，载《中外法学》2020年第2期；美国法上有反对观点的实证数据，正反双方均可见［美］斯蒂芬·M.班布里奇、M.托德·亨德森：《有限责任：法律与经济分析》，李诗鸿译，上海人民出版社2019年版，第83~84页。

立于王某 2 自己的财产，因此在本案法律关系中适用一人公司法人人格否认的有关规定。对一人公司适用法人人格否认，可以发生两种结果：一是导致一人公司股东的无限责任，即由股东承担公司的责任；二是在否认公司拥有独立人格的情况下，将本应作为相互独立的公司及其背后的股东视为同一主体，由公司为其单独股东负担责任，以保护债权人的合法利益。因此，法院认定新晋煤公司应当连带承担王某 2 向刘某返还股权转让款 7150 万元及垫付费用 85.5 万元的责任。

最高人民法院二审认为：根据工商部门的登记，新晋煤公司是王某 2 单独出资设立的一人公司，原审法院根据《公司法》第 64 条的规定，判决新晋煤公司对王某 2 承担的返还义延安股权转让款 7150 万元、垫付款 85.5 万元承担连带责任，新晋煤公司并未对此提出上诉。原审过程中，上诉人王某 1 以有独立请求权的第三人身份参加诉讼，但原审法院并未判决其承担民事责任。王某 1 以新晋煤公司不应承担连带责任为由提出上诉，系对他人民事权利的干预。而且，王某 1 与老晋煤公司、新晋煤公司是否存在股东关系、其权益是否受到损害，并不属于本案的审理范围。故王某 1 的上诉请求没有事实和法律依据。

（讨论整理及后续评论：陈克）

董事解任之报酬补偿

【发言群友】

孙英、叶林、张巍、朱慈蕴、谢澍、钱玉林、陈醇、李志刚

【讨论时间】

2020年6月

【讨论实录】

报酬补偿之法律依据

孙　英：《公司法司法解释（五）》第3条规定，董事职务被解除后，因补偿与公司发生纠纷提起诉讼的，人民法院应当依据法律、行政法规、公司章程的规定或者合同的约定，综合考虑解除的原因、剩余任期、董事薪酬等因素，确定是否补偿以及补偿的合理数额。

公司股东会决议罢免董事，章程及合同都没有关于补偿的约定，公司之前罢免董事也从未给予补偿，在没有司法解释所举的四类依据的情况下，需要补偿吗？

叶　林：实践中，存在无薪董事的情况，但一般出现在如下情形：董事是由某股东委派的，薪酬取自股东单位，而不从任职单位取薪。其他情形下，

单位是以车马费（旅行、住宿和餐费）等予以补助，但无薪酬的科目。从《公司法司法解释（五）》来说，它本来针对的是有薪酬约定的情形，似乎没有考虑到无薪工作的情形。我个人的看法是，假定不取薪酬的做法未在《公司法司法解释（五）》中作出规定，则可以从漏洞填补的角度，适当给予董事以补偿。典型者，仅仅是因为公司更换他人、没有什么特殊的道理，却对任职董事造成某种负面影响，即使依照合同法，也应当予以考虑。

张　巍：董事任职和公司没有雇用合同吗？薪酬问题是不是会在合同里规定？没有聘用合同，或者合同对解职没有约定？

孙　英：本案是董事任职半年即被罢免，每月领工资。没有聘用合同，对解职没有约定。离职补偿是公司与董事之间的自我交易，司法解释规定的是合理补偿，区别于合同法委托合同的赔偿。

合同法视角

张　巍：合同关系无论如何都是存在的，这首先是一个合同是否被违反，是否有损害赔偿的问题，然后再有公司法上的补偿义务问题。

孙　英：同意存在合同关系，双方都有任意解除权。关键是解除合同董事的损失，怎么确定合理。在没有需要特殊考虑的情形时，是不是可以参照《劳动合同法》关于解除合同补偿的规定？

朱慈蕴：公司与董事间的合同属于委任合同，不同于劳动合同。董事被解任，之所以可以请求补偿，有合同约定依合同，无合同约定依事实。理论上讲，被无故解除职务的董事损失的是一种机会利益，因为接受了本公司的聘任，意味着其放弃了其他高薪的机会选择。可以参照他在本公司的收益酌定。

谢　澍：赞成叶林老师、朱慈蕴老师所言。首先这不是劳动合同的定性，董事与公司的关系不是普通的劳动者与用人单位的关系。若认为解除职务后的损害性质是机会利益的损失，固然有理，个人觉得，也还有其他合同的利益损失。可以依一般法律适用原理，寻求情况最接近的法条，即所引《公司法司法解释（五）》的规定。

钱玉林：总体赞成叶林老师、朱慈蕴老师观点。董事与公司的关系不属于劳动合同关系，可以解释为商事合同（无名合同）关系。无故解除董事职务造成的损失，应认定为信赖利益的损失。根据《公司法司法解释（五）》规定综合考量。

孙　英：同意各位老师的意见，委托合同不同于劳动合同，法律依据要引用《公司法司法解释（五）》的规定，根据综合考虑的因素确定。关键苦于综合考量基准的把握。

朱慈蕴：董事聘任应为委任合同，也不同于委托合同。我建议结合他在公司中的事实上获得的报酬，来综合考虑。

陈　醇：同意各位老师观点。与劳动合同相比，此公司与董事之间委托合同要承担更多的义务，特别是信义义务。这一义务是公司法中的重要义务。其中有较大的职业风险与责任，与风险相应，离职时往往享受“金伞”条款的特别保护。

个案情形考量

叶　林：说个极端的例子，再提个建议：（1）例子，大概三十年前，我曾代理一起劳动争议仲裁案，申请人为公司前股东暨法定代表人，主张公司欠付其离开董事长职位之每月 8000 元工资，要求作出仲裁。劳动仲裁确认、并获得法院支持。此案说明，从前劳动关系、委托关系、委任关系混乱不清。（2）月工资与任职期限。如果本案中有“月工资”的概念，不妨以此作为衡量起点，并适当调升（因为董事职责更大），同时兼顾一届任职的剩余年限（如任期 3 年，减去已任职的 6 个月），折算出一个数额。理论上，任职者本来可以工作到任期届满的，因此，应对整个任期补偿。再考虑其他增减原因。

李志刚：（1）可能要考虑薪酬与积极行为、消极责任的关系。毕竟，后续积极行为、信义义务与责任都免除了。在任期间有行为、有义务和责任，取酬；免职后，无行为、义务和责任了，补偿也要大致匹配。（2）要考虑董事在任时实际付出的劳动。解除劳动合同也就是补几个月的工资，那还是全职劳动的情况下，兼职董事可能不应通过免职发一笔横财。（3）要考虑董事身份与股东身份、收益的关系。董事到底付出多少，如果仅仅是与会表决，执行的是自己的意志还是股东（法人）的意志、股东的利益是否已通过其他方式实现、董事是否已经从股东处取酬，可能也是要考虑的因素。结论是：倾向于可参照《劳动合同法》的规定，按之前薪酬折补免职补偿。（4）倾向于义务不是补偿考虑因素，因为在任尚未获补，免任（后续义务也免除）反而获补，逻辑不顺。

董事免职与竞业禁止

孙　英： 董事在任取酬是付出了劳动，承担了义务和责任。董事离职后，竞业禁止义务还要履行。一种思路是参照《最高人民法院关于审理劳动争议案件适用法律若干问题的解释（四）》第6条“当事人在劳动合同或者保密协议中约定了竞业限制，但未约定解除或者终止劳动合同后给予劳动者经济补偿，劳动者履行了竞业限制义务，要求用人单位按照劳动者在劳动合同解除或者终止前十二个月平均工资的30%按月支付经济补偿的，人民法院应予支持。前款规定的月平均工资的30%低于劳动合同履行地最低工资标准的，按照劳动合同履行地最低工资标准支付”[①]的规定，按月平均取酬的30%给予补偿。但问题是《公司法司法解释（五）》第3条似乎仅仅是对离职的补偿，与竞业禁止义务履行的补偿不是一回事。

李志刚： 竞业禁止和董事职务二者之间没有关联，不应捆绑。

孙　英： 如果从机会利息损失的角度讲，离职后剩余任期可以另谋出路，不像其他一次性交易机会失去，损失成为现实。

李志刚： 源于竞业禁止的补偿，似无法从《公司法》中找到依据，参照《劳动合同法》是一个选项。

---

① 该司法解释已于2020年12月29日废止。但该条内容现规定于《最高人民法院关于审理劳动争议案件适用法律问题的解释（一）》第36条，内容没有变化。

孙 英：劳动法中的竞业禁止是约定义务，公司法是法定义务，法定义务履行也应该有补偿。

李志刚：信义义务是不是法定义务，有没有法定补偿？

孙 英：从《公司法司法解释（五）》的规定看，董事解职和竞业禁止义务履行应该不是捆绑在一起。

李志刚：是的。所以可能要区分履职取酬的补偿，与竞业禁止的补偿。

朱慈蕴：我还是觉得，这里考虑董事接受聘任是一种机会选择，即我放弃了其他高薪（比一般劳动合同）的机会。然而公司却提前解聘我（此处该董事无过错），这时应当考虑按照他在公司的实际薪酬，适当补偿。这里也要注意，董事不是普通劳动者，他在任的义务与责任是非常大的。我理解，该经济补偿比劳动合同的计算标准要高，但应与他在公司的实际收入有关。但不应狮子大开口，补偿过高，这也是因为他不懂法，没有事先签合同明确规定补偿。我想，中国的公司董事还没有意识签合约，事先约定提前解聘的补偿，导致这类的案件会很多。我也同意李志刚的观点，适当补偿。

酌定因素

叶 林：案件应有更多事实，如其他董事都无酬劳吗？该董事是否来自公司或股东单位？董事是否兼执行职务（如财务）？董事之间至少要同等对待。

李志刚：除独立董事外，公司董事一般都是股东派的。形式上是公司委任的，实际上是股东委任的。故董事是代表股东投票，还是付出劳动为自己挣工资，二者还是有较大差别的。前者，实际上多已经从股东处取酬。这可能也是需要考虑的因素包括免任的原因，是董事自身的原因、股东的原因，还是公司的原因。这里的解任，有些不是过错因素，主要是谁更方便代表股东行权的问题。

叶 林：李志刚现在已经更多地从控股股东角度考虑问题了。

朱慈蕴：叶林老师说得对，如果其是股东单位派出的，不在公司领薪，可以另当别论。所以，通常讨论董事和高管的薪酬，一般是指执行董事，在公司执行职务的。独董或者完全的外部董事（不领薪的就属于此类）应该谈不上经济补偿吧。

【总结及倾向性观点】

本次讨论涉及问题：公司董事被无因解除后，若章程与合同均无关于补偿的约定，董事可否获得补偿?

首先，就董事类型而言，由于独立董事或者完全的外部董事并不从公司领取薪水，无法谈及经济补偿，而部分执行董事虽然形式上是公司委任的，但是实际上是控股股东委任，代表股东投票，从股东处领取酬金，对以上两大类型董事，不应获得补偿。故可获得补偿的主要是独立的执行董事，通过在公司执行职务获得酬金。

其次，在获得补偿的正当性上，有以下几种观点。一是董事可能签署竞业禁止义务，导致被无因解除后缺乏收入，故而需要进行补偿，但是问题在于《公司法司法解释（五）》第 3 条仅仅是对离职的补偿，与竞业禁止义务没有必然关联；二是由于董事需要承担较强的信义义务，有较大的职业风险与责任，被无因免除需要获得补偿，但是问题在于法定义务承担不应作为补偿考量因素，因为在任时并未因承担法定义务而获补偿，无因免除后，无须承担法定义务反而获补，利益状况颠倒；三是被无故解除职务的董事损失的是一种机会利益，因为其接受了公司的聘任，放弃了其他高薪的机会选择，故而可以获得补偿，可以参照他在本公司的收益酌定。

而在公司和董事间的关系上，群友倾向于认为是委任合同，而非劳动合同，在适用时可以考虑向委托合同寻找解释参引。

编者认为，委任关系与劳动关系是两类属性不同的法律关系，形成委任关系所具有的雇主身份和形成劳动关系所具有的雇员身份在同一人身上是无法并存的。原因在于，委任关系是平等主体间订立委托合同后形成的平等关系；劳动关系中包含的明显的人格从属性与经济从属性是委任关系不具有的。本质而言，委任关系是雇主之间的横向的平等内部关系，而劳动关系则是雇主与雇员之间纵向的威权关系。这也决定了两者的重合仅仅是形式上，两种关系间的内在矛盾决定了两者不可能真正融合，在一个具体情况下不存在董事与公司兼具委任关系与劳动关系的可能。

英美法上，董事若形成身份上的重叠，可以视为雇员，如《美国示范公司法》中对“雇员”界定的规定：雇员包括高级职员但不包括董事。一个董事可以承担一种责任因而让他成为雇员。且法律解释上将上述情况视为“委任关系与雇佣关系的重合”，[①] 雇佣关系不同于劳动关系，与委任关系之间无实质冲突。

回到我国董事解任纠纷上，关键仍在于区分委任关系与劳动关系，进而择一适用，然而区分此种情况下应适用委任关系或劳动关系并不容易，源头在于董事在我国劳动法倾斜保护中的边界难寻。董事重叠身份形成有两种情况：一是从公司普通雇员成为高级管理人员，同时进入公司经营管理层成为董事；二是直接受聘进入公司担任董事职务，之后又兼高管工作或某项具体职责。第一种情况，在我国台湾地区实务上，公司普通雇员升任至委任经理人时，既有适用劳动基准法的劳雇关系的性质变化，新的委任关系产生。[②] 如此已属委任关系的公司高管成为董事，并不会发生类似劳动关系与委任关系的冲突，董事的离职问题就完全属于公司法上委任关系的范畴。第二种情况，高管入职时本身与公司形成的不同于劳动关系的委任关系，劳动关系与董事身份之冲突也不明显。另外，在公司中没有兼职的外部董事和具有兼职但不足以构成劳动法意义上劳动者，自然属于不应适用劳动关系的董事。

说得再远一点，该问题还是源于我国劳动关系中采用了用人单位与劳动者这组概念。用人单位将传统劳动法理论中雇主限缩在组织的范畴，即我国《劳动法》第 2 条列举的五类：我国境内的企业、个体经济组织、国家机关、事业组织、社会团体。排除了用人单位中自然人的可能，显然董事无法成为法律意义上的用人单位，似乎只能作为与用人单位概念相对的劳动者了。然

① 李凌云：《委任关系与劳动关系的三种状态》，载董保华主编：《劳动合同研究》，中国劳动社会保障出版社 2005 年版，第 78~96 页。

② 参见黄程贯：《劳工升任经理人——委任与雇佣的混合契约》，载我国台湾地区《台湾法学杂志》第 201 期。

而《劳动法》也没有对劳动者的范围作出明确的划定。与大陆不同的是，我国台湾地区“劳动基准法”采用了雇主的概念，规定了所谓的雇主是指“雇用劳工之事业主、事业经营之负责人或代表事业主处理有关劳工事务之人”。雇主较之用人单位，仅意指劳动法上处于一种特定地位的身份，并没有包含特定具体身份形态的暗含条件，具有更大的开放性。雇主完全可以通过委任合同授予他人雇主的权利，雇主的概念也就相应地包含了代表雇主利益的其他人。董事在内的高级经营管理者的产生和发展正是随着企业生产规模的不断壮大背景下“雇主”范围的扩张，董事在这种扩张中成为“雇主”。

公司制度对于董事问题聚焦于公司内部的权力配置和责任划分，对董事的选任、解任、辞职的程序进行了基本设计，公司治理所意图解决的董事等高级经营管理者与公司之间产生利益冲突的关系。从劳动法学的角度来看，均是雇主之间的内部关系。但我国《劳动法》上，用人单位与劳动者概念内涵外延的模糊，加之缺少对不同劳动者的区分适用机制，遂造成董事身份在劳动法上的界定错误，将不应纳入劳动关系调整的董事视为劳动者。[①]

【代表性学术观点】

袁坚认为，随着《公司法司法解释（五）》的出台，我国公司法在董事职务到期前解除这一问题上正式转向“无因”立场。这一转变，在学理上通过“公司与董事之间实为委托关系”“既然为委托合同，则合同双方均有任意解除权”。被解除董事职务之报酬自应按照《公司法司法解释（五）》第3条提出的“法律、行政法规、公司章程的规定或者合同约定”四个因素确定。同时股东会自行决议解任董事职务属于公司治理。运转相对顺利的情形，但是在部分情形下，因为股权结构分布差异，会出现股东会自行决议解任董事机制的失效。如在股权结构特别分散的公司中，股东会往往容易被分化，从而导致解任董事职务的股东会无法形成有效决议。同样在股权结构特别集中的公司中，大股东往往能够绝对左右股东会表决结果，因此中小股东的利益

① 阎维博：《董事离职法律制度理论基点辨析——以委任关系与劳动关系为双重视角》，载《劳动关系》2020年第6期。

也容易受到实质侵害。因此建议在《公司法司法解释（五）》第3条规定的"决议解任"之外，还应后续增加"司法判决解任"机制，包括董事后的报酬赔偿机制，实现利益平衡，以切实达到政策实施目标。[①]

【典型案例】

孙某与吉林麦达斯轻合金有限公司劳动争议案

案号：最高人民法院（2020）最高法民再50号

【裁判要旨】

公司董事若在任职期间未与公司订立书面劳动合同，但符合特定条件依然成立事实上的劳动合同关系，委任关系与劳动关系并非绝对排斥、不能兼容。而该种事实上的劳动合同关系随着董事职务被免除而解除，双方之间不存在无固定期限劳动合同关系，以此既可以对公司董事和高管利益予以必要的保护，又可以防止公司因经营发展需要而无因解除董事、法定代表人职务的同时，却不得不背负沉重的、难以摆脱的劳动合同负担。

在委任关系及劳动关系一并解除后，公司不再具有向董事支付工资及缴纳社会福利费用的法定义务，但公司行使任意解除权解聘董事后，为平衡双方利益，应综合考虑解聘原因、董事薪酬、剩余任期等因素，确定是否补偿及补偿的合理数额。本案中，董事长期在该公司及关联公司工作，被解聘也并非因自身过错而导致，现其已接近退休年龄，故综合考虑上述情形，酌定公司应参照董事任职时的薪酬对其给予合理补偿。

【基本案情】

麦达斯控股与吉林麦达斯铝业有限公司、洛阳麦达斯铝业有限公司及麦达斯轻合金系关联公司。2001年4月，吉林麦达斯铝业有限公司由新加坡东北工业有限公司独资设立。2011年3月，麦达斯控股独资设立麦达斯轻合

---

① 袁坚：《董事无因解任的体系评析和制度完善——兼评〈关于适用《中华人民共和国公司法》若干问题的规定（五）〉第三条》，载《东北大学学报（社会科学版）》2020年第3期。

金。2011 年 4 月，吉林麦达斯铝业有限公司独资设立洛阳麦达斯铝业有限公司。

2001 年 3 月至 2017 年 7 月，吉林麦达斯铝业先后聘任孙某为财务总监、副总经理。其间，孙某被派往洛阳麦达斯铝业兼任总经理。孙某任职期间，吉林麦达斯铝业、洛阳麦达斯铝业未与其签订劳动合同，工资由吉林麦达斯铝业支付，自 2016 年 1 月起，外服公司代扣代缴社会保险。

2017 年 7 月 20 日，麦达斯控股任命孙某为麦达斯轻合金董事长、法定代表人，月薪税后 7 万元，由麦达斯轻合金按月支付工资并扣缴个税，五险一金仍委托外服公司代扣代缴。工作期间，孙某除履行董事长职责外，还因担任法定代表人而从事公司融资、财务管理及政府协调相关工作，但麦达斯控股、麦达斯轻合金均未与孙某祥签订劳动合同。

2018 年 2 月 7 日，麦达斯控股免去孙某的麦达斯轻合金董事长及法定代表人职务，并无孙某经营管理过错原因，属于企业内部正常职务调整。

【裁判观点】

吉林省辽源市中级人民法院一审认为，孙某与麦达斯轻合金存在劳动关系。我国尚未建立独立于劳动关系之外的职业经理人制度，作为企业高级管理人员的董事长，除了作为企业法定代表人的身份之外，还具有与企业形成劳动关系的职工身份。2017 年 7 月 20 日，经麦达斯控股董事会决定任命孙某为麦达斯轻合金董事长、法定代表人，自该日起孙某与麦达斯轻合金建立了劳动关系。2018 年 2 月 7 日，麦达斯控股董事会决定免去孙某麦达斯轻合金董事长、法定代表人职务，未对孙某任命其他职务，也未解除与孙某的劳动关系。麦达斯控股免去孙某董事长职务只是对其岗位的变更，不必然导致劳动关系解除。同时，麦达斯控股并未在本公司对孙某有过职务任命，孙某与麦达斯控股之间并不存在劳动关系。

吉林省高级人民法院二审认为，孙某职务系由麦达斯轻合金的出资人麦达斯控股任命及免除，其并非麦达斯轻合金招用的劳动者，其间没有建立劳动关系的合意。根据麦达斯轻合金章程，结合麦达斯控股任免决定，孙某由股东委派行使董事职权，法律关系性质是由股东雇佣或委托管理公司。除此之外孙某无其他职务，其工作性质是履行麦达斯控股委托指派的行为，不符合劳动关系应当具备的“由用人单位招用、受用人单位各项规章制度管理、从事用人单位安排的有报酬的劳动”的特征。

最高人民法院再审认为，麦达斯轻合金与孙某之间存在事实上的劳动合同关系，且公司与董事之间的委任关系并不排斥劳动合同关系的存在。本案中，孙某于2017年7月被任命为麦达斯轻合金董事长，与公司形成委任关系。孙某虽未与麦达斯轻合金签订书面劳动合同，但其被任命为董事长的同时，还担任公司法定代表人，负责公司融资、对外协调及财务管理等大量具体经营管理事务，受公司规章制度管理和约束，麦达斯轻合金按月向其支付工资并委托外服公司代缴“五险一金”费用。故孙某因担任法定代表人而从事除董事职权以外的公司其他具体业务，并以工资为主要生活来源等事实，符合劳动关系的构成要素，足以认定麦达斯轻合金与孙某同时形成委任关系和事实上的劳动合同关系。而事实上的劳动合同关系随着孙某职务被免除而解除，2018年2月，麦达斯轻合金在被裁定破产重整前夕，免除了孙某董事长、法定代表人职务，且未再安排孙某从事其他工作，孙某与麦达斯轻合金形成事实劳动关系的基础已经丧失，事实劳动关系应相应解除。2019年1月18日，麦达斯轻合金被裁定宣告破产，其与所有员工的劳动关系均应依法终止。

但公司行使任意解除权解聘董事后，为平衡双方利益，应综合考虑解聘原因、董事薪酬、剩余任期等因素，确定是否补偿及补偿的合理数额。本案中，孙某长期在麦达斯系公司工作，受麦达斯控股调任而赴麦达斯轻合金任职，被解聘也并非因自身过错而导致，现其已接近退休年龄，最高人民法院综合考虑上述情形，酌定麦达斯轻合金应参照孙某任职时的薪酬对其给予合理补偿。

（讨论整理及后续评论：陈克）

第四部分

民事诉讼法专题

虚假合同与约定管辖

【发言群友】

李志刚、刘生亮、谢澍、林晓青、李靖、田朗亮、吴泽勇、邓江源、刘静、刘建功、肖建国

【讨论时间】

2021 年 7 月

【沙龙实录】

问题与观点

李志刚：请教大家一个涉及虚假合同的约定管辖问题。原告以一份《买卖合同》的约定管辖为据，向原告（合同所载的卖方）所在地法院提起诉讼。被告否认买卖合同上的签字是自己签的，亦否认与原告存在买卖合同关系。被告提出管辖权异议，并申请笔迹鉴定。对该管辖权异议应如何处理？

观点一：应该按照合同约定，由原告住所地管辖；观点二：合同可能是伪造，应当笔迹鉴定后确定原告所在地是否有管辖权；观点三：鉴于约定管辖的合同真实性本身存有争议，不能作为管辖权确定依据，故移送被告所在地管辖。请问您怎么看？

刘生亮：同意观点一。

李志刚：如果伪造合同可以制造连接点，那么被告的程序权利是否被架空了？

谢　澍：除观点二之外，均可。

林晓青：同意观点二。

李　靖：可以先排除观点二，在管辖权审查问题上不宜起动鉴定程序，虽为解决管辖进行鉴定，但已涉及实体审理问题，管辖未定而涉实体，逻辑上说不过去。观点一和观点三都有道理，如被告现阶段不能以其他方式合理证明签字虚假，法院应认定约定管辖法院有管辖权，即便事后鉴定签字为虚假，并不影响管辖恒定。如被告能合理证明约定法院无管辖权，直接移送管辖权法院。

田朗亮：这个问题的争议可能没那么大。比如，买卖合同买方不给钱，卖方本来就可以在卖方所在地法院起诉。但这个例子确实提示了一个问题，比如伪造合同且约定仲裁。

李志刚：如果没有事实上的交易，可能就没有那么简单。我遇到过真实案例。类似于北京人用假合同通过仲裁向广东人追债，假合同约定第三地的仲裁委（比如合同条款显示约定的是西宁仲裁委，当然，这个第三地的仲裁委显然不是随意选的）管辖。广东人提出是假的民间借贷合同，故不受假的合同约定中的仲裁条款约束。但如果真的是第三地的仲裁委在个案中有了某种特定的立场，并一裁终局，被伪造签字的一方，岂不冤屈？

鉴定还是移送？

吴泽勇：可以鉴定，但不是必须鉴定。被告申请管辖权异议，应当证明支持异议的事实。也就是说，他应该证明签名不真实。他可以通过申请鉴定的方式来证明，也可以通过其他方式证明。

林晓青：李志刚老师提的这个问题，个人觉得本来是不应该存在的，既然被告以合同虚假为由提出管辖权异议，那自然需要查明他的这个理由是否成立，否则管辖权异议怎么裁？

邓江源：这个问题，是不是可以先由原告住所地法院受理后，根据被告提出的异议，鉴定后决定驳回还是移送。

吴泽勇：如果仲裁所根据的证据是伪造的，可以申请撤销吧？

李志刚：伪造的事实，无从通过其他程序证明。如果仲裁庭拒绝鉴定。如何撤裁？

吴泽勇：不可以申请法院撤销生效裁决吗？

刘　静：同意吴泽勇老师的观点。在可能存在双方合意的场合，应当给双方争议协议是否为真的机会。而不是因为有争议就直接确定管辖。在仲裁中，仲裁协议的问题更多。

特约争议而回到一般

李志刚：观点三是否可以作为选项？本来是可以适用约定管辖的，但这个事实的认定比审理案件还复杂，那就回到被告所在地管辖，是否更妥当？有法官认为："民事诉讼法关于民事案件的管辖有三个层次：一是被告住所地法院；二是合同纠纷，被告住所地或者合同履行地法院（起诉货款的，收款方即原告所在地为合同履行地）；三是合同约定了与事实有关联的地点，以合同约定为准。在被告否认签字及合同关系的前提下，如何确定管辖的连接点？完全不考虑被告异议，而只依据原告起诉的案由来确定管辖的连接点吗？如果是这样，原告岂不是可以借立案案由杜撰管辖连接点。个人认为，立案案由在管辖阶段的最低标准应是双方无异议，才能据此确定管辖的连接点。如果有异议且异议方书面申请鉴定，则不能以立案案由作为管辖连接点。个人认为应退回到民事诉讼法规定的一般管辖——被告住所地法院管辖，而不应由合同约定的原告住所地法院管辖。这里面有没有逻辑漏洞？"所持意见为观点三。

刘生亮：退回即意味着异议成立并已处理了。

林晓青：不妥当，若如此，约定管辖无意义了。因为任何人都可以提出约定为虚，从而排除约定管辖。

刘　静：否定约定管辖直接确定被告住所地，对否定协议管辖的被告是有利益的，不妥。

吴泽勇：个人意见，即使退一步也应该退回到原告主张的管辖地（观点一），而非合同为伪时的管辖地（观点三）。因为这涉及证明责任问题：被告对支持管辖权异议的事实负证明责任，该事实真伪不明时，应拟制为不存在，而不是存在。

李志刚：如签字为真，徒增自己的鉴定费用负担，可能这种抗辩意义不大。

林晓青：然后呢，约定是否为虚，当然是由主张约定为虚的一方举证。按观点三是无须鉴定啊。

管辖对实体审理的可能影响

刘建功：这个问题似乎不应当有唯一答案，比照第三人异议之诉的思路可能更加合理。

在受理审查阶段，如果证据情况已经让审查决定是否受理的人觉得这份合同被伪造存在一定可能性，稳妥起见就应当是观点三。如果对证据的初步判断觉得可能性不大，那么就是观点一。这样，起码可以确定受理法院。

法院受理后，需要解决合同是否伪造的问题。这不仅关系管辖，更关系实体处理。会有两种可能：第一，按照实际上应当有管辖权的法院管辖；第二，以妨害诉讼秩序惩罚撒谎的人。

李志刚：那不是飞来横祸、被人牵着鼻子走？如果确实是伪造的，那管辖就不仅是管辖，可能还真的影响主客场结果。

吴泽勇：这是法律规范本身的分层评价问题。将管辖权异议作为一种“异议”规定，表明立法者认为无异议为常态，有异议为异常。这种情况下，当然是主张异常者负担风险。如果先定地认为异常为常态，从而一有争议就否定约定，那才是对当事人意思自治的不尊重吧。

刘建功：作为实践理性范畴的内容，不应当存在一个绝对精确泾渭分明的划分。假设某公司，遇到所有争议都先提出所谓签字伪造的抗辩，而且都被证明不成立，那么，审查受理的法官的选择也就一目了然了。

争议解决条款的独立性

肖建国：我选择观点一，按照合同约定管辖，即原告住所地管辖。理由：合同争议解决条款具有独立性。

李志刚：如果合同本身是伪造的，人为制造了管辖（刻意选择结果可控的法院），被告岂不任人宰割？合同争议条款的独立性，前提是否在于有“真合同”“真合意”？

刘　静：这个路径，可能要参考仲裁协议的争议解决，并不是一步到位的。观点三的处理是简单的，但是逻辑有问题，不能只考虑法官。

李志刚：确实如此。举证责任，可能也有一个来回转移的过程。书面申请笔迹鉴定，似乎可以理解为有理由相信这个笔迹是假的，如果鉴定为真，有其他途径可惩治。至少避免了原告人为制造连接点的可能。

肖建国：合同争议解决条款的独立性，贯彻程序与实体两分的原则。该条款的适用不因合同不成立、无效、失效、未生效、解除、撤销等而受影响。

李志刚：如果一张自己单方编造的纸，也能按照“合同”处理吗？

刘　静：但是，争议解决条款本身的真伪就有争议的，是不同的问题。

肖建国：放心，有虚假诉讼罪兜底。真伪的判断，是实体问题。

李志刚：正是因为是实体问题，所以被告程序异议的权利被实质上剥夺以后，连争取实体权利的机会可能都没有了。

先有鸡，还是先有蛋？

李志刚：回到一般管辖，由被告住所地管辖，会有什么弊端呢？

肖建国：没有弊端，只是协议管辖优先适用而已。

李志刚：如果这个协议确实是伪造的，何来协议管辖呢？

肖建国：没有实体审理认定，何来伪造之说呢？那就是有罪推定了。

李志刚：我现在伪造一张肖老师借我50万元的借款合同，并且在这个“合同”上写约定我的住所地管辖，是否可以？虽然肖老师住所地是海南，但我到北京法院起诉。是否可以？肖老师的管辖权异议的权利是否被实质上剥夺了？

肖建国：可以的，但当心自陷于法网。

李志刚：仅仅是期待由刑事介入？肖老师的程序异议的权利，是否被实质上剥夺了？

肖建国：首先，法院的实体审理，会对签名的真伪进行调查。实体请求权不存在，实体上会被驳回。其次，虚假诉讼罪等刑事罪名在等着你。实际上得不偿失，一个理性人不会如此决策。

李志刚：管辖权异议的权利，有没有被剥夺？如果从实体结果看，那民事诉讼法管辖权异议是否可以整章删除？因为实体上会解决债权是否存在的问题，并且有刑法兜底？

肖建国：可以提。

李志刚：提的结果是“协议优先”，等于没提。

肖建国：这是两回事。管辖异议是针对管辖连接点的程序性判断。

李志刚：是不是造成了这样一种结果：给造假者（可能是）提供了决定性的结论，掐住了管辖利益；并把被伪造者的程序救济权利实际上堵死？连接点的基本事实有争议，还能否作为连接点的依据？并且是优先的依据？

肖建国：如果提出管辖异议，说某法院法官水平不高，或者法庭条件简陋，这种理由当然不成立。和刚才讨论的问题道理是一样的。伪造这个词，和刑法上的罪犯这个词，有一拚。

李志刚：可能还不一样。对于以“法官水平不高”为由提管辖权异议，结论是显而易见的。但被告对签名提出异议，并且主动申请鉴定，这个合同的真假就很成问题了。而事实上，伪造签名和盖章的案例，屡见不鲜。

肖建国：无罪推定的意义就在于此。即使很多人目睹犯罪行为发生，也是经过审判定罪。伪造与否，是实体问题，需要经过实体审理作出判断。

李志刚：刑法上的无罪推定和民事诉讼法上的合同真伪，可能也不太一样。直接推向实体，等于剥夺了程序权利。

个案因素与法官心证

吴泽勇：李志刚老师的思路我不太明白。先调查一下真伪，有什么不好？为什么非要在存疑的时候否定协议？这里的程序权利就是管辖权异议权。具体案件当中，比如刘建功法官所举的例子，实际上法官已经结合个人知识，形成了签名很可能为伪造的心证。跟完全中立无知状态下的法律适用议题当然不同。

李志刚：被告已经书面申请鉴定，是否可以视为心证因素？

吴泽勇：可以作为一个因素。但这个因素不是决定性的。况且既然被告都申请了，为什么就不鉴定一下呢？

林晓青：考虑制度设计的时候，不能以法院被人控制了这样去想？

李志刚：法律（所有的法律）的目的，不就是假想是坏人，预防坏人吗？

吴泽勇：不能假想一方是坏人，实际上双方都可能撒谎。关键是制度设计上的公平。

李志刚：假想所有人都是坏人，才需要法律，好人不需要法律。存疑状态下，转为被告住所地管辖的一般规则，没有人利益实质受损，可能是效率比较高的处理方式。但存疑状态下，有争议的管辖权法院或者仲裁机构审理，负面的不确定因素较多，被告无还手之力，程序救济落空。

李　靖：但是，不能假想法院是坏的。

李志刚：所以真有原告使坏的时候，要给被告一个可能的程序救济。

伪造的协议，能否作为约定管辖依据

肖建国：鉴定只能回答合同实体法律关系的存否，如伪造，判驳即可；即使伪造，管辖协议仍然适用，管辖协议独立于主合同。这就是争议解决条款独立性规则的意义所在。

吴泽勇：管辖权异议就是为了防止原告使坏，有这个制度，为何不去利用？

李志刚：这两个结论可能都会陷入逻辑悖论。按照观点一，在北京人伪造借款合同并且自己写上"约定北京法院管辖"的情况下，即使被告是海南的、西藏的，他也只能接受北京法院的管辖。在民事诉讼法上，其管辖权异议的权利被实质上剥夺了（虽然可以提，但结果确定是驳，因为已经"协议北京法院管辖"了）。

肖建国：不存在悖论。民事诉讼奉行先程序审查后实体审理的顺序，因为程序要件简明容易判断，不会拖延诉讼；如果以实体审理结果作为判断管辖权这个程序要件的前提，那么谁有权进行实体审理呢？

法院已经作了实体审理，行使了审判权，最后认定伪造，就说明它不具有审判权，也没有管辖权。问题是没有审判权的法院作出的实体判断，有效吗？能把没有审判权的法院作出的实体判断，作为确定管辖权的基础吗？

立案程序中鉴定的可能性与必要性

吴泽勇：我依然坚持观点二。但是感觉真正需要争议的可能是：对于管辖权异议这样一个纯粹的程序问题，是否需要动用鉴定这种证据调查手段。有争议就要调查，这没什么争议。但是管辖权争议毕竟不是实体争议，理论上，管辖不应该影响实体结果（任何法院都应该作出相同判决，仅仅是理论上）。对管辖权争议的调查似乎可以采取简略方式。如果这种思路成立，那要不要鉴定就可以讨论。

李志刚：观点二我觉得也是可选项，不排斥。主要可能存在的问题是：一是可能效率稍低；二是可能类似于实体审理。所以问题更进一步：是否应当在立案阶段启动鉴定程序。

肖建国：离开争议解决条款独立性规则，讨论这个问题，就会陷于怪圈。

李志刚：条款真伪，又是一个前置性问题。选观点三就没有这个问题了，既然约定管辖，本身是否有约定还存有根本性的争议，那就回到法定管辖，谁也没亏。

林晓青：约定管辖的一方失去了管辖利益，吃亏了。

李志刚：被告管辖地是法定管辖地，毫无争议。“约定管辖”是待证事实，以此为据，抛弃法定管辖，损害了被告的管辖利益而无法救济，甚至会影响后续实体裁判结果——因为如果这个协议管辖确实是伪造，原告必然是有目的、有准备地伪造（自行指定）了管辖法院的。

肖建国：如果开放以条款真伪为管辖权异议的理由，那么合同中的争议解决条款就会虚置，管辖权异议程序会变成本案审理程序，民事诉讼程序构造会发生实质性的改变。

吴泽勇：我理解本案中争议解决条款独立性的意义主要在于：如果受诉法院经过审理驳回被告管辖权异议，但后来实体审理又认定合同伪造并驳回原告请求，前面的裁定和后面的判决并不矛盾，也不能因为之后的事实认定回溯地质疑此前的裁定。

肖建国：仲裁条款独立性规则，现行法最为完善。以仲裁条款独立性的法律规定和司法解释为基础，可以对争议解决条款独立性规则有更清晰的认识。中国国际贸易仲裁委、北京仲裁委的仲裁规则中，关于仲裁条款独立性的表述，更为完善，完全与国际接轨。

李志刚：有一个案件中，法院认为：经鉴定，担保合同并非本人所签，故担保合同系伪造，不存在仲裁协议。

肖建国：法院司法审查过界了。

李志刚：仲裁条款与约定管辖之间，是否还有一个差别，就是约定管辖之外，还有一个法定管辖的存在？

肖建国：仲裁之外，也有法院的法定管辖兜底。

【总结及倾向性意见】

虚假合同与协议管辖的问题，主要涉及一个前置事实，即"虚假合同"是待证事实，在立案阶段，仅仅是被告方主张为假。到底是否系伪造，通常需要进行笔迹或者印章鉴定。就此问题，群友讨论主要形成了三种观点。

第一种观点认为，应当按照该争议合同的特别约定，确定管辖。主要理由是，应当假设合同为真+管辖条款的独立性理论。此种观点的缺陷在于，如果合同为假，正中造假者下怀——由虚假的协议管辖条款决定了案件的管辖地，而另一方的管辖利益彻底丧失。虽然理论上有虚假诉讼、妨害民事诉讼的强制措施等制度的威慑，但如果编造的协议管辖条款为预谋选定的，未必会走到鉴定、刑事制裁那一步。在仲裁程序中，由于一裁终局的限制，此种观点所导致的错误更难以救济。此种观点在逻辑上的缺陷是前提错误。其假设前提是合同为真，故以合同约定为据；但实际情况恰恰是合同为假，以错误的事实作为前提，难以得出正确的结论。

第二种观点认为，应当在立案阶段进行鉴定，根据鉴定意见确定管辖。此种观点最稳妥。解决了待证事实的真假问题，在此基础上确定是否存在协议管辖，并据此确定管辖法院。存在的疑惑是，立案阶段是否要启动鉴定程序？鉴定程序是否已经相当于实质性地进入了实体的审理？

第三种观点认为，约定管辖与法定管辖是并行的管辖法院确定方式，如果被告提出初步的证据可以证明合同为假，或者被告提出了鉴定的申请，使法官有理由相信合同可能为假，则回到法定管辖，直接由法定管辖的被告住所地法院管辖。鉴定程序则在进入实体审理程序后进行。比较而言，法定管辖并没有减损被告的管辖利益，但按照虚假合同的虚假约定条款确定管辖，则必然从根本上损害和剥夺了被告的程序利益。本专题编者倾向于观点三。

【典型案例 1】

招商银行股份有限公司无锡分行与中国光大银行股份有限公司长春分行

委托合同纠纷管辖权异议案

案号：最高人民法院（2015）民二终字第428号

来源：《最高人民法院公报》2016年第7期

【裁判要旨】

合同效力是对已经成立的合同是否具有合法性的评价，依法成立的合同，始对当事人具有法律约束力。《合同法》第57条关于“合同无效、被撤销或者终止的，不影响合同中独立存在的有关解决争议方法的条款的效力”[①]的规定适用于已经成立的合同，“有关解决争议方法的条款”应当符合法定的成立条件。

审查管辖权异议，注重程序公正和司法效率，既要妥当保护当事人的管辖异议权，又要及时矫正、遏制当事人错用、滥用管辖异议权。确定管辖权应当以起诉时为标准，结合诉讼请求对当事人提交的证据材料进行形式要件审查以确定管辖。

【基本案情】

招商银行股份有限公司无锡分行（以下简称招行无锡分行）与中国光大银行股份有限公司长春分行（以下简称光大银行长春分行）签订《同业存款协议》，后者依约将3.5亿元汇入前者账户。随后，光大银行长春分行职员张某等人在《委托定向投资协议》上加盖伪造的该行公章、法人印章，将上述3.5亿元转出。2015年，无锡市人民检察院就张某等人涉嫌合同诈骗犯罪提起公诉。同时，光大银行长春分行依《同业存款协议》向吉林省高级人民法院起诉，要求招行无锡分行还本付息。随后，招行无锡分行以《委托定向投资协议》为据，在约定管辖的江苏省高级人民法院起诉，要求光大银行长春分行继续履行并支付代理手续费175万元。光大银行长春分行提出管辖异议。

① 现为《民法典》第507条，该条规定：“合同不生效、无效、被撤销或者终止的，不影响合同中有关解决争议方法的条款的效力。”

【裁判观点】

江苏省高级人民法院一审认为：（1）《民事诉讼法》第34条规定：“合同或者其他财产权益纠纷的当事人可以书面协议选择被告住所地、合同履行地、合同签订地、原告住所地、标的物所在地等与争议有实际联系的地点的人民法院管辖，但不得违反本法对级别管辖和专属管辖的规定。”法律赋予了当事人选择管辖法院的权利，但该选择必须是基于当事人的真实意思表示，如当事人一方提供的协议不真实，则该协议对对方不生效。（2）本案中，原告招行无锡分行依据《委托定向投资协议》中约定的“双方同意将争议提交招行无锡分行所在地法院诉讼解决”条款而主张一审法院对该案有管辖权，但经司法鉴定，证明《委托定向投资协议》系张某伪造光大银行长春分行的公章、法定代表人印章所签订，非该行真实意思表示，该协议对该行不生效力。（3）虽然招行无锡分行依据《合同法》第57条规定的“合同无效、被撤销或者终止的，不影响合同中独立存在的有关解决争议方法的条款的效力”而主张协议中管辖条款独立有效，因合同法该规定是基于合同虽无效但合同的客观真实性已得到当事人确认的前提下所作的规定，故该条款不适用于本案。（4）因《委托定向投资协议》中的管辖条款对光大银行长春分行不生效力，故本案管辖法院确定问题应根据《民事诉讼法》的规定进行认定。根据《民事诉讼法》第23条“因合同纠纷提起的诉讼，由被告住所地或者合同履行地人民法院管辖”的规定，因案涉《委托定向投资协议》非光大银行长春分行的真实意思表示，即不存在履行协议的问题，故本案应依据被告住所地确定管辖法院。

最高人民法院二审认为：（1）“有关解决争议方法的条款效力独立”是基于合同虽无效但合同的客观真实性已得到当事人确认的前提下所作的规定。（2）合同效力是对已经成立的合同是否具有合法性的评价，依法成立的合同，始对当事人具有法律约束力。合同成立之前，不存在合同效力的问题。（3）《合同法》第57条关于“合同无效、被撤销或者终止的，不影响合同中独立存在的有关解决争议方法的条款的效力”的规定适用于已经成立的合同。“有关解决争议方法的条款”亦应当真实存在，体现双方当事人真实意思表示，且达成合意。（4）鉴定意见证明《委托定向投资协议》上并没有加盖真实的光大银行长春分行的公章或法定代表人签章，故上述协议中管辖条款在成立要件上存在重大瑕疵，不能认定存在有效的管辖条款。招行无锡分行关于涉案管辖条款具有独立性，即便合同无效亦不影响无效合同中管辖条款的约束力的上诉请求，不能成立。（5）根据《民事诉讼法》规定，“因合同纠纷提起的诉讼，由被告住所地或者合同履行地人民法院管辖”。因案涉《委托定向投资协议》非光大银行长春分行的真实意思表示，即不存在履行协议的问题，故本案应依据被告住所地确定管辖法院，由吉林省高级人民法院作为一审管辖法院。

【典型案例2】

梁某与兴业银行股份有限公司深圳科技支行最高额保证合同纠纷案

案号：广东省深圳市中级人民法院（2016）粤03民特287号

【裁判要旨】

合同为伪造的，合同中的管辖条款对合同所载明的相对人没有约束力。

【基本案情】

梁某主张：兴业银行股份有限公司深圳科技支行提交的《最高额保证合同》是伪造的、《最高额保证合同》上的“梁某”签名非梁某所签，该签名位置所按的手印也不是梁某的手印，涉案借款是银行与相关人员串通的，梁某没有到场，也不知情；因《最高额保证合同》是伪造的，所以该合同中的仲裁条款也是无效的。梁某向广东深圳市中级人民法院申请对《最高额保证合同》中“梁某”的签名笔迹及该签名位置所按手印进行鉴定。法院准许了该鉴定申请并委托广东中一司法鉴定所进行鉴定。该所作出的鉴定意见为笔迹及手印为假。

【裁判观点】

深圳市中级人民法院认为：（1）本案为申请撤销国内仲裁裁决案件，应当根据《仲裁法》第58条的规定进行审查。（2）经鉴定，《最高额保证合同》

并非梁某本人所签，梁某与兴业银行科技支行之间不存在仲裁协议，仲裁庭对梁某的相关裁决所依据的《最高额保证合同》系伪造的，故仲裁裁决中与梁某有关的裁决部分应予撤销。

（讨论整理及后续评论：李志刚）

担保合同的管辖

【发言群友】

戴景月、李志刚、郭宁华、肖建国、刘静、叶林

【讨论时间】

2019年8月

【沙龙实录】

问题与观点

戴景月：《担保法司法解释》第129条[①]规定："主合同和担保合同发生纠纷提起诉讼的，应当根据主合同确定案件管辖。担保人承担连带责任的担保合同发生纠纷，债权人向担保人主张权利的，应当由担保人住所地的法院管辖。主合同和担保合同选择管辖的法院不一致的，应当根据主合同确定案件管辖。"请问：本条规定仅以担保人住所地为管辖连接点的原因是什么？担保人单独的抗辩理由不多，一般均是依附于债务人。就主合同债权人违约等抗

① 《民法典担保制度司法解释》对该条作了修改。其第21条规定："主合同或者担保合同约定了仲裁条款的，人民法院对约定仲裁条款的合同当事人之间的纠纷无管辖权。债权人一并起诉债务人和担保人的，应当根据主合同确定管辖法院。债权人依法可以单独起诉担保人且仅起诉担保人的，应当根据担保合同确定管辖法院。"

辩，排除主合同履行地的意义何在？

李志刚：从实务的角度看，有单诉连带保证责任人的情形。比如，主债务人下落不明或者涉及刑事犯罪被羁押的，诉主债务人费时费力，债权人会选择单诉连带保证人。这时，如果仍按照主债务人住所地管辖，对债权人和连带责任保证人都不太方便。

《民事诉讼法》及其司法解释与《担保法司法解释》的关系

郭宁华：单诉保证人情形下，即按一般管辖原则，原告就被告。尝试进一步思考。

第一，根据《民事诉讼法》第23条的规定，因合同纠纷提起的诉讼，由被告住所地或者合同履行地法院管辖。债权人单诉保证人属于保证合同纠纷，亦属于合同纠纷，根据此规定，合同履行地法院也有管辖权。

第二，保证合同的合同履行地如何确定？合同有明确约定的从约定，合同未明确约定的，按《民事诉讼法司法解释》第18条第2款规定，争议标的为给付货币的，接受货币一方所在地为合同履行地。那么，在债权人单诉保证人情况下，原告债权人所在地可能构成合同履行地。

问题来了：《担保法司法解释》和《民事诉讼法》及其司法解释存在矛盾时，应根据哪一条来确定管辖？按照从新原则，应遵从《民事诉讼法》及其司法解释。《担保法司法解释》和《民事诉讼法》哪个属于特别法？一个是实体法一个是程序法。

肖建国：郭老师的问题很好。债权人单独诉保证人时的管辖，两个法律文件有冲突。《民事诉讼法》及解释允许债权人在合同履行地、被告住所地中选择管辖法院，而《担保法司法解释》第129条限制了债权人的选择权，该限制缺乏正当化理由。宜以《民事诉讼法》关于合同纠纷诉讼管辖规定为准。《担保法司法解释》第129条要求债权人到担保人住所地法院起诉，可能加剧司法不公的担忧。尤其在司法地方化、地方保护主义之下，原告就被告的管辖规则，会损害裁判的公正性、权威性。

刘　静：我的理解，从新是要从《民事诉讼法》。在管辖的问题上，诉讼法也比实体法更为特别。2012 年《民事诉讼法》和 2015 年《民事诉讼法司法解释》[①] 的考虑理应比 2000 年的《担保法司法解释》更符合担保和借贷实践。管辖的问题也是一个在程序上要做更多统一设计的问题，如果实体法的司法解释对管辖作不适当的切割和特别规定，民事诉讼的很多程序理念很难完整地贯彻。

立法目的考量

戴景月：郭老师对我的问题总结得更全面、准确。个人认为，按特别法优先，应该由担保人住所地管辖。我疑惑的是，为什么《担保法司法解释》这么规定？即使按照《民事诉讼法》，此类案件改由被告住所地或合同履行地管辖，也想明白《担保法解释》考虑了什么因素。

叶　林：这里面我也有一个问题：如果是上市公司股东，以自己拥有的股票作质押，这种情况下，可否以上市公司所在地作为管辖的法院，或者是以登记结算公司所在地的法院作为管辖法院？

戴景月：担保的是债务人义务，义务可不仅仅是金钱给付。除了判决继续履行的方便，调查取证也是在合同履行地方便吧？考虑被担保义务应该是主债务人可能的所有义务，在担保人住所地也有不方便的时候。

肖建国：《担保法司法解释》第 129 条允许债权人单独诉连带担保人，该规定本身具有新意，突破了当时连带责任人不可分割起诉，必须作为固有必要共同被告的做法。这是一个进步，与实体法连带责任理论相契合。由此也促成了第 129 条对于连带担保人起诉管辖的特别规定。

《民事诉讼法》和 2015 年《民事诉讼法司法解释》对连带责任人的起诉，与实体法连带责任制度全面贯通，债权人可以选择连带责任人中一人、数人或全体起诉，管辖上统一适用民诉法管辖规则。现在看来，《担保法司法解

① 《民事诉讼法》已于 2021 年修正，《民事诉讼法司法解释》已于 2022 年修正，本专题讨论时间为 2019 年 8 月。

释》第129条关于单独起诉连带担保人的管辖规定，已被2012年《民事诉讼法》及解释替代。

担保责任与给付金钱

李志刚：我一直有一个疑问：诉请“承担保证责任”与“争议标的为给付货币”，二者是否可以等同？试举一例：甲约定以1万元向乙购买1斤冬虫夏草，丙对乙交付1斤冬虫夏草，承诺连带保证责任。可否？

戴景月：为行为或货物交付提供担保的也很多。

李志刚：若是如此，《担保法司法解释》第129条和《民事诉讼法司法解释》第18条第2款规范内容不同：“承担保证责任”可能不应视为“争议标的为给付货币”，二者似各有其调整对象。至于地方保护主义和事实查明的问题，在所有的民事诉讼中都可能涉及，未必是确定管辖的决定性因素。

肖建国：《民事诉讼法司法解释》第18条的法定履行地，覆盖了金钱给付、交付不动产，以及其他给付内容（如交付动产、完成行为）的履行地。故无论债权人起诉担保人承担何种担保责任内容，合同履行地的确定，适用《民事诉讼法司法解释》第18条都可以解决。

李志刚：《民事诉讼法司法解释》第18条规定：“合同约定履行地点的，以约定的履行地点为合同履行地。合同对履行地点没有约定或者约定不明确，争议标的为给付货币的，接收货币一方所在地为合同履行地；交付不动产的，不动产所在地为合同履行地；其他标的，履行义务一方所在地为合同履行地。即时结清的合同，交易行为地为合同履行地。合同没有实际履行，当事人双方住所地都不在合同约定的履行地的，由被告住所地人民法院管辖。”

肖建国：该条规定的“其他标的”，是除给付金钱、交付不动产以外的给付内容。

《民事诉讼法》与《合同法》

李志刚：请教："承担保证责任"在民事诉讼法上，可以是一种独立的"诉讼标的"吗？还是说，按照《民事诉讼法司法解释》第18条，必须落实到具体的"争议标的"是金钱、不动产，或者其他？

郭宁华：赞成肖建国老师的观点。《民事诉讼法司法解释》第18条"争议标的"的准确含义是指争议标的的内容。个人浅见认为，民事诉讼法理论中的诉讼标的又称为诉的客体，是当事人双方争议和法院审判的对象。诉讼标的由诉讼请求和原因事实加以特定。所谓诉讼请求是用来准确又简洁地表示请求审判的原告的主张。

肖建国：《民事诉讼法司法解释》第18条的"争议标的"，来自《合同法》第62条第3项[①]，不同于诉讼标的。该条规定："当事人就有关合同内容约定不明确，依照本法第六十一条的规定仍不能确定的，适用下列规定：……（三）履行地点不明确，给付货币的，在接受货币一方所在地履行；交付不动产的，在不动产所在地履行；其他标的，在履行义务一方所在地履行……"《民事诉讼法司法解释》第18条的"争议标的"，一般理解为原告基于合同所提起的给付诉讼的诉讼请求。包括金钱给付请求、交付物的诉讼请求和完成行为的诉讼请求。

郭宁华：原来《民事诉讼法司法解释》第18条的出处来自《合同法》第62条，这下就把《民事诉讼法》和《合同法》联系起来了。

肖建国：正如郭宁华老师所说的，这些诉讼请求的请求权基础，在于合同约定的给付义务。

戴景月：草蛇灰线，伏笔千里。那么诉讼标的在诉讼中如何体现的呢？

肖建国：就给付诉讼而言，其诉讼标的为原告主张的给付请求权，即诉讼请求的请求权基础。

---

① 现为《民法典》第511条第3项，内容未变："当事人就有关合同内容约定不明确，依据前条规定仍不能确定的，适用下列规定：……（三）履行地点不明确，给付货币的，在接受货币一方所在地履行；交付不动产的，在不动产所在地履行；其他标的，在履行义务一方所在地履行……"

【总结及倾向性意见】

关于债权人仅起诉担保人时，如何确定管辖法院问题。多数观点认为，《担保法司法解释》第129条的规定已经被《民事诉讼法》第23条、《民事诉讼法司法解释》第18条所替代。因此，在债权人仅起诉担保人的情况下，应当适用上述规定确定管辖。

详言之，依据《民事诉讼法》第23条，债权人既可以在担保人住所地起诉——与《担保法司法解释》第129条相同，也可以在合同履行地起诉。根据《民事诉讼法司法解释》第18条，债权人与担保人约定履行地的，可以在该地法院起诉。没有约定履行地的，担保人承担保证责任后，要向债权人给付金钱的，可以在债权人所在地起诉；给付不动产的，可以在不动产所在地起诉；给付其他标的的，可以在担保人所在地起诉。

2021年1月1日起施行的《民法典担保制度司法解释》第21条第3款规定，债权人依法可以单独起诉担保人且仅起诉担保人的，应当根据担保合同确定管辖法院。据此，多数说已经为司法解释所采纳。

【代表性学术观点】

曹士兵认为，担保纠纷案件的管辖基本上遵循“原告就被告”的原则。连带责任保证的场合，司法解释明确规定“担保人承担连带责任的担保合同发生纠纷，债权人向担保人主张权利的，应当由担保人住所地的法院管辖”，就体现了该原则。[①] 编者认为，曹士兵作为《担保法司法解释》的起草参与人，对于《担保法司法解释》第129条之本意的说明无疑具有重要价值，但值得注意的是其上述论述的时间为2015年《民事诉讼法司法解释》施行前。

北京市高级人民法院认为，债权人与保证人仅就保证合同发生纠纷的，应根据保证合同确定管辖。保证人承担连带保证责任的，债权人仅向保证人主张权利，可以由保证人住所地、保证合同履行地的人民法院管辖。[②] **浙江省高级人民法院**认为，债权人单独起诉保证人的管辖法院如何确定问题，本案

---

① 曹士兵：《中国担保制度与担保方法》（第3版），中国法制出版社2014年版，第431页。
② 《北京市高级人民法院关于涉保证合同纠纷案件管辖确定的通知（试行）》第5条。

争议标的为给付货币，可以适用《民事诉讼法司法解释》第18条之规定，以接受货币的一方所在地为合同履行地，由该地法院管辖。[①]

最高人民法院民事审判第二庭认为，《民法典担保制度司法解释》第21条第3款规定的“债权人依法可以单独起诉担保人且仅起诉担保人的，应当根据担保合同确定管辖法院”的规则，对《担保法司法解释》第129条的规则进行了部分修改。在《担保法司法解释》时期，债权人向人民法院请求行使担保物权时，债务人和担保人应当作为共同被告参加诉讼。同一债权既有保证又有物的担保的，诉讼时债务人与保证人、抵押人或者出质人可以作为共同被告参加诉讼。因此，担保法律关系中，债权人可以单独起诉担保人的情形就只有连带责任保证中要求保证人承担保证责任时才成立。故《担保法司法解释》仅规定了“担保人承担连带责任的担保合同发生纠纷，债权人向担保人主张权利的，应当由担保人住所地的法院管辖”这一种情形。但随着民事诉讼理论的实践发展以及制度的完善，债权人可以单独起诉担保人的情形逐渐多样化。故《民法典担保制度司法解释》第21条第3款对之前的规定进行修改完善，规定了债权人依法可以单独起诉担保人且仅起诉担保人的，应当根据担保合同来确定管辖法院。如连带责任保证中，债权人可以直接起诉保证人，要求其承担保证责任；一般保证中，保证人丧失先诉抗辩权的情形；担保人提供物的担保的。解释上，物上保证人对于主债务人并无先诉抗辩权，在主债务人不履行到期债务或者出现当事人约定的实现担保物权的情形，债权人自可直接对担保人行使担保物权。此时，在程序救济上，并不以“实现担保物权案件”为限，债权人可以直接单独起诉担保人。在上述情形下，应当根据担保合同确定管辖法院。[②]

---

① 参见浙江省高级人民法院（2016）浙民辖终92号民事裁定书。

② 最高人民法院民事审判第二庭：《最高人民法院民法典担保制度司法解释理解与适用》，人民法院出版社2021年版，第234~235页。

【典型案例】

建行赤峰分行与宁城京都淀粉有限公司、黑龙江农垦公司借款担保合同纠纷案

案号：最高人民法院（2017）最高法民辖终92号

【裁判要旨】

债权人仅起诉连带担保人主张权利的，依法应由担保人住所地法院管辖。

【基本案情】

建行赤峰分行与宁城京都淀粉有限公司签订《固定资产贷款合同》，黑龙江农垦公司向建行赤峰分行致担保函，承诺愿意为京都淀粉公司在建行赤峰分行的借款提供无条件担保。因京都淀粉公司未依约履行还款义务，且不具备清偿债务能力，黑龙江农垦公司亦未承担连带保证责任，故建行赤峰分行向内蒙古自治区高级人民法院单独对保证人黑龙江农垦公司提起诉讼。黑龙江农垦公司对管辖权提出异议认为应由被告住所地人民法院管辖，应将案件移送黑龙江省高级人民法院审理。

【裁判观点】

内蒙古自治区高级人民法院一审认为：首先，根据《民事诉讼法》第23条的规定，“因合同纠纷提起的诉讼，由被告住所地或者合同履行地人民法院管辖”，故一审法院作为合同履行地人民法院对本案亦具有管辖权。其次，根据《民事诉讼法司法解释》第18条第2款的规定，“合同对履行地点没有约定或者约定不明确，争议标的为给付货币的，接收货币一方所在地为合同履行地”，结合本案借款担保合同的履行方式可知，接收货币一方为建行赤峰分行，因此合同履行地应为建行赤峰分行所在地即赤峰市，在一审法院辖区范围内，且金额也符合级别管辖之规定，故驳回异议。

最高人民法院二审认为，根据《担保法司法解释》第129条的规定，本案系担保人承担连带责任的担保合同发生纠纷，债权人向担保人主张权利的，

依法应由担保人住所地法院管辖。因本案上诉人即担保人黑龙江农垦公司的住所地在黑龙江省，当事人一方住所地不在受理法院所处省级行政辖区，本案诉讼标的额达到黑龙江省高级人民法院受理第一审民商事案件的管辖标准，故本案应当由黑龙江省高级人民法院审理。

（讨论整理及后续评论：王赫）

依职权移送管辖有无程序救济

【讨论群友】

王长军、邓江源、曹志勋、邹波

【讨论时间】

2020 年 5 月

【沙龙实录】

问题与观点

王长军：法院依职权移送管辖，原告应否有权上诉？

邓江源：目前可以上诉的裁定应该仅限于四种：不予受理、管辖异议、驳回起诉、不受理破产申请。对于依职权移送管辖的裁定，受移送法院认为不应当管辖的，争议报请共同上级法院指定（以裁定形式）。

王长军：谢谢！实务中这种模式可能损害原告的利益，比如移送法院有管辖权，但却将案件移送给另一有管辖权的法院，按照现在的规定，在受移送法院有管辖权的情况下，受移送法院不能报请共同的上级法院指定管辖，怎么办呢？退回去？况且，报请共同的上级法院指定，如果跨省的话，需要层报到最高人民法院，这样操作起来非常麻烦，可能花费很长时间，严重拖延案件的审理。

过去案件少，加之地方保护主义争管辖，依职权移送得少。但近十余年案件暴增，依职权移送增加了，有些移送确有问题，倘若赋予原告对此的管辖异议权，则可较好地解决这一问题。

比较法规定与中国法实践

曹志勋：提供一些德国法上处理这个问题的思路：对于不含涉外因素且已经构成诉讼系属的案件，法院如果认定自己对本案没有管辖权，那么首先应当依照当事人的申请裁定移送管辖，在多个法院都有管辖权时由当事人决定移送的法院（《德国民事诉讼法典》第 281 条第 1 款）。虽然当事人对移送裁定不能声明不服（《德国民事诉讼法典》第 281 条第 2 款第 2 句），但是由于移送以申请为前提，本就不必重复保护。如果当事人不申请移送，法院应当以诉不合法为由，作出终局判决驳回起诉。原告对这一终局判决可以提起控诉。如果不构成诉讼系属，虽然法院在事实上也应当移送管辖，但是不发生法条规定移送管辖的特定效果（比如移送的约束力）。

而在我国法律上，在管辖异议后原审法院认为本院没有管辖权时，与德国只有当事人申请才能移送管辖不同，我国现行法规定法院可以直接依职权裁定移送管辖。这样，现有规定否定了当事人选择驳回起诉和在案件有多个合法管辖地时选择管辖地（《民事诉讼法》第 35 条前半句）的程序权利。不过，由于解释论上原告针对移送裁定既可以申请撤诉，又可以根据管辖异议的法定救济提起上诉，因此，承受的只是诉讼策略选择，并非基本诉讼权利上的不利后果，实际上也能达到与德国模式相似的效果。

就此而言，原告应当享有对移送管辖的上诉权。从文义上看，《民事诉讼法》第 154 条[①] 第 1 款第 2 项和第 2 款规定的管辖异议裁定，既包括对被告不利、裁定驳回异议的，又涉及对原告不利的、裁定移送管辖的。同时，《民事

① 现为《民事诉讼法》（2021 年修正）第 157 条。

诉讼法》第36条[①]第2句只是对被移送法院的限制，不能排除其他条文赋予当事人的上诉权利。因此，即使笔者在解释论上倾向认为《民事诉讼法》第36条是对移送管辖的一般规定并包括依职权审查和依申请审查两种情况，也不影响上述见解的成立。此时，上诉法院可以选择驳回上诉维持原裁定、改为裁定移送其他法院管辖或者撤销原裁定并由一审法院继续审理。就涉及前述第二种情况即选择管辖时，为了尊重当事人程序选择权并保障诉讼便利，法官在作出移送裁定前应当通过释明权询问原告的意愿。而且，与事先赋予当事人选择权的德国模式相比，我国现有制度虽然具有更强的职权属性，但是由于绝大多数情况下原告也会申请移送管辖，似乎我国模式才更符合一般的诉讼状况。

王长军法官提出的问题，可能在与管辖权异议无关的、法官依职权移送管辖时，问题更明显一些。本人认为前述解释论的思路类推到法院自行发现了管辖错误并移送的情况（《民事诉讼法司法解释》第211条第3句）有比较大的困难。从结果上看，此时也出现了被告行使管辖异议权反而使原告获得了上诉机会，并使自己在程序上有所不利的情形。于是，似乎被告不行使异议权、通过事实上的“提示”建议法官审查对其更有利，比如在管辖异议经过答辩期失权之后再建议审查甚至直接不提起管辖异议，从而否定了整个管辖异议制度的实践必要。因此，针对法官在程序上可以依职权审查，在结果上又可以依职权移送管辖的情况，个人初步认为存在法律漏洞，（更好的应该是立法论上）应当规定此时移送管辖以当事人申请为前提。如果当事人不申请移送管辖，应当驳回起诉，由原告选择能最好维护自身权利的方式。

邹　波：实践中就是拒收，给你退回去，也不给你共同报请的机会，只是原告的权益在法院的左推右挡中不知所云。移送往往是法院在不能驳回起诉后才想的办法。

曹志勋：如果增加法官移送前释明选择管辖的义务（类似2020年5月1日起施行的《最高人民法院关于民事诉讼证据的若干规定》第30条第1款的新规），您觉得会好些么？原告不申请明确的移送对象，法官可以驳回起诉

① 现为《民事诉讼法》（2021年修正）第37条。

（类似原《最高人民法院关于民事诉讼证据的若干规定》（法释〔2001〕33号）第35条下的实务中的一种做法）。

邹　波：立案登记制之后，法院有一种倾向：对于当事人来立的仅仅是形式审查，立完转业务庭审理，至于后续的事情与立案庭无关。因此，我觉得更需要在立法上完善，增加释明不能解决根本问题。

曹志勋：民事诉讼法也允许业务庭驳回起诉吧？能否利用呢？还是督促其在选择管辖时明确选择，如果实在不愿意换就撤诉。

邹　波：到业务庭之后就会出现不能驳回才移送的情况。

曹志勋：不满足管辖条件的案件不能驳回，是因为个案中特别的原因吗？

王长军：受理后发现无管辖权时，现在的操作就是邹波法官所言，不能驳回，直接移送，且不征求原告意见（当有几个管辖法院时）。我们的管辖规定过于简单，有待完善。

【总结及倾向性意见】

多数观点认为，应当允许原告对人民法院依职权移送管辖提出上诉。其主要理由是：第一，《民事诉讼法》（2021年修正）第37条规定，人民法院发现受理的案件不属于本院管辖的，应当移送有管辖权的人民法院，受移送的人民法院应当受理。受移送的人民法院认为受移送的案件依照规定不属于本院管辖的，应当报请上级法院指定管辖，不得再自行移送。但该条仅规定了受移送法院的“救济权”，不能认为排除了当事人的救济权。第二，《民事诉讼法》（2021年修正）第37条的规定，仅适用于受移送的人民法院没有管辖权的情况，如果移送的法院和受移送的法院均有管辖权，则不能适用，若此时排除当事人的救济权，将影响当事人依据《民事诉讼法》（2021年修正）第36条享有的，在多个有管辖权的法院之间选择的权利，也无法对移送法院不规范的移送行为形成制约。第三，《民事诉讼法》（2021年修正）第37条规定由受移送法院报请上级法院指定管辖，在移送法院和受移送法院跨省的情况下，就需要报请最高人民法院指定，实际操作具有不小的难度。第四，从现行《民事诉讼法》规定看，《民事诉讼法》第157条规定“对管辖权有异议的”的裁定可以上诉，应当包括人民法院依职权移送管辖的裁定。第五，被告提出管辖权异议，人民法院认为确有理由的，根据《民事诉讼法》(2021年修正）第130条，也是裁定移送管辖。对于该裁定，原告可以上诉。从体系上看，人民法院依职权移送管辖的，没有道理不允许当事人上诉。

少数观点认为，当事人无权就人民法院移送管辖提出异议或者上诉。目前《民事诉讼法》(2021年修正）第157条规定，只有不予受理裁定、管辖权异议裁定、驳回起诉裁定可以上诉。因此，人民法院移送管辖的裁定，当事人无权上诉。

【代表性学术观点】

关于对人民法院的移送管辖裁定如何救济，大体存在三种观点：第一种观点认为，应当允许当事人向受移送法院提出管辖权异议；第二种观点认为，应当允许原告就该移送管辖裁定向上级法院上诉；第三种观点认为，当事人既不能向受移送法院提出管辖权异议，也不能就移送管辖裁定上诉。

章武生认为，一般情况下提出管辖权异议的主体是被告，但受诉法院提出自己没有管辖权，将案件移送的，应当允许原告提出管辖权异议。① **张海燕**认为，对于法院依职权主动作出的移送管辖裁定，因该裁定并无当事人关于管辖权之意思介入，故此时应赋予当事人救济权，当事人有权向受移送法院而非移送法院提出管辖权异议，但不能直接就法院裁定提起上诉。② **叶榅平**认为，法院进行主动地移送管辖，而不赋予当事人提出管辖异议的权利，对当事人的诉权保障显然欠缺周到。③

孙邦清认为，赋予法院职权救济权力的同时，必须赋予当事人对职权救济的救济权，否则可能导致审判权的恣意。因此，应当赋予当事人对法院移送管辖裁定提出上诉的权利。④ **刘海涛**认为，当事人有权对人民法院依职权移

---

① 章武生：《民事案件管辖权异议初探》，载《法学研究》1993年第6期。
② 张海燕：《当事人对移送管辖裁定的救济》，载《理论学刊》2016年第4期。
③ 叶榅平：《诉权保障与级别管辖权异议》，载《华中科技大学学报（社会科学版）》2010年第6期。
④ 孙邦清：《民事诉讼管辖制度研究》，中国政法大学出版社2008年版，第255页。

送管辖的裁定上诉，保障当事人程序参与的权利。第一，从文义解释的角度，“对管辖权有异议的”不应限于当事人已提出管辖异议的情形；第二，从体系解释上，人民法院依职权移送管辖，与当事人提出管辖权异议人民法院裁定移送管辖，情形类似，应当适用同样的救济途径；第三，允许当事人上诉，有利于保障当事人就管辖问题的程序参与及意见表达权符合程序正义精神。[①]

宋朝武等认为，即使受诉法院认为自己对原告的起诉无管辖权而将案件移送其他法院时，原告对法院的移送裁定有意见也不应提出异议。[②] **郭晓光**认为，移送管辖应当作出裁定，该裁定一经作出即发生法律效力，当事人不得上诉，受移送的法院必须受理。裁定管辖也不能成为管辖权异议的客体，因此裁定管辖是法院依职权纠正管辖错误、明确管辖法院和变通级别管辖的职权行为，以维护管辖制度和追求诉讼效率为首要目标，不同于以维护当事人管辖权益为首要目标的管辖权异议制度。如果允许当事人对裁定管辖提出管辖权异议，势必消耗额外的司法资源，降低诉讼效率。[③]

【典型案例】

重庆市华东建筑集团有限公司与重庆德兆小康环保工程有限公司建设工程合同纠纷案

案号： 重庆市高级人民法院（2018）渝民辖终 59 号

【裁判要旨】

当事人向受移送法院提出管辖异议，无法律依据。受移送的法院不适用管辖异议审查程序，但可依职权审查案件管辖权。

【基本案情】

一审原告重庆市华东建筑集团有限公司与一审被告重庆德兆小康环保工

① 刘海涛：《当事人对依职权移送管辖的裁定应享有上诉权》，载《人民法院报》2017 年 1 月 18 日，第 7 版。
② 宋朝武主编：《民事诉讼法学》（第 4 版），中国政法大学出版社 2015 年版，第 160 页。
③ 郭晓光：《民事诉讼管辖实证研究》，中国政法大学出版社 2016 年版，第 195 页。

程有限公司建设工程合同纠纷案，由重庆市梁平区人民法院于2017年6月8日立案受理。原告在开庭前变更诉讼请求，重庆市梁平区人民法院以受理的案件已明显超过其管辖第一审民商事案件标准为由，于2017年8月15日作出（2017）渝0155民初3642号民事裁定，将本案移送重庆市第二中级人民法院处理。

案件移送后，重庆市第二中级人民法院于2017年11月13日立案。重庆德兆小康环保工程有限公司于2018年2月14日提出管辖权异议，请求将本案移送至重庆市梁平区人民法院审理。重庆市第二中级人民法院于2018年3月26日作出（2017）渝02民初311号民事裁定，驳回重庆德兆小康环保工程有限公司对本案管辖权提出的异议。现重庆德兆小康环保工程有限公司不服重庆市第二中级人民法院（2017）渝02民初311号民事裁定，向重庆市高级人民法院提起上诉。

重庆市高级人民法院认为，依据生效裁定移送和接受案件管辖后，当事人向受移送法院提出管辖异议没有法律依据，受移送法院不适用管辖异议程序审查。但受移送法院可依职权对案件管辖权进行审查，发现没有管辖权的，依照《民事诉讼法》第36条的规定报请上级法院指定管辖；有管辖权的，继续审理。综上所述，本案受移送的重庆市第二中级人民法院确定对本案有管辖权后，对当事人提出管辖异议不应按管辖异议程序审查作出裁定并交代上诉权，应当在作出答复后继续审理。据此，裁定（1）撤销重庆市第二中级人民法院（2017）渝02民初311号民事裁定；（2）对重庆德兆小康环保工程有限公司提出的管辖权异议不予审查。

（讨论整理及后续评论：王赫）

“资管产品”的诉讼主体资格

【讨论群友】

李志刚、葛洪涛、王赫、张元、吴兆祥、肖建国

【讨论时间】

2020年1月

【沙龙实录】

问题与观点：资管产品与财产继承

李志刚：资管产品能否作为民事诉讼的原告或者被告？

葛洪涛：不能吧。独立财产说只是一种理论观点，不符合我们基本的诉讼法构造。

王　赫：符合执行法构造吗？被执行人死亡，继承人明确放弃继承，直接执行遗产时，谁是被执行人？

张　元：这是无案例支撑的假说。

吴兆祥：被执行人死亡，继承人明确放弃继承，直接执行遗产时，仍然以被执行人为被执行人。可以看具体实践操作。《民事诉讼法》对当事人一方死亡之后续程序，可以用。

王　赫：实践中，可能列继承人的居多（认为即便没有继承，也有代管义务，作为遗产代管人也是被执行人，只是执行客体只能是遗产）。尤其是在进入执行程序前死亡的，不列为被执行人，系统无法立案。列为被继承人，道理上似乎也有困难。

葛洪涛：两者有显著差异。一般认为，执行程序相对简单，诉讼程序复杂得多。更为根本的是，资管计划涉及更为复杂的信托财产的转移与归宿问题，这是遗产执行所不涉及的。

王　赫：是的，主要是信托的定位。民事诉讼法的意思是，一方当事人死亡，需要等待继承的，是中止执行（《民事诉讼法》第256条①），无财产执行也无义务承担人的是终结（《民事诉讼法》第257条②）；对于有遗产的，以其遗产偿还债务（《民事诉讼法》第232条③）。但遗产偿还债务的执行程序中，被执行人怎么列，其实不明确，当然也可以理解为没有说变更，就是原被执行人。但此时该主体已经丧失权利能力，实践中确实有分歧。

程序法与实体法

葛洪涛：个人理解，李志刚老师形式上问了个诉讼法问题，实质上是想解决实体法问题。

吴兆祥：民法可以反推要继续程序，而非终结，当事人自不必变更为妥。

肖建国：可以指定财产管理人，作为诉讼当事人或执行当事人。

吴兆祥：按《民法典》草案，遗产管理人不能包含全部情况。当然《民事诉讼法》可以补充规定。

王　赫：肖建国老师说的做法很合理，也有比较法依据。我国台湾地区相关程序规则就规定：债务人死亡，有下列情形之一者，执行法院得依债权人或利害关系人声请，选任特别代理人，但有遗嘱执行人或遗产管理人者，不在此限：（1）继承人有无不明者。（2）继承人所在不明者。（3）继承人是

① 现为《民事诉讼法》（2021年修正）第263条。
② 现为《民事诉讼法》（2021年修正）第264条。
③ 现为《民事诉讼法》（2021年修正）第239条。

否承认继承不明者。（4）继承人因故不能管理遗产者。不知道《民法典》会不会赋予法院选任的权力。[①]

肖建国：法院依据特别程序指定财产管理人，理论上没有障碍。

吴兆祥：我国台湾地区的规定很好。

肖建国：可能很多案件办不下去了。根据《民事诉讼法》的规定，宣告失踪案件，法院宣告失踪的，要指定财产管理人。

吴兆祥：目前当事人死亡的，多数有继承人，一般可以让继承人参加诉讼。极少数没有继承人的，如果已经立案，有诉讼必要的，可继续进行诉讼程序。

资管计划的特殊性

李志刚：对资管计划的诉讼主体资格问题，请问肖建国老师怎么看？

肖建国：没有专门研究，个人还是倾向于将管理人作为当事人。

李志刚：和资管计划的诉讼主体资格相关，资管计划能否作为公司股东，也是一个实务中经常遇到的问题，不知道各位老师怎么看？

肖建国：实务中如作为股东，不清楚如何具体行使出席股东会议权、表决权、知情权等股东权。

李志刚：通常委托管理人行使股东权利，有的是委托管理人代持。

【总结及倾向性意见】

关于资管产品本身能否作为诉讼当事人，多数观点认为，目前法律并没有赋予"财产"以诉讼主体的法律地位，因此，作为"财产"的资管产品也不能作为诉讼主体。相应地，只能由资管产品的受托人、管理人等代表资管产品参加诉讼。少数观点认为，目前民事诉讼法并没有完全限制财产的主体

① 《民法典》第1145条规定："继承开始后，遗嘱执行人为遗产管理人；没有遗嘱执行人的，继承人应当及时推选遗产管理人；继承人未推选的，由继承人共同担任遗产管理人；没有继承人或者继承人均放弃继承的，由被继承人生前住所地的民政部门或者村民委员会担任遗产管理人。"第1146条规定："对遗产管理人的确定有争议的，利害关系人可以向人民法院申请指定遗产管理人。"

资格。例如，《民事诉讼法》第239条规定，作为被执行人的公民死亡的，以其遗产偿还债务。《民事诉讼法司法解释》第475条[①]规定，作为被执行人的公民死亡，其遗产继承人没有放弃继承的，人民法院可以裁定变更被执行人，由该继承人在遗产的范围内偿还债务。继承人放弃继承的，人民法院可以直接执行被执行人的遗产。由此可见，在被执行人死亡且继承人放弃继承的情况下，由于被执行人已经丧失了诉讼权利能力和行为能力，继承人又不是当事人，遗产本身应构成执行程序的当事人。

【代表性学术观点】

1. 关于当事人的诉讼能力问题。

张卫平认为，诉讼权利能力，也被称为当事人诉讼权利能力或者当事人能力，是指成为民事诉讼当事人，享有民事诉讼权利和承担民事诉讼义务所必需的诉讼法上的资格。[②] **常怡**认为，当事人能力是作为诉讼主体的资格。《民事诉讼法》第48条和第55条对当事人能力作了规定。根据上述条文，具有民事诉讼当事人能力的主体包括公民、法人、其他组织以及具有公益诉讼原告资格的机关和有关组织。[③]

2. 关于资产管理的性质。

王涌认为，"资产管理业务"本质上是一种信托法律关系。[④] 实务曾有观点认为，资产管理业务的法律性质宜定位于委托代理关系。第一，实践中绝大多数委托理财更符合委托代理法律关系的特征。第二，绝大多数委托理财行为与信托行为的构成条件相去甚远，如受托财产所有权转移至受托人，就信托行为进行登记等。[⑤] **缪因知**认为，应当根据资产管理业务的不同类别分别确定其法律性质，当事人权利义务符合信托构造的资管产品，当然应当视为信托；标准的委托产品如证券公司与银行合作的定向资管业务，应认定为委

① 现为《民事诉讼法司法解释》（2022年修正）第473条。
② 张卫平：《民事诉讼法》，法律出版社2009年版，第140页。
③ 常怡：《民事诉讼法学》，中国政法大学出版社2013年版，第126页。
④ 王涌：《让资管业回归大信托的格局》，载《清华金融评论》2018年第1期。
⑤ 高民尚：《审理证券、期货、国债市场中委托理财案件的若干法律问题》，载《人民司法》2006年第6期。

托。而确实处于中间形态的资管产品，则应认真观察、正确分析其中的权利义务安排。[①] **刘燕**认为，除公募基金与集合信托计划的信托身份外，我国目前的私募投资基金多采取有限合伙的组织形态，银行理财则依托委托代理合同来构建。很多时候争执“信托还是委托”是没有意义的。[②]

3. 关于信托是否具有当事人能力。

陈春山认为，信托基金即信托财产，非仅为权利客体，亦具有法律主体性。[③] **王文宇**认为，信托财产具有一定程度的权利主体性。[④] **谢哲胜**认为，信托财产可以作为拥有权利义务的主体，但其主体性不完全，必须由受托人代表为法律行为。[⑤] **耿利航**认为，信托财产主体性是信托法的核心和功能之所在。[⑥] **陈夏**认为，信托型基金应当列为与自然人、法人有平等地位的第三民事主体。民事诉讼的目的，在于当事人间因实体权利发生纠纷时，请求国家司法机关予以保护，以确定其实体法上的权利义务。在现实生活中，信托型基金以其自己的名义行使法律行为，如不在诉讼上承认其有当事人能力，就会对诉讼造成不便。据此，诉讼法上应当承认基金具有当事人能力。[⑦]

赵廉慧认为，在法律关系的认定上，资产管理关系基本上属于信托法律关系，经由《关于规范金融机构资产管理业务的指导意见》和《民商审判会议纪要》认可，故目前大部分资产管理法律关系都可以适用《信托法》。上海金融法院在海通证券股份有限公司申请执行中国华力控股集团有限公司、丁某质押式证券回购纠纷案中认为，按照信托法的原理，资管计划在法律属性上归类为信托，其本身并无法律人格，对外行为需要借助受托人的法律人格，受托人是以其名义对外行事，但交易后果归属于信托财产而非固有财产。虽然多年来，在中国证券登记结算有限公司的系统中，信托计划持股或者基金持股，一般都登记为信托或者基金的名称，为信托在实践中作为一种实体的

---

① 缪因知：《资产管理内部法律关系之定性：回顾与前瞻》，载《法学家》2018 年第 3 期。
② 刘燕：《大资管“上位法”之究问》，载《清华金融评论》2018 年第 4 期。
③ 陈春山：《证券投资信托契约论》，我国台湾地区五南图书出版公司 1987 年版，第 123 页。
④ 王文宇：《民商法理论与经济分析（二）》，中国政法大学出版社 2003 年版，第 310 页。
⑤ 谢哲胜：《信托法总论》，我国台湾地区元照出版公司 2003 年版，第 129 页。
⑥ 耿利航：《信托财产与中国信托法》，载《政法论坛》2004 年第 1 期。
⑦ 陈夏：《论证券投资基金的法律地位》，载《西南政法大学学报》2003 年第 6 期。

例证，但不能改变信托本身不具备法人资格这一基本事实。有关“商事信托法人化”的观点认为，信托财产自身应能取得法律人格，可以无须借用受托人的名义而直接以信托本身的名义作为适格民事主体参与民事活动，以比较低的成本使信托制度成为公司制度的替代。但其风险是受托人的义务和责任大幅度降低，可能会导致信托债务人的预期发生变化；受托人可能会运用信托从事过分冒险的投资，或者委托人会滥用信托进行过分冒险甚至非法的资本运作，故其不能代替公司。①

本专题编者认为，“资管产品”本身并不是一个严格的法律概念，要讨论其是否具有诉讼主体资格，首先应当确定该款产品究竟采取的是哪种法律架构。

从实践情况看，如果采用有限合伙企业的形式对募集的资产进行管理，根据《民事诉讼法》第51条、《民事诉讼法司法解释》第52条的规定，该企业有诉讼主体资格；如果采用信托形式对募集的资产进行管理，则信托并无诉讼主体资格，应当由受托人作为当事人进行诉讼；如果是公募证券投资基金，根据《证券投资基金法》第19条之规定，应由公开募集基金的管理人，代表基金份额持有人利益行使诉讼权利；至于其他基于合同关系的资管产品，其当事人能力同样未为司法所认可。

【典型案例】

海通证券股份有限公司与中国华力控股集团有限公司、丁某质押式证券回购纠纷案

案号：上海金融法院（2019）沪74民初2103号

来源：上海金融法院发布的2020年度十大典型案例

【裁判要旨】

资管计划本身不能成为民事法律关系的适格主体，但是可以由管理人以

① 参见赵廉慧：《信托法案例评析：信托的实体化还是法人化？》，载微信公众号“InlawweTrust”，2021年8月31日发布。

管理人名义参与竞买拍卖标的。

【基本案情】

原告海通证券股份有限公司与被告中国华力控股集团有限公司、丁某质押式证券回购纠纷一案，上海金融法院作出的（2019）沪 74 民初 2103 号民事调解书已经发生法律效力，因中国华力控股集团有限公司、丁某均未按期履行义务，海通证券股份有限公司向上海金融法院申请强制执行。执行中，上海金融法院对被执行人中国华力控股集团有限公司持有的“北京文化”（证券代码：000802）无限售流通股 27 236 814 股股票依法启动评估拍卖程序。在评估拍卖程序中，意向竞买人某资产管理公司向法院提出申请，其作为管理人拟代表“某资产管理计划”参与本次竞买。

经上海金融法院同意，意向竞买人某资产管理公司在交纳保证金后参与本次司法拍卖，最终由于其他竞买人出价更高，该待处置股票由他人竞拍成功。

【裁判观点】

上海金融法院审查认为，虽然资管计划本身不能成为民事法律关系的适格主体，但是可以由管理人以管理人名义参与竞买，竞买成功后可将处置股票过户到资管计划专用证券账户中。在此过程中，应当严格审查管理人参与竞买的资金来源，管理人负有披露资金来源的义务，确保管理人竞买的资金来源于该资管计划。

抵押权人在建设工程款优先权案件中的诉讼地位

【发言群友】

张颖、王松、王文胜、李志刚、邹宇、王长军、王朝辉、刘小飞、肖建国、朱晓喆

【讨论时间】

2019年9月

【沙龙实录】

问题与观点

张　颖： 在施工人诉发包人要求支付工程价款和确认工程价款优先受偿权的案件中，对案涉工程享有抵押权的抵押权人能否作为第三人参与诉讼？如果可以，应是无独立请求权的第三人还是有独立请求权的第三人？

王　松： 抵押权人作为第三人参加诉讼，没有法律依据，实践中好像也没有这样的案例。

王文胜： 抵押权人主张什么呢？

李志刚： 是否确认建设工程款优先权及金额，直接影响抵押权人的优先

权顺位及金额。

张　颖：一般主张承包人不享有优先受偿权，也有案例中会主张承包人诉请结算的工程价款虚高。

李志刚：比起抵押权人通过第三人撤销之诉的制度进行救济，在本诉中作为第三人参加诉讼，成本更低，效率更高。

邹　宇：民事诉讼中追加第三人到底标准何在，怎样理解裁判结果对案外人所产生的法律上的利害关系，很难定量描述，需要法官裁量。

王长军：作为无独立请求权的第三人参加诉讼，维护其利益。

张　颖：若为无独立请求权的第三人，施工人对其无诉请，法院也不会判令其承担责任，故抵押权人不能提起上诉，又因其已参与诉讼，也不能另行提起第三人撤销之诉，这是不是有点儿奇怪？

王　松：所以，列为有独立请求权的第三人、无独立请求权的第三人似乎都有问题。

王长军：抵押权人作为无独立请求权的第三人参与诉讼是为了监督施工人是否享有优先受偿权，施工人与发包人是否勾结虚增工程价款，从而维护其权益。它通过参与法庭调查、辩论行使权利，对法官起到兼听则明的作用。

张　颖：但是这就会产生一种尴尬：参与诉讼的抵押权人作为无独立请求权的第三人不能上诉不能申请再审，未参与诉讼的抵押权人却可以提起第三人撤销之诉，程序利益严重不匹配。

张　颖：因第三人撤销之诉可以经过一审、二审、申请再审。

王长军：传统诉讼理论是这样，但我认为，如果抵押权人主张双方勾结虚增工程款，损害了抵押权人利益，则有权上诉。

王　松：案外人以监督当事人是否虚假诉讼为由，要求作为第三人参加诉讼，有无法律依据？优先受偿权的判项，不仅影响抵押权人，也影响普通债权人，他们能否也要求作为第三人参加诉讼？

王长军：建设工程价款的优先权及其金额，与抵押权人抵押权的实现有利害关系，且远超过普通债权人。普通债权人以无独立请求权的第三人参加诉讼缺乏必要性，可以撤销之诉来维权。如仅从现有的法律依据来看，抵押权人也只能提起撤销之诉。但正如李志刚兄所言，抵押权人在本诉中以第三人参与诉讼维权的成本更低。

实践问题与法律依据

张　颖：确实有观点认为，抵押权人本质上是享有优先权的债权人，其不应在此类案件中作为第三人参与诉讼。但是现在司法实践中对于提起第三人撤销之诉的诉讼主体资格认识非常不一致，普遍还是比较从宽，一般会允许抵押权人作为第三人参与诉讼，甚至有条件地允许一般债权人提起撤销之诉。如果是无独立请求权的第三人，又不承担民事责任，依法肯定不能享有当事人的诉讼权利义务。除非将其作为一种非典型有独立请求权的第三人，抵押权人的诉讼请求就是要求驳回施工人的诉讼请求，他对于工程价款优先受偿权的请求权是消极的，不是自己享有，而是对方不享有。不知道这样解释逻辑上能否自洽。

李志刚：这个解释非常精彩，我也是这么想的。

王朝辉：个人看法：（1）第三人资格的确定应该考量程序保障、事实查明、纠纷一次性解决、避免矛盾裁判等因素。（2）对无独立请求权的第三人追加有因自己或原、被告申请和法院依职权，有独立请求权的第三人都是其主动申请，法院最多通知其有权参加，但他可以放弃参加，转而另诉，但会受到前诉不利影响。（3）撤销之诉是对案外人的后程序保护，如果前程序能够保障的，不应拖到后程序，所以现在二审都明确规定可允许有独立请求权的第三人加入，也是这个考虑，如果前程序认为不是第三人，又允许其提撤销之诉，除虚假诉讼可适当放宽外，一般明显是不行的。（4）有独立请求权的第三人不但指其对诉讼标的主张与原告同意的权利类型，也包括直接特定排斥的情形，所以讨论案例的抵押权人可以视为有独立请求权的第三人。

李志刚：在建设工程款优先权的诉讼中，抵押权人之所以要加入进来，主要是由于建筑队和债务人有串通逃债之虞，抵押权人想要看个究竟，如果有假，可以当场戳穿假象。普通债权人，本身并没有优先权，和建设工程款优先权人没有那么直接的利益对抗关系。事实上普通债权人跳出来，要作为第三人参加这个诉讼的案例，比较少见。

虚假诉讼的防范与认定

王朝辉：普通金钱债权人指向债务人的责任财产，该财产未特定，抵押权客体已特定化了，这应该是两者不同。如果说生效判决是虚假诉讼，对撤销之诉原告资格认定可能又有所不同了，但现实中除少量通过刑事程序认定外，认定虚假诉讼很难。

刘小飞：依据现行《民事诉讼法》，个人认为抵押权人既不是有独立请求权的第三人，也不是无独立请求权的第三人，其与本诉结果为事实上的利害关系。但抵押权人参诉是为了防止发包人和承包人串通损害其利益，为诈害防止型第三人，但我国《民事诉讼法》未增设此类第三人。大陆法系第三人撤销之诉中的第三人是广义上的第三人，比我国立法中的第三人范围广，包含受恶意串通损害的第三人，考虑到减少在后提起第三人撤销之诉的程序成本，允许抵押权人以第三人身份参诉，有其合理性，是司法扩大解释了第三人范围。个人一直认为，扩大事后救济程序必须和完善第三人程序内保障配套设计。

肖建国：抵押权人应为有独立请求权的第三人为妥。《民事诉讼法》第 56 条[①]的“独立请求权”，本质上是一种独立的诉讼标的，表现为第三人于诉讼中提出来保护其独立法益的具体诉讼请求。“独立请求权”的实体法基础，不限于第三人主张的债权请求权、物权请求权，也可以是实体法上的形成权，如合同解除权、撤销权等。另外，程序法上的形成权，如对诈害诉讼的撤销权，也可以构成“独立请求权”，提起参加之诉。既然《民事诉讼法》第 56 条允许第三人对侵害其利益的生效裁判行使诉讼法上的撤销权，提起撤销之诉，那么举重明轻，应当承认第三人在该裁判作出前即行使诉讼法上的撤销权，以有独立请求权的第三人身份起诉，符合纠纷一次性解决要求，比裁判生效

① 现为《民事诉讼法》(2021 年修正) 第 59 条。

后再提撤销之诉更为便利，节约司法资源，且能够减少对裁判权威性的冲击。除诉讼法上的撤销权作为"独立请求权"依据外，对于因施工人与发包人相互串通损害抵押权人利益这一借助司法程序实施的侵权行为，抵押权人可享有基于侵权而产生的请求权，该请求权也可以解释抵押权人作为有独立请求权的第三人的"独立请求权"。

张　颖：这种诈害防止型第三人是否享有与有独立请求权的第三人同样的诉讼权利义务？是不是即为肖建国老师提出的有独立请求权的第三人诉讼请求中所包含的"诈害诉讼撤销权"类型？只是归类标准有所不同？

那普通债权人是否享有基于侵权而产生的请求权呢？

肖建国：我认为是。《合同法》第 74 条[①] 规定普通债权人行使债权人撤销权，所撤销的是债务人与第三人之间实施的有损普通债权的民事行为。

刘小飞：我理解，诈害防止第三人参诉目的是防止原、被告串通作出损害第三人利益的行为，在诉讼中有其独立诉讼主张，诉讼权利义务可以参照有独立请求权的第三人。

肖建国：诉讼诈害行为，在诉讼中发生，属于诉讼行为，但损害到普通债权的实现。遵循相同的原理，应当认可普通债权人基于诈害诉讼撤销权，以有独立请求权的第三人身份提起参加之诉。与《合同法》第 74 条发生于不同的场域，但共享相同的原理和规则。

刘小飞：同意肖建国老师观点。实践中对普通债权人提起撤销之诉的观点分歧很大，有待统一。如果能把此类债权人解释为第三人，赋予诉中救济渠道，对于维护生效裁判稳定性有益。

肖建国：普通债权人可以享有侵权请求权，但须先行撤销诈害诉讼行为，否则因无法证明构成侵权行为，而面临败诉结果。

---

① 现为《民法典》第 538~540 条。《民法典》第 538 条规定："债务人以放弃其债权、放弃债权担保、无偿转让财产等方式无偿处分财产权益，或者恶意延长其到期债权的履行期限，影响债权人的债权实现的，债权人可以请求人民法院撤销债务人的行为。"第 539 条规定："债务人以明显不合理的低价转让财产、以明显不合理的高价受让他人财产或者为他人的债务提供担保，影响债权人的债权实现，债务人的相对人知道或者应当知道该情形的，债权人可以请求人民法院撤销债务人的行为。"第 540 条规定："撤销权的行使范围以债权人的债权为限。债权人行使撤销权的必要费用，由债务人负担。"

刘小飞：目前实践争议就在于即使普通债权人有充分证据证明虚假诉讼损害其权益，其是否享有提起撤销之诉的原告资格。

张　颖：明白了，赋予其参与诉讼的权利，同时也需要承担相应的举证责任，以证实其参与诉讼的正当性。实践中对于第三人的认识确实比较模糊混乱。有各种提起第三人撤销之诉的“第三人”，比如公司股东对公司对外诉讼已生效法律文书提起撤销之诉、后顺位抵押权人对确立前顺位抵押权人的生效判决提起撤销之诉，五花八门，急需提高认识。

肖建国：认可普通债权人的原告资格为妥，只要其有初步证据表明存在诉讼诈害行为之嫌。

与第三人撤销之诉的关系

张　颖：肖建国老师，冒昧再追问一句，如果按照诈害诉讼撤销权的理论，是不是所有有初步证据证明诉讼可能侵害其利益的案外人都可以作为第三人参与诉讼，或在嗣后提起第三人撤销之诉？

肖建国：对的。起诉条件上比《合同法》第74条债权人撤销权之诉，门槛提高了，目的就是防止滥诉。

张　颖：如果以《合同法》第74条债权人撤销之诉为基础，就我之前提到的公司股东对于公司的对外诉讼应该就不能参照适用了吧？比如刚才提到的公司股东，如认为债权人与公司有诉讼诈欺的嫌疑，能否申请参与公司对外诉讼，或在其后对已生效的裁判文书提起第三人撤销之诉？这种情况通常会发生在股东意见不一致，股东否认公司意志的情况下，尤其是只有两名股东，大股东以公司资产为自己债务提供担保，债权人经诉讼已确认担保债权，小股东能否就此提起第三人撤销之诉？公司股东是否属于被诈害诉讼侵害利益的第三人？

肖建国：这个我没想清楚，可能涉及《公司法》第151条第3款的解释适用问题。按照该条规定，股东的派生诉权，须满足前置条件。

张　颖：我觉得不能参照适用的话，应将其理解为内外关系相分离，在对外诉讼中股东利益与公司利益相一致，故不构成被诉讼诈害的第三人，不具有提起撤销之诉的诉讼主体资格。股东权益受损应按照公司法的救济途径予以保障，提起股东代表诉讼或侵害股东权益的损害赔偿之诉？

肖建国：有道理！公司法有特殊性，司法救济上涉及内外关系的区隔处理。如以股东代表诉权作为撤销之诉的“独立请求权”依据，即使可以解释，也会面临《公司法》第151条前置程序的限制。我也倾向于认为，股东提起三撤之诉，以股东代表诉权或损害赔偿请求权作为“独立请求权”的依据。

朱晓喆：赞同肖建国老师的观点。另外按照肖建国老师的逻辑，补充一点实体法上的意见：如果从第三人侵害债权（或纯粹经济损失）的角度看，诉讼诈害也是一种侵权行为，故而普通债权人可作为有独立请求权的第三人参加诉讼。而抵押权人是因为作为支配权的抵押权有可能被侵害之虞，而作为有独立请求权的第三人参加诉讼。

【总结及倾向性意见】

多数观点认为，抵押权人在施工人诉发包人要求支付工程价款和确认工程价款优先受偿权的案件中，可以作为有独立请求权的第三人参加诉讼。主要理由是：（1）从实际需求看，让抵押权人参加诉讼，行使辩论权、辅助法庭调查，可以避免施工人与发包人恶意串通虚增工程价款，起到让法院兼听则明的功能。（2）从体系解释上，抵押权人可以对施工人与发包人的判决提起第三人撤销之诉，既然承认其事后撤销该判决的权利，就应当允许其事先参加诉讼，从而节约司法资源，提高审判实效。（3）从现行《民事诉讼法》的规定看，有独立请求权的第三人中的“请求权”，不仅包括实体法上的请求权，还包括实体法上形成权以及程序法上的形成权。既然抵押权人有权提起撤销之诉，该权利就可以理解为《民事诉讼法》上的独立请求权。此外，也有观点采用不同的解释进路。如认为抵押权人有权防止发包人和施工人恶意串通损害其利益，因此具有独立的请求权；或者认为有独立的请求权不仅包括主张相同的诉讼标的，也直接排除诉讼标的，抵押权人在该诉讼中是要主张直接排除实际施工人主张的诉讼标的，因此具有独立的请求权。（4）如果将其作为无独立请求权的第三人，会产生不合理的后果。一方面，由于该判决不会让抵押权人承担责任，所以抵押权人无权上诉；另一方面，抵押权人又将因为已经参加了诉讼，而无权提起第三人撤销之诉。

少数观点认为，抵押权人应当属于无独立请求权的第三人，但鉴于实际需要，可以允许其提起上诉。

另有观点认为，抵押权人不具有第三人的法律地位。主要理由是：（1）根据现行法，我国的第三人包括有独立请求权的第三人和无独立请求权的第三人。抵押权人并不属于其中任何一类，而是属于诈害防止型的第三人，此类第三人在我国现行法上没有明确规定。（2）如果抵押权人具有第三人的法律地位，那发包人的所有债权人都可以因为其受偿情况与建设工程价款数额和顺位有关而成为第三人。

【代表性学术观点】

根据《民事诉讼法》（2021年修正）第59条的规定，所谓“有独立请求权的第三人”是指对当事人双方的诉讼标的有独立请求权的，有权提起诉讼的第三人；所谓“无独立请求权的第三人”是指对当事人双方的诉讼标的，虽然没有独立请求权，但案件处理结果同他有法律上的利害关系，可以申请参加诉讼或者由人民法院通知参加诉讼的第三人。有独立请求权的第三人在诉讼地位上相当于原告，无独立请求权的第三人则只有在法院判决其承担民事责任的情况下，才有当事人的诉讼权利义务。虽然《民事诉讼法》的表述相对明确，但由于“诉讼标的”“请求权”“法律上的利害关系”等概念无论是理论界还是实务界一直都有不同的理解，导致关于“有独立请求权的第三人”和“无独立请求权的第三人”的范围也存在较大的争议。

对于可能受本诉原、被告恶意诉讼影响的主体，到底处于何种诉讼地位，理论界基本是三类学说：

1. 有独立请求权的第三人说。

江伟、肖建国等认为，有独立请求权的第三人中的“独立请求权”，并非实体法上的请求权，而是指独立的诉讼标的，表现为第三人于诉讼中提出的具体诉讼请求。独立请求权的实体法基础，既可以是第三人主张的债权请求权，也可以是物权请求权；实体法上的形成权，如合同解除权、撤销权等，也属于这类的“独立请求权”。不仅如此，主张由于诉讼而使自己的权利受有损害的第三人，也可以独立参加诉讼。《日本民事诉讼法》第71条规定，主张由于诉讼解决而使其权利受到损害的第三人，可以作为当事人参与诉讼，这被称为“诈害防止参加”。我国《民事诉讼法》(2017年修正）第56条第3款规定了第三人撤销之诉，既然立法上认可对于损害第三人合法权益的诈害判决提起撤销之诉，根据法律解释中的举重明轻原则，就应当承认第三人有权对正在进行的诈害诉讼提起独立的参加之诉。[①]

王亚新、陈杭平、刘君博认为，“诈害诉讼防止的参加”是日本和我国台湾地区民事诉讼相关规定中早有规定的一种制度。在我国民事司法实务中，以前并未把这种情形作为有独立请求权的第三人参加诉讼的形态之一。但是在2012年《民事诉讼法》引入第三人撤销之诉之后，更多的学者主张应当充分利用这项制度来对虚假诉讼的受害人进行救济。既然虚假诉讼的受害人事后可以作为第三人，针对经虚假诉讼形成的裁判结果提起撤销之诉的话，那么相应地，也应该接受这样的观点：这种主体在诉讼尚在进行的阶段也有权申请参加进来，以便于事前就有机会防止诉讼诈害结果的发生。因此，应当将“他人之间出于非法目的而进行诉讼且结果会使其利益受到损害”的第三人也纳入《民事诉讼法》第56条第1款的适用范围。[②]

刘东认为，应当将诈害防止参加作为“有独立请求权”产生的依据之一。案外第三人提起诈害防止参加的权利依据，是基于诉讼上的形成权，而非基于实体上的救济形成权。[③]

2. 无独立请求权的第三人说。

吴泽勇认为，法律并未引入“诈害防止参加之诉”，因此还是需要从实体法上解决问题，即民法上明确保护的债权人，因“案件处理结果影响到其利

---

① 江伟、肖建国主编：《民事诉讼法》，中国人民大学出版社2018年版，第151页。

② 王亚新、陈杭平、刘君博：《中国民事诉讼法重点讲义》，高等教育出版社2017年版，第162页。

③ 刘东：《“有独立请求权”的类型化分析——以民事诉讼法第56条第1款为中心的研究》，载《政法论坛》2016年第1期。

益”而成为原审无独立请求权第三人。[①]

3. 非第三人说。

宋朝武认为，现行法的第三人范围比较狭窄，无法满足现实需要，应当设立防止诈害的第三人诉讼参加制度。[②]

实际上，三种学说差别并不大，因为即便是无独立请求权的第三人说和非第三人说也都认可，为满足实际需要，应当赋予受本诉侵害的主体诉讼地位，只是其认为在现行法上，缺乏合理解释的可能。

此外，从司法实务情况看，大多认为抵押权人为无独立请求权第三人，但也有判决认可其虽未被判决承担责任但仍有权提起上诉。

【典型案例】

宁国建设公司与迈吉尔公司、第三人长城安徽分公司建设工程合同纠纷案

案号：安徽省高级人民法院（2020）皖民申1618号

【裁判要旨】

一审虽未判决抵押权人承担责任，但判决确认原告享有工程价款优先受偿权的判决结果，对抵押权的实现有直接的不利影响，故抵押权人有权提起上诉。

【基本案情】

原告宁国建设公司与被告迈吉尔公司、第三人长城安徽分公司建设工程合同纠纷案，安徽宁国法院一审判决：（1）被告迈吉尔公司于本判决生效后十日内支付原告宁国建设公司工程价款4 087 256.86元；（2）如被告迈吉尔公司未履行上述义务，原告宁国建设公司有权在上述工程价款范围内，对其承建的迈吉尔公司的办公楼等土建、装饰工程行使工程价款优先受偿权。

安徽长城公司不服一审判决，上诉请求撤销原审判决第2项，改判驳回

---

① 吴泽勇：《第三人撤销之诉的原告适格》，载中国民事诉讼法研究会主办：《民事程序法研究（第十三辑）》，厦门大学出版社2015年版。

② 宋朝武：《新〈民事诉讼法〉视野下的恶意诉讼规制》，载《现代法学》2014年第6期。

宁国建设公司原审要求确认工程价款优先受偿权的诉讼请求。宁国建设公司辩称，原审中，长城安徽分公司是无独立请求权第三人，原审法院并未判决长城安徽分公司承担法律责任，其对原审判决无权提出上诉。

【裁判观点】

安徽省宣城市中级人民法院二审认为，建设工程价款优先受偿权优先于抵押权和其他债权。因此，原审判决内容对长城安徽分公司抵押优先受偿权的实现具有直接的不利影响，客观上对长城安徽分公司抵押优先受偿权的实现增加了法律上的负担。根据民事诉讼法理，长城安徽分公司对原审判决具有上诉利益，依法有权提起上诉。

安徽省高级人民法院再审审查认为，长城安徽分公司对案涉工程建筑物享有抵押权，而宁国建设公司在本案中诉请对案涉工程享有工程价款优先受偿权，本案处理结果与长城安徽分公司有法律上的利害关系。本案一审虽未判决长城安徽分公司承担责任，但一审判决确认宁国建设公司对案涉工程享有工程价款优先受偿权，该判决结果对长城安徽分公司抵押权的实现具有直接的不利影响，故二审法院认定长城安徽分公司在本案中具有上诉利益有权提起上诉，并无不当。

（讨论整理：刘生亮；后续评论：王赫）

驳回反诉裁定之上诉权

【法院群友】

李志刚、刘春梅、郭宁华、吴泽勇、王长军、肖建国、刘静、刘生亮、王松、刘建功、傅穹、邓江源

【讨论时间】

2020年9月

【沙龙实录】

问题与观点

李志刚：对反诉案件不予受理的裁定，是否可以上诉？在既有判决中，似存在不同意见。

刘春梅：反诉受理解决的是是否与本诉合并审理的问题，驳回反诉是法院不同意合并审理，不影响反诉原告的程序权利和实体权利。关于合并审理的事项，如追加第三人申请或案件合并审理等，属于法院依职权决定事项，不可以给予上诉权。反诉不同管辖权异议，有明确的受限时间，反诉在法庭辩论终结前均可提。假若一个案件有数个被告，管辖权异议一审、二审均提出；然后各被告轮流提反诉，再给予上诉权，一个案子要审多少年？

郭宁华：根据《民事诉讼法司法解释》第233条的规定，反诉应由其他人民法院专属管辖，或者与本诉的诉讼标的及诉讼请求所依据的事实、理由无关联的，裁定不予受理，告知另行起诉。这一条应该说得比较明确了，对不予受理的救济途径是另行起诉，而非上诉。

不受理的是不合并的请求，不是不受理起诉，没有剥夺当事人的诉权。另从最高人民法院现行的诉讼文书样式来看，不予受理的救济途径也是另行起诉。

吴泽勇：在最高人民法院审理的（2016）最高法民终426号上诉人大庆恒新房地产开发有限公司与被上诉人大庆铼成购物有限公司商品房预售合同纠纷案民事裁定中，最高人民法院实际上区分了反诉本身是否符合条件，与反诉作为一个诉是否成立。这两件事是否可以区分、是否有必要区分，对回答李志刚老师的问题或有影响。

如果对反诉的不予受理裁定只是处理反诉了是否需要合并审理的问题，郭宁华老师的分析无疑是值得赞同的。但对反诉不予受理的裁定很多时候就是否定了反诉作为一个诉的合法性。这种情况下的不予受理裁定与一般的不予受理裁定并无任何区别，不允许当事人上诉似乎也没有充分依据。

比如，在反诉涉及专属管辖的时候，其实就是上述后一种情形。此时，不允许当事人上诉，假如当事人不同意法院对专属管辖的判断，就只能在本院再次起诉，然后法院裁定移送管辖，对该裁定，当事人仍然可以提出管辖权异议。这样一来，不允许对反诉不予受理的裁定上诉，反而增加了诉讼环节和当事人讼累。

郭宁华：吴泽勇老师的意见有一定道理。除了当事人诉累的角度，是不是还有一个程序利益平衡的角度也值得考虑。在本诉立案时，原告起诉，法院受理的，被告可以提管辖异议，有程序救济手段，法院不受理的，原告可以上诉，也有救济手段。但在反诉受理环节中，法院如决定受理的，本诉原告不同意反诉的，没有程序救济手段，只能认。法院不予受理的，如果允许反诉方上诉的，则多了个程序救济手段，似乎有违程序利益平衡的诉讼原则。

王长军：司法实践中，此问题较为混乱，两种做法都有。从有利于诉讼效率且不损害反诉人的诉权而言，赞同不能上诉。

肖建国：我国未建立强制反诉制度，是否一并处理反诉，取决于法官的个案裁量。法官面对反诉时，其思考方式往往是“即使反诉合法，有无必要在本案中一并处理”。基于本案处理效率、办案业绩考核、当事人有另行起诉的权利等因素，我的观察是，法官大多选择不一并处理反诉，方式既可能是口头通知，也可能书面裁定不予受理。过去多是口头或不予回应，立案登记后书面裁定多起来了。如果是书面裁定，且“不予受理＝不予合并审理”，不给上诉权无可厚非。

实务做法

王长军：实务中，只要符合反诉受理条件，一般都会受理。不予受理通常是法官与反诉人在是否构成反诉上存在分歧，此时，从有利于诉讼效率且丝毫不损害反诉人的诉权，赞同不能上诉。如果允许上诉，二审可能驳回上诉，则本诉效率徒受影响（有时可能长达 1 年），利弊权衡，不允许上诉更妥。

刘春梅：在程序事项由实体庭审理的期间，我们是裁定不予受理反诉的申请，而不是驳回反诉的起诉。后来改革了，程序事项由立案庭审理了，就没再注意相关表述了。

肖建国：立案登记制实施后，不予受理这种表述应该很少用了吧。

王长军：允许对不予受理反诉上诉，又会成为一些被告恶意拖延诉讼的武器……如同执行异议一样，可能会乱提、滥提甚多，影响执行效率，损害申请执行人的利益。

文义解释与利益衡量

郭宁华：这里面有个法利益取舍和平衡的问题。

刘　静：第一，《民事诉讼法》规定的可以上诉的裁定本来就是很有限的，不予受理的裁定是可以上诉的，我没有看到什么司法解释或者法律规定进行限制，在反诉这种情形下，限制不予受理这一种类型裁定的上诉权，至少应该有司法解释明确规定。否则，背离了法律可以稳定预期的功能。还可能会在这个撕裂的口子上出来更多这种裁量性限制，影响当事人对程序的预期，继而影响实体审理的质量。第二，用案件处理效率、办案业绩考核等过于抽象的和法院本位的理由回应对当事人法定程序权利的限制，不能苟同。法律明确给出了两条路径，当事人要选择其中一条，似应有更为正当性的理由，才可以限缩法律的解释。第三，执行异议和管辖权确实也带来了很多的同样问题，但是不是也用直接取缔这样的思路以及以上的理由就足够回应呢？第四，不予受理反诉裁定的后果，可能还要进一步结合实践中的多种形态进行细分。不仅要考虑原告的不利，也要看到被告的损失。第五，实践中诉讼割裂造成的事实审理不清、讼累等问题也是可以纳入整个反诉制度的考量范围的。

刘生亮：反诉是诉的问题、合并审的问题，抑或攻击防御方法问题。

刘　静：是的。

王　松：《民事诉讼法司法解释》第233条第3款规定，反诉应由其他人民法院专属管辖，或者与本诉的诉讼标的及诉讼请求所依据的事实、理由无关联的，裁定不予受理，告知另行起诉。该条规定，是指一审法官认为被告提出的反诉不构成该条第1~2款规定的主客观要件，裁定不予受理。但得不出对该不予受理裁定被告无权上诉、只能另行起诉的意思。

而且《民事诉讼法》明确规定，对“不予受理”裁定，可以上诉，并未将对反诉的不予受理裁定排除在外。因此，应对允许当事人对此类裁定提起上诉。查了一下裁判文书网，最高人民法院和一些高级人民法院、中级人民法院有不少这样的二审案件。

情形细分与制度价值

刘建功：同意肖建国老师的意见。不予受理反诉可能有多种情形：一是一审认为反诉本身不符合受理条件，但如果符合条件这个反诉可以和本诉合并审理；二是一审认为反诉不仅不符合受理条件，而且即便符合也不应当合并审理；三是一审认为反诉虽然符合受理条件，但不应当合并审理，可以另行起诉。第一种可以上诉自然没有问题，而且整个案件要等；第二种虽然可以上诉，但解决的是诉权问题，即便上诉成功，也不能合并审理。也就是说，照样上诉，但本案继续；第三种应当是不能上诉。

吴泽勇：之前各位法官老师提到的不应上诉的理由，似乎主要涉及刘建功庭长列举的第三种情况。对其他两种情况，这些理由说服力不够。

傅　穹：反诉驳回裁定，应该允许上诉，无论裁定书是否列明上诉权。司法实践中，我正面临此困境：甲、乙股权交易中，以借贷名义，实则出资，又加附条件租赁，几年后，甲仅以借贷起诉，乙反诉须合并审理股权交易与租赁费，均基于同一股权投资交易，不应剥夺上诉权。

刘建功：傅穹老师，乙此时提出的诉讼主张，是不是抵销权？这是依单方意思表示即可成立的权利，是本案给付之诉必然应当包括的范围。问题可以转换成，对于法院是否合并审理的决定，能否上诉的问题。

傅　穹：您说得对，包含部分抵销权理由，但不止于此。不合并，无全局，本是一事派生交织。

王　松：这样区分是审理法官的认识，也可能法官的认识、裁定不予受理是正确的，关键是要不要给当事人一个程序救济的机会。如果不给机会，有没有法律的明确规定

吴泽勇：是的。而思考这个问题，不能仅从反诉原告是否有其他方式另行起诉这一个视角出发。如果案件本身适合一并处理但法官不当拒绝了反诉，实际上是浪费了纠纷一次性解决的机会。对于这种情况，上诉的价值依然存在。

傅　穹：赞同吴泽勇老师这一思考角度与价值所在。

王　松：《民事诉讼法司法解释》第233条第2款规定，反诉与本诉的诉讼请求基于相同法律关系、诉讼请求之间具有因果关系，或者反诉与本诉的诉讼请求基于相同事实的，人民法院应当合并审理。这里表述的是“应当”。

第3款前句“反诉应由其他人民法院专属管辖”，这个好理解，构成反诉，只是没有管辖权。后句“与本诉的诉讼标的及诉讼请求所依据的事实、理由无关联”，这种情况，反诉与本诉之间难谓具有牵连关系，即不构成反诉了。因此，第2款的意思应指：除没有管辖权的情况外，当反诉与本诉的请求产生于同一法律关系或同一法律事实时，应当合并审理，法官应当遵守这个“应当”的规定。

构成反诉，又有管辖权，法官认为不予合并审理，是没有法律依据的。正是基于实践中大量存在不喜欢受理反诉、要求当事人另行起诉的现象，《民事诉讼法司法解释》第233条第2款才规定“应当合并审理”。当然了，《民事诉讼法》第140条[①]的表述是“可以合并审理”，没有强制；《民事诉讼法司法解释》第233条则作了强调：“应当合并审理”。二者有差别，此时应当尊重司法解释的特殊安排。

吴泽勇：从现行法的文义解释看，确实如此。

傅　穹：感触颇深。反诉与本诉基于相同事实与因果，产生不同法律关系，借贷、商事、租赁、违约等，仅靠《民商审判会议纪要》的抗辩抵销，难以起到合并审理之效果。

刘建功：有趣的问题。是被考核压变形了。一般来说，法官应当乐意看到反诉，一揽子解决问题。把本来紧密联系的事情割裂开，让当事人另行起诉，确实于纠纷解决不利，有时还会带来当事人实际利益的损害。但有时也有当事人熬到最后一刻提出反诉。从功能主义角度出发，该如何设计呢？王松老师提出的司法解释的“应当”二字，能否解释到可以上诉的程度呢？再仔细想想。

王　松：我理解问题在于是不是“构成反诉”。构成反诉、有管辖权就应当合并审理。认为被告提出反诉就是拖延时间，继而剥夺其上诉权，难谓妥当。被告不构成反诉、裁定驳回，上诉就是个程序审，耽误不了多少时间，但如果构成反诉、一审不受理，对当事人利益的损害是显而易见的。

吴泽勇：问题就是对于是否构成反诉，当事人和法院的认识不一致怎么

---

① 现为《民事诉讼法》（2021年修正）第143条，

办？是直接上诉，还是走另诉渠道？

王　松：认识不一致，理应给当事人一个上诉的机会。如果不能上诉、只能另诉，一旦一审认定不构成反诉有误，《民事诉讼法司法解释》第233条强制合并审理的规定就被架空了。

吴泽勇：我们观点一致。

王　松：《民事诉讼法》仅规定被告有权提起反诉，但没有规定反诉的构成要件和审理程序，司法解释作出补充规定还是很有意义的，不然反诉就被架空了。

吴泽勇：是的。

王　松：不是解释到可以上诉的程度，是法律明确规定。对不予受理裁定可以上诉，是有明确规定的（《民事诉讼法》第154条规定第1项），[①]对反诉的不予受理裁定认为不能上诉，则是没有法律规定的（《民事诉讼法司法解释》第233条无此意）。

刘建功：必要性的论证看来是可以了。可以上诉的文义解释途径如何？

吴泽勇：理论上《民事诉讼法》是公法，公法对当事人权利的规定，如果没有明文设定例外，法院不能限制。

刘建功：仔细看了《民事诉讼法》，文义解释也能过关。同意王松意见。

王长军：对不予受理的裁定可以上诉没错，但是否扩大到包括反诉的不予受理呢？我认为值得商榷，前者涉及诉权问题，后者不影响诉权，可以另行起诉。符合起诉与符合反诉的构成要件不同。

邓江源：从诉的本质看，本诉与反诉是两个独立的诉。本应该分别起诉、分别受理。只不过出于查清事实、节省诉讼成本的考虑，《民事诉讼法》规定可以合并审理。在法律的基础上，《民事诉讼法司法解释》第233条第2款进一步明确了应当合并审理的牵连管辖情形。因此，除了符合牵连管辖的情形之外，法官有权决定反诉是否一并受理。对不予受理反诉的裁定，之所以不赋予上诉权，一是因为有另行起诉的救济渠道，二是因为即便一并受理，也

① 《民事诉讼法》第154条规定：“裁定适用于下列范围：（一）不予受理……对前款第一项至第三项裁定，可以上诉。”现为《民事诉讼法》（2021年修正）第157条。

无法实现有利于查清事实、节省诉讼成本的目标。

郭宁华：邓江源老师的观点有启发性。诉讼法上允许反诉的基本目的是什么？从法律规定来看，允许反诉的基本立法目的是减少讼累，查明事实不是基本目的，因为通过抗辩也可达到查明事实的目的，不一定非要反诉。刑事案件中的附带民事诉讼也主要是解决讼累和效率问题。所以诉讼法上对反诉的提出时间是比较宽松的，辩论终结前提出均可。但再赋予其上诉权导致本诉中止，是否对原告不公平？如果上诉期间本诉无须中止继续审理，那合并审理的目的又无法达到了。所以应当强调的是反诉受理的必要性，但未必需要强调可上诉性。另带出另一个问题，反诉不予受理裁定能否再审？

【总结及倾向性意见】

关于当事人对驳回反诉的裁定是否有权上诉的问题，沙龙群友存在三种观点，但未形成倾向性意见。

否定说认为，对于驳回反诉的裁定不能上诉。其主要理由是，第一，反诉是被告提起的另一诉讼，只是法院认为不宜合并审理，与普通的驳回起诉并不相同，因此不适用《民事诉讼法》(2021 年修正）第 157 条关于驳回起诉可以上诉的规定。第二，驳回反诉的，被告可以另行提起诉讼，对其诉讼权利并无影响，其缺乏上诉利益。第三，根据《民事诉讼法司法解释》第 232 条规定，法庭辩论终结前，被告均可以提出反诉，如果再允许被告就驳回反诉的裁定提起上诉，将进一步造成本诉审理的拖延，与反诉本身提高诉讼效率的制度目的存在冲突。

肯定说认为，第一，《民事诉讼法》(2021 年修正）第 157 条并未区分驳回本诉和驳回反诉，对驳回反诉裁定不服的，不允许上诉不符合法律规定。第二，《民事诉讼法司法解释》第 232 条规定，被告提出反诉，可以合并审理的，人民法院应当合并审理；第 233 条第 2 款规定，反诉与本诉的诉讼请求基于相同法律关系、诉讼请求之间具有因果关系，或者反诉与本诉的诉讼请求基于相同事实的，人民法院应当合并审理。这里规定"应当合并审理"，意味着司法解释承认了合并审理在此时具有正当性，反诉原告享有正当利益，不能因为其可以另行起诉就认为对其没有损害。第三，从实践情况看，有法院从绩效考核等因素出发，对反诉采取消极态度，如果不给予当事人上诉的权利，有可能使反诉一次性解决纠纷、节约司法资源等制度目的落空。第四，任何权利都存在被滥用的可能，但不能因为有滥用可能就排除此种权利。

折中说认为，应当区分驳回反诉的情形。对于反诉不符合起诉条件，如果符合条件应当合并审理的，应当给予当事人上诉的权利，因为此时与普通的驳回起诉没有区别；但对于法院认为不应当合并审理驳回的，则没有必要允许其上诉，当事人可以另行起诉。

【代表性学术观点】

1. 支持否定说的代表性观点。

支艳认为，经审查，人民法院认为当事人的反诉不符合受理条件的，裁定不予受理。对该反诉不予受理裁定，反诉当事人不具有上诉权，可依据《民事诉讼法司法解释》第 233 条规定另行起诉。其主要理由是，第一，当事人可另行起诉，无须赋予当事人上诉的权利。第二，赋予反诉不予受理裁定的当事人上诉权，会造成民事诉讼程序适用的混乱。第三，最高人民法院的《民事诉讼文书样式》对于“民事裁定书（对起诉不予受理用）”和“民事裁定书（对反诉不予受理用）”分别进行了编撰，后者的尾部没有前者尾部的“如不服本裁定，可以在裁定书送达之日起十日内，向本院递交上诉状，上诉于 ×××× 人民法院”的内容，可见最高人民法院对此已有倾向性意见。第四，反诉制度的设立使当事人间的相关纠纷可以通过同一个诉讼程序一次性得以解决，既在一定程度上降低了诉讼成本，又使诉讼效率得以大大提高，但反诉权的滥用违背了反诉制度的设置目的与宗旨，可能会使对方当事人遭受财产或精神上的损害，还会造成司法资源的浪费。[①]

2. 支持肯定说的代表性观点。

张卫平等认为，对于因被告提出的反诉欠缺实质性要件或者程序性要件

---

① 支艳：《对反诉不予受理裁定不能上诉》，载《人民司法·案例》2020 年第 2 期。

裁定驳回受理的，应当赋予被告上诉权，以便其获得充分的程序保障。[①] **王福华**认为，法院对本诉被告提起的反诉不予受理或不与本诉合并审理，应当作出书面的裁定，本诉的被告有权上诉，以便对自己的反诉权进行切实有效的保护。[②] **张晋红**认为，应当赋予被告对不予受理反诉的裁定以上诉权。首先，反诉就其实质而言是特殊的起诉，其在行使诉权和实现诉讼方面的意义与原告的起诉并无根本不同，当反诉遭遇不予受理的结果时，同时意味着被告诉权行使的落空。其次，在反诉制度的适用经常遇阻的情况下，严格反诉的受理程序和加强对不予受理反诉裁定的监督，有助于人民法院正确适用反诉制度。[③] **朱守良**认为，民事反诉是独立的诉讼程序，涉及当事人实体权利义务法律关系，与本诉具备同等的法律属性。如果人民法院作出不予受理的裁定，反诉的当事人应当有权提出上诉。[④]

【典型案例】

福建亚通新材料科技股份有限公司股东出资纠纷案

案号：最高人民法院（2018）最高法民终 41 号

【裁判要旨】

被告对不予受理反诉的裁定，可以上诉。

【基本案情】

福建亚通新材料科技股份有限公司（以下简称亚通公司）股东出资纠纷案，因不服黑龙江省高级人民法院（2016）黑民初 5-1 号民事裁定，遂向最高人民法院提起上诉。亚通公司上诉请求：撤销黑龙江省高级人民法院（2016）黑民初 5-1 号民事裁定，受理亚通公司的反诉并与本案合并审理。

---

① 张卫平主编：《新民事诉讼法条文精释》，人民法院出版社 2012 年版，第 93~94 页。

② 王福华：《论反诉制度中的诉讼权能平衡》，载《法学论坛》2000 年第 2 期。

③ 张晋红：《反诉制度适用之反诉》，载《法律科学》2002 年第 5 期。

④ 朱守良：《民事反诉制度的适用与完善》，载齐树洁、张勤主编：《东南司法评论》（2019 年卷），厦门大学出版社 2019 年版，第 60 页。

最高人民法院对亚通公司的反诉请求与本诉请求依据的是否为同一事实进行了审查，实质认可了被告对于反诉不予受理裁定的上诉权。

类似案例可参见：（2020）最高法知民终 826 号

（讨论整理及后续评论：王赫）

带租拍卖买受人诉虚假租约

【发言群友】

王长军、李志刚、夏正芳、刘建功

【讨论时间】

2019 年 12 月

【沙龙实录】

问题与观点

王长军：看了 2019 年 12 月 12 日的《今日说法》节目之《真假租约》，想到一个问题：司法拍卖的买受人（已取得房产证），起诉出租人（被执行人）和承租人，以房屋《租赁合同》虚假为由，请求确认《租赁合同》无效，承租人从房屋搬离，法院如何处理？

李志刚：如查明事实属实，判决支持诉请，会有什么问题吗？

王长军：有两个问题值得思考：（1）即便假设租赁合同虚假，是否就侵犯了买受人的利益？（2）买受人有无诉的利益，法院应否受理。

李志刚：《民事诉讼法》第 119 条[①]规定的受理条件是“原告是与本案有

① 现为《民事诉讼法》（2021 年修正）第 122 条。

直接利害关系的公民、法人和其他组织”。

王长军：对该问题，个人思考认为：不应受理；如受理，则应裁定驳回。理由是：(1)司法拍卖不同于平等民事主体之间的买卖，后者是意思自治，前者是公法行为，体现了强制性，不是原房东自愿出卖，而是法院的强制拍卖，买受人是从法院处购买的房屋，如果认为拍卖标的或拍卖程序有问题，其只能找法院解决。(2)法院的拍卖公告明确载明带租拍卖及租赁期间，买受人参与拍卖时即明知，应当接受该结果，容忍租赁期内承租人的占有、使用，这也是买卖不破租赁的原则。(3)即使假设原租赁合同是被执行人与承租人订立的虚假租赁，对抗法院执行，该虚假合同也不损害买受人的利益，买受人起诉原租赁合同无效及承租人搬离，没有诉的利益，故应驳回起诉。

夏正芳：不敢苟同。买受人作为物权人，怎能说没有诉的利益？换个角度，如果租赁合同确实是虚假的，总不能无视吧？

王长军：即使租赁合同确实无效，也不应通过买受人的起诉来解决，而应通过执行法院核查，如属实，可对虚假租赁双方当事人（特别是被执行人）罚款、拘留，直至追究拒执罪。

刘建功：这个案件中，如果租赁合同属于为对抗执行而订立的虚假合同，那么属于恶意串通损害第三人利益。损害了谁的利益呢？显然是出租人在另案中的债权人利益。因此本案应当通知债权人，询问其是否作为有独立请求权的第三人参加诉讼。

诉的利益与由谁获益

李志刚：诉的利益，在《民事诉讼法》第119条上的表达是有“直接利害关系”，要判断有关还是无关。王长军兄可能关注的是买受人是否由此获得额外的利益，或者带来的额外的利益是否应当归属于买受人——这可能和有无利害关系、有无诉权，是两个问题。

王长军：诉的利益是指当民事权益受到侵害或者与他人发生民事纠纷时，需要运用民事诉讼予以救济的必要性。判断诉的利益的具体标准，要根据诉的类型区别对待。在确认之诉中，由于确认之诉属于预防性法律救济，旨在预防或避免将来纠纷或侵害的发生，因此，提起确认之诉就必须具有值得救济或保护的法律利益。司法拍卖的买受人作为原告起诉，即使法院认定租赁合同无效，胜诉之结果对买受人又有什么好处呢，买受人能够依据租赁合同无效的判决得到房屋吗？我认为不能。正如刘建功兄所言，无效租赁合同真正损害的是申请执行人的利益。

夏正芳： 出租人的债权人如果已得到受偿自然就不会主张了。在没有其他人主张的情况下，与其认为买受人无权，反而让造假者获利，不如认可买受人有权主张，中彩了。等有其他权利人出现了再作判断。

王长军： 买受人获利，是对其他竞买人的不公。更为重要的是买受人参与司法拍卖时，明知法院的拍卖公告载明了带租拍卖及租赁期间，正是因为带租拍卖，所以将严重影响成交价格，买受人才能以较低的价格（案例中租期还有 14 年，买受人系以二拍底价竞得，相当于评估价的 56%）购买，如果让他直接得到房屋，他也构成不当得利，对其他竞买人也不公正。

夏正芳： 具体情况不同，似乎影响判断。但对买受人而言，就没有虚假一说了。

王长军： 关键是租赁合同虚假的存在，丝毫不影响买受人的利益。

夏正芳： 有道理。

刘建功： 在具体案件中，债权人的利益获得满足的概率不高。如果造假后拍卖的收益还能满足债权人，那么出租人岂不是和承租人恶意串通损害自己利益？

李志刚：（1）虚假合同的存在，不影响买受人的既有利益，但不等于和买受人没有直接的利害关系（诉的利益）。（2）买受人甚至可以获得额外收益。至于这块额外收益，是应该归属于买受人，还是应该归属于出租人、出租人的其他债权人，这是另外一个法律关系，其他真正权利人，可以另行主张。不影响买受人在本案中的诉权。（3）不存在对其他竞买人是否公平的问题，因为在拍卖时点，风险和收益都是公开的，不是竞买人可以隐瞒的，这部分收益，最终也未必会归属于买受人。不能以事后出现的或然性事实，否定事前公开竞价交易的公平性，除非竞买人本身也参与了恶意串通。

夏正芳：我也赞同李志刚的观点，认可买受人有诉权。虽然王长军法官和刘建功的观点有道理，但很难操作。这个问题只能一步步解决，看具体的主张、主体，再作认定。不可能全部纳入本案，一并解决。对买受人而言，其是房屋的所有人，在房屋的租赁负担有虚假的情况下，赋予其诉权，并没有什么不当。若因其受益后，有其他权利受损的债权人来主张，再作处理。如此总比目前驳回买受人起诉而让虚假的合同存在效果更好。

刘建功：我没说要驳回起诉。我是说要通知出租人的债权人作为有独立请求权的第三人参加诉讼，因为他才是真正受损者。债权人 99% 会参加诉讼的，因为他的债权还没有得到满足。

王长军：有独立请求权的第三人无须通知参加诉讼吧。假设他的债权已实现，则他也不会参加诉讼。

刘建功：只需要通知申请拍卖房屋的那位债权人即可。假设申请拍卖的债权人在自身债权没有得到满足的情况下，明确表明放弃追究债务人与他人恶意串通损害其利益的主张，那么，新所有权人的诉讼请求是否能成立就得大打问号了。假设债务人欠债权人 1000 万元，债权人申请拍卖债务人的房屋，正常可以卖 1500 万元。但债务人与承租人恶意串通，将原本到期的租约私下延长 10 年，伪称原来就是这么长的租约。导致房屋价格降低。现经过竞价，买受人以 600 万元成交。这样，出现了以下结果：第一，债权人因其恶意串通行为而本来可以获得全部清偿的债权尚有 400 万元未获清偿。第二，买受人并未实际受损。如果买受人能够在不付出代价的情况下推翻租赁合同赶走债务人，那么等于他以 600 万元价格买到 2000 万元的房屋。受损的只是债权人。

假如说，债权人放弃权利，或者房屋卖了 1000 万元，债权人全额获得清偿。那么，债务人和承租人之间的“串通”，除了导致债务人自己受损外，没有人受损。买受人买的就是一个如假包换的带租约的房屋。

李志刚：可能要看看是否属于必要的共同诉讼。如果是的话，出租人又有好多个债权人，那工作量还不小。

王长军：如果不驳回买受人的起诉，承认其具有诉的利益，假设查实租赁合同虚假，法院能否支持买受人取得房屋的请求呢？

李志刚：确认租赁合同无效，与请求提前交付买卖合同的标的物，是两个不同的法律关系。

王长军：如果买受人不能取得房屋，则他提起无效之诉没有意义，也表明其无诉的利益。关于确认利益的有无之判断，曹志勋认为：“确认判决涉及的另一特别诉讼要件是（狭义的）确认利益，即‘原告的权利或者权利状况面对现存的不确定危险，该危险又能够通过确认之诉克服’。如果不存在消除危险的必要，就不能提起确认之诉而只能直接提起给付之诉（法官就此也必须释明），以避免讼累和资源浪费。原因在于，确认之诉作为具有补充性质的司法救济途径，需要通过某种机制过滤案件。有鉴于此，确认利益就登场了。所谓不确定危险是指被告否认原告权利（积极确认）或者指责原告侵权（消极确认），或者原告的权利即将超过诉讼时效。就较为特殊的消极确认之诉而言，不以潜在权利人的明确指责（如侵权警告函）为前提，而只需原告基于特定事实不得不担心被告主张权利即可。从权利保护的目的来看，也不能期待请求确认债务不存在的原告先向被告‘履行债务’，然后再提起给付之诉请求被告返还。”①

就本案而言，第一，是否应当通过执行程序还是诉讼程序解决，这是本案争议的首要问题。这涉及买受人有无诉权、法院应否受理的问题。（1）由于买受人是通过司法拍卖，从法院购买的房屋，这是执行程序中的问题，只能通过执行法院来解决。但买受人是向房屋所在地法院（也是租赁合同当事人住所地，但不是执行法院）提起诉讼。假设该法院作出判决，该判决依法将由该法院执行，相当于该法院来纠正另案执行法院的裁判，是否适当？（2）目前，我国执行中的问题需要通过诉讼程序来解决的，按照法律和司法解释的规定，只有执行异议之诉、执行分配方案异议之诉、债务人异议之诉、申请执行人代位分割共有财产之诉等七种，其他纠纷（包括买受人起诉被执行人与承租人租赁合同无效）通过诉讼程序解决没有法律依据，故应当通过执

---

① 曹志勋：《论我国法上确认之诉的认定》，载《法学》2018 年第 11 期。

行程序解决。第二，买受人起诉没有诉的利益。法院在司法拍卖的公告中明确载明了租赁的存在，并附有租赁合同，买受人在参与司法拍卖时明确知道出卖房屋上存有租赁，知晓上面还有14年的租期，所以买受人在竞买时充分考虑到房屋上存在的14年租赁对房屋价格将造成的影响（每一个参与竞买的人都会考虑），这也是本案一拍流拍，以二拍起拍价成交的原因。所以房屋上存在的租赁合同，无论是真实还是虚假，尤其是成交后买受人才知道的虚假，对买受人购买案涉房屋的结果没有任何影响。租赁合同的存在对买受人实质上的权利不会造成丝毫损害，其权利没有因为租赁合同虚假而受到损害，故无权起诉要求保护。第三，通过执行程序解决简便、快捷。买受人在成交后，希望与承租人协商能够提前解除租赁合同。但是，承租人不愿意和他协商。他事后才发现承租人与出租人是亲属关系，且签订租赁合同时承租人72岁还租赁19年，租赁合同不合常理，遂通过《今日说法》把该问题暴露出来，并向房屋所在地的法院（也是租赁合同当事人住所地，但不是执行法院）提起诉讼。我认为，如果有证据证明租赁合同虚假，买受人应当向执行法院反映，执行法院对此应当进行核查。如果查证属实，租赁合同的双方构成以虚假合同欺骗法院，对抗执行，应当按照《民事诉讼法》第111条[①]对被执行人和承租人（特别是被执行人）进行罚款、拘留，直至追究拒执罪的刑事责任。同时，对于虚假租赁应当予以否定，但不能将房屋交给买受人，因为这样的结果将使其构成不当得利，也是对其他竞买人的不公，不符合公平正义。执行法院应当将原来的拍卖裁定同时撤销，将房屋重新挂网拍卖，即以不带租赁进行拍卖，彻底解决这一问题。

【总结及倾向性意见】

关于司法拍卖中，执行法院公告带租拍卖，买受人能否再提起诉讼请求确认租赁合同不成立或者无效，并要求承租人返还拍卖不动产的问题，争议较大，此次讨论未形成倾向性意见。

一种观点认为，执行法院已经公告带租拍卖，买受人接受该条件参与竞

---

① 现为《民事诉讼法》(2021年修正)第114条。

买，已经认可租赁合同的存在，因此其无权请求确认合同不成立或者无效。同时，该争议应当通过执行程序解决，在租赁合同无效的情况下，拍卖标的与公告事实严重不符，执行法院应当撤销拍卖成交裁定，重新拍卖。另一种观点认为，买受人作为物权人显然有权利请求确认租赁合同不成立或者无效，且要求承租人返还。至于最终这部分利益究竟应当由被执行人还是申请执行人享有，属于另一法律关系。

【典型案例】

昆山康如电子材料有限公司与苏州琨淞诚智能电子科技有限公司返还原物纠纷案

案号：江苏省高级人民法院（2020）苏民申 4936 号

【裁判要旨】

查封日之后签订的租赁合同对于通过拍卖程序取得的所有权人不具有法律约束力，所有权人有权要求承租人搬离，并支付占有使用费。

【基本案情】

2005 年 7 月 21 日，案涉房屋的所有权人锦城公司在该房屋上为昆山农村商业银行巴城支行设立了抵押权。2012 年 12 月 9 日，该房屋被原无锡市崇安区人民法院查封。该房屋被查封后，康如公司与锦城公司签订租赁合同。2018 年 4 月 2 日，琨淞诚公司通过司法拍卖竞得上述厂房及土地，并于 2018 年 4 月 24 日取得案涉厂房和土地的所有权。拍卖公告中载明，该房屋带有租赁，一审法院不负责清偿移交。

此后，康如公司未与琨淞诚公司就租赁达成一致意见，重新签订租赁合同。琨淞诚公司起诉康如公司迁出房屋并支付自琨淞诚公司取得案涉房屋所有权至康如公司实际迁出之日的房屋占有使用费。

该案经苏州市中级人民法院审理，二审判决支持琨淞诚公司的请求。康如公司不服，向江苏省高级人民法院申请再审。其中一条理由为，琨淞诚公司通过司法拍卖取得案涉房屋及土地，拍卖公告已经披露是“带租拍卖”，拍卖价格中已扣除现有的租赁价值。

江苏省高级人民法院经审查认为，康如公司与锦城公司签订租赁合同晚于查封之日，根据司法解释的有关规定，康如公司与锦城公司签订的租赁合同对通过拍卖程序取得案涉房屋的琨淞诚公司不具有约束力，琨淞诚公司有权要求康如公司迁出案涉房屋，支付占有使用费。况且，康如公司已于2018年9月19日搬离案涉房屋，一审、二审法院按照双方一致确认的房屋占有使用费计算标准，判决康如公司支付自琨淞诚公司取得案涉房屋所有权之日至康如公司实际迁出之日的房屋占有使用费，并无不当。案涉拍卖公告载明，被拍卖房屋带有租赁，一审法院不负责清场移交，该事实并不影响琨淞诚公司依法向康如公司主张房屋使用费的权利。康如公司该主张亦不能成立。

（讨论整理及后续评论：王赫）

裁定以股抵债时的股权变动时间

【发言嘉宾】

李志刚、叶林、谢澍、肖建国、李荐、汪青松、朱虎、段晓娟、傅穹、朱慈蕴、薛军、刘生亮、张元、林晓青、王长军

【讨论时间】

2020 年 6 月、2020 年 12 月

【沙龙实录】

权利性质与变动时间

李志刚：法院以股抵债裁定，股权未办理过户，现权利人欲转让裁定项下的权利，请教诸位师友：（1）股权是否已经发生变动？（2）转让的是股权、债权，还是其他权利？

叶　林：能否解释一下以股抵债裁定是怎么回事？事前有没有冻结？

李志刚：事前没有冻结。执行程序中没有其他财产，股权拍卖没人要，所以裁定以股抵债。

叶　林：执行裁定没有发给市场监督管理机关吗？

李志刚：没有，只发给诉讼当事人。

叶　林：《公司法》第72条规定："人民法院依照法律规定的强制执行程序转让股东的股权时，应当通知公司及全体股东，其他股东在同等条件下有优先购买权。其他股东自人民法院通知之日起满二十日不行使优先购买权的，视为放弃优先购买权。"这是唯一的规定。即使是以股抵债，似乎也应当参照适用该规定吧？否则，公司完全无法公示股权变动。以股抵债，是一个债权债务关系的问题。在公司法上，还是要考虑有限公司其他股东的优先购买权和公司章程的规定。简单裁决以股抵债，似乎不会产生股权变动的效力。

李志刚：《民法典》第229条规定："因人民法院、仲裁机构的法律文书或者人民政府的征收决定等，导致物权设立、变更、转让或者消灭的，自法律文书或者征收决定等生效时发生效力。"但《公司法》未就股权的变动时间问题作出类似规定。

谢　澍：是的。个人也觉得，可以比照物权变动的规则处理。

叶　林：《民法典》第229条和原《物权法》第28条[①]规定所说的物，主要停留在有体物上。《民法典》关于物权的规定中，对于权利作为标的的，写明依照其他法律规定。因此，若为股权，似应首先回到公司法上，而不是按照物权法。在公司法上，《公司法》第71条提供了一种可以参照适用的方案，是可以在公司法范畴内解决的。

谢　澍：学习叶林老师观点：在裁定之前应通知其他股东；假设已经通知了，才裁定转股抵债，似乎就可以认定变动了。

肖建国：抵债裁定已送达承受人的，股权权属即发生了变动，自送达之日起由抵债承受人享有股权，即使没有办理股权过户手续，也不影响承受人取得股权。对此，《拍卖、变卖财产规定》第29条第2款[②]已有明定。这类似于基于法院裁判引发的物权变动。

---

① 《物权法》第28条与《民法典》第229条基本一致，仅个别文字调整。《物权法》第28条规定："因人民法院、仲裁委员会机构的法律文书或者人民政府的征收决定等，导致物权设立、变更、转让或者消灭的，自法律文书或者人民政府的征收决定等生效时发生效力。"

② 现为2020年修正的《拍卖、变卖财产规定》第26条，具体条文内容未变："不动产、有登记的特定动产或者其他财产权拍卖成交或者抵债后，该不动产、特定动产的所有权、其他财产权自拍卖成交或者抵债裁定送达买受人或者承受人时起转移。"

公司法与执行程序

叶　林：肖建国的观点，正是我担心的观点。以往执行局文件中的确是这样的，但这样的做法，在实体法依据上，确实存在较大障碍。

李　荐：同意叶林老师观点，其他股东优先购买权还是应当考虑的。印象中，在执行拍卖中，也是考虑这一因素的。

肖建国：法院拍卖股权时，对于其他股东的优先购买权，也会在司法拍卖中一并保护。因为强制执行程序中已包含对优先购买权保护的程序性规定，与《公司法》应该可以对接的。《拍卖、变卖财产规定》第 16 条[①]专门规定了优先购买权的保护。

叶　林：在前述案件中，执行裁定是否在作出时关注了优先购买权的问题呢？

李志刚：已经通过程序性规定保护了优先购买权。

汪青松：《物权法》和《民法典》都是将出资人权利纳入物权法中的所有权体系下进行规定的。从体系解释的角度看，原《物权法》第 28 条应当是适用于本案情形的。不过，叶林老师提到的公司法角度的考虑，确实没有被相关规则体现出来。

肖建国：如果执行中侵害了优先购买权，其他股东有权依据《民事诉讼法》第 225 条[②]对股权拍卖和抵债提出违法执行异议，来获得执行救济。

叶　林：好的，一般来说，在保护了优先购买权后，如果公司收到裁定，公司有义务按照裁定变更股东名册。此时，应当认为股权已经变更至债权人名下。至于登记，仅为公示。况且，即使受让人主张转让有效甚至获得了股权，也要由公司根据公司章程作出判断。

---

① 现为 2020 年修正的《拍卖、变卖财产规定》第 13 条，具体条文内容未变：“拍卖过程中，有最高应价时，优先购买权人可以表示以该最高价买受，如无更高应价，则拍归优先购买权人；如有更高应价，而优先购买权人不作表示的，则拍归该应价最高的竞买人。顺序相同的多个优先购买权人同时表示买受的，以抽签方式决定买受人。”

② 现为《民事诉讼法》（2021 年修正）第 232 条。

肖建国：请教叶林老师，公司章程对股权转让通常会有什么样的限制？

叶　林：一般公司较少有限制，但我国法律中涉及国企改制、员工持股、外商投资、房地产公司等情形的，或许有如下限制的可能：（1）受让人范围；（2）转让价格；（3）股东对公司承担（供货、供地、提供借款、协调等）特别义务。日本公司法上曾有很多关于限制性的股权转让的规定，一桥大学的一位教授，好像列举了七八种情况。

肖建国：明白了。谢谢叶林老师。我理解，上述章程规定的前两种限制，可以在执行中化解，应该没有大碍。对于第一种限制，可以通过司法拍卖中的定向拍卖解决，对竞买人、抵债承受人的资格进行限制；对于第二种限制，可以通过对拍卖设定保留价、对抵债价格进行限制的方式解决。有问题的是第三种限制，如带有人身专属性的义务（如供地），司法执行可能面临困难。

公司法与物权法

朱　虎：第一，《物权法司法解释（一）》第7条规定："人民法院、仲裁委员会在分割共有不动产或者动产等案件中作出并依法生效的改变原有物权关系的判决书、裁决书、调解书，以及人民法院在执行程序中作出的拍卖成交裁定书、以物抵债裁定书，应当认定为物权法第二十八条所称导致物权设立、变更、转让或者消灭的人民法院、仲裁委员会的法律文书"。[①]其中所蕴含的法理，应当也能够适用于执行中所作出的以股抵债裁定书，《拍卖、变卖财产规定》第29条也作出了相同规定。第二，在拍卖中，叶林老师所担心的章程限制和法定优先购买权等问题，如肖建国老师所言，能够解决。第三，关于股东对公司所负的特别义务，似乎仅仅是纯粹的合同问题，如果解释上不以享有股权为前提，那么义务仍然应当履行。

---

① 现为《民法典物权编司法解释（一）》（法释〔2020〕24号）第7条，有个别文字修改。具体内容为："人民法院、仲裁机构在分割共有不动产或者动产等案件中作出并依法生效的改变原有物权关系的判决书、裁决书、调解书，以及人民法院在执行程序中作出的拍卖成交裁定书、变卖成交裁定书、以物抵债裁定书，应当认定为民法典第二百二十九条所称导致物权设立、变更、转让或者消灭的人民法院、仲裁机构的法律文书。"

叶　林：不过，我内心深处，只希望在公司法范围内解决争议，不希望扩张到物权法等民事一般法，这是商事情结所致吧。

朱　虎：哈哈，民法商法都是私法，公司法能解决最好，规范上没法解决就回到一般法。只要用一般法解决不产生大的价值问题，那就实用主义了。不过，是有消极前提的，即“用一般法解决，不产生大的价值问题”。民法商法相互援助，民法作压舱石夯实基础，商法作发动机引领创新。问法哪得清如许，民商沟通活水来。

段晓娟：赞同叶林老师观点，我要是申请执行人，一定会慎重考虑要不要接受以股权抵债，这个“权”，有可能是扯不尽的麻烦和坑。

肖建国：申请执行人接受抵债，多是不得已而为之。抵债可能带来麻烦，不抵债可能一无所得，两害相权取其轻吧。

朱　虎：是的，这实际上是申请执行人趋利避害的选择。

傅　穹：我赞同叶林老师的观点，以股抵债规范上涉及特别法的公司法与一般法的民法典，首先应在特别法范畴内解决。以难以产生大的价值问题回归物权法，似乎强压。股东人合性价值是闭锁性公司之中的重大价值判断。从实用主义出发，内心深处还是有所不安的。

民商交互的方法论

朱　虎：如果《公司法》有规定，则无须适用一般法；在《公司法》没有规定的时候，则需要考虑一般法。换言之，也就是类推适用。类推适用当然需要积极前提，也就是两者之间价值判断的相似性；但也同样需要消极前提，也就是不存在足以导致不类推适用的重大差异。

刚才所述的例子中，股东人合性价值当然要考虑，但是如肖建国老师所言，在程序中能够解决此种特殊价值，这也就不存在类推适用的消极前提。

叶　林：朱虎提了一个很重要的消极条件，即“不产生重大的价值问题”，这个很受用，只是转移了举证责任，心里不爽。

朱　虎：不是法庭辩论，不会转移举证责任的。因为说“应当类推适用”

时，主张类推适用者本身就需要承担消极前提的论证责任。

傅　穹： 非常认同这一逻辑推理，若能在程序中解决并告知公司与其他股东，其他股东放心，法院并非直接作出以物抵债裁定，是从执行实用出发，有条件地回归物权法。

朱　虎： 实际上，肖建国老师就是在论证没有消极前提。

朱慈蕴： 叶林对公司法的精准把握，肖建国从诉讼法角度法的分析，加之朱虎最后的"助攻"，即民商合一下类推适用之消极条件——可能对第三方产生不利益的可能性，真的学习了！

以股抵债与股东责任

薛　军： 顺便问一句，通过这种抵债的方式获得股东资格，在将来有没有可能承担因为未及时清算而产生的责任呢？

刘生亮： "债随物走"是原则，还是例外？

叶　林： 薛军和刘生亮提了一个好问题。以受让股权为例，受让人通过执行程序获得股权时，显然没有承担债务和责任的念头，依照《公司法司法解释（三）》第18条，受让人承担原股东欠缴出资的责任，以"受让人对此知道或应当知道"为要件，在此场合下，执行申请人（受让人）倒是可以借由"不知道"为由，不承担欠缴出资的责任。这是一种风险和可能，却未必是必然产生的责任。

肖建国： 司法拍卖是一种公开性、竞争性的变价程序。法院拍卖前须对股权在内的所有拍卖标的进行调查，弄清拍卖标的权属状况、物上负担、物的瑕疵等，并公告，让潜在竞买者了解知悉。确定拍卖物的评估价和保留价时，也会参酌拍卖标的瑕疵等因素。股权拍卖竞买人作为理性投资者，是否参加竞买，以什么价格竞买，会有精细的商业考量。原股权欠缴出资的事实，当然会影响到竞买人的出价。因此，股权拍卖成交后，拍定人一般不得以"不知"为由，进行抗辩。抵债承受人也同理（司法拍卖优先，抵债是最后手段）。

行政审批与股权变动

李志刚：根据《拍卖、变卖财产规定》第29条，有登记的特定动产或者其他财产权拍卖成交或者抵债后，该特定动产所有权、其他财产权自拍卖成交或者抵债裁定送达买受人或者承受人时起转移。现法院裁定以商业银行15%的股权抵债，裁定已送达，但办理过户还需要经过监管部门（银保监会）审批，已报待批。此间商业银行召开股东会，股权是否已经转移？由谁行使股权？观点一认为，按照《拍卖、变卖财产规定》第29条，股权已转移。观点二认为，审批后才转移。请问您怎么看？

张　元：有观点认为，人民法院作出生效裁判文书或者协助执行通知书时，已代替相关行政部门对股权变更的适法性问题进行了审查，无须相关行政部门再行审查，工商部门对于人民法院的协助执行，不应要求提供审批文件，而是径行变更；即使需要提供审批文件，人民法院可以要求相关行政部门协助执行，相关行政部门应当比照工商部门对于普通有限责任公司股权的协助执行，不进行实体审查，径行作出批准文件。该种观点是不正确的。

股权的工商变更登记属于行政确认，人民法院作出协助执行通知书，工商部门必须予以变更，而不能以须进行实体审查而拒绝或推延变更。而特殊有限责任公司股权变更的前置审批，由于涉及《行政许可法》第12条第1项“国家安全、公共安全、经济宏观调控等事项”，必须由相关行政部门进行前置实体审查，属于典型的行政许可。人民法院与行政部门职能定位不同，对于行政许可事项，不能代替为之，因此，人民法院在要求工商部门协助变更特殊有限责任公司股权之前，必须要经过商务部门及银监部门、证监部门、保监部门的前置审批。

人民法院在诉讼程序中作出特殊有限责任公司股权转让、股权确认等以股权为诉讼争议标的的判决之前，应当发函征询行政部门意见，由行政部门按照投资者资格和产业政策要求进行审查并作出批准文件。如取得同意，人民法院方可作出判决；如未取得同意，人民法院应当对当事人释明后调整判决内容。人民法院在执行程序中对特殊有限责任公司股权予以强制变更，如审判部门未在诉讼阶段取得行政部门的批准文件，人民法院应当发函征询行政部门的意见，由于执行程序中权利人对股权的受让已得到生效裁判文书所确认，也可由股权受让人自行申请取得行政部门的批准文件。

林晓青：个人认为股权已转移。跟不动产一样，引起物权变动的法律文书一生效，物权就转移了，至于相关行政部门是否已经办理相关转移登记，不影响。这个本来就是这条规定的目的。如果需要等办理完股权转移登记之后才算股权已经转移，那这条规定就没有必要了。

张　元：倾向于：股权已变动；但未发生对抗效力；发生对抗效力的要件是工商登记；工商登记的前置要件是行政审批。

李志刚：现在谁行使股权？老股东还是新股东？

张　元：按照国家工商总局《企业设立工商前置审批目录》《企业变更登记、注销登记前置审批事项指导目录》(2017年9月)，个人征信机构、出版单位、外资银行、证券公司、期货公司、保险公司、中资银行、外商投资、非银行企业、融资担保企业等股权（投资权益）转让，需要相关监督管理部门前置审批。按照《公司登记管理条例》[①]，更登记事项须经批准的，应当向公司登记机关提交有关批准文件。

李志刚：所引规定仍然是工商怎么办登记的问题，似未解决谁是股东的问题。

张　元：（1）对于公司，如新股东已登记于名册，自然应是新股东行使股东权利。（2）如普通公司，送达裁定，则可以登记于股东名册。对于特殊公司，送达裁定，但未行政审批，依法尚不应办理股东变更。

李志刚：据此，就题设情形，张元老师认为仍然应当是老股东去表决？

林晓青：审批不影响人民法院认为该股权已转移，类似于引起物权变动的法律文书，不受行政机关关于“限购”政策等的影响。这是司法权与行政权的界限，裁定一经生效，人民法院就认定财产权已经转移，至于行政机关给不给审批、登记，那是行政机关的事儿。当然，如果涉及相关股权的转移对象，是否符合相关法律法规设置的资质条件，那是以物抵债裁定书本身是

① 已于2022年3月1日《市场主体登记管理条例》施行起废止。

否正确的问题了。

李志刚：这里可能涉及二者的权力边界。执行解决民事权利分割，监管负责依法审批市场准入。割而未准，由谁行权，需要一个确定的结论。

刘生亮：中间型股权变动，过渡期协议事项，不应该有确定结论。要视具体决议事项而定。

李志刚：不太同意。谁是股东，谁不是股东，应该没有中间状态，和决议事项似也没有关系。

林晓青：《民事诉讼法》第251条规定：“在执行中，需要办理有关财产权证照转移手续的，人民法院可以向有关单位发出协助执行通知书，有关单位必须办理。”[①]一般而言，法院如果要求办理转移登记的，“必须办理”，没有商量的余地。

王长军：如果银保监会不批准，法院的拍卖裁定效力怎么办？

李　荐：据我所知，对于特殊公司股东身份，监管部门一般有条件要求，题设问题涉及司法与行政协调问题。毫无疑问，不能仅依据司法机关单方拍卖行为就认定股权发生变动。至于怎么协调，属于技术问题。可以事前在拍卖公告中提出类似要求，也可以事后与行政机关协调，当然事前最好，免得事后推倒重来。

【总结及倾向性意见】

1. 关于以股抵债裁定、股权变更登记与股权变动。

《拍卖、变卖财产规定》（2020年修正）第26条明确，“其他财产权”拍卖成就或者抵债后，该财产权自拍卖成就或者以物抵债裁定送达买受人时起转移，对“以股抵债裁定”同样适用，股权变动时间应自该以股抵债财产送达买受人时起转移。

股权虽未办理过户，裁定项下的股权转让至买受人，是否已实现股权变动，关涉《公司法》与《民法典》物权编的法律适用问题。就争议事实，如果《公司法》等特别法有规定无须适用一般法，是在《公司法》没有规定的

① 现为《民事诉讼法》（2021年修正）第258条。

时候，应适用一般法，此规则也是《民法典》第 11 条“其他法律对民事关系有特别规定的，依据其规定”的具体适用。其理由在于：越具体、越特殊的规则，表明其与案件的联系就越密切，对案件的针对性就越强，[①] 依据该法律处理的结果也更为妥当。

《民法典》物权编对公司争议纠纷的适用，属于类推适用，类推适用需要积极前提，相同事物相同处理，也同样需要排除消极前提，不同事物不同处理，对该消极前提，裁判者有说理义务。

本专题编者认为，《拍卖、变卖财产规定》第 26 条，与《民法典》第 229 条（原《物权法》第 28 条）、《民事诉讼法司法解释》（2022 年修正）第 491 条、《最高人民法院关于人民法院网络司法拍卖若干问题的规定》第 22 条组成了基于公权力产生的物权变动效力之规范群。上述规范没有区分动产与不动产，统一规定了权利变动时间为“自法律文书或者人民政府的征收决定等生效时”。

首先，执行程序方面的规定是明确的。《民事诉讼法司法解释》（2022 年修正）第 491 条规定，拍卖成交或者依法定程序裁定以物抵债的，标的物所有权自拍卖成交裁定或者抵债裁定送达买受人或者接受抵债物的债权人时转移。而《最高人民法院关于人民法院网络司法拍卖若干问题的规定》第 22 条进一步明确，“拍卖财产所有权自拍卖成交裁定送达买受人时转移”。

其次，实体法规定也是清晰的。《民法典物权编司法解释（一）》第 7 条［原《物权法司法解释（一）》第 7 条］对《民法典》第 229 条作了解释，规定人民法院、仲裁机构在分割共有不动产或者动产等案件中作出并依法生效的改变原有物权关系的判决书、裁决书、调解书，以及人民法院在执行程序中作出的拍卖成交裁定书、变卖成交裁定书、以物抵债裁定书，应当认定为《民法典》第 229 条所称导致物权设立、变更、转让或者消灭的人民法院、仲裁机构的法律文书。此后，只是强调在执行程序中保障对优先购买权的规范行使，比如通知方式、同等条件等问题的具体操作的细化。

2. 关于以股抵债裁定和涉及行政审批的股权变动。

鉴于特殊类型的公司的股权变动属于行政审批事项，故单有以股抵债裁

---

① 参见王利明：《民法总则研究》，中国人民大学出版社 2013 年版，第 150 页。

定，尚不足以产生股权变动效果。未避免执行裁定与行政审批的冲突，应以事先取得审批机关的同意为宜。

【代表性学术观点】

张澎、张成军认为，关于股权强制执行中通知享有优先购买权的股东的方式，《最高人民法院关于人民法院执行工作若干问题的规定（试行）》第 54 条第 2 款规定，对被执行人在有限责任公司中被冻结的投资权益或股权，法院可以依据《公司法》第 35 条、第 36 条的规定，征得全体股东过半数同意后，予以拍卖、变卖或以其他方式转让。因《最高人民法院关于人民法院执行工作若干问题的规定（试行）》出台时间较早，股权的价值以及股权的拍卖关系到申请执行人、被执行人和其他股东的切身利益，执行能否到位不仅关系案件裁判的公信力，在股权强制执行中还会对有限责任公司的人合性产生重要影响。现行《公司法》第 72 条规定：“人民法院依照法律规定的强制执行程序转让股东的股权时，应当通知公司及全体股东，其他股东在同等条件下有优先购买权。其他股东自人民法院通知之日起满二十日不行使优先购买权的，视为放弃优先购买权。”虽然《公司法》第 72 条已经明确，自法院通知后 20 日内不行使优先购买权的，视为放弃优先购买权；但对于通知股东和公司的方式未作具体规定，容易造成其他股东以未收到通知为由，阻碍拍卖程序的进行。

因此，股权强制执行中对股东的通知，应首先要求公司召开股东会。股东会的召集议事事项为股权强制执行中的优先购买权问题。在股东会上，由法院负责通知。若股东会无法召集或无法通知到个人，可在公司所在地以公告的形式通知。这两种方式相结合具有较强的可操作性，再结合《公司法》第 72 条中有关期限为 20 日的规定，能够有效保障股权强制执行的效率。

关于股权强制执行中优先购买权所涉“同等条件”的认定问题。法院在执行程序中，对《公司法》中的“同等条件”认定存在困难。《公司法司法解释（四）》第 22 条则作进一步明确，通过拍卖向股东以外的人转让有限责任公司股权的，适用《公司法》第 72 条规定的“同等条件”时，根据相关法律、司法解释确定。而《最高人民法院关于人民法院网络司法拍卖若干问题的规定》规定中，亦明确了拍卖公告的发布与通知，优先购买权的行使与放弃等。因此，《公司法司法解释（四）》第22条中明确的司法解释依据，集中体现在网拍规定中的详细规定。该约定中的"同等条件"是指优先购买权人参与竞买，在参与竞买的情况下，以价格的高低进行衡量由谁取得相应的股权。[①]

股权执行时，应当对股权的价值进行估定。优先购买权只有在"同等条件"确定的情况下才能行使，而拍卖程序又具有强制性的特征，《拍卖、变卖财产规定》明确，股权拍卖以"跟价法"的方式，也即优先购买权人和其他竞买人同时参与，以价高者得之。但该竞价方式本身并不符合"同等条件"的内涵。同等条件在我国现行法律中主要是指依据价格进行判断，但是价格的高低之分与"同等条件"本身并不具有同一性，所以按照"跟价法"参与股权拍卖与优先购买权之间存在着较大的冲突。

因此，在股权的强制执行中，优先购买权有特殊性。更规范的做法是，不要求各股东直接参与股权竞价，但是拍卖前需要通知其他股东；只有在竞价产生最高价格并决定成交价格时，才向其他股东询问，是否愿意以该价格购买股权，这时候的"同等条件"，才更加有利于保护各方当事人的利益。

【典型案例】

禹丰投资控股有限责任公司、重庆雷高医疗器械有限公司与北方国际信托股份有限公司执行异议案

案号：天津市第一中级人民法院（2016）津01执异16号

【裁判要旨】

股权优先购买权人经人民法院确认后，参与竞买，以与其他竞买人相同价格出价的，没有更高出价的，拍卖股权由优先购买权人竞得。该购买权人未向法院申请优先竞买资格，或经法院确认优先竞买资格后未参与竞买的，应认定放弃行使优先购买权的行使。

---

① 张澎、张成军：《有限责任公司股权强制执行中优先购买权的保护》，载《人民法院报》2019年1月3日，第7版。

【基本案情】

申请执行人北方国际信托股份有限公司与被执行人禹丰投资控股有限责任公司、重庆雷高医疗器械有限公司、云创（天津）投资有限公司、薛某、范某、甘肃宝居房地产有限公司股权转让纠纷案执行过程中，法院作出（2014）一中执字第347-3号执行裁定书裁定，拍卖被执行人禹丰投资控股有限责任公司和重庆雷高医疗器械有限公司各自持有重庆市华鼎现代生物制药有限责任公司的全部股权。

对重庆雷高医疗器械有限公司所持有的重庆市华鼎现代生物制药有限责任公司的股权进行拍卖。异议人禹丰投资控股有限责任公司、重庆雷高医疗器械有限公司、重庆雷高医疗器械有限公司以拍卖非法剥夺了异议人的优先购买权为由，请求裁定撤销或改正本次拍卖结果，以确保异议人的合法权益。

拍卖公司发出拍卖公告，明确：“定于2016年1月25日上午10：00以网络竞价拍卖方式对禹丰投资控股有限责任公司和重庆雷高医疗器械有限公司持有的重庆市华鼎现代生物制药有限责任公司的股权进行第三次公开拍卖（优先购买权人请在登记截止日前办理登记手续，否则视为自动放弃优先购买权）。”之后法院向各方被执行人下发通知，明确：“于2016年1月25日上午10：00以网络竞价拍卖方式再次（第三次）进行拍卖。对此次拍卖的标的物，禹丰投资控股有限责任公司、重庆雷高医疗器械有限公司在同等条件下有优先购买权。”该通知法院以特快专递方式送达禹丰投资控股有限责任公司和重庆雷高医疗器械有限公司。听证中，双方异议人均表示收到该通知书。

最后，2016年1月25日，将上述股权以75 227 200元成交价格拍卖给了买受人天津市希尔康医疗科技有限公司。

法院认为，异议人禹丰投资控股有限责任公司、重庆雷高医疗器械有限公司在获悉拍卖事由后，在法定期间内，没有行使优先购买权。听证中，双方异议人虽主张其登记优先购买权时遭到拒绝，但不能提供相关证据予以证明。据此驳回两异议人要求撤销或改正拍卖结果的异议。

（讨论整理及后续评论：陈克）

执行前和解与原判决的关系

【发言群友】

李志刚、吴兆祥、张元、葛洪涛、王松、肖建国、丁广宇

【讨论时间】

2019 年 9 月

【沙龙实录】

问题与观点

李志刚：请教诸位师友一个执行前和解对原判决恢复执行影响的问题。判决后，债权人与债务人达成和解协议：展期 1 年，免三分之一息。如 1 年后仍未还款，债权人申请执行原判决。该和解协议能否阻却原判决的执行？一种观点认为，能够阻却。因为该协议对原判决而言，是债的更新，变更了原判决的权利义务。债权人放弃了部分实体权利和期限利益，故只能就和解协议另诉。

另一种观点认为，不能阻却。理由是根据最高人民法院执行工作办公室致山东省高级人民法院的（2003）执他字第 4 号复函：当事人之间在执行前达成的和解协议，具有民事合同的效力。但协议本身并不当然影响债权人申

请强制执行的权利。债权人在法定的申请执行期限内申请执行的，人民法院应当受理。如果未清偿，可以申请执行。请问您怎么看？

在（2017）最高法执监88号裁定中，合议庭认为：“本案日昇公司与明拓公司在内蒙古自治区高级人民法院（2015）内民三终字第9号民事判决生效后订立的《执行和解协议书》，并不当然影响日昇公司持生效法律文书申请执行，包头市中级人民法院可立案受理。但立案后，在被执行人提出双方达成和解协议并履行完毕的情况下，应对和解协议的履行情况进行审查，查明和解协议确已履行完毕的，可以裁定驳回日昇公司的执行申请或终结执行。”

吴兆祥：这个裁定认可吗？

李志刚：这个案例是和解协议已经履行完毕，比较特殊。如果未履行或者未履行完毕，是否可以申请执行原判决？

吴兆祥：可能还是价值判断问题。参考上述案例，没有履行的可以申请执行，确认和解协议的，可以中止执行，有恢复执行情形时，可以恢复执行；按司法解释规定，当事人可以依法选择另行起诉。

李志刚：对申请执行前的和解协议：债权人申请启动执行，债务人以和解协议变更了判决内容，应当就和解协议另诉，是否支持？执行和解的司法解释未涵盖判决后、申请执行前和解的情形。

文义解释

张　元：这个问题司法解释已涵盖，但因文字过于精炼，以至于无法朗读出其深意。

李志刚：哪一条？愿闻其详？

张　元：《执行和解规定》第19条规定：“执行过程中，被执行人根据当事人自行达成但未提交人民法院的和解协议，或者一方当事人提交人民法院但其他当事人不予认可的和解协议，依照民事诉讼法第二百二十五条规定提出异议的，人民法院按照下列情形，分别处理：（一）和解协议履行完毕的，裁定终结原生效法律文书的执行；（二）和解协议约定的履行期限尚未届至或者履行条件尚未成就的，裁定中止执行，但符合合同法第一百零八条规定情形的除外；（三）被执行人一方正在按照和解协议约定履行义务的，裁定中止执行；（四）被执行人不履行和解协议的，裁定驳回异议；（五）和解协议不成立、未生效或者无效的，裁定驳回异议。”

李志刚：这一条可以解读出申请执行前的和解协议影响吗？

葛洪涛：是的。把私下达成的和解协议，包括执行程序中与执行程序前达成的，都导入进来了。状语，限制的是“提出”行为。

张　元：司法解释的首部，为执行和解确定了限缩性定义。故在执行和解之外的，包括执行前和解在内的各类合同，都适用该解释的第 19 条。

葛洪涛：赞同张元的意见。

李志刚：都有“被执行人”了，还需要这个状语限定吗？

葛洪涛：状语，限制的是提出异议的行为。进入执行程序，当然就有被执行人。

张　元：赞同李志刚意见。所以说，文字过于精炼。

王　松：在《执行和解规定》的新闻发布会上，相关负责人介绍，《执行和解规定》明确了执行和解与执行外和解的区分标准，并分别规定了不同的法律效果。具体而言，执行和解与执行外和解的区别在于，当事人是否有使和解协议直接对执行程序产生影响的意图。换言之，即便是当事人私下达成的和解协议，只要共同向人民法院提交或者一方提交另一方认可，就构成执行和解，人民法院可以据此中止执行。反之，如果双方没有将私下达成的和解协议提交给人民法院的意思，那么和解协议仅产生实体法效果，被执行人依据该协议要求中止执行的，需要另行提起执行异议。

李志刚：司法解释首部“为了进一步规范执行和解”，执行前的和解，也可包括到“执行和解”？或者说：执行前的和解，属于“执行外的和解”，但也属于“执行和解”司法解释的范围？

王　松：从内容看，是包括“执行外和解”了。

葛洪涛：张元老师认为，前面条文以执行程序中的和解为范本予以规范，后面第 19 条导入其他种类的和解。

李志刚：这个导入，没有明示。

张　元：执行和解的定义不清，故司法解释限定了其内涵，并排除了实践中经常作为执行和解适用的执行前和解，故帽子说“规范执行和解”，用语精准。

李志刚：“执行过程中”，怎么读出申请执行前的和解出来的？既然司法解释排除了执行前和解，又何来第 19 条包括执行前和解？似乎还没有给人以贯通的逻辑，也难以给地方法院和当事人以确定的结论。

体系解释

肖建国：《执行和解规定》第 1 条、第 2 条，刻意回避了“执行过程中”的表述，目的是为执行前和解留下解释空间。

李志刚：第 1 条不涉及执行前和解与执行依据的关系。第 2 条讨论的是启动执行后的中止。如果留下解释的空间，那不是立法漏洞吗？也不能自动纳入第 19 条的射程，会不会反而造成解释第 19 条的混乱？

肖建国：如洪涛所言，第 19 条的“执行过程中”，是用来限制“提出异议”行为的，而非限制和解协议达成的时间。我理解，整个司法解释实际上扩张了执行和解的制度容量，把执行前和解、执行中的私下和解都纳入其中。这体现了最高人民法院起草司法解释的智慧。

李志刚：未启动执行程序，自然没有“被执行人”，也不可能“提出执行异议”，何必画蛇添足，非要在整句自首，限定时间状语呢？

肖建国：因为《民事诉讼法》（2017 年修正）第 230 条规定的“执行和解”，是个狭义概念，限制在执行过程中在执行员面前达成的和解。

李志刚：想纳入而未明示纳入，且在整句之首限定时间状语，容易在文义解释中解读出鲜明的排除适用的结论，带来争议。

肖建国：悄悄扩张执行和解的内涵，还要经受立法机关的备案审查，这难度挺大的。

李志刚：立法者如果读不出这种深意，对全国法官和所有当事人而言，要读出比立法者还要高明的深意，可能也比较难。如果在《人民司法》发表的“理解与适用”文章里，或者指导性案例中点明这一问题和态度，可能会减少不少实务争议。

肖建国：《执行和解规定》第1条刻意回避了和解协议达成的时间场所，《民事诉讼法》第230条对此予以强调。《执行和解规定》第1条，当事人可以自愿协商达成和解协议，依法变更生效法律文书确定的权利义务主体、履行标的、期限、地点和方式等内容。和解协议一般采用书面形式。

李志刚：《执行和解规定》第1条没问题的，但第1条不涉及和解协议与判决的关系。而第19条恰恰在句首加了一个时间状语。

肖建国：第1条是对执行和解协议的描述性规定，与判决的关系在后面的第9条、第12条等条文中。

丁广宇：附议。执行尽管是一种公权力，但当事人自愿单方或合议放弃判决确定的权利，既符合诉讼权利处分，也是关于实体权利义务的契约，为何要固守限定于特定阶段呢?《民事诉讼法》虽规定了特定的执行和解，但对于其他阶段的和解并未禁止。司法解释当然可以针对实践予以补充。《执行和解规定》第19条的限定是关于执行过程中如何处理相关问题。

李志刚：《执行和解规定》第19条明确是“执行和解协议”，第1条是“和解协议”。恰恰是认可了执行前的处分行为，涉及这个处分行为和既有判决的关系——能否回去，回到原判决。如果既有判决是合同，有约束力；未启动执行，执行前的和解协议，变更了原合同，已经形成一份新合同。此时，能否再启动执行程序，执行原判决（合同）?

肖建国：《执行和解规定》第2条扩张的意图更明显了。该条第3项是《民事诉讼法》（2017年修正）第230条的规定，第1项、第2项是新增的，把双方共同提交和解协议、单方提交对方认可的和解协议，均视为执行和解协议，并且产生中止执行的效果。此处已经部分涉及原判决的关系。《执行和解规定》第2条规定：“和解协议达成后，有下列情形之一的，人民法院可以裁定中止执行：（一）各方当事人共同向人民法院提交书面和解协议的；（二）一方当事人向人民法院提交书面和解协议，其他当事人予以认可的；（三）当事人达成口头和解协议，执行人员将和解协议内容记入笔录，由各方当事人签名或者盖章的。双方共同提交的和解协议，以及单方提交的和解协议。”究竟何时达成的，在非所问。只要是判决生效后达成的，都可以的。

李志刚：《执行和解规定》第2条中止执行的前提是启动执行，执行前和解的，还未涉及启动执行的问题。文义上，确实没有清晰点出执行前和解协议（显然不是执行和解协议，因为未进入执行），留下了巨大的争议空间。

肖建国：没关系的，只要启动了判决执行程序，双方或单方当事人都可以提交和解协议，满足第2条的均为执行和解协议。无须深究和解协议是否在执行中作出。

李志刚：希望最高人民法院能通过《人民司法》的文章或者出台指导性案例，消除这一含混。[①]

肖建国：单方提交对方认可的为执行和解协议；单方提交但对方不认可的和解协议，如何处理，《执行和解规定》第19条进一步作出了规定。

【总结及倾向性意见】

关于法律文书生效后权利人在执行程序启动前与义务人达成和解协议，是否影响权利人申请强制执行的问题，多数意见认为，权利人与义务人私下达成和解协议的，并不影响权利人依据法律文书申请执行，但义务人可以适用《执行和解规定》第19条规定提出异议。该条规定的“执行过程中”，只是明确只有在执行程序启动后，才能依据《民事诉讼法》(2021年修正）第232条提出异议，而并不构成对和解协议达成时点的限制。少数意见则认为，执行和解司法解释第19条规定的“执行过程中”既是对提出异议期限的限制，也是对和解协议达成时点的限制，因此执行程序启动前达成的和解协议不能适用执行和解司法解释之规定。

① 最高人民法院2019年12月24日发布了第23批指导性案例。其中，第119号案例解决了这一问题。

【代表性学术观点】

本专题编者认为，执行程序开始前，双方当事人自行达成和解协议并履行，一方当事人申请强制执行原生效法律文书的，人民法院应予受理。被执行人以已履行和解协议为由提出执行异议的，可以适用《执行和解规定》第19条的规定审查处理。主要理由有三。

第一，起草《执行和解规定》时，有意区分了和解协议和执行和解协议。该解释第1条第1款规定，当事人可以自愿协商达成和解协议，依法变更生效法律文书确定的权利义务主体、履行标的、期限、地点和方式等内容。换言之，只要在法律文书生效后达成的关于变更生效法律文书所载权利义务内容的协议，都属于本条规定的和解协议。所谓执行和解协议，则是指根据该解释第2条提交法院，直接引起中止执行效果的和解协议。该司法解释第5条至第18条，均使用的是“执行和解协议”的表述，而第19条采用的是与第1条相同的“和解协议”，这种区分是起草者有意为之。因此，对于生效法律文书作出后申请执行前，当事人达成符合该解释第1条规定和解协议的，可以适用该解释第19条之规定，这符合执行和解司法解释的文义。

第二，法律文书生效后，当事人达成的和解协议，在法律属性上属于私法上的合同，该合同并不能排除生效法律文书的执行力，因此，申请执行人持该法律文书申请执行的，人民法院应当受理。

第三，债权人和债务人达成的和解协议具有确认力和创设力，[①]和解后当事人之间的实体法律关系即发生变化，债务人可以通过提出债务人异议之诉[②]

---

① 林诚二:《民法债编各论（下）》，中国人民大学出版社2003年版，第206页；邱聪智:《新订债法各论（下）》，中国人民大学出版社2006年版，第333页。

② 《最高人民法院关于公证债权文书执行若干问题的规定》第22条规定：“有下列情形之一的，债务人可以在执行程序终结前，以债权人为被告，向执行法院提起诉讼，请求不予执行公证债权文书：（一）公证债权文书载明的民事权利义务关系与事实不符；（二）经公证的债权文书具有法律规定的无效、可撤销等情形；（三）公证债权文书载明的债权因清偿、提存、抵销、免除等原因全部或者部分消灭。债务人提起诉讼，不影响人民法院对公证债权文书的执行。债务人提供充分、有效的担保，请求停止相应处分措施的，人民法院可以准许；债权人提供充分、有效的担保，请求继续执行的，应当继续执行。”

或者债务人异议[①]的方式阻却执行。[②]

【典型案例】

安徽省滁州市建筑安装工程有限公司与湖北追日电气股份有限公司执行复议案

案号：最高人民法院（2018）最高法执复88号

案例来源：最高人民法院指导案例119号

【裁判要旨】

执行程序开始前，双方当事人自行达成和解协议并履行，一方当事人申请强制执行原生效法律文书的，人民法院应予受理。被执行人以已履行和解协议为由提出执行异议的，可以参照《执行和解规定》第19条的规定审查处理。

【基本案情】

安徽省滁州市建筑安装工程有限公司（以下简称滁州建安公司）与湖北追日电气股份有限公司（以下简称追日电气公司）建设工程施工合同纠纷一案，青海省高级人民法院（以下简称青海高院）于2016年4月18日作出（2015）青民一初字第36号民事判决，主要内容为：（1）追日电气公司于本判决生效后十日内给付滁州建安公司工程款1405.02 533万元及相应利息；（2）追日电气公司于本判决生效后十日内给付滁州建安公司律师代理费24万元。此外，还对案件受理费、鉴定费、保全费的承担作出了判定。后追日电气公司不服，向最高人民法院提起上诉。

二审期间，追日电气公司与滁州建安公司于2016年9月27日签订了《和解协议书》，约定：“（1）追日电气公司在青海高院一审判决书范围内承担

① 《最高人民法院关于人民法院办理执行异议和复议案件若干问题的规定》第7条第2款规定：“被执行人以债权消灭、丧失强制执行效力等执行依据生效之后的实体事由提出排除执行异议的，人民法院应当参照民事诉讼法第二百二十五条规定进行审查。”

② 杨与龄：《强制执行法论》，中国政法大学出版社2002年版，第6页。

总金额463.3万元，其中，①合同内本金413万元；②受理费11.4万元；③鉴定费14.9万元；④律师费24万元……（3）滁州建安公司同意在本协议签订后七个工作日内申请青海高院解除对追日电气公司全部银行账户的查封，解冻后三日内由追日电气公司支付上述约定的463.3万元，至此追日电气公司与滁州建安公司所有账务结清，双方至此不再有任何经济纠纷。”和解协议签订后，追日电气公司依约向最高人民法院申请撤回上诉，滁州建安公司也依约向青海高院申请解除了对追日电气公司的保全措施。追日电气公司于2016年10月28日向滁州建安青海分公司支付了412.880 667万元，滁州建安青海分公司开具了一张413万元的收据。2016年10月24日，滁州建安青海分公司出具了一份《情况说明》，要求追日电气公司将诉讼费、鉴定费、律师费共计50.3万元支付至程某某名下。后为开具发票，追日电气公司与程某某、王某某、何某某签了一份标的额为50万元的工程施工合同，追日电气公司于2016年11月23日向王某某支付40万元、2017年7月18日向王某某支付了10万元，青海省共和县国家税务局代开了一张50万元的发票。

后滁州建安公司于2017年12月25日向青海省高级人民法院申请强制执行。青海高院于2018年1月4日作出（2017）青执108号执行裁定：查封、扣押、冻结被执行人追日电气公司所有的人民币1000万元或相应价值的财产。实际冻结了追日电气公司3个银行账户内的存款共计126.605 118万元，并向追日电气公司送达了（2017）青执108号执行通知书及（2017）青执108号执行裁定。

追日电气公司不服青海高院上述执行裁定，向该院提出书面异议。异议称：双方于2016年9月27日协商签订《和解协议书》，现追日电气公司已完全履行了上述协议约定的全部义务。现滁州建安公司以协议的签字人王某某没有代理权而否定《和解协议书》的效力，提出强制执行申请的理由明显不能成立，并违反诚信原则，青海高院作出的执行裁定应当撤销。为此，青海高院作出（2017）青执异18号执行裁定，撤销该院（2017）青执108号执行裁定。申请执行人滁州建安公司不服，向最高人民法院提出了复议申请。主要理由是：案涉《和解协议书》的签字人为“王某某”，其无权代理滁州建安公司签订该协议，该协议应为无效；追日电气公司亦未按《和解协议书》履行付款义务；追日电气公司提出的《和解协议书》亦不是在执行阶段达成的，若其认为《和解协议书》有效，一审判决不应再履行，应申请再审或另案起诉处理。

最高人民法院认为，关于案涉《和解协议书》的性质。案涉《和解协议书》系当事人在执行程序开始前自行达成的和解协议，属于执行外和解。与执行和解协议相比，执行外和解协议不能自动对人民法院的强制执行产生影响，当事人仍然有权向人民法院申请强制执行。追日电气公司以当事人自行达成的《和解协议书》已履行完毕为由提出执行异议的，人民法院可以参照《执行和解规定》第19条的规定对和解协议的效力及履行情况进行审查，进而确定是否终结执行。

（讨论整理及后续评论：王赫）

后 记

自2014年建群，由专家型法官和民商法学专家学者共同组成的“民商法沙龙”，已经走过了8个年头。诸多群友深度参与了民商事领域一系列重要的立法、司法解释、司法政策性文件的起草工作，在群里发现问题、倾听意见建议，并以不同方式反映到相关的立法、司法文件当中；诸多疑难复杂的审判实务问题，在群里得到了充分的论证乃至论辩，为一线法官提供了有益的裁判思路；不少有价值的实务问题，已经转变为学术观点和学术文章，在核心期刊上发表；不少老师和同学反馈，诸多硕士研究生从本书中找到了很有价值的学位论文选题，并顺利成文、完成学业。而最近的一次读者反馈，则是一名中级人民法院的法官告诉我，说有位律师将本书的观点直接提交法庭，作为论据。

我想，这也许就是百余位中国民商法学界和实务界的精英，愿意持之以恒地抱着手机，严谨斟酌，夜以继日，用手指在狭小的手机键盘上陆陆续续打出几百万字的智慧成果的主要动因。这是我们民商法律人，见证和推进中国民商法事业的一种方式。如果本书的内容能给读者带来启发，我们相信，它将在更大的范围和更深的程度上，成为一种民商法领域的法治推动力量。

本辑主要收录了2019年下半年至2021年上半年的部分“民商法沙龙”讨论专题。此间，《民法典》及《民法典担保制度司法解释》等重要法律文件陆续出台。本辑的讨论见证和贯穿了这一过程，并对新的法律和司法解释中涉及的理论及实务问题，进行了深度研究和论证。

本辑的编辑工作，仍然是由江苏省徐州市中级人民法院前法官王松，中国行为法学会执行专业委员会理事王赫、黑龙江省高级人民法院前法官刘生亮、上海市高级人民法院法官陈克、中国人民大学法学院吴园晨博士（以姓氏笔画为序）和我共同完成的，最后由我统稿。

感谢“民商法沙龙”所有群友的慧见分享！感谢人民法院出版社韦钦平女士、张怡女士对本书的持续关心、支持和辛勤付出！感谢所有读者的厚爱！我们将把这项有意义的事业持续推进下去！

李志刚[①]

2022年8月

① 李志刚，“民商法沙龙”微信群发起人，博士，中国法学会商法学研究会理事，北京市破产法学会常务理事，中国人民大学民商事法律科学研究中心兼职研究员，北京大学法学院法律硕士研究生兼职导师，北京工商大学法学院法律硕士兼职导师。